ବିଶ୍ୱଜୀବନ ଶାନ୍ତିନିକେତନ

ବିଶ୍ୱଜୀବନ ଶାନ୍ତିନିକେତନ

ପ୍ରଫେସର ମଣୀନ୍ଦ୍ର କୁମାର ମେହେର

ପୂର୍ବତନ ବିଭାଗ-ମୁଖ୍ୟ
ସ୍ନାତକୋତ୍ତର ଭାଷା ଓ ସାହିତ୍ୟ ବିଭାଗ
(ଓଡ଼ିଆ, ଇଂରାଜୀ, ଉର୍ଦ୍ଦୁ)
ଫକୀରମୋହନ ବିଶ୍ୱବିଦ୍ୟାଳୟ, ବ୍ୟାସନଗର, ବାଲେଶ୍ୱର

ବ୍ଲାକ୍ ଇଗଲ୍ ବୁକ୍ସ
ଭୁବନେଶ୍ୱର, ଓଡ଼ିଶା

BLACK EAGLE BOOKS
Dublin, USA

ବିଶ୍ୱଜୀବନ ଶାନ୍ତିନିକେତନ / ପ୍ରଫେସର ମଣୀନ୍ଦ୍ର କୁମାର ମେହେର

ବ୍ଲାକ୍ ଈଗଲ୍ ବୁକ୍ସ : ଭୁବନେଶ୍ୱର, ଓଡ଼ିଶା • ଡବ୍‌ଲିନ୍, ଯୁକ୍ତରାଷ୍ଟ୍ର ଆମେରିକା

BLACK EAGLE BOOKS

USA address:
7464 Wisdom Lane
Dublin, OH 43016

India address:
E/312, Trident Galaxy, Kalinga Nagar,
Bhubaneswar-751003, Odisha, India

E-mail: info@blackeaglebooks.org
Website: www.blackeaglebooks.org

First International Edition Published by
BLACK EAGLE BOOKS, 2024

Biswa Jeeban Shantiniketan
by **Manindra Kumar Meher**

Cover & Interior Design: Ezy's Publication

ISBN- 978-1-64560-332-0 (Paperback)

Printed in the United States of America

ଉତ୍ସର୍ଗ

ବିଶ୍ୱଭାରତୀ ସ୍ନାତକୋତ୍ତର
ଓଡ଼ିଆ ବିଭାଗ ଉଦ୍ଦେଶ୍ୟରେ
ମୋର ସଶ୍ରଦ୍ଧ ସଂପ୍ରୀତିର ନିଦର୍ଶନ...

ମଣୀନ୍ଦ୍ର କୁମାର ମେହେର

ଭୂମିକା

ସ୍ୱଭାବ କବି ଗଙ୍ଗାଧର ମେହେରଙ୍କ ପରିବାରରେ ଜନ୍ମ ହୋଇ ବିଶ୍ୱକବି ରବୀନ୍ଦ୍ରନାଥଙ୍କୁ ଜାଣିବାର ଅବକାଶ ପାଇଥିଲି ବାଲ୍ୟକାଳରୁ । ଯେଉଁ ପ୍ରକୋଷ୍ଠରେ ମୋର ପୂଜ୍ୟ ପିତାମହ କବିପୁତ୍ର ଭଗବାନ ମେହେର ବିଶ୍ରାମ ଗ୍ରହଣ କରୁଥିଲେ, ସେହି ପ୍ରକୋଷ୍ଠରେ ଗଙ୍ଗାଧରଙ୍କ ଜୀବନ୍ତ ପ୍ରତିଛବି ସହିତ ସଜ୍ଜିତ ହୋଇ ରହିଥିଲା ରବୀନ୍ଦ୍ରନାଥଙ୍କ ଋଷିପ୍ରତିମ ପବିତ୍ର ରୂପ । ଉଭୟ କବିଙ୍କୁ ଏକ ସମୟରେ ଦେଖି ଦେଖି ଅନ୍ତରାତ୍ମାରେ ଅନୁଭୂତ ହେଉଥିଲା ଯେ ଗଙ୍ଗାଧର ଯେପରି ଆମ ପରିବାରର, ବିଶ୍ୱକବି ରବୀନ୍ଦ୍ରନାଥ ମଧ୍ୟ ସେହିପରି ଅତ୍ୟନ୍ତ ଆପଣାର । ଗୋଟିଏ ନୁହେଁ ରବୀନ୍ଦ୍ରଙ୍କ ଦୁଇଟି ଫଟୋଚିତ୍ର ରହିଥିଲା ଆମ ଗୃହ ପ୍ରାଚୀରକୁ ସୌନ୍ଦର୍ଯ୍ୟମୟ କରି । ଗୋଟିଏ ପ୍ରତିକୃତିରେ ଆପାଦସ୍କନ୍ଧ ଦେଶ ପର୍ଯ୍ୟନ୍ତ ସୁଦୀର୍ଘ ପୋଷାକ ପରିହିତ ଦଣ୍ଡାୟମାନ ମୁଦ୍ରାରେ ରବୀନ୍ଦ୍ର ନିରୀକ୍ଷଣ କରୁଥାନ୍ତି ଆମର ଗୃହ ପ୍ରବେଶ ଓ ଗୃହରୁ ପ୍ରସ୍ଥାନ କରିବାର ପ୍ରତିଟି ମୁହୂର୍ତ୍ତ । ଆଉ ଏକ ଥିଲା କ୍ଷୁଦ୍ର ପ୍ରକୋଷ୍ଠ । ତାହା ଆମର ପଢ଼ାଘର । ସେହି ଘରର ପଶ୍ଚିମ ଦିଗର କାନ୍ଥରେ ପୂର୍ବ ଦିଗକୁ ଅନାଇ ରହି ବସିଥାନ୍ତି ରବୀନ୍ଦ୍ରନାଥ ଏକ ସୁଦୃଶ୍ୟ ଚୌକି ଉପରେ । ହାତରେ ପରିଶୋଭିତ ହେଉଥାଏ ଯେଉଁ ପୁସ୍ତକଟି ତାହାର ଉପରିଭାଗ ଅର୍ଥାତ୍ ମଲାଟ ଉପରେ ଲିପିବଦ୍ଧ ହୋଇଥାଏ ଚାରିଟି ବର୍ଣ୍ଣର ସର୍ବବିଦିତ ନାମ 'ଗୀତାଞ୍ଜଳି' । ଏହି ଏକ ଏକ ଆଲୋକଚିତ୍ର ଅନ୍ତର ଭିତରେ ଯେଉଁ ଶ୍ରଦ୍ଧା ଓ ଭାବାବେଗ ସୃଷ୍ଟି କରୁଥିଲା ତାହାହିଁ ପରବର୍ତ୍ତୀ ସମୟରେ ମୋତେ ଟାଣି ନେଇଥିଲା ଶାନ୍ତିନିକେତନର ସ୍ନେହସିକ୍ତ ବଳୟ ମଧ୍ୟକୁ ।

ମୁଁ ଶାନ୍ତିନିକେତନର ଛାତ୍ର ନଥିଲି ଆଦୌ । ତଥାପି ଏହି ବିଶ୍ୱ ବିଖ୍ୟାତ ପ୍ରତିଷ୍ଠାନ ପ୍ରତି ମୋର ଗଭୀର ଆକର୍ଷଣ ରହିଥିଲା, ପୂର୍ବ ଜନ୍ମର ସ୍ମୃତି ସହିତ ସଂଯୁକ୍ତ ହୋଇଯିବା ପରି ଅପୂର୍ବ । ୧୯୯୭ ମସିହାରେ ଯେତେବେଳେ ମୋର ଅତ୍ୟନ୍ତ

ପ୍ରିୟ ଛାତ୍ର ଓ ଅନୁଜ, ସଂପ୍ରତି ସମ୍ବଲପୁର ବିଶ୍ୱବିଦ୍ୟାଳୟର ଆସିଷ୍ଟାଣ୍ଟ ପ୍ରଫେସର ଡକ୍ଟର ଶୁକମୁନି ମେହେରଙ୍କ ସହିତ ପ୍ରବେଶ କଲୁ ଶାନ୍ତିନିକେତନ ପରିସରକୁ, ସେତେବେଳେ ମନେ ହେଉଥିଲା ଯେପରିକି ସ୍ୱୟଂ ରବୀନ୍ଦ୍ରନାଥ ଆମକୁ ଦେଖିବା ପାଇଁ ଚାହିଁ ରହିଥିଲେ ଉତ୍କଣ୍ଠିତ ହୋଇ । ମୋର ଅନ୍ୟତମ ଛାତ୍ର ତଥା ମୋ ଆତ୍ମାର ଅବିଚ୍ଛେଦ୍ୟ ଅଂଶ ବର୍ତ୍ତମାନ ଅଧ୍ୟାପକ ଡକ୍ଟର ଲକ୍ଷ୍ମଣ କୁମାର ପଧାନ ସେ ସମୟରେ ଅଧ୍ୟୟନ କରୁଥାନ୍ତି ଓଡ଼ିଆ ବିଭାଗରେ । ତାଙ୍କରି ଆଖି ଦୁଇଟି ମାଧ୍ୟମରେ ମୁଁ ଦେଖୁଥିଲି ସତେକି ପ୍ରତ୍ୟକ୍ଷ ଭାବରେ ଶାନ୍ତିନିକେତନର ସୌହାର୍ଦ୍ଦ୍ୟପୂର୍ଣ୍ଣ ବାତାବରଣ। ପରବର୍ତ୍ତୀ ସମୟରେ ସେଠାରେ ପିଏଚ୍‌ଡି ଡିଗ୍ରୀ ନିମିତ୍ତ ଗବେଷଣା କରିବାକୁ ଯାଆନ୍ତି ସ୍ନେହାଧୀନ ଆଜ୍ଞାଧୀନ ସମର୍ପିତ ହୃଦୟ ଧାରଣ-ସକ୍ଷମ ଡକ୍ଟର ବାଳକୃଷ୍ଣ ବେହେରା । ଲକ୍ଷ୍ମଣ ଥିବାବେଳେ ଯାଇଛି ଯେପରି ଶାନ୍ତିନିକେତନକୁ ସେହିପରି ବାଳକୃଷ୍ଣଙ୍କ ସମୟରେ ମଧ୍ୟ । କାୟା ସହିତ ଛାୟା ପରି ଅବିଚ୍ଛନ୍ନ ଥିଲେ ଓ ସାରା ଶାନ୍ତିନିକେତନର କୋଣ ଅନୁକୋଣକୁ ନେଇ ଯାଇଥିଲେ ଏହି ଦୁଇଜଣ ଯେଉଁ ଅନିର୍ବଚନୀୟ ଉତ୍ସାହ ସହିତ, ବୁଲାଇ ଦେଇଥିଲେ ଓ ଭିଜାଇ ଦେଇଥିଲେ ତାଙ୍କର ଅନୁରାଗଦୀପ୍ତ ଆଗ୍ରହ ବଳରେ ତାକୁ ଏ ଜନ୍ମରେ ବିସ୍ମୃତ ହୋଇଯିବା ଏକାନ୍ତ ଅସମ୍ଭବ।

ଶାନ୍ତିନିକେତନ ଭ୍ରମଣାନୁଭୂତି ମୁଁ ଲେଖିଥିଲି ବରପାଲି କଲେଜର ମୁଖପତ୍ରରେ। ଏ ଅନୁଭୂତି ଦିନେ ଯେ ମୋତେ ଏପରି ପୁସ୍ତକଟିଏ ଲେଖିବା ପାଇଁ ପ୍ରଚୋଦିତ କରିବ, ଏହା ଭାବିପାରି ନଥିଲି କେବେହେଲେ । ଜୀବନରେ ଏକ ଏକ ସଂଯୋଗ ଏପରି ଘଟିଥାଏ ଯାହା ଅଚିନ୍ତନୀୟ ଓ କଳ୍ପନାତୀତ । ଫକୀର ମୋହନ ବିଶ୍ୱବିଦ୍ୟାଳୟ ସ୍ନାତକୋତ୍ତର ଭାଷା ଓ ସାହିତ୍ୟ ବିଭାଗର ମୁଖ୍ୟ ଭାବରେ ଦାୟିତ୍ୱ ନେବି ଏକଥା ଆସିନଥିଲା ସ୍ୱପ୍ନକୁ ମଧ୍ୟ । ଦୁଇବର୍ଷ କାଳ ବିଭାଗ ମୁଖ୍ୟ ଦାୟିତ୍ୱ ନିର୍ବାହ କରିସାରି ଯେତେବେଳେ ଅନୁଭବ କଲି ସାମାନ୍ୟ ଉଶ୍ୱାସ, ସେହି ସମୟରେ ପ୍ରଥମ ବର୍ଷରେ ନାମ ଲେଖାଇଥିବା ଛାତ୍ରଛାତ୍ରୀମାନଙ୍କ ପାଇଁ ଦେଇପାରିଲି କିଛି ଅଧିକ ସମୟ । ଏହି ପ୍ରିୟ ଛାତ୍ରଛାତ୍ରୀମାନେ ମୋ' ପାଇଁ ମଧ୍ୟ ଦେଇଛନ୍ତି ତାଙ୍କର ଅମୂଲ୍ୟ ମୁହୂର୍ତ୍ତ । କାହାକୁ ଜଣେ ସହାୟକ ଶ୍ରୁତ ଲେଖକ ଭାବରେ ନପାଇବା ଯାଏ ମୁଁ କର୍ମମୟ ଜୀବନର ଅନ୍ତିମ ପର୍ଯ୍ୟାୟରେ କିଛି ଲେଖିପାରୁନଥିଲି । ଦିନେ ଦିବ୍ୟଜନନୀଙ୍କୁ ପ୍ରାର୍ଥନା କରି କହିଥିଲି- "ମା' ! ପୂର୍ବପରି ମୁଁ ଆଉ ଲେଖିପାରୁନି କିମ୍ବା ମୋର ଅକ୍ଷରଗୁଡ଼ିକ ପୂର୍ବପରି ଆଉ କଳାତ୍ମକ ଦେଖାଯାଉନାହିଁ।" ଯେତେବେଳେ ବି ଅନ୍ତର ଭିତରେ ଦିବ୍ୟଜନନୀଙ୍କ ପ୍ରତି ଉଚ୍ଚାରିତ ହୁଏ ଏକ ପ୍ରଶ୍ନ ତାହାର ଉତ୍ତର ସେହି ଅଭ୍ୟନ୍ତରରେ ପାଇଛି ନିଶ୍ଚିତ ଭାବରେ। ମୋ ପ୍ରଶ୍ନର ଉତ୍ତର ଦେଇ ମା' କହିଥିଲେ- "ଏଇଥିପାଇଁ ତୁ ଚିନ୍ତାଗ୍ରସ୍ତ ?

ମୁଁ ପରା ଦଶଭୁଜା । ଏହି ହାତ ତୋ' ଭାବନାକୁ ରୂପ ଦେବ ଅଧିକ ରମଣୀୟ ଓ ଆକର୍ଷଣୀୟ ଭାବରେ ।" ଏହାପରେ ଜଣକ ପରେ ଜଣେ ଛାତ୍ରଛାତ୍ରୀ ଆସନ୍ତି ମା'ଙ୍କ ଦ୍ୱାରା ପ୍ରେରିତ ହୋଇ । ମୁଁ ଯାହା ଡାକେ ସେମାନେ ନିଷ୍ଠାର ସହିତ ତାହାକୁ ଲିପିବଦ୍ଧ କରନ୍ତି । ଆଉ ଏକ ଗଭୀର ରହସ୍ୟ ଉନ୍ମୋଚିତ ହୋଇଗଲା ମୋ' ଭିତରେ । ମୁଁ ଯାହା ଡାକୁଛି ସେସବୁ ଯେ ଦିବ୍ୟଜନନୀଙ୍କ ସୂକ୍ଷ୍ମ ଉଚ୍ଚାରଣର ସ୍ଥୂଳରୂପ ଏହା ଜାଣିବାକୁ ଆଉ ବିଳମ୍ବ ହୋଇନଥିଲା । ଦେଖିଲି ମା'ଙ୍କ ଅଧରରେ ସ୍ମିତହାସ୍ୟ । ଆଉ କ'ଣ ବୁଝିବାର ବାକିଥିଲା ?

ଏପରି ଏକ ଅମୃତମୟ ଲଗ୍ନରେ ମୋର ପ୍ରିୟ ଛାତ୍ର ହିତେଶ ବେହେରାଙ୍କୁ ମୁଁ ପଚାରିଦେଲି ତୁମେ ଲେଖିପାରିବ ? ସେ ନମ୍ରତାର ସହିତ ଉତ୍ତର ଦେଲେ ଯେ "ମୋ ଅକ୍ଷର ସେତେଟା ଭଲ ନୁହେଁ ସାର୍ । ଯାହାର ଯେଉଁ ଗୁଣଟି ତା'ର ବ୍ୟକ୍ତିତ୍ୱକୁ କରିଥାଏ ଭାସ୍ୱର ତାହାକୁ ସେ କାହାରି ଆଗରେ ସ୍ୱୀକାର କରିପାରେନାହିଁ ସହଜ ଭାବରେ । ମାତ୍ର ଯେଉଁଠି ନମ୍ରତାର ଆଲୋକ ରେଖା ହୋଇଯାଏ ପ୍ରସ୍ଫୁଟିତ ସେଭଳି ଛାତ୍ରଛାତ୍ରୀଙ୍କ ଭିତରେ ରହିଛି କି ସୁଗୁଣ ତାହା ଉପଲବ୍ଧି କରିବା ପାଇଁ ଜଣେ ଶିକ୍ଷକ କ'ଣ ଅକ୍ଷମ ? ମୁଁ ସ୍ୱତଃ ଅନୁଭବ କରିପାରିଲି ଯେ ଅତିପ୍ରିୟ ହିତେଶଙ୍କ ଲେଖା କେତେ ନିର୍ଭୁଲ ଓ ସୁନ୍ଦର । ସେ ଲେଖିବା ବେଳେ ପୃଷ୍ଠାଗୁଡ଼ିକ ପାଖକୁ ଟାଣିଆଣି କିପରି ହେଉଛି ଲେଖା ତାହା ମଧ୍ୟ ଦେଖିବାର ପ୍ରୟୋଜନ ନଥିଲା ମୋ' ପାଇଁ । ମୋ' ସମ୍ମୁଖରେ ବସି ସେ ମୋ' ମୁହଁରୁ ଉଚ୍ଚାରିତ ଶବ୍ଦକୁ ଯେପରି ରୂପାୟିତ କରୁଥାନ୍ତି ସାଦା କାଗଜ ଉପରେ ନିଜ ଆସନରେ ବସି ହିଁ ଜାଣିପାରୁଥିଲି ସେ ହିତେଶଙ୍କ ଲେଖା ହେଉଛି କିପରି । ଏସବୁ ବିଷୟର ଅବତାରଣା କାହିଁକି ? କାରଣ ସେହି ଶୁଭଲଗ୍ନରୁ ଆରମ୍ଭ ହୋଇଥିଲା ଶାନ୍ତିନିକେତନ ସମ୍ବନ୍ଧିତ ଏହି କ୍ଷୁଦ୍ର ପ୍ରବନ୍ଧ ସବୁ । ମୁଁ ଏଥିପାଇଁ କୌଣସି ଯୋଜନା ପ୍ରସ୍ତୁତ କରିନଥିଲି । ହିତେଶ ମୋ' ଆଗରେ ବସିଲେ ସିଧା ଆରମ୍ଭ ହୋଇଯାଏ ଡାକିବା ଓ ଲେଖିବା । ଶାନ୍ତିନିକେତନ ମୋର ଅନ୍ତର୍ଚେତନାକୁ ଯେପରି ଆର୍ଦ୍ର କରିଦେଇଛି ସେହି ଅନ୍ତରୀଣ ଅନୁଭୂତିରୁ ରୂପାନ୍ତରିତ ହୋଇଛି ଏସବୁ ଶବ୍ଦଲିପି । ଲାଗେ ଗୋଟିଏ ପାଖରେ ସ୍ୱଭାବ କବି ଗଙ୍ଗାଧର ଆଉ ଗୋଟିଏ ପଟରେ ବିରାଜିତ ରବୀନ୍ଦ୍ରନାଥ ଠାକୁର । ମସ୍ତକ ଉପରେ ଦିବ୍ୟଜନନୀଙ୍କ ଚକ୍ଷୁ ଯୁଗଳରୁ ଶୁଭ୍ରରେଖା ସ୍ପର୍ଶ କରୁଛି ମୋତେ । ଆଉ ଆଗରେ ଲିପିକାର ହିତେଶ । ଏ ପୁସ୍ତକ ସୃଷ୍ଟି ଅନ୍ତରାଳରେ ରହିଛି ଏହି ପ୍ରକୃତ ସତ୍ୟ । ତେଣୁ ଏହା ଅନୁଲ୍ଲିଖିତ ହୋଇ ରହିଥିଲେ 'ଭୂମିକା'ରେ ରହିଯାଇଥାନ୍ତା ଅପୂର୍ଣ୍ଣତାର ଅବସୋସ । ଶାନ୍ତିନିକେତନ ଅଥବା ରବୀନ୍ଦ୍ରନାଥଙ୍କ ସମ୍ପର୍କରେ ଏ କ୍ଷୁଦ୍ର ପୁସ୍ତକଟିରେ ଯାହା ବ୍ୟକ୍ତ କରିପାରିଛି; ଭୂମିକାରେ ସେ ସମ୍ପର୍କରେ

ଆଉ କିଛି କହିବାର ପ୍ରୟୋଜନ ଅଛି ବୋଲି ମନେ ହେଉନାହିଁ । ପୂର୍ବରୁ କହିଛି ମୁଁ ବିଶ୍ୱଭାରତୀର ପ୍ରତ୍ୟକ୍ଷ ଛାତ୍ର ନୁହେଁ। ବର୍ଷ ବର୍ଷ ବ୍ୟାପୀ ସେଠାରେ ଅବସ୍ଥାନ କରିବାର ସୌଭାଗ୍ୟ ମୋତେ ଅବା ମିଳନ୍ତା କିପରି ? ଯେତିକି ଥର ଯାଇଛି ଶାନ୍ତିନିକେତନକୁ ସେହି ବିରଳ ଅନୁଭୂତି ଆଧାରରେ ରଚିତ ହୋଇଛି ଏ ପୁସ୍ତକ । ତେଣୁ ଯଦି କୌଣସି କୌଣସି ସ୍ଥାନରେ ରହିଯାଇଥାଏ ତଥ୍ୟଗତ ତ୍ରୁଟି ସେଥିପାଇଁ ମୁଁ କ୍ଷମାପ୍ରାର୍ଥୀ ।

'ବିଶ୍ୱଶାନ୍ତିର ବାର୍ତ୍ତାବହ ଶାନ୍ତିନିକେତନ' ପୁସ୍ତକଟି ଯଦି କାହାରି ଅନ୍ତର-ସରୋବରରେ ସୃଷ୍ଟି କରିପାରିଲା ସାମାନ୍ୟ ଢେଉ ଧାରଟିଏ ସେତିକିରେ ମୁଁ ଧନ୍ୟ ।

ବିନୟାବନତ

ମଣୀନ୍ଦ୍ର କୁମାର ମେହେର

ବ୍ୟାସବିହାର

୨୬-୦୬-୨୦୨୩

ସୂଚିପତ୍ର

ଶାନ୍ତି ନିକେତନ: ଆତ୍ମୀୟତାପୂର୍ଣ୍ଣ ଅପେକ୍ଷା

ଶାନ୍ତି ନିକେତନକୁ ଯେତିକି ଥର ଯିବାର କାର୍ଯ୍ୟକ୍ରମ ହୋଇଯାଏ ସ୍ଥିର- ମନ ତା'ପରେ ଅସ୍ଥିର ଓ ଅଥୟ ହୋଇ ଉଠେ। କୋଲକାତାରୁ ଶାନ୍ତିନିକେତନ ଯିବାବେଳେ କେତେବେଳେ କେଉଁ ଟ୍ରେନ୍‌ରେ ବସି ଯାଇଛି ସେସବୁ ନିର୍ଦ୍ଦିଷ୍ଟ ଭାବରେ ମନେ ରଖିପାରିନାହିଁ । ତେବେ 'ଶାନ୍ତି ନିକେତନ ଏକ୍ସପ୍ରେସ୍' ଏ ଗୋଟିଏ ନାମକୁ ଭୁଲିଯିବା ସମ୍ଭବ ହୋଇନାହିଁ । ଟ୍ରେନ୍‌ରେ ବସିବା ମାତ୍ରକେ ସାରା ଶରୀରରେ ଖେଳିଯାଏ ଏକ ଅଜଣା ପୁଲକ । ଏହି ଉଲ୍ଲାସକୁ କାହା ସହିତ ତୁଳନା କରାଯାଇପାରେ ତାହା ଭାବି ବସିଲେ ଅନ୍ତର ମଧ୍ୟରେ ଉଙ୍କି ମାରୁଛି ଜୀବନରେ ବିତିଯାଇଥିବା ଅନେକ ଶିହରଣ ସୃଷ୍ଟିକ୍ଷମ ଯାତ୍ରାର ଅନୁଭୂତି ।

ଛୋଟଥିବା ବେଳେ ମାମୁଁ ଘରକୁ ବସ୍‌ରେ ଯେତେବେଳେ ଯାଉଥିଲି, ମା' ବାପାଙ୍କ ସହିତ ସେତେବେଳେ ଯେଉଁମାନଙ୍କର ସମୁଜ୍ଜ୍ୱଳ ମୁଖମଣ୍ଡଳ, ଆସେ ଆଗରେ ଉଦ୍ଭାସିତ ହୋଇଯାଉଥିଲା, ସେମାନେ ମୋର ଅତି ପ୍ରିୟ ସ୍ନେହଶୀଳ ଅଜା ଓ ଆଈ। ମାମୁଘରକୁ ପହଞ୍ଚିବା ପରେ ଯେଉଁ ଆଦର ସୋହାଗରେ ଭରିଯାଏ ସମଗ୍ର ଜୀବନପାତ୍ର ତାହା ମୋର କାହିଁକି, ପ୍ରତ୍ୟେକଙ୍କ ପାଇଁ ଅବର୍ଣ୍ଣନୀୟ ଆନନ୍ଦର ଅନୁଭୂତି । ଠିକ୍ ସେହିପରି ଯେତେବେଳେ ଯାଇଛି ସାନ ପିଉସୀଙ୍କ ଘରକୁ ଆଉ ଯାଇଛି ବଡ଼ବାପାଙ୍କ କର୍ମକ୍ଷେତ୍ର ଭୁବନେଶ୍ୱରକୁ ସେତେବେଳେ ସବୁ ଭାଇ ଭଉଣୀଙ୍କ ଆଗ୍ରହ କିପରି ଟାଣିନେଇ ଯାଉଥିଲା ଆବେଗପୂର୍ଣ୍ଣ ହୃଦୟକୁ, ତାହା କେବେ ବି ଭୁଲି ହେବନାହିଁ । ପରବର୍ତ୍ତୀ ସମୟରେ ମୋର ଅତି ଘନିଷ୍ଠ ପ୍ରିୟ ଛାତ୍ରଛାତ୍ରୀମାନଙ୍କ ନିକଟକୁ ଗଲାବେଳେ ଏପରି ଏକ ଅନ୍ତର୍ଗତ ଆହ୍ଲାଦମୟ ଅନୁଭୂତିରେ ପରିପୂର୍ଣ୍ଣ ହୋଇଯାଏ ହୃଦୟ ଯାହାକୁ ବ୍ୟକ୍ତ କଲେ ହୋଇଯିବ ଏକ ବୃହତ୍ ପୁସ୍ତକ । ଯେଉଁ ସ୍ଥାନ ଉଦ୍ଦେଶ୍ୟରେ ଆମେ ଯାତ୍ରା କରୁ, ସେଇ ସ୍ଥାନରେ ଯଦି ରହିଥାନ୍ତି ଅପେକ୍ଷାରତ

ଆତ୍ମୀୟତାପୂର୍ଣ୍ଣ ଚକ୍ଷୁ ସବୁ, ତା'ହେଲେ ଯାତ୍ରାକାଳୀନ ଅନୁଭୂତିଟି ହୋଇଉଠେ ଅତି ମାର୍ମିକ।

ଶାନ୍ତିନିକେତନ ଉଦ୍ଦେଶ୍ୟରେ ଯାତ୍ରା କରିବା ବେଳେ ସେହି ପରି ଅନ୍ତର-ପାତ୍ର ଭରି ଉଠୁଥାଏ କି ଯେ ଅମୃତୋପମ ଉପଲବ୍ଧିରେ ତାହା ବର୍ଣ୍ଣନା କରିବା ପାଇଁ ଚାହିଁଲା ବେଳକୁ ହାତରେ ଧରିଥିବା କଲମ ଅଟକି ଯାଉଛି ବାରମ୍ବାର । ମୁଁ ଏକଥା ଜାଣିଥାଏ ଯେ ଯେଉଁ ସାର୍ ବା ମାଡାମ୍ ନିମନ୍ତ୍ରଣ କରିଥାନ୍ତି ଆନୁଷ୍ଠାନିକ କାର୍ଯ୍ୟ ପାଇଁ, ସେମାନେ ତ ନିଶ୍ଚୟ ଅପେକ୍ଷା କରି ରହିଥାନ୍ତି ମୋର ଯିବା ବାଟକୁ। ରାସ୍ତା ସାରା ଅନେକଥର ଫୋନ୍ କରି ବୁଝୁଥାନ୍ତି ମୋର ସୁବିଧା ଅସୁବିଧା ସମ୍ପର୍କରେ । ଏ କଥା ମଧ୍ୟ ଜାଣିଥାଏ ଯେ ଶାନ୍ତି ନିକେତନ ଓଡ଼ିଆ ବିଭାଗର ପ୍ରିୟ ଛାତ୍ରଛାତ୍ରୀଙ୍କ ସ୍ୱତନ୍ତ୍ର ଆକର୍ଷଣ ରହିଥାଏ ମୋତେ ନେଇ । ବାସ୍ତବରେ ସେମାନଙ୍କ ସହିତ ସାକ୍ଷାତ ପରେ ହିଁ ଅନୁଭବ କରିପାରେ ଯେ, ସେମାନଙ୍କ ଆଗ୍ରହ ସମ୍ପର୍କରେ ଯେତିକି କଳ୍ପନା ମୁଁ କରୁଥିଲି, ତା'ଠାରୁ କାହିଁ କେତେ ଗୁଣରେ ଅଧିକ ଭଲପାଆନ୍ତି ସେମାନେ ମୋ' ପରି ଏକ ସାମାନ୍ୟ ଶିକ୍ଷକକୁ । ଏସବୁ ଆତ୍ମୀୟତା ପୂର୍ଣ୍ଣ ଦୃଷ୍ଟି ଆଢୁଆଳରେ ପୁଣି ନିଜ ଅଜାଣତରେ ରହିଥାଏ ଅଦୃଶ୍ୟ କ୍ୟାମେରା ପରି ସୂକ୍ଷ୍ମ ଦୃଷ୍ଟି ଯାହା ଉତ୍ତୋଳିତ କରି ନେଉଥାଏ ମୋର ଯିବା ଆସିବା, ମଞ୍ଚ ଉପରେ ବସିବା ଆଉ ଛାତ୍ରଛାତ୍ରୀମାନଙ୍କ ସହିତ ବିତାଇଥିବା ଭାବ ବିନିମୟର ଦୁର୍ଲଭ ଅଂଶ ସବୁକୁ। ସେପରି ମୋ' ନିଜ ଦୃଷ୍ଟି ଅଗୋଚରରେ ଯେଉଁମାନେ ଦେଖୁଥାନ୍ତି ମୋତେ ଶ୍ରଦ୍ଧାପୂର୍ଣ୍ଣ ହୃଦୟରେ, ସେମାନଙ୍କ ପରିଚୟ ଅନେକ ଦିନ ପରେ ଏକ ଏକ ଶୁଭ ମୁହୂର୍ତ୍ତରେ ଯେତେବେଳେ ମୁଁ ପାଇଯାଏ ସେତେବେଳେ ଚକିତ ହୋଇ ଉଠେ କଳା ମେଘ ଭିତରେ ବିଜୁଳିର ତୀବ୍ର ଆଲୋକରେଖା ଦେଖିବା ପରି । ଆଶ୍ଚର୍ଯ୍ୟର ବିଷୟ ଯେ, ସେମାନେ ଲକ୍ଷ୍ୟ ରଖିଥାନ୍ତି ମୋର ପ୍ରତିଟି ପଦପାଦକୁ । ଲକ୍ଷ୍ୟ ରଖିଥାନ୍ତି ମଞ୍ଚ ଉପରେ ସୁସଜ୍ଜିତ ଆସନରେ ମୁଁ ବସିଛି କିପରି ଭଙ୍ଗୀରେ, ସେହିପରି ସେମିନାର ପ୍ରକୋଷ୍ଠ ମଧ୍ୟରେ ଉଚ୍ଚାରଣ କରିଥିବା ପ୍ରତିଟି ଶବ୍ଦର ମର୍ମଧ୍ୱନିକୁ ସେମାନେ କି ସଜାଗ ଭାବରେ ଦେଖୁଥାନ୍ତି ନିର୍ନିମେଷ ନୟନରେ, ମୋର ସମ୍ପୂର୍ଣ୍ଣ ଅଜାଣତରେ ।

ବର୍ତ୍ତମାନ ମୋର ସ୍ୱାସ୍ଥ୍ୟର ଅବସ୍ଥା ସଂପୂର୍ଣ୍ଣ ଅନୁକୂଳ ନଥିବା ହେତୁ ବାରମ୍ବାର ଶାନ୍ତି ନିକେତନର ପ୍ରାଣପୂର୍ଣ୍ଣ ଆମନ୍ତ୍ରଣକୁ ଅସ୍ୱୀକାର କରିଦେଉଛି ବାଧ୍ୟ ହୋଇ । ଛାତ୍ରଛାତ୍ରୀମାନଙ୍କ ମଧ୍ୟରୁ ଅନେକ ସମୟରେ ମୋବାଇଲ ଫୋନ୍‌କୁ ଆସେ ହୃଦୟକୁ ପୁଲକପ୍ରଦ ଅନୁଭୂତିରେ ବିଗଳିତ କରିଦେଉଥିବା ମେସେଜ୍ ସବୁ । ଏହି ଫୋନ୍ ବ୍ୟବହାର, ପୂର୍ବର ପତ୍ର ରଚନା ଧାରାକୁ କରି ଦେଇଛି ସମ୍ପୂର୍ଣ୍ଣ ବ୍ୟାହତ । ବହୁ

ସମୟରେ ଅତ୍ୟନ୍ତ ଅନ୍ତଃସ୍ପର୍ଶୀ ଅନେକ ବାର୍ତ୍ତା ଲିଭିଯାଉଛି ଯାନ୍ତ୍ରିକ ତ୍ରୁଟି ହେତୁରୁ । ତଥାପି ତା'ର ସ୍ମୃତିସ୍ପର୍ଶ ରହିଛି ସଦା ସତେଜ ।

ଯେଉଁମାନଙ୍କ ଆନ୍ତରିକତା ସଂପର୍କରେ ସାମାନ୍ୟ ସୂଚନା ଦେବାରେ ମୁଁ ସମର୍ଥ, କେବଳ ସେତିକି ହିଁ ଉଲ୍ଲେଖ କରିପାରୁଛି ଆଉ ଅନ୍ୟ କୌଣସି ଉପାୟ ନପାଇ । ଏ ସବୁର ଊର୍ଦ୍ଧ୍ୱରେ ଯେଉଁ ପ୍ରଗାଢ଼ ଅନୁରାଗପୂର୍ଣ୍ଣ ଦୃଷ୍ଟିପାତ ମୋତେ ମୁଗ୍ଧ କରିଆସିଛି ସର୍ବଦା ସେ ପ୍ରକୃତରେ କିଏ, ତାଙ୍କ ନାମ ଉଚ୍ଚାରଣ କରିବାର ଆଉ କ'ଣ ଆବଶ୍ୟକତା ରହିଛି ? ସେଇ ସୁପରିଚିତ, ସୁଲଳିତ ନାମରେ କିଏ ବା ମୁଗ୍ଧ ହୋଇନାହିଁ ଏ ଜୀବନରେ ?

■

ମୁଁ ଶାନ୍ତିନିକେତନ କହୁଛି

ଯେତେବେଳେ କୌଣସି ଏକ ଭୂମିରେ ପଦାର୍ପଣ କରନ୍ତି ମହତ୍ ହୃଦୟ ସମ୍ପନ୍ନ ମଣିଷ କେହି, ସେତେବେଳେ ସେଇ ଭୂମି ମଧ୍ୟରେ ରହିଥାଏ ଯେଉଁ ଜୀବନୀ ଶକ୍ତି ତାହା ସ୍ୱତଃସ୍ଫୁର୍ତ୍ତ ଭାବରେ ହୁଏ ପ୍ରକାଶିତ । ମୋର ଆବିର୍ଭାବ ହୋଇଥିଲା ଠିକ୍ ସେହିପରି ଭାବରେ । ମହର୍ଷି ଦେବେନ୍ଦ୍ରନାଥ ଠାକୁର ଏହି ବିସ୍ତୃତ ଅଞ୍ଚଳକୁ ଯେତେବେଳେ କରି ନେଇଗଲେ ଆପଣାର ସେତେବେଳେ ହୋଇଥିଲା ମୋର ଶୁଭଜନ୍ମର ପର୍ବ । ମୁଁ କ'ଣ ଜାଣିଥିଲି ଯେ ଦେବେନ୍ଦ୍ରନାଥ ଠାକୁର ମୋତେ ପ୍ରଦାନ କରିବେ ଏପରି ମହତ୍ତର ରୂପ ? ଧୀରେଧୀରେ ମୁଁ ଅନୁଭବ କଲି ଦେବେନ୍ଦ୍ରନାଥ ମୋ' ପ୍ରତି ଯେପରି ସ୍ନେହ ଅଜାଡ଼ି ଦେଉଛନ୍ତି, ତାହା ପିତୃ ହୃଦୟର ଉପହାର ବ୍ୟତୀତ ଆଉ କିଛି ନୁହେଁ। ଦେବେନ୍ଦ୍ରନାଥଙ୍କ ସୁଯୋଗ୍ୟ ସନ୍ତାନ ରବୀନ୍ଦ୍ରନାଥ ଗ୍ରହଣ କଲେ ଯେତେବେଳେ ମୋ' ଦାୟିତ୍ୱ ସେତେବେଳେ ସ୍ୱର୍ଗୀୟ ପିତୃଦେବ ଦେବେନ୍ଦ୍ରନାଥ ଓ ମର୍ତ୍ତ୍ୟ ଭୂମିରେ ରହିଥିବା ରବୀନ୍ଦ୍ରନାଥ ଏ ଉଭୟଙ୍କ ଆଶୀର୍ବାଦ ବର୍ଷଣରେ ମୁଁ ହୋଇଗଲି ଧନ୍ୟ । ଯାହା ମୋ ହୃଦୟର ମୂଳ ସ୍ୱଭାବ, ତଦନୁସାରେ ମୋର ନାମକରଣ କରି ଦିଆଯିବା, ନିଶ୍ଚିତ ମୋତେ ପ୍ରଦାନ କରିଥିଲା ଅପୂର୍ବ ତୃପ୍ତି। 'ଶାନ୍ତି ନିକେତନ'- ଏହି ନାମରେ ମୁଁ ହେବି ବିଶ୍ୱବିଖ୍ୟାତ ଏହା କେବେ କଳ୍ପନା ସୁଦ୍ଧା କରି ନଥିଲି । ନିଷ୍କପଟ ନିରୀହ ବାଳକ ବାଳିକାମାନେ ଶିକ୍ଷାର୍ଜନ କରିବା ପାଇଁ ଯେତେବେଳେ ଖେଳି ବୁଲିଲେ, ସେମାନଙ୍କ ସୁକୁମାର ପଦ-ସ୍ପର୍ଶରେ ପୁଲକିତ ହୋଇଉଠିଥିଲି ଯେଉଁ ମୁହୂର୍ତ୍ତରେ ତାହା ଏପର୍ଯ୍ୟନ୍ତ ଅକ୍ଷତ । କିଶୋର କିଶୋରୀ, ତରୁଣ ତରୁଣୀ ଉଚ୍ଚତର ଅଧ୍ୟୟନ ନିମନ୍ତେ ଆଗମନ କଲେ ଯେତେବେଳେ ମୋ ବକ୍ଷକୁ ସେତେବେଳେ ଭିତ୍‌ରେ ଭିତରେ ମୁଁ ସଂପ୍ରସାରିତ ହୋଇଯିବାକୁ ଲାଗିଲି, ରବୀନ୍ଦ୍ରନାଥଙ୍କ ବୈଚିତ୍ର୍ୟମୟ କଳ୍ପନା ଅନୁଯାୟୀ । ମୋ' ମାଟି ଉପରେ ଏତେ ପରିମାଣରେ ନୂତନ ନୂତନ ବୃକ୍ଷରୋପଣ ମୋତେ ଯେଉଁ

ଅନନ୍ୟ ସୌନ୍ଦର୍ଯ୍ୟରେ ବିଭୂଷିତ କରି ଦେଲା ମନେହେଲା ଯେ, ମୁଁ ଶାନ୍ତିନିକେତନ ଆଶ୍ରମ ଓ ତା' ସହିତ ଶାନ୍ତିନିକେତନ ଅରଣ୍ୟ । ବଣ ଜଙ୍ଗଲକୁ କୌଣସି ମଣିଷ ସୃଷ୍ଟି କରି ନାହାନ୍ତି ତାହା ହେଉଛି ପ୍ରକୃତି ମାତାଙ୍କ ଅବଦାନ । ମାତ୍ର ନିଜର ଆନ୍ତରିକତା ବଳରେ କୌଣସି ଭୂମି ଯେ ହୋଇପାରେ ଶାନ୍ତିର ଅରଣ୍ୟ ଏହା ସମ୍ଭବ ହୋଇଛି ମୋ' କ୍ଷେତ୍ରରେ କଳ୍ପନାତୀତ ଭାବରେ । ବୃକ୍ଷଲତାକୁ ମଣିଷମାନେ ଯେମିତି ଭଲ ପାଆନ୍ତି, ସେହିପରି ବୃକ୍ଷଲତା ବୃନ୍ଦ ମଧ୍ୟ ମଣିଷ ହାତର ସ୍ନେହ-ସ୍ପର୍ଶରେ ହୋଇ ଉଠନ୍ତି ପଲ୍ଲବିତ, ପୁଷ୍ପିତ ଓ ଆହ୍ଲାଦିତ । ମୋର ବକ୍ଷ ଉପରେ ଗଢ଼ି ଉଠିଲା ଯେଉଁ ଅରଣ୍ୟ ସଂସ୍କୃତି ତାହା ଏ ବିଶ୍ୱର ସମସ୍ତ ବିଶ୍ୱବିଦ୍ୟାଳୟ ପ୍ରତି ପ୍ରଦାନ କରିଛି ଏକ ଶୁଭଙ୍କର ସନ୍ଦେଶ । ଯେଉଁ ମହନୀୟ ଆଦର୍ଶ ଦ୍ୱାରା ଉଦ୍‌ବୁଦ୍ଧ ହୋଇଛନ୍ତି ରବୀନ୍ଦ୍ର ନାଥ, ତାହାର ପରିପ୍ରକାଶ ଘଟିଛି ମୋର କୋଣ ଅନୁକୋଣରେ । ଯେଉଁଠି ଭୂମିକନ୍ୟା ଭାବରେ ମୁଁ ହେଲି ସଞ୍ଜୀବିତ ସେହି ପବିତ୍ର କ୍ଷେତ୍ର ସମସ୍ତଙ୍କୁ ନବଜନ୍ମର ଅନୁଭୂତି ପ୍ରଦାନରେ ଯେ କେତେ ସମର୍ଥ ତାହା କହିବା ନିଷ୍ପ୍ରୟୋଜନ । ଶାନ୍ତିନିକେତନ ମଧ୍ୟକୁ ପ୍ରବେଶ କରି ଯିଏ ନବଜନ୍ମ ଲାଭ କରିପାରେ ନାହିଁ ତା'ର ଜୀବନ ହିଁ ହୋଇଯାଏ ବ୍ୟର୍ଥ । ସମୟର ଆହ୍ୱାନ ଅନୁସାରେ ମୋର ରୂପ ଓ ଲକ୍ଷ୍ୟରେ ଘଟିଥାଇପାରେ କେତେ ପରିବର୍ତ୍ତନ । କିନ୍ତୁ ମୂଳ ଚେରଟି ମୋର ଯେ ରହିଛି ଠିକ୍ ସେହିପରି ଟାଣ ଓ ଅନୁପ୍ରାଣିତ ତାହା ହିଁ ହେଉଛି ବିଶ୍ୱକର୍ତ୍ତାଙ୍କ ଅଶେଷ କରୁଣାର ଉଦାହରଣ- ଏହା କହିବା ବେଳେ ମୁଁ ଲାଭ କରିପାରୁଛି ମୋର ନାମକରଣର ପ୍ରକୃତ ମହତ୍ତ୍ୱ ଅର୍ଥାତ୍ ଲାଭ କରି ପାରୁଛି ଅପୂର୍ବ ଶାନ୍ତିର ଦିବ୍ୟ ସ୍ପର୍ଶ । ମୋ ଆତ୍ମକଥା ଅସରନ୍ତି। ତେଣୁ ଏ ବିଷୟରେ ମୁଁ କିଛି ନ କହି ରହିଥାଏ ସର୍ବଦା ନୀରବତା ଅବଲମ୍ବନ କରି । ଯଦି କୁହାଯିବ ଯେ ଏହି ନୀରବତା ଓ ନିଶ୍ଚଳତା ହେଉଛି ମୋର ଆତ୍ମ ଉପଲବ୍ଧି ତା' ହେଲେ ସେଥିରେ ହିଁ ଅଭିବ୍ୟକ୍ତି ଲାଭ କରି ପାରିବ ମୋର ସୁଗଭୀର ଅଭୀପ୍ସାର ସକଳ ଆଲୋଡ଼ନ । ମୋତେ ଯେଉଁମାନେ ଦେଖିଛନ୍ତି, ପ୍ରବେଶ କରିଛନ୍ତି ମୋର ବିସ୍ତାରିତ ଅନ୍ତର ମଧ୍ୟକୁ ସେମାନଙ୍କୁ ମୋ' ନିଜ କଥା କହିବାର କୌଣସି ଆବଶ୍ୟକତା ହିଁ ନାହିଁ। ଆଉ ଯେଉଁମାନେ ଏପର୍ଯ୍ୟନ୍ତ ମୋ ହୃଦୟ କ୍ଷେତ୍ରକୁ ପ୍ରବେଶ କରିପାରିନାହାନ୍ତି ସେମାନଙ୍କ ପାଇଁ ଏହା ମୋର ଏକ ପ୍ରେମପୂର୍ଣ୍ଣ ନିମନ୍ତ୍ରଣ ବୋଲି ଗ୍ରହଣ କରିବାକୁ ଅନୁରୋଧ । ଆପଣମାନେ ମୋ' ପାଖକୁ ଆସିଲେ ମୋତେ ଆଉ ମୋ' ପରିଚୟ ଦେବାକୁ ପଡ଼ିବ ନାହିଁ କିମ୍ବା ମୋ ଆଗରେ ଆପଣଙ୍କ ପରିଚିତି ପ୍ରକାଶର କୌଣସି ପ୍ରୟୋଜନ ରହିବ ନାହିଁ । ଯେତେବେଳେ ଘଟିଯାଏ ହୃଦୟ ସହିତ ହୃଦୟର ନିଭୃତ ମିଳନ ସେତେବେଳେ ପରସ୍ପର ମଧ୍ୟରେ ସ୍ଥୂଳ ପରିଚୟ ଆଦାନ ପ୍ରଦାନ ହୋଇଯାଏ ଗୌଣ

ଓ ଅର୍ଥହୀନ । ମାତ୍ର ଏ ଜଗତରେ ଗୋଟିଏ କଥା ହିଁ ହେଉଛି ଅର୍ଥପୂର୍ଣ୍ଣ । ରବୀନ୍ଦ୍ର ନାଥଙ୍କ 'ଗୀତାଞ୍ଜଳି'ର ପଦ ପଙ୍‌କ୍ତି ଉଦ୍ଧାର କରୁଛି ସେଥିପାଇଁ-

"ଆମାର ମାଥା ନତ କରେ ଦାଓ ହେମାର ଚରନ୍
ଧୂଲାର ତଲେ,
ସକଲ୍ ଅହଙ୍କାର ଡୁବାଓ ଚେଖେର ଜଲେ ।"

ସମ୍ପୂର୍ଣ୍ଣ ଭାବରେ ଅହଙ୍କାର ବିମୁକ୍ତ ହୋଇଯିବା ପାଇଁ ଶାନ୍ତିନିକେତନର ଆମନ୍ତ୍ରଣ ସର୍ବଦା ରହିବ ଅବ୍ୟାହତ । କାରଣ ଆଗରୁ କହିଛି ଏହି ଗୋଟିଏ କଥା ହିଁ ହେଉଛି ଏକମାତ୍ର ସତ୍ୟ।

■

ଡିଅର ପାର୍କର ବିଚିତ୍ର ମୟୂର

ପ୍ରଥମଥର ପାଇଁ ୧୯୯୭ ମସିହାରେ ଯେତେବେଳେ ଯାଉଥିଲି ଶାନ୍ତିନିକେତନ, ସେତେବେଳେ ସେଠି ଅଧ୍ୟୟନରତ ମୋର ପ୍ରିୟଛାତ୍ର ଲକ୍ଷ୍ମଣ ମୋତେ ଓ ଶୁକମୁନିଙ୍କୁ ନେଇ ଯାଇଥିଲେ 'ଡିଅରପାର୍କ' ନିକଟକୁ । ସମୟ ବୋଧହୁଏ ପୂର୍ବାହ୍ନ । ଏବେ ମନେପଡୁଛି ଅସଂଖ୍ୟ ବୃକ୍ଷ ଛାୟା ତଳେ ନିର୍ଭୟରେ ବିଚରଣ କରୁଥିବା ନିରୀହ ହରିଣୀମାନଙ୍କ ଜୀବନ୍ତ ଚିତ୍ର । ଆମେ ସେମାନଙ୍କ ନିକଟରୁ ଥିଲୁ ବହୁ ଦୂରରେ। ତଥାପି ମଣିଷ- ଆଗମନର ପାଦଶବ୍ଦ ହରିଣୀମାନଙ୍କ କର୍ଣ୍ଣ ଗହ୍ୱରରେ ପ୍ରବେଶ କରିଯାଇଥିଲା ଆଶ୍ଚର୍ଯ୍ୟଜନକ ଭାବରେ । କାଳେ ଗୋଟିଏ ଦୁଇଟି ହରିଣୀ ଆମର ନିକଟତର ହୋଇଆସିବେ, ଏଇ ଆଶାରେ ଚାହିଁ ରହିଥିଲୁ ଦୀର୍ଘ ସମୟ ବ୍ୟାପୀ । ଯଦି କୌଣସି ଏକ ହରିଣ ହୋଇଯାଉଥିଲା ଆମର ପାଖାପାଖି ଠିକ୍ ସେତିକି ବେଳେ କ୍ୟାମେରାରେ ଉତ୍ତୋଳନ କରିବା ପାଇଁ ଚାହୁଁଥିଲୁ ସେଇ ସୁନ୍ଦର ପରିବେଶକୁ । କିନ୍ତୁ ଏ ହରିଣମାନେ ଏତେ ସଚେତନ ଯେ କ୍ୟାମେରା ଚାଳନା ମାତ୍ରକେ ମୁହୂର୍ତ୍ତକ ମଧ୍ୟରେ ସେମାନେ ହୋଇ ଯାଉଥିଲେ ଉଭାନ୍ । ଗୋଟିଏ ବି ହରିଣର ସ୍ମୃତି କ୍ୟାମେରାରେ ସାଇତି ରଖି ପାରିବୁ ନାହିଁ ବୋଲି ହତାଶ ହୋଇଯିବା ବେଳକୁ ଛୋଟ ହରିଣୀଟିଏ ଦୟାପୂର୍ବକ ଦେଖା ଯାଇଥିଲା ଅନେକ ଦୂରରେ। ତାହାରି ଫଟୋ ଉତ୍ତୋଳନରେ ସନ୍ତୁଷ୍ଟ ହୋଇ ଫେରି ଆସିବାକୁ ପଡ଼ିଥିଲା ଆମକୁ ।

ତେବେ ଯେଉଁ ନିର୍ଦ୍ଦିଷ୍ଟ କାରଣ ସକାଶେ ସେଠୁ ବିଦାୟ ନେଇ ଆସିବାକୁ ଚାହୁଁ ନଥିଲୁ, ତାହା ଥିଲା ଆମ ପାଇଁ ସମ୍ପୂର୍ଣ୍ଣ ନୂତନ ଏକ ଆଶ୍ଚର୍ଯ୍ୟଜନକ ଦୃଶ୍ୟ । 'ଡିଅରପାର୍କ'ର ଗେଟ୍ ମଧ୍ୟକୁ ପ୍ରବେଶ କରିବା ପୂର୍ବରୁ ଦୃଷ୍ଟି ଆମର ଆକର୍ଷିତ କରୁଥିଲା ଯିଏ, ସିଏ ହେଉଛି ତାରଜାଲି ମଧ୍ୟରେ ସୁରକ୍ଷିତ ଏକ ବିଚିତ୍ର ମୟୂର । ଏହାର ବିଶେଷତ୍ୱ ଦେଖିଲେ କିଏ ବା ମୁଗ୍ଧ ଓ ବିସ୍ମିତ ହୋଇନଯିବ ! ଆମେ 'ଡିଅରପାର୍କ'ର

ଦ୍ୱାର ଦେଶରେ ପହଞ୍ଚିବା ମାତ୍ରକେ ଡାହାଣ ପାର୍ଶ୍ୱରେ ତାର ଜାଲି ନିର୍ମିତ ଗୃହ ମଧ୍ୟରେ ସଚେତନ ହୋଇ ଉଠିଥିଲା ମୟୂରଟି ଆମକୁ ଚକିତ କରିଦେଇ । କିଛି ମୁହୂର୍ତ୍ତ ପରେ ଦେଖିଲୁ ଏକ ବିସ୍ମୟ ଜନକ ଦୃଶ୍ୟ ଯେ, ମୟୂରଟି ମେଲାଇ ଦେଲା ତା'ର ଚିତ୍ର ବିଚିତ୍ର ରମଣୀୟ ପୁଚ୍ଛକୁ । ତା'ପରେ ଚାରି ଦିଗକୁ ଚାହିଁ ଚାହିଁ ଘୂରି ଆସିଲା ସେ, ଆଉ ଛିଡ଼ା ହେଲା ଠିକ୍ ଆମ ସମ୍ମୁଖରେ । ଆଶ୍ଚର୍ଯ୍ୟ ହୋଇ ସ୍ନେହର ଲକ୍ଷ୍ମଣଙ୍କୁ ଏହାର କାରଣ ପଚାରିଲି। ଲକ୍ଷ୍ମଣ ଉତ୍ତର ଦେଲେ ଯାହା ସେଥିରେ ହେଲି ସ୍ତମ୍ଭିତ । ଉତ୍ତରଟି ହେଲା ଯେ ଆମେ କେବଳ ନୋହୁଁ ପ୍ରତ୍ୟେକ ଦର୍ଶକ ଏଠାକୁ ପହଞ୍ଚିବା ମାତ୍ରକେ ତାଲିମପ୍ରାପ୍ତ ଏ ମୟୂରଟି ନିଜସ୍ୱ ପୁଚ୍ଛ ଉତ୍ତୋଳନ କରି ସମସ୍ତଙ୍କୁ ଜଣାଉଥିଲା ତା'ର ଆନ୍ତରିକ ସ୍ୱାଗତ ।

କିଛି ସମୟ ଧରି ମୟୂରଟିକୁ ନିର୍ନିମେଷ ନୟନରେ ଦେଖୁଥିଲୁ ଆମେ । ଉପଲବ୍ଧି କରୁଥିଲୁ ଯେ ଆମେ ତାକୁ ଯେତେ ସମୟ ପର୍ଯ୍ୟନ୍ତ ଅନାଇ ରହିଥିଲୁ, ସେତେବେଳ ପର୍ଯ୍ୟନ୍ତ ସେ ଏକ ଲୟରେ ଆମକୁ ମଧ୍ୟ ନିରୀକ୍ଷଣ କରୁଥିଲା ଧ୍ୟାନର ସହିତ । ଆମେ ବା କିପରି ତା'ର ଅନୁରାଗଭରା ଛୋଟ ଛୋଟ ଦୁଇଟି ଗୋଲାକାର ଆଖିରୁ ଦୃଷ୍ଟି ଫେରାଇ ଆଣିପାରନ୍ତୁ! ପରସ୍ପର ମଧ୍ୟରେ ସେହି କିଛି ମୁହୂର୍ତ୍ତ ବିତିଗଲା ବିସ୍ମୟାନୁଭୂତିରେ । ଭାବିଲୁ ଯେତେବେଳେ ଫେରିଯିବୁ ଏଠାରୁ ଏଥରକ, ଆଶ୍ଚର୍ଯ୍ୟ କଥା ମୟୂରଟି ପୁନଶ୍ଚ ତାହାର ସମଗ୍ର ପୁଚ୍ଛ ଟେକି ଦେଇ ଜଣାଇଲା ବିଦାୟ ସମ୍ବର୍ଦ୍ଧନା । ଏପରି ମାର୍ମିକ ଦୃଶ୍ୟର କଳ୍ପନା ସୁଦ୍ଧା ମୁଁ ଆଗରୁ କେବେ କରିପାରିନଥିଲି । ଯାହା ଥିଲା ଚିନ୍ତାତୀତ, କଳ୍ପନାତୀତ, ତାହାକୁ ବାସ୍ତବ ରୂପରେ ସ୍ୱଚକ୍ଷୁରେ ଏପରି ଦୁର୍ଲଭ ମୁହୂର୍ତ୍ତରେ ପ୍ରତ୍ୟକ୍ଷ କରି ନିଜେ ନିଜେ ହୋଇ ଯାଇଥିଲୁ ଏକ ଏକ କାଷ୍ଠ ପ୍ରତିମା ପରି ନିଶ୍ଚଳ ଓ ନିଥର ।

୧୯୯୭ ମସିହାରେ ଦେଖିଥିବା ଏହି ବିରଳ ଦୃଶ୍ୟଟିକୁ ଆଉ ଦ୍ୱିତୀୟଥର ସକାଶେ ଦେଖିବାର ସୁଯୋଗ ମିଳିନାହିଁ । ବିଶ୍ୱକବି ରବୀନ୍ଦ୍ରନାଥ ଶାନ୍ତିନିକେତନର କୋଣ ଅନୁକୋଣରେ ଯେ ବିରାଜିତ ଏହି ଅନ୍ତର୍ସତ୍ୟ ଆବିଷ୍କାର କରିପାରିଥିଲି ଅନ୍ତଃଚେତନାରେ ମୋର, ଯାହାକି ଆଜି ଆହୁରି ସ୍ପଷ୍ଟ ଓ ଅର୍ଥପୂର୍ଣ୍ଣ ହୋଇଉଠୁଛି । ରବୀନ୍ଦ୍ର ନିଜସ୍ୱ କବିତା ଆବୃତ୍ତି କରିବା ବେଳେ ଏକଦା ଉଦାତ୍ତ ସ୍ୱରରେ ଉଚ୍ଚାରଣ କରିଥିଲେ "ଆମାର୍ ହ୍ରିଦୟ ନାଚେରେ, ମୟୂରୋର୍ ମତୋ ନାଚେରେ" ଆଜି ଉପଲବ୍ଧି କରିପାରୁଛି ସତକୁ ସତ ସେଦିନ ଯେଉଁ ମୟୂରଟି ପୁଚ୍ଛ ଉତ୍ତୋଳନ କରି ସ୍ୱାଗତ ଓ ବିଦାୟ ଜଣାଇଥିଲା ଆମକୁ ତାହାରି ମଧ୍ୟରେ ବାସ୍ତବିକ ନୃତ୍ୟ କରୁଥିଲେ ସ୍ୱୟଂ ରବୀନ୍ଦ୍ର । ସିଏ ହିଁ ଅନ୍ତରର ପରମ ଆହ୍ଲାଦ ପ୍ରକାଶ କରି ସ୍ୱାଗତ ଜଣାଉଥିଲେ ମୟୂରର

ରଙ୍ଗୀନ୍ ଚିତ୍ରିତ ପୁଚ୍ଛ ମଧ୍ୟ ଦେଇ ଆଉ ବିଦାୟ ସଙ୍ଗୀତ ବି ଗାଉଥିଲେ ମଧୁର ମୂର୍ଚ୍ଛନା ତୋଳି। ଡିଅର ପାର୍କସ୍ଥିତ ସେହି ମୟୂରର ସ୍ମୃତିଚାରଣ କରି ଆଜି ନମସ୍କାର କରୁଛି ରବୀନ୍ଦ୍ର ମନ୍ତ୍ରିତ ହୃଦୟସ୍ପର୍ଶୀ ନୃତ୍ୟକୁ । ଯାହା ଆମ ପ୍ରାଣକୁ ସଞ୍ଚରି ଆସିଲେ ଆମରି ହୃଦୟ ବି ଉଲ୍ଲସିତ ଭଙ୍ଗୀରେ ନୃତ୍ୟ ରଚନା କରିପାରେ ରବୀନ୍ଦ୍ରଙ୍କ ସଦୃଶ ନିଜେ ମୟୂର ଭାବରେ ରୂପାନ୍ତରିତ ହୋଇଯାଇ ।

■

ବାଲ୍ମୀକି ଆଶ୍ରମ ରାଜ୍ୟରେ

ସ୍ୱଭାବ କବି ଗଙ୍ଗାଧର ମେହେର ତପସ୍ୱିନୀ କାବ୍ୟର ଦ୍ୱିତୀୟ ସ୍ୱର୍ଗରେ ଲେଖିଛନ୍ତି- "ବାଲ୍ମୀକି ଆଶ୍ରମ ରାଜ୍ୟରେ : ଶାନ୍ତି ରାଜତ୍ୱ କରେ। କୋଷ ପୂର୍ଣ୍ଣ କରି ପାଦପ ଦଣ୍ଡ ସୁଛାୟା କରେ । ଏହି ବର୍ଣ୍ଣନା ପାଠ କରି କେଉଁ ଓଡ଼ିଆ କାବ୍ୟାନୁରାଗୀ ବା ଲାଭ କରିନାହାନ୍ତି ଅସୀମ ଆନନ୍ଦ! ପଦଟି ମୁଁ ମଧ୍ୟ ପାଠ କରି ମନେ ମନେ କଳ୍ପନା କରିଛି ପ୍ରକୃତରେ ମହର୍ଷି ବାଲ୍ମିକୀଙ୍କ ଆଶ୍ରମ କେତେ ଶାନ୍ତି ପ୍ରଦାୟକ ହୋଇଥିବ । କୈଶୋର କାଳରୁ ଆରମ୍ଭ କରି ଅଧ୍ୟାପକ ହେବା ପର୍ଯ୍ୟନ୍ତ ଏହି କାବ୍ୟ ପଙ୍‌କ୍ତି ସର୍ବଦା ମୋର ଚେତନାକୁ ନେଇଯାଇଛି ଆଶ୍ରମ ପରିବେଶ ମଧ୍ୟକୁ । ସେହି ଗଙ୍ଗାଧରଙ୍କ ଦ୍ୱାରା ପରିକଳ୍ପିତ, ଆଶ୍ରମ ଯେ ଏହି ସ୍ଥୂଳ ଜଗତରେ ବିଦ୍ୟମାନ- ଏହି ସତ୍ୟ ଓ ସୌନ୍ଦର୍ଯ୍ୟ ଆବିଷ୍କାର କରିପାରିଲି ଶାନ୍ତି ନିକେତନକୁ ସ୍ୱଚକ୍ଷୁରେ ଦର୍ଶନ କରିବାର ସୁଯୋଗ ପ୍ରାପ୍ତ ହୋଇ ।

ଜଣେ କବି ଅବହେଳିତ ଓଡ଼ିଶାର ପଶ୍ଚିମ ପ୍ରାନ୍ତରେ କାବ୍ୟ ରଚନା କରିବା ବେଳେ ନିର୍ମାଣ କରୁଛନ୍ତି ମାନସପଟରେ ବାଲ୍ମୀକି ଆଶ୍ରମ । ଆଉ ଅନ୍ୟ ଏକ ରାଜ୍ୟ ପଶ୍ଚିମବଙ୍ଗରେ ବିଶ୍ୱକବି ରବୀନ୍ଦ୍ରନାଥ ସତକୁ ସତ ଅବତରଣ କରାଇ ଆଣୁଛନ୍ତି ସେହି ବାଲ୍ମୀକି ଆଶ୍ରମକୁ ଏହି ସୁଦୃଶ୍ୟ ପୃଥିବୀ ମାଟିକୁ। ରବୀନ୍ଦ୍ରନାଥଙ୍କ ଶାନ୍ତି ନିକେତନକୁ ଯଦି ବାଲ୍ମୀକି ଆଶ୍ରମ ବୋଲି ଅଭିହିତ କରାଯାଏ, ତେବେ ସେହି ଭାବନା ଯେ କୌଣସି ଦୃଷ୍ଟି କୋଣରୁ ଅବାସ୍ତବ ନୁହେଁ ଏହା କହିବା ବାହୁଲ୍ୟ ମାତ୍ର । ବାଲ୍ମୀକି ଆଶ୍ରମ ରାଜ୍ୟରେ ଶାନ୍ତିର ଛାୟାପାତ ଯେପରି ସ୍ନିଗ୍ଧ ଅନୁଭୂତି-ସଞ୍ଚାରକ, ଠିକ୍ ସେହିପରି ଭାବରେ ଶାନ୍ତିନିକେତନ ମଧ୍ୟ ସମସ୍ତଙ୍କ ଅଥୟ, ଅସ୍ଥିର ମାନସିକ ଅବସ୍ଥାରେ ନେଇ ଆସିପାରେ ଉଲ୍ଲେଖନୀୟ ପରିବର୍ତ୍ତନ । କେତେ ଯେ ଅଶାନ୍ତି ଓ ଅସନ୍ତୋଷକୁ ଶାନ୍ତିନିକେତନର ଆତ୍ମା କରିଦେଇପାରିଛି ତୃପ୍ତ ଓ ଶୀତଳ ତାହା କ'ଣ ବର୍ଣ୍ଣନା କରିବା କେବେହେଲେ ସମ୍ଭବ ?

ଶାନ୍ତିନିକେତନରେ ସ୍ୱୟଂ ରବୀନ୍ଦ୍ରନାଥ ଆୟୋଜନ କରାଉଥିଲେ ଅସଂଖ୍ୟ ସାଂସ୍କୃତିକ କାର୍ଯ୍ୟକ୍ରମ। ତା' ମଧ୍ୟରେ ଅଭିନୀତ ହୋଇଛି ଯେତେବେଳେ ରାମାୟଣର କଥାବସ୍ତୁ, ସେତେବେଳେ ଅନେକଙ୍କ ମନରେ ସୃଷ୍ଟି ହୋଇଥିବ ଏକ ପ୍ରଶ୍ନ ଯେ ଏହି ନାଟକରେ 'ବାଲ୍ମୀକି' ଭୂମିକାରେ ଅବତୀର୍ଣ୍ଣ ହେବେ କିଏ? ସମସ୍ତଙ୍କ ହୃଦୟରେ ଯିଏ ସେହି ମହର୍ଷିଙ୍କ ସ୍ଥାନ ଗ୍ରହଣ କରିଥିଲେ ସେ ଯେ ରବୀନ୍ଦ୍ରଙ୍କ ବ୍ୟତୀତ ଆଉ କେହି ନୁହଁନ୍ତି, ଏଥିରେ ସନ୍ଦେହର ଅବକାଶ ନଥିଲା ଆଦୌ । ଆନନ୍ଦ ଓ ବିସ୍ମୟର କଥା ହେଉଛି 'ବାଲ୍ମୀକି' ଭୂମିକାରେ ରବୀନ୍ଦ୍ରନାଥଙ୍କ ଅଭିନୟ । ଏହି ବାଲ୍ମୀକି ରୂପଧାରଣ କରିଥିବା ରବୀନ୍ଦ୍ରଙ୍କ ଅଭିନୟ ସମୟର ରହିଛି କଳାଧଳା ରଙ୍ଗର ସୁସ୍ପଷ୍ଟ ଆଲୋକଚିତ୍ର । ଏହାକୁ ଆଖି ପୂରାଇ ଦେଖିଲେ ଅନୁଭବ କରିହୁଏ ଯେ ରବୀନ୍ଦ୍ର ସତକୁ ସତ ବାଲ୍ମୀକିଙ୍କ ସଦୃଶ ହିଁ ପ୍ରତୀୟମାନ ହେଉଛନ୍ତି । ଓଡ଼ିଶାରେ 'ତପସ୍ୱିନୀ' କାବ୍ୟର ସ୍ରଷ୍ଟା ଗଙ୍ଗାଧର ନିଜେ 'ବାଲ୍ମୀକି' ରୂପରେ ଅବତୀର୍ଣ୍ଣ ହୋଇଥିବା ବେଳେ ପଶ୍ଚିମବଙ୍ଗରେ ସେହି ଦାୟିତ୍ୱ ନିର୍ବାହ କରିଛନ୍ତି ଗୁରୁଦେବ ରବୀନ୍ଦ୍ରନାଥ ।

ବାସ୍ତବରେ ରବୀନ୍ଦ୍ରନାଥ ଯେ ଋଷିପ୍ରତିମ କବି ଏହା ସର୍ବବିଦିତ । ସେହିପରି ଓଡ଼ିଶାରେ 'ତପସ୍ୱିନୀ' କାବ୍ୟର କାଳଜୟୀ ସ୍ରଷ୍ଟା ଗଙ୍ଗାଧର ହିଁ ପାଠକମାନଙ୍କ ହୃଦୟରେ ଅଧିଷ୍ଠିତ ହୋଇରହିଛନ୍ତି ବାଲ୍ମୀକି ସମ ମହାଋଷି ଭାବରେ । ଏହା ସମସ୍ତେ ଯଥାର୍ଥରେ ଅନୁଭବ କରି ଆସୁଛନ୍ତି ଶତାଧିକ ବର୍ଷ ବ୍ୟାପୀ । ଯିଏ ହେଉଛନ୍ତି ଏହି ବିଶ୍ୱବ୍ରହ୍ମାଣ୍ଡର ନିୟନ୍ତା ସିଏ ଜଣକୁ ଦେଇଛନ୍ତି ଆଶ୍ରମ ପରିବେଶ କଳ୍ପନା ଓ ରଚନା କରିବାର ଶକ୍ତି ଓ ଆଉ ଜଣକୁ ଅର୍ପଣ କରିଛନ୍ତି ସୁପ୍ରଶସ୍ତ କ୍ଷେତ୍ର ଆଶ୍ରମ ଜୀବନ ନିର୍ମାଣ କରିବା ପାଇଁ । ବାଲ୍ମୀକି ଆଶ୍ରମରେ ଘୂର୍ଣ୍ଣାୟମାନ ମୋର ମନ, ଶାନ୍ତିନିକେତନରେ ଶେଷ କରିଛି ତା'ର ଶ୍ରେଷ୍ଠ ଅନୁସନ୍ଧାନ ।

■

କବିଗୁରୁଙ୍କ ଗୌରବ

ବିଶ୍ୱକବି ରବୀନ୍ଦ୍ରନାଥ ଟାଗୋରଙ୍କୁ 'କବିଗୁରୁ' କାହିଁକି କୁହାଯାଇଛି ତା'ର ତାତ୍ପର୍ଯ୍ୟ ଯଥାର୍ଥ ଭାବରେ ଅନୁଭବ କରିବା ବିଧେୟ । ସେ କବିମାନଙ୍କ 'ଗୁରୁ' ଭାବରେ 'କବିଗୁରୁ' ନା 'କବି' ଓ 'ଗୁରୁ' ଉଭୟ ବ୍ୟକ୍ତିତ୍ୱର ସମାହାର "କବିଗୁରୁ" ? ଏହି ପ୍ରଶ୍ନର ସମାଧାନ ଖୋଜିବାକୁ ଯାଇ ଆମେ ପହଞ୍ଚିବା ମହାତ୍ମାଗାନ୍ଧୀଙ୍କ ନିକଟରେ । ବିଶ୍ୱକବି ରବୀନ୍ଦ୍ରନାଥ ହିଁ ସର୍ବପ୍ରଥମେ ଗାନ୍ଧିଜୀଙ୍କୁ "ମହାତ୍ମା" ଭାବରେ ସମ୍ବୋଧନ କରିଥିଲେ ଭକ୍ତିପୂର୍ଣ୍ଣ କଣ୍ଠରେ । ମହାତ୍ମା ଗାନ୍ଧୀ ଏହି ସମ୍ବୋଧନର ଉତ୍ତର ଦେଇ କୃତଜ୍ଞ ଚିତ୍ତରେ ରବୀନ୍ଦ୍ରନାଥଙ୍କ ସମ୍ବୋଧନ କରିଥିଲେ – ଗୁରୁଦେବ ବୋଲି । ସେଇଦିନ ଠାରୁ ରବୀନ୍ଦ୍ର "ଗୁରୁଦେବ ଓ କବିଗୁରୁ" ଉଭୟ ସମ୍ମାନରେ ବିଭୂଷିତ ହୋଇଗଲେ ଓ ତାଙ୍କ ପ୍ରତି ଏହି ସମ୍ମାନ ଅର୍ପିତ ହେଲା ସର୍ବତ୍ର ।

ମହାତ୍ମା ଗାନ୍ଧୀ ତ ଜାଣିଥିଲେ ଯେ ରବୀନ୍ଦ୍ରନାଥ ହେଉଛନ୍ତି ଆଧ୍ୟାତ୍ମିକ ଚେତନାର ଜଣେ ଶ୍ରେଷ୍ଠ କବି । ତାଙ୍କୁ "ଗୁରୁଦେବ" ବୋଲି ସମ୍ବୋଧନ କରିବା ସମୟରେ ମହାତ୍ମା ଗାନ୍ଧୀଙ୍କ ମାନସ ପଟରେ ଥାଇପାରେ ଦୁଇଟି ସୁଗଭୀର ଚିନ୍ତନ । ରବୀନ୍ଦ୍ରନାଥ କବି ହେବା ସହିତ ଯେ ଗୁରୁଦେବ ଆସନରେ ଅଧିଷ୍ଠିତ ହେବା ପାଇଁ ଯୋଗ୍ୟ ଏକଥା ଗାନ୍ଧିଜୀ ଯଥାର୍ଥ ଭାବରେ ଅନୁଭବ କରିପାରିଥିଲେ । ଶାନ୍ତି ନିକେତନ ଭଳି ଶିକ୍ଷାୟତନ ପ୍ରତିଷ୍ଠା କରିଥିବା ହେତୁରୁ ଓ ଛାତ୍ରଛାତ୍ରୀମାନଙ୍କୁ ନବଚେତନାରେ ଉଦ୍‌ବୁଦ୍ଧ କରିଥିବା କାରଣରୁ ରବୀନ୍ଦ୍ର ଯେ ଜଣେ ଶ୍ରେଷ୍ଠ ଗୁରୁ ଭାବରେ ପରିଣତ ହୋଇଛନ୍ତି ଏକଥା ଅକ୍ଷରେ ଅକ୍ଷରେ ସତ୍ୟ । ସେହିପରି ରବୀନ୍ଦ୍ରନାଥ ଭାରତୀୟ ଋଷିମାନସର ଉପଯୁକ୍ତ ଉତ୍ତରାଧିକାରୀ ଭାବରେ ଜ୍ଞାନରଆଲୋକ ବିତରଣ କରିଦେବାରେ ନେଇଛନ୍ତି ମହତ୍ତ୍ୱପୂର୍ଣ୍ଣ ଭୂମିକା । ସେ ଦୃଷ୍ଟିରୁ ତାଙ୍କୁ "କବିଗୁରୁ ଓ ଗୁରୁଦେବ" ଏହି ଉଭୟ ସମ୍ବୋଧନ କରିବା ନିଶ୍ଚୟ ଯେ ଅର୍ଥପୂର୍ଣ୍ଣ ଏହା ପ୍ରତିପାଦନ କରିବା ନିଷ୍ପ୍ରୟୋଜନ ।

ଶାନ୍ତି ନିକେତନ ପରିସରରେ ରବୀନ୍ଦ୍ରଙ୍କ କବିତାର ଅନ୍ତଃସ୍ୱର ଯେପରି ଗୁଞ୍ଜରିତ, ସେହିପରି ତାଙ୍କ "ଗୁରୁଦେବ" ସତ୍ତାର ଆଲୋକ ସଂପ୍ରସାରିତ । ଶାନ୍ତିନିକେତନର ସୌନ୍ଦର୍ଯ୍ୟମୟ ପରିବେଶ ମଧ୍ୟରେ ଯିଏ ସର୍ବଦା ହୋଇ ରହିଛନ୍ତି ପ୍ରାଣବନ୍ତ, ସେ ହେଉଛନ୍ତି ସ୍ୱୟଂ ରବୀନ୍ଦ୍ରନାଥ । ଶ୍ରେଷ୍ଠ କବି ଭାବରେ ସେ ଯେପରି ବିଶ୍ୱବିଦିତ ଠିକ୍ ସେହିପରି ଭାବରେ 'କବିଗୁରୁ' ଭାବରେ ମଧ୍ୟ ସମସ୍ତଙ୍କ ଦ୍ୱାରା ଆଦୃତ । ରବୀନ୍ଦ୍ରନାଥ କବି ହେବା ସଙ୍ଗେ ସଙ୍ଗେ ତାଙ୍କ ଆତ୍ମାରେ ଯେ ଶିକ୍ଷକର ସ୍ନେହଶୀଳତା ଓ ବ୍ୟକ୍ତିତ୍ୱ-ନିର୍ମାଣ-କ୍ଷମତାରେ ଥିଲେ ଉଦ୍ଭାସିତ ଏହାର ସୁସ୍ପଷ୍ଟ ପରିଚୟ କିଏ ବା ପାଇନାହିଁ! ସେ ଏକାଧାରରେ ଥିଲେ ଶିକ୍ଷାଗୁରୁ ଏବଂ ଆଧ୍ୟାତ୍ମିକ ଚେତନାର ଜଣେ ଉଚ୍ଚକୋଟୀର ଦିଗ୍‌ଦର୍ଶକ ବା ଗୁରୁଦେବ । ଏଥିପାଇଁ ସେ ନିଜର ସ୍ୱତନ୍ତ୍ର ଗୁରୁ-ମହିମା ପ୍ରଚାର କରି ନଥିଲେ କିମ୍ବା ବିଧିବଦ୍ଧ ଭାବରେ ଶିଷ୍ୟ- ଗୋଷ୍ଠୀ ସୃଷ୍ଟି କରି ନଥିଲେ । ତେଣୁ ପାରମ୍ପରିକ ଦୃଷ୍ଟିରୁ ସେ ଆଧ୍ୟାତ୍ମିକ ଗୁରୁଙ୍କ ସ୍ଥାନରେ ଆସୀନ ହୋଇନଥିଲେ ମଧ୍ୟ, ବାସ୍ତବରେ ହେଉଛନ୍ତି ମାନବୀୟ ଚେତନାକୁ ଉତ୍ତରଣ-ଅଭିମୁଖୀ କରି ଦେଇପାରୁଥିବା ଜଣେ ଦିବ୍ୟ ଶକ୍ତି-ଯୁକ୍ତ ସର୍ବୋତ୍ତମ ଗୁରୁ ପର୍ଯ୍ୟାୟର ଉଚ୍ଚତର ଆସନରେ ସୁପ୍ରତିଷ୍ଠିତ ।

ସମଗ୍ର ଶାନ୍ତି ନିକେତନକୁ ଯଦି ଏକ ମହାନ୍ ଶିକ୍ଷାନୁଷ୍ଠାନ ବୋଲି ବର୍ଣ୍ଣନା କରାଯିବ, ତା'ହେଲେ ତାହାର ଜଣେ ମାତ୍ର ଶିକ୍ଷକ ରହିଛନ୍ତି, ଯାହାଙ୍କ ନାମ ହେଲା- 'ରବୀନ୍ଦ୍ରନାଥ' । ଶାନ୍ତି ନିକେତନରେ ମାନବ ବିଦ୍ୟାର ବହୁ ବିଭାଗ ବିଦ୍ୟମାନ । ପ୍ରତିଟି ବିଭାଗ ନିମନ୍ତେ ରହିଛନ୍ତି ଅଭିଜ୍ଞତା-ସମ୍ପନ୍ନ ଶିକ୍ଷକମାନେ । ଏହା ସତ୍ତ୍ୱେ ଆମେ ଯଦି ଏକ ଗଭୀର ଅନ୍ତର୍ଦୃଷ୍ଟି ନେଇ ଦେଖିବା ତା'ହେଲେ ଏହି ସମସ୍ତ ବିଭାଗର ଏକମାତ୍ର ପ୍ରଧାନ ଶିକ୍ଷାଦାତା ହେଉଛନ୍ତି ସେଇ ଜଣେ ହିଁ 'ଗୁରୁଦେବ ରବୀନ୍ଦ୍ର'। ପ୍ରତ୍ୟେକ ଶିକ୍ଷକଙ୍କ ଆଦର୍ଶ ଭିତରେ ନିହିତ ଯେଉଁ ସଦ୍‌ଗୁରୁଙ୍କ ସାନ୍ନିଧ୍ୟ ତାହାରି ମଧ୍ୟରେ ପ୍ରତିଷ୍ଠିତ ରବୀନ୍ଦ୍ରଙ୍କ ଅନ୍ତରାତ୍ମାର ଜ୍ୟୋତି-କଣିକା। ଏହାହିଁ ସହଜରେ ଉପଲବ୍ଧି କରିବାର ଅପୂର୍ବ ସୁଯୋଗ ଯେ ରବୀନ୍ଦ୍ର ପ୍ରତ୍ୟେକ ଶିକ୍ଷାଦାତାଙ୍କ ଜୀବନ ଓ ବ୍ୟକ୍ତିତ୍ୱ ସହିତ ଥିଲେ ଏକୀଭୂତ । ଗୋଟିଏ ଗୋଟିଏ ଆଦର୍ଶ ଶିକ୍ଷାନୁଷ୍ଠାନ ଜଣେ ଜଣେ ଶିକ୍ଷାବିତ୍‌ଙ୍କ ଦ୍ୱାରା ହୋଇଥାଏ ସୁପ୍ରଚାରିତ ଓ ସର୍ବଜନ ଗ୍ରାହ୍ୟ। ଏହି ଦୃଷ୍ଟିକୋଣ ଦେଇ ବିଚାର କଲେ ଶାନ୍ତି ନିକେତନ କବିଗୁରୁ ରବୀନ୍ଦ୍ରଙ୍କ ଦ୍ୱାରା ଗଢ଼ିଉଠିଥିବା ସମଗ୍ର ପୃଥିବୀର ଏକ ମହାନ୍ ବିଦ୍ୟାନୁଷ୍ଠାନ। ଯେଉଁମାନେ ଅଲୌକିକ ପ୍ରଭାବଶାଳୀ ଶିକ୍ଷକ ସେମାନଙ୍କ ଦେହାବସାନ ଅନ୍ତେ ମଧ୍ୟ ତାଙ୍କର ପ୍ରଭାବ ରହିଥାଏ ଅପ୍ରତିହତ । ଶାନ୍ତିନିକେତନ କ୍ଷେତ୍ରରେ ତାହାହିଁ ନେଇ ଆସିଛି ଉପରୋକ୍ତ ଦିବ୍ୟ ଆଲୋକ ଯାହାର ବିକିରଣ ରବୀନ୍ଦ୍ରଙ୍କ ବ୍ୟକ୍ତିତ୍ୱରେ ଯେ କେହି ଯେକୌଣସି ମୁହୂର୍ତ୍ତରେ

ଅନୁଭବ କରିପାରିବ ଏଠାରେ। ଜଣେ ମହାନ୍ କବି ଓ ଜଣେ ମହାନ୍ ଗୁରୁଙ୍କୁ ଚିର ଉଜ୍ଜୀବିତ ରଖିବା ସକାଶେ ଏ ସମଗ୍ର ପୃଥିବୀରେ କେତୋଟି ଶିକ୍ଷାନୁଷ୍ଠାନ ପ୍ରଦର୍ଶନ କରିପାରିଛି ତାହାର ଆନ୍ତରିକତା ତାଙ୍କୁ ଗଣନା କରିବା ଅନାବଶ୍ୟକ। ଶାନ୍ତିନିକେତନରେ ଏକ ବିଦେହୀ ସତ୍ତା ଭାବରେ କବି ଗୁରୁ ରହିଛନ୍ତି ପ୍ରାଣବନ୍ତ ଓ ପ୍ରେରଣାଦୀପ୍ତ ହୋଇ ଏହା କିଏ ବା ଅନୁଭବ କରିନପାରିବ !

ଶାନ୍ତି ନିକେତନର ଅନ୍ତରୂପ ?

ବେଳେବେଳେ ଶାନ୍ତି ନିକେତନ ସମ୍ପର୍କରେ ଆଲୋଚନା କରିବା ସମୟରେ ଲକ୍ଷ୍ୟ କରିଛି ଅନେକ ଛାତ୍ରଛାତ୍ରୀଙ୍କ ହୃଦୟ ଭିତରେ କୁହୁଳି ଉଠୁଥିବା ଅବ୍ୟକ୍ତ କୋହ । ଏହାର କାରଣ ନିର୍ଦ୍ଧାରଣ କରିବାକୁ ଯାଇ ଯନ୍ତ୍ରଣାଦାୟକ ବିଭିନ୍ନ ଅନୁଭୂତି ଶୁଣି ନିଜେ ମଧ୍ୟ ଅନେକ ପରିମାଣରେ ଦଗ୍ଧୀଭୂତ ହୋଇଛି । ଶାନ୍ତି ନିକେତନ ପ୍ରତି ମୋର ଭାବାଚ୍ଛନ୍ନତା ଲକ୍ଷ୍ୟ କରି କେହି କେହି ଏପରି ବି କହିଛନ୍ତି ଯେ, "ସାର୍! ଆପଣ ଶାନ୍ତିନିକେତନର ବାହ୍ୟ ବାତାବରଣରେ ମୁଗ୍ଧ । ସେଥିପାଇଁ ଆପଣଙ୍କୁ ଭଲ ଲାଗୁଛି ଏହି ପରିବେଶ । ଆମେ ମଧ୍ୟ ଯେତେବେଳେ ଆସିଥିଲୁ ଏଠାକୁ ସେତେବେଳେ ଆପଣଙ୍କ ପରି ପୁଲକିତ ହୋଇ ଉଠିଛୁ । ପରବର୍ତ୍ତୀ ସମୟରେ ଦେଖିଛୁ ଯେତେବେଳେ ଏହାର ଅନ୍ତଃରୂପକୁ ସେତେବେଳେ ମନରେ ଭରିଯାଇଛି ଅମାପ ଅଭିମାନ ଓ ଅସନ୍ତୋଷର ନିଆଁ ।" ଏପରି ବାକ୍ୟ ଶୁଣିବା ପରେ ବିଶଦ ବର୍ଣ୍ଣନା ମଧ୍ୟ ଶୁଣିଛି ଅନ୍ତରରେ ସେମାନଙ୍କ ପ୍ରତି ସମ୍ବେଦନା ଅନୁଭବ କରି । ସମସ୍ୟା ପ୍ରକୃତରେ ମୋ' ପାଇଁ ଜଟିଳ ମନେ ନହେବା ସ୍ୱାଭାବିକ। ତେଣୁ ଏହି ଛାତ୍ରଛାତ୍ରୀମାନଙ୍କୁ ଶାନ୍ତ ଓ ଅଭିମାନ-ଶୂନ୍ୟ ହେବା ପାଇଁ ଦେଇ ଆସିଛି ପରାମର୍ଶ । କେବଳ ଛାତ୍ରଛାତ୍ରୀମାନଙ୍କ ଠାରୁ ନୁହେଁ, ବିଶ୍ୱବିଦ୍ୟାଳୟର ଶିକ୍ଷାବିତ୍‌ମାନଙ୍କ ନିକଟରୁ ମଧ୍ୟ ଶୁଣିବାକୁ ମିଳେ ଅନେକ ନକାରାତ୍ମକ ଅନୁଭୂତି ଓ ଅଭିଯୋଗ । ବାସ୍ତବରେ ଯାହା ହେଉଛି ନିରାଟ ସତ୍ୟ, ତାହା ହେଲା ପାରସ୍ପରିକ ବୁଝାମଣାର ଅଭାବ । ଏ ପୃଥିବୀର ଯେଉଁ ଯେଉଁ ସ୍ଥଳରେ ମଣିଷମାନେ ହୁଅନ୍ତି ଏକତ୍ରିତ, ସେହି ସବୁ ସ୍ଥାନରେ ପରସ୍ପର ମଧ୍ୟରେ ଭେଦଭାବ ଦେଖିବାକୁ ମିଳିବା ଏକାନ୍ତ ସ୍ୱାଭାବିକ । ଶାନ୍ତି ନିକେତନ ପୃଥିବୀ ବାହାରର ଏକ ବିଚ୍ଛିନ୍ନ ଇଲାକା ନୁହେଁ, ଆଉ ଏଠାରେ ଅବସ୍ଥାନ କରୁଥିବା ପ୍ରତ୍ୟେକଟି ମାନବ-ସତ୍ତା ସନ୍ଥ ହୃଦୟର ଅଧିକାରୀ ନୁହଁନ୍ତି । ତେଣୁ ସମସ୍ତଙ୍କଠାରୁ ମଧୁର ସମ୍ଭାଷଣ ଆଶା କରିବା

ବୃଥା ନିଶ୍ଚୟ । ପ୍ରତ୍ୟେକ ମଣିଷ ଭିତରେ ରହିଛି ଉଭୟ ଅମୃତ ଓ ବିଷ । ଯେଉଁମାନେ ନିଜ ମଧ୍ୟରେ ପ୍ରବାହିତ ଅମୃତର ସ୍ରୋତକୁ ପ୍ରତ୍ୟକ୍ଷ କରିପାରନ୍ତି ସେମାନେ ଉଚ୍ଚାରଣ କରିପାରନ୍ତି ମାଧୁର୍ଯ୍ୟପୂର୍ଣ୍ଣ ଶବ୍ଦରାଶି । ଆଉ ଯେଉଁମାନେ ଏହା ପ୍ରତି ବୁଜି ଦେଇଥାନ୍ତି ସେମାନଙ୍କ ଆଖି; ସେମାନେ ହିଁ ଅନ୍ୟର ହୃଦୟକୁ ନିରୀକ୍ଷଣ କରିବାରେ ହୋଇଥାନ୍ତି ଅସମର୍ଥ । ଏପରି ସ୍ୱଭାବ-ସମ୍ପନ୍ନ ମଣିଷମାନେ ଯେ କେବଳ ଶାନ୍ତିନିକେତନ ପରିବେଶ କରନ୍ତି ଦୂଷିତ, ତାହା ନୁହେଁ ଏମାନଙ୍କର ଉପସ୍ଥିତି ପୃଥିବୀର ସର୍ବତ୍ର ପରିବ୍ୟାପ୍ତ । ତେବେ ଶାନ୍ତିନିକେତନ ପରି ଏକ ଆଦର୍ଶ ଶିକ୍ଷାୟତନରେ ରହି ଯେଉଁମାନେ ନିଜ ହୃଦୟକୁ ସଂପ୍ରସାରିତ କରିପାରନ୍ତି ନାହିଁ, ସେମାନଙ୍କଠାରୁ ଆଉ ହତଭାଗ୍ୟ ଜୀବନ କାହିଁ ?

ଯେଉଁ ସ୍ଥାନରେ ଦୁଇଟି ମଣିଷ ମଧ୍ୟ ଉପସ୍ଥିତ ସେଥିରେ ମତଭେଦ ଓ ମନମାଳିନ୍ୟ ରହିବା ଏକାନ୍ତ ସ୍ୱାଭାବିକ । ତେବେ ଶାନ୍ତିନିକେତନ ହେଉଛି ସେହି ସ୍ଥାନ ଯେଉଁଠି ଶତ ଶତ ମଣିଷଙ୍କ ସହାବସ୍ଥାନ ମଧ୍ୟରେ ଅନୁଭୂତ ହୁଏ ସହାନୁଭୂତିର ସ୍ପନ୍ଦନ । ଶାନ୍ତିନିକେତନକୁ ନିଜର ଅଧ୍ୟୟନ, ଅଧ୍ୟାପନା ଓ କର୍ମ କ୍ଷେତ୍ରରେ ଭାବରେ ଯେଉଁମାନେ ଚୟନ କରିଛନ୍ତି ସେମାନେ ଯେ ରବୀନ୍ଦ୍ରନାଥଙ୍କ ଆଦର୍ଶ ଦ୍ୱାରା ମୂଳତଃ ଅନୁପ୍ରେରିତ ହୋଇ ରହିଥିବେ ବୋଲି ସମସ୍ତେ ରଖିବେ ମହାନ୍ ପ୍ରତ୍ୟାଶା ନିଶ୍ଚିତ ଭାବରେ । ସମଗ୍ର ଭାରତବର୍ଷର ଓ ପୃଥିବୀର ଦୃଷ୍ଟି ବିଶ୍ୱଭାରତୀରେ କେନ୍ଦ୍ରୀଭୂତ ଏକଥାକୁ କିଏ ବା ଅସ୍ୱୀକାର କରିପାରିବ ? ଏ ପରିପ୍ରେକ୍ଷୀରେ ପ୍ରତ୍ୟେକଙ୍କଠାରୁ ଯେଉଁ ଆଦର୍ଶ ଆଚରଣ ଓ ଉଚ୍ଚାରଣ ଏକାନ୍ତ କାମ୍ୟ- ତା'ପ୍ରତି ସଦା ସର୍ବଦା ସଚେତନ ହୋଇ ରହିବାର ଯଥାର୍ଥତା ଅତ୍ୟନ୍ତ ଗୁରୁତ୍ୱପୂର୍ଣ୍ଣ । ଶାନ୍ତିନିକେତନକୁ ଯେଉଁମାନେ ଅଧ୍ୟୟନ କରିବାକୁ ଯାଆନ୍ତି ସେମାନେ ସେଠାରୁ ପ୍ରତ୍ୟାବର୍ତ୍ତନ କରିବା ବେଳେ ଯେପରି ନିଜ ଶିକ୍ଷାଦାତା ଓ ଶିକ୍ଷାଦାତ୍ରୀଙ୍କୁ ସ୍ମରଣ କରି ନିଜକୁ ମନେ କରିବେ ଭାଗ୍ୟବାନ ଓ ଭାଗ୍ୟବତୀ, ସେପରି ପରିବେଶ ଛାତ୍ରଛାତ୍ରୀମାନଙ୍କୁ ଉଦାର ହୃଦୟରେ ପ୍ରଦାନ କରିବା ପ୍ରତ୍ୟେକ ଶିକ୍ଷକଙ୍କର ହେଉଛି ଶ୍ରେଷ୍ଠ କର୍ତ୍ତବ୍ୟ । ସବୁ କ୍ଷେତ୍ରରେ ଯେ ଶିକ୍ଷକ ଶିକ୍ଷୟିତ୍ରୀମାନଙ୍କ ଆନ୍ତରିକତାର ଅଭାବ ରହିଥାଏ ଏକଥା ମଧ୍ୟ ସମ୍ପୂର୍ଣ୍ଣ ସତ୍ୟ ନୁହେଁ । ଛାତ୍ରଛାତ୍ରୀଙ୍କ ଆଚରଣ ମଧ୍ୟରେ ବି ପରିଶୁଦ୍ଧତାର ଅଭାବ ପରିଲକ୍ଷିତ ହେବା ଅବାସ୍ତବ ନୁହେଁ । ତେବେ ସବୁ ସତ୍ତ୍ୱେ ଯେଉଁମାନେ ହେଉଛନ୍ତି ଶିକ୍ଷାଦାନ କ୍ଷେତ୍ରରେ ଏକ ଏକ ଉଜ୍ଜ୍ୱଳ ତାରକା ତାଙ୍କଠାରୁ ମହନୀୟ କ୍ଷମାର ଆଲୋକ କଣିକା ବର୍ଷିତ ହେବ- ଏହାହିଁ ଭାରତବାସୀଙ୍କ ସୁଦୃଢ଼ ବିଶ୍ୱାସ । ଏହି ଦିବ୍ୟ ଭୂମିରୁ କେହି ହେଲେ ଛାତି ଭିତରେ କୋହର ଅଗ୍ନିକୁ ଚାପି ରଖି ବିଦାୟ ନ ନିଅନ୍ତୁ ଏ ଦାୟିତ୍ୱ କାହାର ତାହା ବର୍ଣ୍ଣନା କରିବା ଅନାବଶ୍ୟକ ।

ଭାରତବର୍ଷର ବା ପୃଥିବୀର ଅନ୍ୟାନ୍ୟ ବିଶ୍ୱବିଦ୍ୟାଳୟରେ ଯେପରି ଦେଖାଯାଏ ଅଶାନ୍ତିର ବହ୍ନି, ଶାନ୍ତି ନିକେତନରେ ମଧ୍ୟ ଯଦି ତାହାହିଁ ଘଟେ, ତା'ହେଲେ ବିଶ୍ୱ ଭାରତୀର ସ୍ୱତନ୍ତ୍ର ସଙ୍ଗୀତ ପୃଥିବୀବାସୀ ଶୁଣିପାରିବେ କିପରି ? ଯାହା ବି ରହିଥାଉ ନା ତ୍ରୁଟି ବିଚ୍ୟୁତି- ଶାନ୍ତି ନିକେତନ ଯେ ନିଶ୍ଚିତ ରୂପେ ଭିନ୍ନ ଓ ଏଠାରୁ ଶିକ୍ଷା ଗ୍ରହଣ କରୁଥିବା ବିଦ୍ୟାର୍ଥୀ ବୃନ୍ଦ ନିଜକୁ ମନେ କରିବେ ଧନ୍ୟ- ଏହି ଚିନ୍ତାଧାରା ଦ୍ୱାରା ସମସ୍ତେ ଉଦ୍‌ବୁଦ୍ଧ ହୁଅନ୍ତୁ ଏହାହିଁ ଆମର ବିନମ୍ର ନିବେଦନ ହୋଇ ରହିବ ଚିରକାଳ ।

ଏ ଲେଖାର ପ୍ରଥମରୁ ଯାହା ଉଲ୍ଲେଖ କରାଯାଇଥିଲା ତାହାର ପୁନରାବୃତ୍ତି କରୁଛି ପୁନଶ୍ଚ । ତାହା ହେଲା କେହି କେହି କହନ୍ତି ଯେ ଶାନ୍ତିନିକେତନର ବାହ୍ୟ ରୂପ ଯେମିତି ତା'ର ଅନ୍ତଃରୂପ ସେମିତି ନୁହେଁ- ଏପରି ମନେ କରିବା ଆମର ଏକ ଭ୍ରାନ୍ତି । ଯାହା କିଛି ଲକ୍ଷ୍ୟ କରାଯାଏ ଅସାମଞ୍ଜସ୍ୟ ଶିକ୍ଷାଦାନ ବା ପ୍ରଶାସନ କ୍ଷେତ୍ରରେ ତାହାହିଁ ଶାନ୍ତିନିକେତନର ଅନ୍ତଃରୂପ ବୋଲି ମନେ କରିବା ଆମର ଦୃଷ୍ଟିଭଙ୍ଗୀରେ ରହିଥିବା ସଦ୍‌ଭାବର ଅନୁପସ୍ଥିତି । ଏହି ଦୃଶ୍ୟମାନ ଅସାମଞ୍ଜସ୍ୟକୁ ଅତିକ୍ରମ କରିଯାଇ ପାରିଲେ ହିଁ ପ୍ରକୃତରେ ଅନୁଭୂତ ହୋଇପାରିବ ଯେ, ଶାନ୍ତି ନିକେତନ ବାହାରେ ଯେମିତି ଭିତରେ ମଧ୍ୟ ଠିକ୍ ସେହିପରି ପ୍ରଶାନ୍ତିର ବାର୍ତ୍ତା ବହନ କରୁଥିବା ଏକ ଶ୍ରେଷ୍ଠ ଆଦର୍ଶବାଦୀ ଶିକ୍ଷାନୁଷ୍ଠାନ । ଏଠାରେ ଅବସ୍ଥାନ କରିବା ବେଳେ ହୁଏତ କେତେକଙ୍କୁ ତିକ୍ତ ଅନୁଭୂତିର ସମ୍ମୁଖୀନ ହେବାକୁ ପଡ଼େ ନାନା କାରଣରୁ । ତେବେ ଏହାକୁ ହିଁ ଶାନ୍ତିନିକେତନର ଅନ୍ତଃରୂପ ବୋଲି ମନେକରିବା ଓ ସେହି ତିକ୍ତତାକୁ ହୃଦୟରେ ଚାପି ରଖିବା- ଏହାହିଁ ଶାନ୍ତିନିକେତନର ଅସଲ ସନ୍ଦେଶ ହୋଇନପାରେ । ସମସ୍ତଙ୍କ ଊର୍ଦ୍ଧ୍ୱରେ ରହିଛନ୍ତି ଯେଉଁ ମହାନ୍ ଦିଗ୍‌ଦର୍ଶକ ସେ ହେଲେ ରବୀନ୍ଦ୍ରନାଥ । ଏଠାରେ ଅବସ୍ଥିତ ପ୍ରତିଟି ବିଭାଗର ଶ୍ରେଣୀ ପ୍ରକୋଷ୍ଠରେ ରବୀନ୍ଦ୍ରନାଥ ହିଁ କରୁଛନ୍ତି ଶିକ୍ଷାଦାନ ଅଦୃଶ୍ୟ ଭାବରେ ରହି- ଏକଥା ଉପଲବ୍ଧି କରିପାରିଲେ ଅନ୍ତସତ୍ୟ ଦର୍ଶନର ସୌଭାଗ୍ୟ ପ୍ରାପ୍ତ ହେବ ପ୍ରତ୍ୟେକଙ୍କୁ । ଶାନ୍ତିନିକେତନରେ ଅଶାନ୍ତିର ଅଗ୍ନି ହେଉଛି ମିଥ୍ୟାର ଏକ ଆବରଣ ମାତ୍ର । ଶାନ୍ତି, ସୌନ୍ଦର୍ଯ୍ୟ, ସଂହତି ହିଁ ଯେ ପ୍ରକୃତ ସତ୍ୟ ଏହାକୁ ଉନ୍ମୋଚନ କରିବା ଭଳି ଇନ୍ଦ୍ରିୟାତୀତ ଶକ୍ତି ଓ ଅନୁଭୂତିର ଅଧିକାରୀ ସମସ୍ତେ ନହେବା କାହିଁକି ?

■

ଶାନ୍ତିନିକେତନ ଓ ଚିତ୍ତ ବିନୋଦନ

ସଂପ୍ରତି ଶାନ୍ତି ନିକେତନ ଭାରତବର୍ଷର ଏକ ସୁବିଖ୍ୟାତ ପର୍ଯ୍ୟଟନସ୍ଥଳୀ ଭାବରେ ସମସ୍ତଙ୍କର ସ୍ୱତନ୍ତ୍ର ଦୃଷ୍ଟି ଆକର୍ଷଣ କରେ । ଭାରତର ବିଭିନ୍ନ ରାଜ୍ୟରୁ ଓ ବିଦେଶରୁ ମଧ୍ୟ ଅନେକ ପର୍ଯ୍ୟଟକ ପଦାର୍ପଣ କରିଥାନ୍ତି ଏହି କ୍ଷେତ୍ରରେ ଆପଣାର ଚିତ୍ତ ବିନୋଦନ କରିବା ପାଇଁ । ସବୁଠାରୁ କ୍ଷୋଭର ବିଷୟ ହେଲା ମହାପୁରୁଷମାନଙ୍କ ଜନ୍ମ ବା କର୍ମଭୂମିକୁ କେବଳ ମନୋରଞ୍ଜନ ସକାଶେ ଦର୍ଶନ କରିବାର ମନୋଭାବ। ଶାନ୍ତିନିକେତନକୁ ଆସନ୍ତି ଯେଉଁ ଅସଂଖ୍ୟ ଦର୍ଶକ ସେମାନଙ୍କ ମଧ୍ୟରୁ କେତେଜଣ ବାସ୍ତବରେ ଶାନ୍ତିନିକେତନର ପ୍ରକୃତ ଲକ୍ଷ୍ୟ ଉପଲବ୍ଧି କରିପାରିଥାନ୍ତି ? ଏହାର ନିରପେକ୍ଷ ଆକଳନ କରାଗଲେ ପ୍ରମାଣିତ ହୋଇଯିବ ସ୍ୱତଃ ଯେ ଅଧିକାଂଶ ଦର୍ଶନାଭିଳାଷୀ କେବଳ ଆସିଥାନ୍ତି ମାନସିକ ସ୍ତରରେ ଆମୋଦ ଅନୁଭବ କରିବା ପାଇଁ । କାହାର ହୃଦୟ ମଧ୍ୟରେ କି ପ୍ରକାରର ଆକାଂକ୍ଷା ସଂଗୁପ୍ତ ହୋଇ ରହିଛି ତାହା ଯଦିଓ ଆବିଷ୍କାର କରିପାରିବା ଅତି ସହଜ କଥା ନୁହେଁ; ତଥାପି ଅନୁମାନ କରିହୁଏ ଯେ ସେମାନଙ୍କ ପ୍ରକୃତ ଉଦ୍ଦେଶ୍ୟ ହେଲା ପରିଭ୍ରମଣର ଅନୁଭୂତି ଅର୍ଜନ କରିବା । ଶାନ୍ତିନିକେତନ ନିକଟରେ ଅନେକ ବିଳାସପୂର୍ଣ୍ଣ ହୋଟେଲ ମଧ୍ୟ ନିର୍ମିତ ହୋଇଛି ଏଭଳି ପରିଦର୍ଶକମାନଙ୍କୁ ଆକୃଷ୍ଟ କରିବା ପାଇଁ । ଏହାର ପୁଙ୍ଖାନୁପୁଙ୍ଖ ପରିଚିତି ମଧ୍ୟ ଆଜିକାଲି ଇଣ୍ଟରନେଟ୍‌ରେ ସହଜରେ ଉପଲବ୍ଧ ।

କିନ୍ତୁ ଆମକୁ ମନେ ରଖିବାକୁ ପଡ଼ିବ ଯେ ଶାନ୍ତି ନିକେତନ ଏକ ଦର୍ଶନୀୟ ସ୍ଥାନ କେବଳ ନୁହେଁ । କିଛିଦିନ ଏ ଅଞ୍ଚଳରେ ବୁଲାବୁଲି କରି ମନକୁ ସ୍ଫୂର୍ତ୍ତିଯୁକ୍ତ କରିବା ନିମିତ୍ତ ଏହା ନିର୍ମିତ ହୋଇନାହିଁ । ବାସ୍ତବରେ ସେଇଭଳି ଉଚ୍ଚତର ଚେତନାର ପରିଦର୍ଶକଙ୍କ ପାଇଁ ଏହାର ଅନ୍ତର୍ଦ୍ୱାର ଉନ୍ମୁକ୍ତ । ଏହି ନିଭୃତ ରହସ୍ୟ ଉନ୍ମୋଚନ କରିପାରୁଥିବା ଦର୍ଶକମାନଙ୍କ ସକାଶେ ଏହା ଆଦର୍ଶ ପ୍ରେରଣା ଆହରଣ କରିବାର

ଏକ ତପୋଭୂମି। ଏ ଦୃଷ୍ଟିରୁ ଏହା କିପରି ଅତୁଳନୀୟ ତାହା ଯଥାର୍ଥ ଭାବରେ ଅନୁଭବ କରିପାରନ୍ତି ଅନ୍ତର୍ଦୃଷ୍ଟି-ସମ୍ପନ୍ନ ଦର୍ଶକମାନେ କେବଳ। ନିଜସ୍ୱ ଚିତ୍ତବିନୋଦନ ନିମିତ୍ତ ଯେଉଁମାନଙ୍କର ଆଗମନ ହୋଇଥାଏ ସେମାନଙ୍କ ଅନ୍ତରରେ ଏହା ଚିରନ୍ତନ ରେଖାଙ୍କନ କରିପାରେ ନାହିଁ । ସେମାନେ ନିଜ ନିଜ ଗୃହକୁ ପ୍ରତ୍ୟାବର୍ତ୍ତନ କରିବା ପରେ ଅତି ଅଳ୍ପଦିନ ମଧ୍ୟରେ ଫିକା ପଡ଼ିଯାଏ ଶାନ୍ତିନିକେତନ ଦର୍ଶନର ଦୁର୍ଲଭ ମୁହୂର୍ତ୍ତ । ଅପରପକ୍ଷରେ ଯେଉଁମାନେ ଆସିଥାନ୍ତି ନବପ୍ରେରଣାରେ ଉଦ୍‌ବୁଦ୍ଧ ହେବା ପାଇଁ ସେମାନଙ୍କ ଅନ୍ତରାତ୍ମାରେ ପ୍ରତିଷ୍ଠିତ ହୋଇ ରହିଯାଏ ଶାନ୍ତିନିକେତନର ଅପୂର୍ବ ଆଭା । ସେଇମାନେ ହିଁ ଭୁଲିପାରନ୍ତି ନାହିଁ ଶାନ୍ତିନିକେତନ ଯାତ୍ରାର ବିରଳ ମୁହୂର୍ତ୍ତକୁ । ସେମାନଙ୍କ ଅନ୍ତର ମଧ୍ୟରେ ଚିର ଉଦ୍ଭାସିତ ହୋଇ ରହିଥାନ୍ତି ସ୍ୱୟଂ ରବୀନ୍ଦ୍ରନାଥ । ଅନ୍ତର୍ମନରେ ରବୀନ୍ଦ୍ରଙ୍କ ପ୍ରତି ଭକ୍ତି ଓ ଶ୍ରଦ୍ଧା ଯେତେବେଳେ ଅଙ୍କୁରିତ, ପଲ୍ଲବିତ ଓ ପୁଷ୍ପିତ ହୋଇଯାଏ ସେତେବେଳେ ହିଁ ପ୍ରତିପାଦିତ ହୁଏ ଯେ ସେମାନେ କେଉଁସ୍ତରର ଅଭିଯାତ୍ରୀ ।

ଶାନ୍ତି ନିକେତନକୁ ଆସିବାର ମୂଳ ଉଦ୍ଦେଶ୍ୟ ହେଲା ଆତ୍ମିକ ସ୍ତରରେ ଉତ୍ତରଣର ସୋପାନ ପରେ ସୋପାନ ଶ୍ରେଣୀକୁ ନୂତନ ଚିନ୍ତାଧାରା ନେଇ ପ୍ରବେଶ କରିବାର ଆଧ୍ୟାତ୍ମିକ ଅନୁଭୂତି ପ୍ରାପ୍ତ ହେବା। ଆଧ୍ୟାତ୍ମିକତା କହିଲେ ସଂସାରକୁ ପରିତ୍ୟାଗ କରିବାକୁ ବୁଝାଏ ନାହିଁ । ଯେଉଁମାନେ ଉନ୍ନତ ଚିନ୍ତାଧାରାର ଅଧିକାରୀ ସେମାନେ ଶାନ୍ତିନିକେତନର ମହତ୍ ସ୍ପନ୍ଦନକୁ ନିଜ ହୃଦୟରେ ଧାରଣ କରିବା ସଙ୍ଗେ ସଙ୍ଗେ ତଦନୁଯାୟୀ ଜୀବନ ନିର୍ବାହ କରିବା ସକାଶେ ଲାଭ କରିଥାନ୍ତି ବିଶେଷ ପ୍ରେରଣା। ଏହା ସୁଶିକ୍ଷିତ ମାନବ-ଚେତନା ହିଁ ଯଥାର୍ଥ ଭାବରେ ଗ୍ରହଣ କରିବା ସଙ୍ଗେ ସଙ୍ଗେ ଅନ୍ୟ ହୃଦୟକୁ ସଂପ୍ରେରିତ କରିବାକୁ ହୁଏ ବ୍ୟାକୁଳ-ଚିତ୍ତ। ଏପରି ଅନ୍ତଃଦର୍ଶୀ ଅଭିଯାତ୍ରୀଙ୍କୁ ଅପେକ୍ଷା କରି ରହିଥାଏ ଶାନ୍ତିନିକେତନ ଦିବସ ରାଜ ।

■

ଲଭ୍ ଇନ୍ ଶାନ୍ତି ନିକେତନ

ଶାନ୍ତି ନିକେତନକୁ ଶିକ୍ଷାର୍ଥୀ ଓ ଶିକ୍ଷାର୍ଥିନୀ ଭାବରେ ଆଗମନ କରୁଥିବା ବହୁ ସଂଖ୍ୟକ ତରୁଣ ତରୁଣୀ ପ୍ରେମ ବନ୍ଧନରେ ଭାବ ବିହ୍ୱଳ ହେଉଥିବା କିଏ ବା ଲକ୍ଷ୍ୟ କରିନାହାନ୍ତି ! ଏପରି ପ୍ରେମାକର୍ଷଣ ମଧ୍ୟରେ କେହି ପ୍ରାଚୀର ସୃଷ୍ଟି କରିବା ସହଜ ନୁହେଁ ଏବଂ ଉଚିତ୍ ମଧ୍ୟ ବିଚାର କରାଯାଇପାରିବ ନାହିଁ । ତେବେ ପ୍ରେମ ସମ୍ପର୍କରେ ସାଂପ୍ରତିକ ସମୟର ଛାତ୍ରଛାତ୍ରୀମାନେ ଏତେ ହାଲୁକା ଭାବରେ ଏହାକୁ ଯେପରି ଗ୍ରହଣ କରିଥାନ୍ତି ତାହା ଦେଖିଲେ ମନରେ ନୈରାଶ୍ୟ ଜାତହୁଏ । ଅନେକଙ୍କ ନିମିତ୍ତ ଏହା ଏକ ଫ୍ୟାସନ । ଆଉ କେତେକଙ୍କ ପାଇଁ ଏହା ହେଲା ଟାଇମ୍ ପାସ୍ କରିବାର ମାଧ୍ୟମ । ପୁଣି ଆଉ ଅଛନ୍ତି କେତେକ ଛାତ୍ରଛାତ୍ରୀ ଯେଉଁମାନେ ଜଣେ ନୁହେଁ ଅନେକଙ୍କ ସହିତ ଭାବାବେଗକୁ ବ୍ୟକ୍ତ ପୂର୍ବକ କରନ୍ତି ଏକପ୍ରକାରର ମନୋରଞ୍ଜନ। ଦେଖାଯାଏ ଯେ ଏମାନଙ୍କ ମଧ୍ୟରୁ କିଛି ଛାତ୍ରଛାତ୍ରୀ ପରସ୍ପର ଠାରୁ ଆର୍ଥିକ ଲାଭ ଆଶାରେ ସମ୍ପର୍କିତ ହୋଇଥାନ୍ତି । ଏମାନେ ନା ପଢ଼ନ୍ତି ଉଚ୍ଚକୋଟୀର କାବ୍ୟ କବିତା, ଗଳ୍ପ, ଉପନ୍ୟାସ; ନା ଜାଣନ୍ତି ପୃଥିବୀ ପ୍ରସିଦ୍ଧ ପ୍ରେମିକ ପ୍ରେମିକାଙ୍କ ଜୀବନଗାଥା ନା ଅନୁଭବ କରିବାକୁ ଚାହାନ୍ତି ଶାଶ୍ୱତ ପ୍ରେମ ସମ୍ପର୍କର ଗଭୀରତା ।

ଶାନ୍ତିନିକେତନରେ ଅଧ୍ୟୟନ କରୁଥିବା ଏପରି କେତେଜଣ ବିଦ୍ୟାର୍ଥୀ ଓ ବିଦ୍ୟାର୍ଥିନୀ ଏକଦା ପରସ୍ପର ପ୍ରତି ଅନୁରାଗ, ଅନୁଭବ କରିଥିଲେ, ଏହି ସମ୍ପର୍କକୁ ପରିଣତ କରିଥିଲେ ପରିଣୟରେ ଓ ନିଜର ମାତୃଭୂମିର ସେବା ସକାଶେ ନିଜକୁ ଉତ୍ସର୍ଗ କରିଦେଇଥିଲେ ସମ୍ପୂର୍ଣ୍ଣ ଭାବରେ । ଏ ସମ୍ପର୍କରେ ଅନୁଧ୍ୟାନ କଲେ ଉଦ୍ଧୃତ ହୋଇପାରେ ଅନେକ ଆଦର୍ଶ ପ୍ରେମ କାହାଣୀ । ତେବେ ଏ କ୍ଷେତ୍ରରେ ଗୋଟିଏ ଗୋଟିଏ ଦୃଷ୍ଟାନ୍ତ ମଧ୍ୟ ଆମକୁ ଅଭିଭୂତ କରିଦିଏ ଆଶ୍ଚର୍ଯ୍ୟଜନକ ରୂପେ। ସେହିପରି ଏକ ବଳିଷ୍ଠ ଦୃଷ୍ଟାନ୍ତ ହେଲା ନବକୃଷ୍ଣ ଚୌଧୁରୀ ଓ ମାଳତୀ ଦେବୀଙ୍କ ପ୍ରେମବିବାହ ।

ନବକୃଷ୍ଣ ଚୌଧୁରୀ ଓଡ଼ିଶାର ଭୂମିପୁତ୍ର । ମାଳତୀ ଦେବୀ ହେଉଛନ୍ତି ବଙ୍ଗ- ଲଳନା । ଏ ଉଭୟଙ୍କ ମଧ୍ୟରେ ଶାନ୍ତି ନିକେତନରେ ଅଧ୍ୟୟନ କରିବା ସମୟରେ ହିଁ ସୃଷ୍ଟି ହୋଇଥିଲା ପାରସ୍ପରିକ ପ୍ରେମାନୁରକ୍ତି । ଉଭୟେ ବୈବାହିକ ବନ୍ଧନରେ ସଂଯୁକ୍ତ ହୋଇଥିଲେ ଆଉ ନବକୃଷ୍ଣଙ୍କ ସହିତ ମାଳତୀ ଦେବୀ ଚାଲି ଆସିଥିଲେ ଓଡ଼ିଶାକୁ ନବବଧୂ ହୋଇ। ସେ ସମୟରେ ସାମାଜିକ ଓ ପାରିବାରିକ ପରିବେଶ ଏହାକୁ ସହଜରେ ଗ୍ରହଣ କରିପାରିନଥିଲା । କିନ୍ତୁ ସମସ୍ତ ବାଧାବିଘ୍ନ ସତ୍ତ୍ୱେ ଏହି ଦୁଇ ପ୍ରଣୟୀ ପ୍ରଣୟିନୀ ଯେପରି ରହିଥିଲେ ନିଜ ପ୍ରତିଜ୍ଞାରେ ଅଟଳ, ତାହା ତାଙ୍କର ଜୀବନୀ ଅଧ୍ୟୟନ କଲେ ହୃଦ୍‌ବୋଧ କରିହୁଏ । ଏହି ଉଭୟେ ବିଳାସ ବ୍ୟସନରେ ପ୍ରମତ୍ତ ରହିବା ପାଇଁ ପରସ୍ପରର ନିକଟବର୍ତ୍ତୀ ହୋଇ ନାହାନ୍ତି କଦାପି । ଏମାନଙ୍କର ଥିଲା ମୂଳ ଆଦର୍ଶ ସ୍ୱଦେଶ ନିମିତ୍ତ ନିଜକୁ ନିଃଶବ୍ଦ ଭାବରେ ଉତ୍ସର୍ଗ କରିଦେବା । ନବକୃଷ୍ଣ ଚୌଧୁରୀ ସ୍ୱାଧୀନତା ପରବର୍ତ୍ତୀ ସମୟର ଓଡ଼ିଶାର ହେଉଛନ୍ତି ପ୍ରଥମ ମୁଖ୍ୟମନ୍ତ୍ରୀ । କିନ୍ତୁ କ୍ଷମତା ସକାଶେ ତାଙ୍କର ନଥିଲା କୌଣସି ଆସକ୍ତି, ସେଥିପାଇଁ ଅଳ୍ପ ଦିନ ମଧ୍ୟରେ ସେ କ୍ଷମତାର ଜାଲରୁ ମୁକ୍ତ ହୋଇ ନିଜ ଆଦର୍ଶ ଅଟଳ ରଖିବାରେ ହୋଇଥିଲେ ସଂକଳ୍ପବଦ୍ଧ। ମାଳତୀ ଦେବୀ ମଧ୍ୟ ଥିଲେ ସେହି ପଥର ସହଯାତ୍ରୀ । ସମଗ୍ର ଓଡ଼ିଶା ଏହି ଚୌଧୁରୀ ପରିବାର ପ୍ରତି ରହିଛି କୃତଜ୍ଞ ହୋଇ । ନବକୃଷ୍ଣ ଓ ମାଳତୀ ଦେବୀଙ୍କ ପରି ଦେଶଭକ୍ତିର ଆବେଗରେ ଭାବପୂର୍ଣ୍ଣ ଦୁଇଜଣ ପ୍ରେମିକ, ପ୍ରେମିକାଙ୍କ ଉଦାହରଣ ବର୍ତ୍ତମାନ ସୁଲଭ କି ? ଏଠି ଉଠୁଛି ଏକ ତାତ୍ପର୍ଯ୍ୟପୂର୍ଣ୍ଣ ପ୍ରଶ୍ନ, ଯେଉଁମାନେ ପାରସ୍ପରିକ ପ୍ରେମାନୁରାଗରେ ଆବଦ୍ଧ ସେମାନେ ପ୍ରକୃତରେ କେଉଁ ଆଦର୍ଶ ପ୍ରତି ଅନୁରକ୍ତ ହୋଇ ଏକାଠି ହେବା ପାଇଁ ଆତୁର ? ଯଦି ଜୀବନରେ ଜଣେ କୌଣସି ଏକ ମହତ୍ କାର୍ଯ୍ୟ ନିମିତ୍ତ ସମର୍ପିତ ନୁହେଁ ଓ ସେପରି ଆଦର୍ଶ ପ୍ରତି ଅନୁରକ୍ତ ଜୀବନସାଥୀ ସନ୍ଧାନରେ ଭାବାବିଷ୍ଟ ନୁହେଁ, ତା'ହେଲେ ସେପରି କ୍ଷେତ୍ରରେ ପରସ୍ପର ପ୍ରତି ଆକର୍ଷଣ ଅକାଳରେ ଶିଥିଳ ହୋଇ ପଡ଼ିପାରେ ଏଥିରେ କିଛି ଅସ୍ୱାଭାବିକତା ନାହିଁ। ଏହାର ଭୁରି ଭୁରି ଦୃଷ୍ଟାନ୍ତ ସଂପ୍ରତି ଆମେ ଦେଖିପାରିବା ଅନାୟାସରେ । ପ୍ରେମ ବିବାହ କରିଥିବା ଦମ୍ପତିମାନଙ୍କର ବନ୍ଧନ କେତେ ଦୂର ରହିଛି ଅତୁଟ, ସେ ସମ୍ପର୍କିତ ସର୍ବେକ୍ଷଣରୁ ପ୍ରମାଣିତ ହୋଇଛି ଯେ, ଅଧିକାଂଶ କ୍ଷେତ୍ରରେ ସେମାନେ ଅତିଶୀଘ୍ର ପରସ୍ପର ଠାରୁ ହୋଇଯାଇଛନ୍ତି ବିଚ୍ଛିନ୍ନ।

ରବୀନ୍ଦ୍ରନାଥଙ୍କ ପ୍ରତିଷ୍ଠିତ ସାଧନାତୀର୍ଥ ଶାନ୍ତି ନିକେତନରେ ଯେଉଁମାନେ ଅଧ୍ୟୟନରତ ସେମାନଙ୍କ ଚେତନାର ସ୍ତର ଅଧିକ ଉନ୍ନତ ଓ ପରିଶୀଳିତ ହୋଇଥିବ ବୋଲି ଆଶା କରିବା କ'ଣ ମୂଲ୍ୟହୀନ ? ବିଶ୍ୱଭାରତୀରେ ଅଧ୍ୟୟନ କରି ଯେଉଁମାନେ ସମାଜକୁ ପରିବର୍ତ୍ତନ କରିବାର କଳ୍ପନାରେ ଭାବାବିଷ୍ଟ ନୁହଁନ୍ତି ସେମାନେ କିପରି

ହୋଇପାରିବେ ଆଦର୍ଶ ପ୍ରେମିକ ପ୍ରେମିକା ବା ପତିପତ୍ନୀ? କେବଳ ନିଜର ସୁଖ ଓ ସମୃଦ୍ଧି ପାଇଁ ଯେଉଁମାନେ ଚିନ୍ତିତ ଓ ସ୍ୱଦେଶର ପ୍ରଗତିରେ ଅଂଶ ଗ୍ରହଣ କରିବାକୁ ଅନିଚ୍ଛୁକ ସେମାନଙ୍କଠାରୁ କିପରି ଆଶା କରାଯାଇପାରିବ ଇନ୍ଦ୍ରିୟାତୀତ ଉପଲବ୍ଧି? ଏହି ଶାନ୍ତ ଓ ସୁଶୀତଳ ବାତାବରଣରେ ଜୀବନ ନିର୍ବାହ କରି ସ୍ୱଦେଶ ବା ପୃଥିବୀର ମହାନ୍ ତ୍ୟାଗପୂତ ଜୀବନର ଅଧିକାରୀ କୃତୀ ସନ୍ତାନମାନଙ୍କ ଜୀବନଧାରା ପ୍ରତି ଯେଉଁମାନେ ଆକର୍ଷଣ ଅନୁଭବ କରିପାରନ୍ତି ନାହିଁ ଓ ତଦନୁଯାୟୀ ଉଚ୍ଚକୋଟୀର ଚେତନା ସମ୍ପନ୍ନ ଜୀବନସାଥୀ ନିର୍ବାଚନ କରିପାରନ୍ତି ନାହିଁ ସେହିପରି ପର୍ଯ୍ୟାୟଭୁକ୍ତ ପ୍ରେମିକ ପ୍ରେମିକାଙ୍କୁ ଚିରନ୍ତନ ଓ ଶାଶ୍ୱତ ପ୍ରେମର ସଂକେତ ବୋଲି କଦାପି ଗ୍ରହଣ ଓ ସମର୍ଥନ କରାଯାଇପାରିବ ନାହିଁ । ଶାନ୍ତି ନିକେତନର ଛାତ୍ରଛାତ୍ରୀମାନେ ନିଜର ଅଧ୍ୟୟନ ସମାପ୍ତ କରିବା ପରେ ସମାଜ ସହିତ ନିଜକୁ ଖାପଖୁଆଇ ସବୁକିଛି ଅମାନବୀୟ ରୀତିନୀତିକୁ ମାନିନେବେ ନା ଏ ସମାଜର ମୋଡ଼ ପରିବର୍ତ୍ତନ କରିବା ପାଇଁ ଚେଷ୍ଟିତ ହେବେ- ସେହି ନିଷ୍ପତ୍ତି ଉପରେ ନିର୍ଭର କରୁଛି ସେମାନଙ୍କ ଶିକ୍ଷା ଦୀକ୍ଷାର ପ୍ରେରଣା ରହିଛି କେଉଁ ସ୍ତରରେ । ରବୀନ୍ଦ୍ର ଏଠାରେ ନିଷ୍ପ୍ରାଣ ଯନ୍ତ୍ର-ମଣିଷ ନିର୍ମାଣ ନିମିତ୍ତ କାରଖାନା ପ୍ରତିଷ୍ଠା କରିଯାଇନାହାନ୍ତି । ତାଙ୍କ ଅନ୍ତରର ଅଭିଳାଷ ହୃଦୟଙ୍ଗମ କରିବା ପାଇଁ ଚାହିଁବା ଓ ସେହି ଭାବଧାରାରେ ଅନୁପ୍ରାଣିତ ହେବା ହେଉଛି ଏହି ପବିତ୍ର ଭୂମିରେ ଶିକ୍ଷାଲାଭ କରିବାର ମହତ୍ ଲକ୍ଷ୍ୟ । ସବୁ ଛାତ୍ରଛାତ୍ରୀ ଯେ ହେବେ ଏକାପରି ତାହା ନୁହେଁ । ପ୍ରତ୍ୟେକଙ୍କର ବ୍ୟକ୍ତିତ୍ୱ ସ୍ୱତନ୍ତ୍ର । ସେହି ସ୍ୱାତନ୍ତ୍ର୍ୟକୁ ଜାଗ୍ରତ କରିଦେବାର ପ୍ରେରଣା ଭୂମିରେ ନିଜ ଅନ୍ତରାତ୍ମାର ଆକାଂକ୍ଷା ଅନୁସାରେ ଆପଣାକୁ ଗଢ଼ିବା ହେଉଛି ପ୍ରକୃତ ଆହ୍ୱାନ । ଏହାକୁ ଯେଉଁମାନେ ଯଥାର୍ଥ ଭାବରେ ହୃଦୟଙ୍ଗମ କରିପାରିବେ ସେମାନେ ସିନା ହୋଇପାରିବେ ଆଦର୍ଶ ପ୍ରଣୟୀ ଓ ପ୍ରଣୟିନୀ। ସାଂପ୍ରତିକ ପରିସ୍ଥିତିରେ ପ୍ରେମ ନାମରେ ଯେଉଁ ହିଂସା, ପ୍ରତିଶୋଧ ପରାୟଣତା ଓ ଜଣକ ଉପରେ ଜୋର୍ ଜବରଦସ୍ତି ଅଧିକାର ସାବ୍ୟସ୍ତ କରିବାର ନିଷ୍ଠୁରତା ଯେପରି ପ୍ରଦର୍ଶିତ ହେଉଛି ତା'ଠାରୁ ଶାନ୍ତିନିକେତନ ଯେ ହେବ ସମ୍ପୂର୍ଣ୍ଣ ଭିନ୍ନ ଚେତନାର ଉଦାହରଣ- ଏକଥା କ'ଣ ଆଶା କରିବା ଅର୍ଥହୀନ? ନିଜସ୍ୱ ବ୍ୟକ୍ତିତ୍ୱ ଗଠନ ନିମିତ୍ତ ଯେଉଁ ଶିକ୍ଷାନୁଷ୍ଠାନ ହୋଇଛି ପ୍ରତିଷ୍ଠିତ ସେଥିରୁ ଶିକ୍ଷାର୍ଜନ କରିସାରିବା ପରେ ପ୍ରତ୍ୟେକଟି ଶିକ୍ଷାର୍ଥୀଙ୍କ ଚେତନା ସ୍ତରରେ ଘଟିଯାଇଥିବ ଯଦି ଏକ ଉତ୍କ୍ରମଣ, ତା'ହେଲେ ବୁଝିବାକୁ ହେବ ଯେ ସେମାନେ ପ୍ରେମର ମହତ୍ତ୍ୱ ଆକଳନରେ ହୋଇପାରିଛନ୍ତି କିଞ୍ଚିତ୍ ସମର୍ଥ । କେବଳ ଇନ୍ଦ୍ରିୟର ଉତ୍ତେଜନା ଯେ ପ୍ରେମ ନୁହେଁ, ଏହା ଲକ୍ଷ ଲକ୍ଷଥର ପ୍ରତିପାଦିତ ହୋଇଯିବା ପରେ ତଥାପି ଇନ୍ଦ୍ରିୟୋତ୍ତର ଉପଲବ୍ଧି ପାଇଁ ଅନ୍ତରାତ୍ମା ସଚେତନ

ନହେବା ହେଉଛି ସବୁଠାରୁ ବଡ଼ ଦୁର୍ଭାଗ୍ୟ । ଯେଉଁ ଶାନ୍ତିନିକେତନ ବିଶ୍ୱ ପ୍ରେମର ବାର୍ତ୍ତା ପ୍ରଦାନ କରୁଛି ନିରନ୍ତର, ସେଥିରେ ଅଧ୍ୟୟନରତନ ଛାତ୍ରଛାତ୍ରୀମାନେ ପରିଣତ ହେବେ ଯେତେବେଳେ ପ୍ରକୃତ ବିଶ୍ୱ-ପ୍ରେମିକ ଭାବରେ ସେତେବେଳେ ହିଁ ସେମାନଙ୍କ ବ୍ୟକ୍ତିଗତ ପ୍ରେମାନୁରକ୍ତି ସମର୍ପିତ ହୋଇଯାଇପାରିବ ବିଶ୍ୱ-ହିତ ନିମିତ୍ତ । ତେଣୁ ରବୀନ୍ଦ୍ର-କଳ୍ପିତ ଏହି ପୃଥିବୀ ପାଇଁ ନିଜକୁ ଉପଯୁକ୍ତ କରି ଗଢ଼ିବାର ଆହ୍ୱାନ ଶୁଣିପାରିବା ହେଉଛି ପ୍ରେମର ପ୍ରଥମ ପାହାଚରେ ପାଦ ଦେବା । ଏଥିପାଇଁ ପାହାଚକୁ ପାହାଚ ଅତିକ୍ରମ କରିବା ଲାଗି ପ୍ରତିଟି ପାଦ ହେଉ ଅସାଧାରଣ ଶକ୍ତି-ସମ୍ପନ୍ନ, ଏହାହିଁ ଆମର ପ୍ରେମପୂର୍ଣ୍ଣ ପ୍ରାର୍ଥନା ଶାଶ୍ୱତ ଓ ଚିରନ୍ତନ ପ୍ରେମର ଦେବତାଙ୍କ ନିକଟରେ ।

■

ନୀରବତା ଓ ପରିଚ୍ଛନ୍ନତା: ଶାନ୍ତିନିକେତନର ବାର୍ତ୍ତା

ଶାନ୍ତିନିକେତନ ମଧ୍ୟକୁ ପ୍ରବେଶ କଲେ ଯାହା ଦୃଷ୍ଟି ଆକର୍ଷଣ କରେ ଅତ୍ୟନ୍ତ ଶକ୍ତିଶାଳୀ ଭାବରେ ତାହା ହେଲା "ଛତିମତଲା"। ମହର୍ଷି ଦେବେନ୍ଦ୍ରନାଥ ଠାକୁରଙ୍କ ଦ୍ୱାରା ପ୍ରତିଷ୍ଠିତ ଧ୍ୟାନ ଓ ପ୍ରାର୍ଥନାର ପବିତ୍ର ସ୍ଥଳ । ଏ ମାଟିର ରହିଛି ଏକ ସ୍ୱତନ୍ତ୍ର ମହିମା । ରହିଛି ସେପରି ଏକ ସ୍ୱତନ୍ତ୍ର ବାସ୍ନା ଯାହା ଘ୍ରାଣେନ୍ଦ୍ରିୟ ଦ୍ୱାରା କେବଳ ଅନୁଭବ କରିହୁଏନା । ଏହି ସୁଗନ୍ଧର ଆଘ୍ରାଣ କରିବା ସମ୍ଭବ ହୁଏ ସେତେବେଳେ, ଯେତେବେଳେ ନିବିଡ଼ ନୀରବତାର ସ୍ତରକୁ ଉତ୍ତୋଳିତ ହୋଇଯାଏ କୌଣସି ଦର୍ଶକ। କି ମନୋମୁଗ୍ଧକର ବୃକ୍ଷଗୁଡ଼ିକର ଆବାହନ ! ପ୍ରତିଟି ସବୁଜ ପତ୍ର ସତେକି ଧ୍ୟାନମଗ୍ନ । ଯେଉଁଠି ସ୍ୱୟଂ ପ୍ରକୃତି ଧ୍ୟାନ ନିବିଷ୍ଟ, ତା'ର ସ୍ନିଗ୍ଧ ଶୀତଳ ଛାୟାଛନ୍ନ ଭୂମିରେ ମଧ୍ୟ ସ୍ପନ୍ଦିତ ହେଉଥାଏ ଧରିତ୍ରୀ ମାତାର ନୀରବ ଯୋଗ ସାଧନା । ଏଠାରେ ସ୍ଥାପିତ ସୂଚନା ଫଳକରେ ସ୍ପଷ୍ଟ ଭାବରେ ଲିପିବଦ୍ଧ ହୋଇ ରହିଛି ନୀରବତା ଓ ପରିଚ୍ଛନ୍ନତା ରକ୍ଷା କରିବାର ଚିରନ୍ତନ ସନ୍ଦେହ । ଏହି ବାତାରଣ ମଧ୍ୟକୁ ପ୍ରବେଶ କରିବା ମାତ୍ରକେ ଶାନ୍ତିର ଏକ ଗଭୀର ଆଶ୍ଳେଷ ଦର୍ଶକକୁ ମନ୍ତ୍ରମୁଗ୍ଧ କରିଦିଏ । ଦେବେନ୍ଦ୍ରନାଥ ଠାକୁରଙ୍କ ଉଚ୍ଚାରିତ ଶବ୍ଦ, ଶ୍ଳୋକ କିମ୍ବା ଅନୁଚ୍ଚାରିତ ଅନୁଭବ ଶୁଣି ହୁଏ। ସେ ସମୟରେ କିଏ କେବେ ଯଦି ହୋଇଯାଏ ସାଧନାମଗ୍ନ ତା'ହେଲେ ଉନ୍ମୁକ୍ତ ହୋଇଯାଏ ତା' ନିମନ୍ତେ ଅସଂଖ୍ୟ ଉପଲବ୍ଧିର ଅନେକ ଉପବନ । ଛତିମତାଲା ବାହାରକୁ ଦେଖାଯାଏ ଯେତିକି ମନୋରମ, ତା'ଠାରୁ କାହିଁ କେତେ ଗୁଣରେ ଅଧିକରୁ ଅଧିକ ସୂକ୍ଷ୍ମ ସୌନ୍ଦର୍ଯ୍ୟରେ ଭରି ରହିଛି ଶାନ୍ତିନିକେତନର ଶୁଭଙ୍କର ଦିଗ୍‌ଦର୍ଶନ ।

ମୁଁ ଏହି ଦୃଶ୍ୟାବଳୀକୁ ଦେଖିଛି । ମାତ୍ର ମୁଁ ନିଜ ସ୍ଥୂଳ ଆଖିରେ ନ ଦେଖି

ଅନ୍ତଃଚକ୍ଷୁରେ ଦେଖିପାରେ ତାହାର ବର୍ହିଭାଗରେ ପ୍ରତିଫଳିତ ହେଉଛି ଅନ୍ତର୍ଜଗତର କେତେ ନା କେତେ ଉଦ୍‌ବୁଦ୍ଧ ଓ ପରିଶୁଦ୍ଧ ହେବାର ଅପୂର୍ବ ସୌନ୍ଦର୍ଯ୍ୟ । ଦେବେନ୍ଦ୍ରନାଥ ଓ ରବୀନ୍ଦ୍ରନାଥ ଉଭୟେ ଥିଲେ ଯେତିକି ନିବେଦିତ ଆତ୍ମାର ପ୍ରତୀକ, ତାହାର ଇଙ୍ଗିତ ପ୍ରଦାନ କରୁଥାଏ ନବ-ଦୁର୍ବାଦଳର ସୁକୋମଳ ଅସ୍ତିତ୍ୱ ମଧ୍ୟ । ଦେବେନ୍ଦ୍ରନାଥ ରହୁଥିଲେ ଯେପରି ଧ୍ୟାନରତ ତାହା ମହାକାଳ ମଧ୍ୟ କରିପାରି ନାହିଁ ପ୍ରତିହତ । ସେଇ କାରଣରୁ ଏବେ ମଧ୍ୟ ଯେ କେହି ଆନ୍ତରିକ ଭାବରେ ସଂଯୁକ୍ତ ହୋଇଯିବ ସେହି ମହିମ୍ନ ଧ୍ୟାନାବସ୍ଥା ସହିତ ସିଏ ତା'ର ଅନ୍ତର୍ଚକ୍ଷୁରେ ଦେଖିପାରିବ ଦେବେନ୍ଦ୍ରନାଥଙ୍କ ସୂକ୍ଷ୍ମ ଆଧାରର ଉପସ୍ଥିତି । ଯେଉଁ ନୀରବତା ଓ ପରିଛନ୍ନତାର କଥା ଲିଖିତ ହୋଇଛି ତାହା ଏକ ସତର୍କତା ମୂଳକ ସଂକେତ ମାତ୍ର । ଯାହା ଅଲିଖିତ ଭାବରେ ବିଦ୍ୟମାନ ରହିଛି ପରିବେଶରେ ତାକୁ କହିବା ପାଇଁ ଆବଶ୍ୟକ ହେବ ଯେଉଁ ଆତ୍ମାନୁସନ୍ଧାନର ଭାଷା ତାକୁ ଆୟତ୍ତ କରିପାରିଥାନ୍ତି କେତେଜଣ ସୁନିର୍ବାଚିତ ସାଧକ ମାତ୍ର । ଅତ୍ୟନ୍ତ ନୀରବ ନିଃସ୍ତବ୍ଧ ବେଳାରେ କିମ୍ବା ଜହ୍ନରାତିର ଅଖଣ୍ଡ ନୀରବତା ମଧ୍ୟରେ କେହି ଏକୁଟିଆ ଦଣ୍ଡାୟମାନ ହେବ 'ଛତିମତଳା ପ୍ରଦେଶ ପଥରେ କେବଳ; ତା' ଭିତରକୁ ପ୍ରବେଶ କରିବ ଅନାୟାସରେ ସ୍ୱୟଂ 'ଛତିମତଳା' । ସେହି ସ୍ଥାନକୁ ସର୍ବସାଧାରଣଙ୍କୁ ପ୍ରବେଶ କରିବା ପାଇଁ ଯେଉଁ ନିଷେଧାଜ୍ଞା ଲିଖିତ ହୋଇଛି ତାକୁ ମାନିନେବ ମାନବ-ମାନସ । କିନ୍ତୁ ସ୍ୱୟଂ ଛତିମତଳା କାହା ମଧ୍ୟକୁ କରିବ ପ୍ରବେଶ ସେ ସମ୍ପର୍କରେ ଲିଖିତ ହୋଇପାରିବ ନାହିଁ କୌଣସି ସନ୍ଦେଶ । ମଣିଷ ଭଗବାନଙ୍କ ନିକଟକୁ ଯାତ୍ରା କରିବା ପାଇଁ ଗୋଟିଏ ପାଦ ଆଗକୁ ବଢ଼ିଲେ ସମ୍ମୁଖରୁ ଭଗବାନ ଦଶପାଦ ଆଗେଇ ଆସନ୍ତି ତାଙ୍କୁ ନିଷ୍କପଟ ଭାବରେ ଭଲ ପାଉଥିବା ଭକ୍ତ ନିକଟକୁ । ଠିକ୍ ସେହିପରି 'ଛତିମତଳା'ର ବିସ୍ତୃତ ଇଲାକା ମଧ୍ୟକୁ ପ୍ରବେଶ କରିବା ପାଇଁ ଦିଆଯାଇ ନାହିଁ ଅନୁମତି । ମାତ୍ର କେଉଁ ମଣିଷର ହୃଦୟ ମଧ୍ୟକୁ 'ଛତିମତଳା' ନିଜେ ଚାହିଁବ ପ୍ରବେଶ କରିବା ପାଇଁ, ତା' ଲାଗି କେଉଁ ଅନୁମତି କାହାଠାରୁ ବା ଲୋଡ଼ା ହେବ ? 'ଛତିମତଳା' ଅଞ୍ଚଳକୁ କେହି ଯେପରି ମନେ ନକରନ୍ତି ଯେ ଏହା ଜୀବନ-ସ୍ପନ୍ଦନ-ରହିତ ଏକ ସାଧାରଣ ଭୂମି ବା ବୃକ୍ଷବର୍ଗଙ୍କ ଅଚେତନ ସମାବେଶ ବୋଲି । ଏହି ସୁନିର୍ଦ୍ଦିଷ୍ଟ କ୍ଷେତ୍ରରେ ସନ୍ନିହିତ ହୋଇ ରହିଛି ଏପରି କିଛି ଅଜଣା ଶକ୍ତି, ଯାହା ପ୍ରତି ମୁହୂର୍ତ୍ତରେ ଅନ୍ୱେଷଣ କରୁଥାଏ ଉପଯୁକ୍ତ ଆଧାରକୁ, ଯାହା ମଧ୍ୟକୁ ସେ ସିଧାସଳଖ ଯାତ୍ରା କରିପାରିବ ଓ ତାକୁ ନିଜର ବାହନ ଭାବରେ ବ୍ୟବହାର କରିପାରିବ ସ୍ୱଚ୍ଛନ୍ଦ ଭାବରେ ।

ଶାନ୍ତିନିକେତନକୁ ଯେଉଁମାନେ ଯାଆନ୍ତି ଶିକ୍ଷାଦାନ, ଶିକ୍ଷାଗ୍ରହଣ ଏବଂ ଡିଗ୍ରୀ ପ୍ରାପ୍ତି ନିମିତ୍ତ ସେମାନଙ୍କୁ ଦେବେନ୍ଦ୍ରନାଥଙ୍କ ଦ୍ୱାରା ପ୍ରତିଷ୍ଠିତ 'ଛତିମତଳା' କେବେ

ହେଲେ ନିର୍ବାଚିତ କରିପାରିବ ନାହିଁ ତାହାର ଉପଯୁକ୍ତ ଆଧାର ଭାବରେ । ଅନେକ ପରିଦର୍ଶକ ଯେଉଁ କୌତୁହଳ ନିବାରଣ କରିବା ସକାଶେ ହୁଅନ୍ତି ଉପନୀତ ସେମାନଙ୍କୁ ସ୍ପର୍ଶ ସୁଦ୍ଧା କରିପାରିବ ନାହିଁ 'ଛତିମତଳା'ର ସାମାନ୍ୟ ଛାୟା ଟିକିଏ ମଧ୍ୟ । ଦେବେନ୍ଦ୍ରନାଥ ଏହି ସୁବିସ୍ତୃତ କ୍ଷେତ୍ରଟିକୁ ରୂପାନ୍ତରିତ କରିଦେବାକୁ ଚାହିଁଥିଲେ ବ୍ରହ୍ମ ଉପାସନା ନିମିତ୍ତ । ତାଙ୍କ ପରେ ସୁପୁତ୍ର ରବୀନ୍ଦ୍ରନାଥ ଯେଉଁ ଶିକ୍ଷାୟତନର ପରିକଳ୍ପନା ଓ ନିର୍ମାଣ ସକାଶେ ପୋଷଣ କଲେ ନୂତନ ଇଚ୍ଛା ଓ ଅଭିଳାଷ ତାହା ମଧ୍ୟ ଥିଲା ଏହି ଉପାସନାର ଏକ ଅବିଚ୍ଛେଦ୍ୟ ଅଙ୍ଗ । ରବୀନ୍ଦ୍ରଙ୍କ ପରେ ଶାନ୍ତିନିକେତନରେ ଯେଉଁ ଆଧୁନିକତାର ଘଟିଲା ପ୍ରବେଶ, ସେଥିରେ ଦେବେନ୍ଦ୍ର ଓ ରବୀନ୍ଦ୍ରଙ୍କ ଉଚ୍ଚତର ପରିକଳ୍ପନା ହେଲା କେତେ ପରିମାଣରେ ବ୍ୟାହତ, ତାହାର ବିସ୍ତୃତ ଅନୁଶୀଳନ କରିଛନ୍ତି ମଧ୍ୟ ଶାନ୍ତିନିକେତନର ଏକାଧିକ ସମୀକ୍ଷକ । ପୁରୁଣା ଦିନର ଶାନ୍ତିନିକେତନକୁ ଫେରି ନପାଇ ସେମାନେ ହୋଇଛନ୍ତି ହତାଶା ଜର୍ଜରିତ । ଏହି କାରଣ ପାଇଁ ବିତ୍ତଲୋଭୀ, ଡିଗ୍ରୀ ଲୋଭୀ, ପଦପଦବୀ ପ୍ରତି ଆସକ୍ତ ପ୍ରେତାତ୍ମା ପର୍ଯ୍ୟାୟର ମାନବରୂପୀ ପ୍ରାଣହୀନ, ଶୁଭାକାଂକ୍ଷା ବିହୀନ କେବଳ ମାନବ ଶରୀର ଧାରଣ କରିଥିବା ବ୍ୟକ୍ତିମାନଙ୍କ ପ୍ରତି ରାବୀନ୍ଦ୍ରିକ ସମ୍ବେଦନାର ଧାରା ହୋଇଗଲା ସ୍ଥଗିତ। ତେବେ ଯେଉଁ ଆଧୁନିକତା ବର୍ତ୍ତମାନ ସମଗ୍ର ବିଶ୍ୱକୁ କରିଛି କବଳିତ ସେଥିରୁ ଶାନ୍ତିନିକେତନକୁ ସୁରକ୍ଷା ଦେଇପାରିବ କିଏ ? ଏହା ସତ୍ତ୍ୱେ ଦେବେନ୍ଦ୍ର-ରବୀନ୍ଦ୍ରଙ୍କ ଯୁଗ ଯୁଗର ସାଧନା ଯଦି ହୁଏ ନିଷ୍ଫଳ ସେଥିପାଇଁ 'ଛତିମତଳା'ରେ ନିଶ୍ଚୟ ଛାଇଯିବ ଔଦାସ୍ୟର ପରସ୍ତ ପରସ୍ତ ଆବର୍ଜନା। ଏହାର ବାହ୍ୟ ପରିଚ୍ଛନ୍ନତାକୁ ସେମାନେ ପ୍ରଦାନ କରିବେ ଅଗ୍ରାଧିକାର ଭିତ୍ତିରେ ଶ୍ରେଷ୍ଠ ଗୁରୁତ୍ୱ । ଏହା ନିଷ୍ଠାର ସହିତ କେହି ଯଦି ହୃଦୟଙ୍ଗମ କରିପାରନ୍ତି ତା'ହେଲେ 'ଛତିମତଳା' ହେଉଛି ସମ୍ପୂର୍ଣ୍ଣ ଭାବରେ ତାଙ୍କର । ଏଭଳି ଉପଯୁକ୍ତ ଆଧାରମାନଙ୍କୁ ନୀରବରେ ଛତିମତଳା ପାଇବାକୁ ଯେପରି ବ୍ୟାକୁଳ ତାହା ବୁଝିପାରିବାର ଶକ୍ତି କଣିକା ଉତ୍ପନ୍ନ ହେଲେ ଆମେ ଯଥାର୍ଥ ଭାବରେ ନୀରବତା ଓ ପରିଚ୍ଛନ୍ନତାର ଅନ୍ତର୍ନିହିତ ଅର୍ଥ ଉପଲବ୍ଧିରେ ସକ୍ଷମ ହୋଇପାରିବା । ଆଉ ସେହି ନିର୍ମଳ ଅନ୍ତର ମଧ୍ୟକୁ 'ଛତିମତଳା'ର ସୂକ୍ଷ୍ମ ଶକ୍ତି ସଞ୍ଚରିତ ହୋଇ ଆସିବ ସ୍ୱତଃସ୍ଫୂର୍ତ୍ତ ଭାବରେ ନିଶ୍ଚୟ ।

■

ଶାନ୍ତିନିକେତନ : ଅନାହତ ଅନ୍ତର୍ଧ୍ୱନି

ଶାନ୍ତିନିକେତନ ପରିସରକୁ ପ୍ରବେଶ କରିବା ମାତ୍ରକେ ହୃଦୟ ଅଭ୍ୟନ୍ତରରେ ଶ୍ରୁତ ହୁଏ ଏକ ଏପରି ସୂକ୍ଷ୍ମ ଧ୍ୱନି ଯାହା ପ୍ରତିଟି ଥରର ଯାତ୍ରା ବେଳେ ଅନୁଭବ କରିପାରିଛି ଅତ୍ୟନ୍ତ ନିବିଡ଼ ଭାବରେ । ଏହି ସାଙ୍ଗୀତିକ ଧ୍ୱନିର ବ୍ୟାଖ୍ୟା ବା ବିଶ୍ଳେଷଣ କରିବା ମୋର ଲକ୍ଷ୍ୟ ନୁହେଁ ଓ ତାହା ଯଥାର୍ଥ ଭାବରେ ପ୍ରକାଶ କରିବାକୁ ମଧ୍ୟ ମୁଁ ଆଦୌ ସମର୍ଥ ନୁହେଁ । ଶାନ୍ତି ନିକେତନର ଗହନ ବୃକ୍ଷଛାୟା କେତେ ଶାନ୍ତି ପ୍ରଦାୟକ !! ଏଠି ପ୍ରତିଟି ପକ୍ଷୀଙ୍କ କୂଜନ ମଧ୍ୟରେ ଭରି ରହିଥାଏ ବୀଣାବାଦନର ମଧୁରତା ଠାରୁ ଆହୁରି କେତେ ଗୁଣରେ ଅଧିକ ମାଦକତା। ଏହାର ଯେକୌଣସି ସ୍ଥାନରେ ଇଚ୍ଛା ହୁଏ ଏକୁଟିଆ ବସି ରହନ୍ତି ସୁଦୀର୍ଘ ସମୟ ବ୍ୟାପୀ । ସେପରି ସୁଯୋଗ କ'ଣ ମିଳିଛି ? ସର୍ବଦା ଯିବା ଆସିବାକୁ ପଡ଼ିଛି କାହାରି ନା କାହାରି ସହିତ । ମନେ ମନେ ଭାବେ ଯେ ମୁଁ ଯଦି ଶାନ୍ତି ନିକେତନରେ ରହନ୍ତି ବର୍ଷ ବର୍ଷ ବ୍ୟାପୀ, ତା'ହେଲେ ମୋର ସୁବିଧା ଓ ସମୟ ଦେଖି ଏକାକୀ ହିଁ ଘୂରି ବୁଲନ୍ତି ଏହି ସ୍ନିଗ୍ଧ ସ୍ୱର୍ଗରେ । ଯେଉଁଠି ଇଚ୍ଛା ସେଠି ବସି ରହନ୍ତି । ଭାବ ବିନିମୟ କରନ୍ତି ପ୍ରତିଟି ବୃକ୍ଷଲତାଙ୍କ ସହିତ । ନାନା ରଙ୍ଗର ପକ୍ଷୀ ଓ ଫୁଲମାନଙ୍କ ସହିତ । କେଉଁଠି ଯଦି ବହି ଯାଉଛି ଛୋଟରୁ ଅତି ଛୋଟ ସ୍ୱଚ୍ଛ ଜଳଧାରାଟିଏ ତାହାକୁ ଘଣ୍ଟା ଘଣ୍ଟା ଧରି ଅନାଇ ରହନ୍ତି ପ୍ରେମରେ ପଡ଼ିଥିବା ନାୟକଟିଏ ପରି । କେତେବେଳେ ମାଟି ଉପରେ କଅଁଳି ଉଠିଥିବା ଦୂବଘାସଙ୍କ ଶେଯରେ ଶୋଇ ପଡ଼ନ୍ତି ନିଦ୍ରାଭିଭୂତ ହୋଇ । ସେହି ତନ୍ଦ୍ରାଚ୍ଛନ୍ନତା ମଧ୍ୟରେ ଦେଖନ୍ତି ମନ ଚାହୁଁଥିବା ସ୍ୱପ୍ନ । ସୁନୀଳ ଆକାଶ ବକ୍ଷକୁ ଅନାଇ ରହନ୍ତି ସତେ ଯେପରି ସିଏ ମୋର ଅନ୍ତରଙ୍ଗ ବନ୍ଧୁ । ଦିନ ହେଉ ବା ରାତି ହେଉ, ସୂର୍ଯ୍ୟ ହୁଅନ୍ତୁ କି ଚନ୍ଦ୍ର ହୁଅନ୍ତୁ ଅଥବା ହୋଇଥାନ୍ତୁ ଟିକିଟିକି ତାରାମାନେ ସେମାନଙ୍କ ମଧ୍ୟରୁ ଅଦୃଶ୍ୟ ଭାବରେ ଯେଉଁ ଶତସହସ୍ର ଭାବ କଣିକା ଓହ୍ଲାଇ ଆସୁଛନ୍ତି, ତାହାକୁ ନିବିଡ଼ରୁ ନିବିଡତର ଭାବରେ

ଗ୍ରହଣ କରିନେଉଥାନ୍ତି ମୋର ସଚେତନ ବା ଅବଚେତନ ମାଧ୍ୟମରେ । ବିଶ୍ୱଭାରତୀ ବିଶ୍ୱବିଦ୍ୟାଳୟର କୋଣ ଅନୁକୋଣ ପ୍ରତ୍ୟେକଟି ସ୍ଥାନର ଅସାମାନ୍ୟ ମହତ୍ତ୍ୱ ଉପଲବ୍ଧି କରିପାରନ୍ତି, ଯାହା ମୋ' ଅନ୍ତରାତ୍ମାର ଏକାନ୍ତ ସଦିଚ୍ଛା । ପ୍ରଜାପତିମାନେ ଏ ଗଛରୁ ଅନ୍ୟ ଏକ ଗଛକୁ ଉଡ଼ିଗଲାବେଳେ ତାଙ୍କ ସହିତ ଡେଣା ମେଲାଇ ମୁଁ ପରିଣତ ହୋଇଯାଆନ୍ତି ସେପରି ଏକ ରଙ୍ଗୀନ ପ୍ରଜାପତିରେ। ଶାନ୍ତିନିକେତନର ଗୁରୁ ଓ ଛାତ୍ରଛାତ୍ରୀମାନଙ୍କ ସହିତ ହୁଏ ଯେଉଁ ସ୍ୱଳ୍ପଆଳାପ ସେଥିରେ ମଧ୍ୟ ମୁଁ ଅନୁଭବ କରିଥାଏ ଅତୃପ୍ତି । ଏହି କାରଣରୁ ମୋର ମନେହୁଏ ଯେ ବୃକ୍ଷଲତା, ପକ୍ଷୀକୂଳ, ନୀଳାକାଶ ବା କ୍ଷୁଦ୍ର ଜଳଧାରା- ଏମାନଙ୍କ ସହିତ ଭାବବିନିମୟ କରିପାରିଲେ ହିଁ ଅତୃପ୍ତ ଅନ୍ତର ମୋର ତୃପ୍ତି ଲାଭ କରିପାରନ୍ତା ହୁଏତ । ଯେଉଁମାନେ ଏହି ଶାନ୍ତିନିକେତନକୁ ଦେଇଛନ୍ତି କଳାତ୍ମକ ରୂପ ସେମାନଙ୍କ ବିଶାଳ ହୃଦୟ ରହିଛି କେଉଁଠି ତାକୁ ଖୋଜି ପାରନ୍ତି ସ୍ୱାଧୀନ ଭାବରେ। ଏକୁଟିଆ ବସି ରହିଲେ ହିଁ ଆଖି ଆଗରେ ଉଦ୍ଭାସିତ ହୋଇଯାଏ ଅତୀତର ଦୃଶ୍ୟାବଳୀ- ଏହାହିଁ ଚିନ୍ତାକରି ଲାଭ କରେ ଅସୁମାରୀ ଶାନ୍ତି । ରବୀନ୍ଦ୍ରନାଥଙ୍କ ଫଟୋଚିତ୍ର ଯେତେଥର ଦେଖିଲେ ମଧ୍ୟ ଇଚ୍ଛା ହେଉଥାଏ ଦିନ ଦିନ, ମାସ ମାସ ଓ ବର୍ଷ ବର୍ଷ ବ୍ୟାପୀ ମୁଁ କେବଳ ନିର୍ନିମେଷନୟନରେ ଦେଖୁଥାନ୍ତି ତାଙ୍କର ପ୍ରତିକୃତି । ବେଳେବେଳେ ମୋର ମନେହୁଏ ଯେ ଏପରି ଅସୀମ ନୀରବତା ମଧ୍ୟରେ ରବୀନ୍ଦ୍ରଙ୍କୁ ଅନାଇ ରହିଲେ ସେହି ଫଟୋଚିତ୍ର ମଧ୍ୟରୁ ପ୍ରାଣବନ୍ତ ରବୀନ୍ଦ୍ରନାଥ ସଶରୀରେ ଓହ୍ଲାଇ ଆସିବେ ମମତାର ବନ୍ଧନରେ ମୋତେ ସଂପୂର୍ଣ୍ଣ ଭାବରେ ତାଙ୍କ ସହିତ ଏକୀଭୂତ କରିଦେଇ । ଯଦି ସେମିତି କେଉଁଠି ରବୀନ୍ଦ୍ର ରଚିତ ସଙ୍ଗୀତର ଆବୃତ୍ତି କରିବସେ, ତେବେ ମୋ ସହିତ ରବୀନ୍ଦ୍ରଙ୍କ କଣ୍ଠଧ୍ୱନି ସମ୍ମିଳିତ ହୋଇଯାଇପାରେ ଅଦ୍ଭୂତ ଭାବରେ। ଏହି ପ୍ରତ୍ୟୟରୁ ମୁଁ ବିଚ୍ଛିନ୍ନ ହେବି କାହିଁକି ? ମୂଳ କଥାଟି ହେଲା ସମଗ୍ର ଶାନ୍ତି ନିକେତନ ମଧ୍ୟରେ ମୁଁ ନିଜକୁ ହଜାଇ ଦେଇପାରିଲେ, ଶାନ୍ତି ନିକେତନ ମଧ୍ୟ ମୋ' ଭିତରେ ମିଳାଇ ନଯିବ କାହିଁକି ? ଏପରି ଅନେକ ସୂକ୍ଷ୍ମ କଳ୍ପନାରେ ସର୍ବଦା ମୁଁ ରୋମାଞ୍ଚିତ ହୋଇ ଉଠିଛି ବାରମ୍ବାର । ରବୀନ୍ଦ୍ରନାଥଙ୍କ ଜୀବନୀ ବା ରଚନା ପାଠ କରୁଥିବାବେଳେ ମୁଁ ଚାହେଁ ନିଃସଙ୍ଗ ହୋଇଯାଇପାରନ୍ତି। କାହାରି ସହିତ ସେଇ ସମୟରେ ଆଳାପ ଆଲୋଚନା ସଂପୂର୍ଣ୍ଣ ନିଷିଦ୍ଧ ବୋଲି ଲାଭ କରେ ଏକ ଅନ୍ତରୀଣ ନିର୍ଦ୍ଦେଶ। ଶାନ୍ତିନିକେତନ ଠାରୁ ବିଦାୟ ନେଇ ଆସିପାରିବା ଆଦୌ ସମ୍ଭବ ନୁହେଁ ମୋ କ୍ଷେତ୍ରରେ । ଶରୀରଟି ସିନା ବିଦାୟ ଗ୍ରହଣ କରି ପ୍ରତ୍ୟାବର୍ତ୍ତନ କରେ ଲକ୍ଷ୍ୟସ୍ଥଳକୁ । ମାତ୍ର ଯାହା ହେଉଛି ଜୀବନର ପ୍ରକୃତ ଲକ୍ଷ୍ୟ ସେହି ସ୍ଥାନରେ ଛାଡ଼ି ଆସେ ମୋ' ଭିତରର ଏପରି ଏକ ଅଂଶକୁ ଯାହା ସେଠାରେ ରହିଯାଏ ସବୁଦିନ ପାଇଁ ଓ ମୋ'

ସହିତ ତା'ର ଯୋଗଯୋଗ ରହେ ଅବ୍ୟାହତ । ତେଣୁ ଏହି ଅଞ୍ଚଳକୁ ଭାବବିମୁଗ୍ଧ ଦର୍ଶକଟିଏ ଥରେ ପ୍ରବେଶ କଲେ ଆଉ ସେଠାରୁ ପ୍ରତ୍ୟାବର୍ତ୍ତନ କରିବା ସମ୍ଭବ ନୁହେଁ । ଶାନ୍ତି ନିକେତନର ପରିମଣ୍ଡଳଟି ଭିତରେ ରହିଛନ୍ତି ଯେଉଁ ଅଦୃଶ୍ୟ ଶକ୍ତିସତ୍ତା ସେମାନେ ଗଭୀର ଭାବବନ୍ଧନରେ ବାନ୍ଧି ରଖନ୍ତି ଚିରଦିନ ପାଇଁ। ସାଧାରଣ ଚର୍ମ ଚକ୍ଷୁରେ ଦୃଶ୍ୟମାନ ହେବା ଯାହା ସମ୍ଭବ ନୁହେଁ ସେଇ ଘଟଣାଗୁଡ଼ିକ ମଧ୍ୟ ଘଟିଯାଏ ଏଠାରେ । ଊର୍ଦ୍ଧ୍ୱଲୋକରୁ କେତେ ପରୀ, ଅପସରୀ, କେତେ ଦେବଦେବୀଙ୍କ ଅବତରଣ ଘଟେ ଏଠାରେ । ଯେହେତୁ ଏହା କାହାରି ଦୃଷ୍ଟିପଥାରୂଢ଼ ହେବା ସମ୍ଭବ ନୁହେଁ ତେଣୁ କେହି ଏହାକୁ ବିଶ୍ୱାସ କରିବେ ବା କାହିଁକି ? ମାତ୍ର ସୂକ୍ଷ୍ମ ଲୋକରେ ଏପରି ବହୁ ସ୍ନିଗ୍ଧ ସତ୍ତା ରହିଛନ୍ତି, ଯେଉଁମାନେ ଅନ୍ୱେଷଣ କରୁଥାନ୍ତି ପୃଥିବୀର କେଉଁ ଭାଗରେ ବିରାଜିତ ହୋଇଛି ମନୁଷ୍ୟର ଉତ୍ତରିତ ଚେତନା । ଏହି ଚେତନାର ଆକର୍ଷଣରେ ସେମାନେ ଆଗମନ କରନ୍ତି, ନିଜେ ପରିଶୁଦ୍ଧ ହୁଅନ୍ତି ଓ ଆପଣାର ଜ୍ୟୋତିଦାନରେ ପରିବେଶକୁ ମଧ୍ୟ କରିଦିଅନ୍ତି ଆହୁରି ନିର୍ମଳ ଓ ପରିଷ୍କୃତ।

ପ୍ରଥମରୁ ଯେଉଁ ଅନ୍ତର୍ଧ୍ୱନି ଶୁଣିବାର ଅନୁଭୂତି ଉଲ୍ଲେଖ କରିଛି, ସେଇ ଧ୍ୱନି ହିଁ ଖୋଲି ଦେଉଥାଏ ଅନ୍ତର ମଧ୍ୟରେ ଗୋଟିଏ ପରେ ଗୋଟିଏ କବାଟ । ଦେଖାଇ ଦେଉଥାଏ ଗୋଟିକ ପରେ ଆଉ ଗୋଟିଏ ଦୃଶ୍ୟ । ତାହାହିଁ ସୃଷ୍ଟି କରୁଥାଏ ହୃଦୟ କନ୍ଦରରେ ଅଭିନବ ଧ୍ୱନିର ତରଙ୍ଗ, ଯାହା ଏହି ବାହାରର ପୃଥିବୀରେ ଶୁଣି ପାରିବା କଦାପି ନୁହେଁ ସମ୍ଭବ । ଏହି ଅବିଶ୍ୱାସ୍ୟ ବିଷୟ ଉଲ୍ଲେଖ କରିନଥାନ୍ତି ମୁଁ । କଲି ଏଥିପାଇଁ ଯେ ଏହା ସେହି ଅନ୍ତର୍ଧ୍ୱନିର ନିର୍ଦ୍ଦେଶ ।

ଅନ୍ତଃହୀନ ଶାନ୍ତିନିକେତନ

ଶାନ୍ତିନିକେତନରେ ଗବେଷଣାରତ ବୀଣାପାଣି ଦେବତା ୧୯୯୫ ମସିହାରୁ ୨୦୦୫ ମସିହା ପର୍ଯ୍ୟନ୍ତ ଯେଉଁ ଡାଏରୀ ଲିପିବଦ୍ଧ କରିଛନ୍ତି ତାହା 'ଅନ୍ତଃହୀନ ଶାନ୍ତିନିକେତନ' ନାମରେ ପୁସ୍ତକାକାରରେ ପ୍ରକାଶିତ ହୋଇଛି । ଏହା ପୂର୍ବରୁ ଅନ୍ତତଃ ଓଡ଼ିଆରେ ଏପରି ପୁସ୍ତକ ପ୍ରକାଶିତ ହୋଇନାହିଁ । ଡକ୍ଟର ବୀଣାପାଣି ଦେବତାଙ୍କର ଏହା ଓଡ଼ିଆ ଡାଏରୀ ସାହିତ୍ୟକୁ ଏକ ଶ୍ରେଷ୍ଠ ଅବଦାନ ଭାବରେ ନିଶ୍ଚୟ ଗ୍ରହଣ କରାଯାଇପାରିବ । ପୁସ୍ତକଟି "ବିଜୟିନୀ ପବ୍ଲିକେସନ୍ସ' ପକ୍ଷରୁ ୨୦୦୮ ମସିହାରେ ପ୍ରକାଶିତ ହୋଇଛି । ମାତ୍ର ଏପରି ଏକ ଶ୍ରେଷ୍ଠକୃତି ପାଠକମାନଙ୍କର ଯେପରି ସୁଦୃଷ୍ଟି ଆକର୍ଷଣ କରିବା ସ୍ୱାଭାବିକ, ତାହା ପ୍ରକୃତରେ ସମ୍ଭବ ହୋଇପାରିନାହିଁ। ଏପରିକି ଏହାର ଆଶାନୁରୂପ ଆଲୋଚନା ମଧ୍ୟ ଅନୁପସ୍ଥିତ ।

ଡକ୍ଟର ବୀଣାପାଣି ଦେବତା ଶାନ୍ତିନିକେତନକୁ ସୁଦୀର୍ଘ ଦଶବର୍ଷ କାଳ ଯେପରି ନିବିଡ଼ ଭାବରେ ଅନୁଭବ ଓ ଅନୁଧ୍ୟାନ କରିଛନ୍ତି ତାହାର ପ୍ରାଣବନ୍ତ ସ୍ପନ୍ଦନରେ ଏ ପୁସ୍ତକର ପ୍ରତିଟି ପୃଷ୍ଠା ହୋଇଯାଇଛି ପ୍ରେରଣାଦୀପ୍ତ। ଭୂମିକାରେ ତାଙ୍କ ବର୍ଣ୍ଣନାରୁ କିଛି ଅଂଶ ଉଦ୍ଧାର କଲେ ବୁଝି ହେବ ଯେ ଶାନ୍ତି ନିକେତନ ସହିତ ବୀଣାପାଣିଙ୍କ ବନ୍ଧନ କେତେ ଘନିଷ୍ଠ । ସେ ଲେଖିଛନ୍ତି ଯେ "ଶାନ୍ତି ନିକେତନ ମୋ' ଘରର ହୃଦୟ। ମୋର ହୃଦୟର ଘର ... ବିଶ୍ୱଭାରତୀର କ୍ୟାମ୍ପସ୍ ଜୀବନ ନିଆରା, ଏଠି ଛାତ୍ର ପାଇଁ ଖାଲି ଅଧ୍ୟୟନ ତପ ନୁହେଁ ସମାଜ, ସଂସ୍କୃତି, ପ୍ରକୃତି, ଲୋକ ଜୀବନକୁ ସଙ୍ଗରେ ନେଇ ତା'ର ତପଶ୍ଚାରଣା । ତା'ର ସକାଳ, ଦ୍ୱିପ୍ରହର, ସଞ୍ଜ, ନିଶାରାତିରେ ରଙ୍ଗ ଭରିବାକୁ ସଙ୍ଗୀତରେ ମୁଖର କରିବାକୁ ଆସନ୍ତି ବିଶ୍ୱର ପ୍ରସିଦ୍ଧ ବ୍ୟକ୍ତିତ୍ୱମାନେ।" ନିଜ ଗବେଷିକା ଜୀବନରେ ସେ କେତେ ମହାନ୍ ବ୍ୟକ୍ତିତ୍ୱଙ୍କ ସଂସ୍ପର୍ଶରେ ଆସିଛନ୍ତି ତାହାର ବିରଳ ଅନୁଭୂତି ଚିତ୍ରିତ ହୋଇ ରହିଛି ଏଠାରେ । ନିୟମିତ ଡାଏରୀ ରଚନା କରିପାରିବା

କ'ଣ ସହଜ କଥା ? ବୀଣାପାଣି ଯେଉଁ ଯେଉଁ ଦିନ ଅନୁଭବ କରିଛନ୍ତି ନୂତନ କମ୍ପନ ସେ ସବୁକୁ କାରୁକାର୍ଯ୍ୟ ମଣ୍ଡିତ କରି ରୂପ ଦେଇଛନ୍ତି ମାର୍ମିକ ଭାବରେ। ୧୪ ମେ ୧୯୯୫ ବୁଦ୍ଧ ପୂର୍ଣ୍ଣିମା ଦିନ ସେ ଲେଖୁଛନ୍ତି- "ହେ ପ୍ରଶାନ୍ତ, ହେ ଗୌତମ ମୁଁ ଆଜି ଗୈରିକ ରାସ୍ତାରେ ନିତ୍ୟ ବାଟଚଲାର ଦୀକ୍ଷା ନେଲି । ମୋର ସହସ୍ର ଦୁର୍ବଳତା ଶିଥିଳତାକୁ କୋଳ କରି ନିଅ । ତୁମ ଜୀବନପାତ୍ରରୁ ଏହି ଭିକ୍ଷୁଣୀକୁ କେଇ ବିନ୍ଦୁ କରୁଣା ଦିଅ । ହେ ମହିମାମୟ, ଦାବାନଳ ଲାଗିଥିବା ଏ ଅରଣ୍ୟକୁ ଶାନ୍ତ କର ଆଖିର ଶୀତଳ ଜ୍ୟୋସ୍ନାରେ । ମୁଁ ଆଜି ଅହଙ୍କାର ସହ ଆତ୍ମସମର୍ପଣ କରୁଛି । ହେ ବୁଦ୍ଧ ମୋତେ ଗ୍ରହଣ (ପୃଷ୍ଠା-୧୫) ।"

ଶାନ୍ତି ନିକେତନରେ ଦିବସ ରାତ୍ରି ଅତିବାହିତ କଲାବେଳେ ଏପରି ଉତ୍ତରିତ ଚେତନାକୁ ଲେଖିକା ଯେତେବେଳେ ଆରୋହଣ କରିଛନ୍ତି, ସେତେବେଳେ ତାଙ୍କ ଅନ୍ତଃସ୍ଥଳର ବାସ୍ତବ ଦୃଶ୍ୟ ଚିତ୍ରାୟିତ ହୋଇଯାଇଛି । ଯଦିଓ ଏହି ଡାଏରୀ ପୁସ୍ତକରେ ବହୁ ତଥ୍ୟଯୁକ୍ତ ବିଷୟ ରହିଛି, ତା'ରି ମଧ୍ୟରୁ ଭାବନିଷ୍ଠ ମୁହୂର୍ତ୍ତମାନଙ୍କୁ ଆବିଷ୍କାର କରିବା ଏକ ଭିନ୍ନ ଉପଲବ୍ଧିର ସଂକେତ । ପୁସ୍ତକଟିକୁ ପଢୁ ପଢୁ ମୁଁ ନିଜକୁ ନିଜେ ଆବିଷ୍କାର କରି ଅପୂର୍ବ ଶିହରଣ ଅନୁଭବ କରୁଛି ମର୍ମେ ମର୍ମେ । ତାଙ୍କର ସାକ୍ଷାତ ହୋଇଛି ମୋର ପୂଜ୍ୟ ଗୁରୁଦେବ ପ୍ରଫେସର ଆଦିକନ୍ଦ ସାହୁଙ୍କ ସହିତ । ସେ ମୋ'ପରି ଏକ ସାମାନ୍ୟ ଛାତ୍ର ଉପରେ ଯେଉଁ ଅଭିମତ ଛାଡ଼ିଯାଇଛନ୍ତି ତାକୁ ଲିପିବଦ୍ଧ କରିଛନ୍ତି ବୀଣାପାଣି । ସେହି ଅଂଶଟିକକ ହେଉଛି- "ପୁଅମାନଙ୍କ ମଧ୍ୟରେ ମଣୀନ୍ଦ୍ର ମେହେର କଥା ମନେପଡ଼େ । ତା' ମଧ୍ୟରେ ଏକ ସାହିତ୍ୟିକ ସ୍ପର୍ଦ୍ଧା ରହିଛି ନମ୍ରତାରେ । ଯେଉଁ ବାକ୍ୟଟି ସେ ଉଚ୍ଚାରଣ କରିବ ପୌରୁଷଦୀପ୍ତ ସହ ଗଭୀର ଅର୍ଥବହ ହୋଇଥିବ । ଶବ୍ଦ ଅର୍ଥ ଏସବୁ ପ୍ରାଥମିକ ବିଷୟ । ମ୍ୟୁଜିକ୍ ହେଉଛି ଶ୍ରେଷ୍ଠ ସୃଷ୍ଟିର ଶେଷ କଥା ।" (ପୃଷ୍ଠା- ୨୧/୨୨)

ନିଜ କଥା ଉଲ୍ଲିଖିତ ଥିବା ବାକ୍ୟ ଉଦ୍ଧାର କରି ଏ ଲେଖକ ତା'ର ଗୌରବ ପ୍ରସାରିତ କରିବାକୁ ଯାଉନାହିଁ । ଏଭଳି ମୁହୂର୍ତ୍ତର ଦୁର୍ଲଭ ଦୀପ୍ତିକୁ ବୀଣାପାଣି ତାଙ୍କ ହୃଦୟବୀଣାରେ କିପରି ସାଇତି ରଖିଛନ୍ତି ତାହାହିଁ ଚକିତ କରିଦେବା ପରି ବିଷୟ। ଡାଏରୀ ଲେଖିବା ସମ୍ଭବ ହୁଏ ସେମାନଙ୍କ କ୍ଷେତ୍ରରେ ଯେଉଁମାନେ ହେଉଛନ୍ତି ବିପୁଳ ଧୈର୍ଯ୍ୟଶକ୍ତିର ଉଦାହରଣ । ବୀଣାପାଣିଙ୍କ ଏହି ନିରବଚ୍ଛିନ୍ନ ସାଧନା କେତେ ଯେ ମହତ୍ତ୍ୱପୂର୍ଣ୍ଣ ତାହା ଯେ କୌଣସି ପାଠକ ବା ଆଲୋଚକ ଅନୁଭବ କରିପାରିବେ ଯଥାର୍ଥ ଭାବରେ । ଏ ଡାଏରୀରୁ ଜଣାପଡ଼େ କେଉଁ କେଉଁ ବିଶିଷ୍ଟ ବ୍ୟକ୍ତି, କେଉଁ ତାରିଖରେ ଆସିଥିଲେ ଶାନ୍ତି ନିକେତନକୁ । ଏଭଳି ଦୁର୍ଲଭ ତଥ୍ୟ ଆଉ କେଉଁଠି

ଏତେ ସହଜ ଭାବରେ ପାଇବା କଦାପି ସମ୍ଭବ ନୁହେଁ। ବୀଣାପାଣି ଯଦିଓ ଲେଖିଛନ୍ତି ନିଜ କଥା; ତାଙ୍କର ପ୍ରକୃତ ଉଦ୍ଦେଶ୍ୟ ହେଉଛି ଦେଶ ବା ବିଦେଶର ବିଶିଷ୍ଟ ବ୍ୟକ୍ତିମାନଙ୍କୁ ଲିପିବଦ୍ଧ କରି ଆପଣାର ହୃଦୟକୁ ସମ୍ପ୍ରସାରିତ କରିଦେବା ଓ ପାଠକମାନଙ୍କ ଚିତ୍ତାକାଶରେ ସେହିପରି ନବନବ ଶିହରଣ ସୃଷ୍ଟି କରିବା । ବୀଣାପାଣି ସତେ ଯେମିତି ପ୍ରିୟ ପାଠକମାନଙ୍କୁ ନିଜ ସହିତ ଚଲାଇ ନେଉଛନ୍ତି ବର୍ଣ୍ଣିତ ବିଷୟର ଭାବ-ସାନ୍ନିଧ ଭିତରକୁ । ଏହା ତାଙ୍କର ଏକ ଅତୁଳନୀୟ ଆନ୍ତରିକତା ।

ଡାଏରୀ ରଚନା ହେଉଛି ଏକ ବ୍ୟକ୍ତିଗତ ବ୍ୟାପାର । ଏହି ବ୍ୟକ୍ତିନିଷ୍ଠତା ହିଁ ଯେ ରମ୍ୟରଚନାର ଆତ୍ମିକ ବିଭବ, ଏଥିରେ ସନ୍ଦେହର ଅବକାଶ କାହିଁ? ଏଭଳି ସମ୍ପୂର୍ଣ୍ଣ ବ୍ୟକ୍ତିଗତ ଆତ୍ମାନୁଭୂତିକୁ ଲେଖିବା ବେଳେ ଯେଉଁ ସାରଲ୍ୟ ଓ ତାରଲ୍ୟ ଭାବରେ ଏହା ଅନୁସିକ୍ତ ହୋଇଯିବା ସ୍ୱାଭାବିକ, ତାହା ବୀଣାପାଣିଙ୍କର ରଚନାରେ ସୁଲଭ। ବୀଣାପାଣି ଦେବତା ସାହିତ୍ୟର ଅନୁରାଗିଣୀ ଛାତ୍ରୀ । ସେ ଦୃଷ୍ଟିରୁ ସାହିତ୍ୟର ଯଥାର୍ଥ କମନୀୟତା ରହିଛି, କେଉଁ କେଉଁଠି, ତାହା ଜାଣିପାରିବା ତାଙ୍କଠାରୁ ପ୍ରତ୍ୟାଶା କରାଯାଇପାରିବ ନିଶ୍ଚୟ ।

ଏତେ ପ୍ରକାରର ଚରିତ୍ର ଓ ଘଟଣାର ସଂସ୍ପର୍ଶରେ ଆସିଛନ୍ତି ବୀଣାପାଣି ଯାହା ବାସ୍ତବିକ୍ ବିସ୍ମୟ ସୃଷ୍ଟି କରେ ପାଠକ ଭିତରେ । ଦିନ ଦିନକର ଅନୁଭୂତି ସେହିପରି ବିଗଳିତ କରିଦିଏ ଆତ୍ମିକ ସତ୍ତାଟିକୁ । ଅକ୍ଟୋବର ୩ ତାରିଖ ୧୯୯୬ ମସିହାରେ ସେ ଲେଖୁଛନ୍ତି- "ଆଜି ମାସର ପ୍ରଥମ ଗୁରୁବାର" ନିଳୟରେ ଗୀତ ପ୍ରୋଗ୍ରାମ, ଇଲିନ ଟାଙ୍କୁରା ବଜାଉଥିଲା ଆଖି ବନ୍ଦ କରି । ତପସ୍ୱିନୀ ପରି ଦିଶୁଥିଲା, ପ୍ରଶାନ୍ତ ମୁହଁ, ଧ୍ୟାନଗମ୍ଭୀର, କୋମଳ ସ୍ନିଗ୍ଧ । ପ୍ରଥମେ ମା'ଙ୍କର ପ୍ରାର୍ଥନା, ପରେ ଶ୍ରୀଅରବିନ୍ଦଙ୍କର ଗୋଟେ କବିତା ଆବୃତ୍ତି କରି ବଜାଇଲା । ଡ୍ୟୁକ୍ ସୀତାର ବଜାଉଥିଲା ... ସୀତାର ବାଲା କେଉଁ ରାଗରେ ବଜାଇଲା କେଜାଣି ମୋର ଆଖିରୁ ଲୁହ ବୋହିଗଲା । କିଏ ତୁମେ ଭିନ୍ନ ଦେଶର ଗାୟକ, କେଉଁ ଭାଷାରେ ଗୀତ ଗାଉଛ, କେଉଁ କବିଙ୍କ ରଚିତ ? ଗୀତର ଅଲୋକରେ ଗଢ଼ା ତୁମର ଆଖି, କପାଳର କୁଞ୍ଚିତ ରେଖା ଗୀତର ବେଦନାରେ ଗଢ଼ା । ସୀତାରର ତାରରେ ଅଙ୍ଗୁଳି ଚଳାଇ ତୁମେ କେଉଁ ଫୁଲ ଫୁଟାଉଛ । ଗୀତ ତୁମର ସମୁଦ୍ରର ଢେଉରେ ଦୋଳି ଖେଳି ଆସେ, ବୋହି ଆଣେ ତୁମ ପର୍ବତ ଉପରର ମେଘଖଣ୍ଡମାନ, ଭସାଇ ଆଣେ ଆମେ ଜାଣିନଥିବା ଗଛର ଛାଇ, ଫୁଲ ସୁବାସ, ପକ୍ଷୀଙ୍କ ଗୀତ। ତୁମ ଗୀତ ଦୋହଲାଇ ଦେଉଛି ଆମର ଗଛମାନଙ୍କୁ, ଶିରିଶିରି ବୋହାଇ ଦେଉଛି ରୁଦ୍ଧଶ୍ୱାସ ପବନକୁ, କିଏ ତୁମେ ଭିନ୍ନ ଦେଶର ଗାୟକ।" (ପୃଷ୍ଠା-୧୪୧) ବୀଣାପାଣିଙ୍କୁ କହିବାକୁ ଇଚ୍ଛା ହେଉଛି ଏ ଗାୟକ ଯେଉଁ ଦେଶର ସେ ଦେଶର ନାମ

ହେଲା- "ବୀଣାପାଣିଙ୍କ ହୃଦୟକନ୍ଦର" । ଯେତେବେଳେ କାହାରି କଣ୍ଠସ୍ୱର ଆମ ହୃଦୟକୁ ଉଦ୍‌ବେଳିତ କରେ ସେଇ ଗାୟକ ଆମରି ଆତ୍ମାର ଦେଶରେ ଯେ ଆବିର୍ଭୂତ, ଏକଥା କହିବା ବାହୁଲ୍ୟ ମାତ୍ର ।

ଶାନ୍ତି ନିକେତନରେ ମଞ୍ଚସ୍ଥ ହେଉଥିବା କେତେ ନାଟକ, କେତେ ସଙ୍ଗୀତ ଓ ନୃତ୍ୟର ଦୃଶ୍ୟ ବୀଣାପାଣି ଦେଖିଛନ୍ତି ହୃଦୟ ଦେଇ । ସେହିପରି 'କଳା ଭବନ'ରେ କେତେ ଚିତ୍ରାଙ୍କନ ତାଙ୍କୁ କରିଛି ଭାବ ବିଭୋର । ପାଠଭବନର ଛୋଟ ଛୋଟ ପିଲାଙ୍କ ବିଭିନ୍ନ କାର୍ଯ୍ୟକ୍ରମ ସମ୍ପର୍କରେ ତାଙ୍କ ବର୍ଣ୍ଣନା ବେଶ୍ ହୃଦ୍ୟ ଓ ମାର୍ମିକ। ଯେଉଁ ଛାତ୍ରଛାତ୍ରୀମାନଙ୍କ ସହିତ ସେ ବ୍ୟକ୍ତିଗତ ଆବେଗରେ ବନ୍ଧନଯୁକ୍ତ ସେହି ଚରିତ୍ରମାନଙ୍କ ସମ୍ପର୍କରେ ମଧ୍ୟ ଆଲୋକପାତ କରିଛନ୍ତି । ବଙ୍ଗଳାରେ 'ବାଉଲ୍‌ଗୀତ' ହେଉଛି ସୁପ୍ରସିଦ୍ଧ ଓ ଲୋକପ୍ରିୟ। ଏହି ବାଉଲ୍‌ମାନଙ୍କ ସମ୍ପର୍କରେ ତାଙ୍କର ଭାବ ଉଦ୍ଦୀପକ ବାକ୍ୟାବଳୀ ଉପରେ ଦୃଷ୍ଟିପାତ କଲେ ପାଠକର ନିଥର ଅନ୍ତର ଥରି ଉଠିବା ସ୍ୱାଭାବିକ। ୧୯୯୬ ମସିହା ଡିସେମ୍ବର ୨୫ ତାରିଖରୁ ସେ ଲେଖିଥିବା ନିମ୍ନଲିଖିତ ବାକ୍ୟ ଉପରେ ଆଖି ପକାଇବା ମାତ୍ରକେ ଯେ କେହି ଶିହରି ଉଠିବ ।

"ବାଉଲ ତୁମେ ଯେ ତାରରେ ତାର ଛୁଆଁଇ ଉଡାଇଦିଅ ପକ୍ଷୀ, ବୋହାଇ ଦିଅ ନଦୀ, କଳସୀ ହାତରେ ଘରୁ ବାହାର କରି ଆଣ ନାରୀ । ତୁମେ କିଏ ? ଉତ୍ତର ପୃଥିବୀରେ ହେ ଅନ୍ଧ ଗାୟକ ତୁମେ ଆମକୁ କେଉଁ ପୃଥିବୀର ଦୃଶ୍ୟ ଦେଖାଉଛ ? ତାରରେ ତାର ଛୁଆଁଇ ତୁମେ ଯେ ଦୋହଲାଇ ଦିଅ ଫୁଲଗଛ, ବଟବୃକ୍ଷ, କଠିନ ମଣିଷ । କେଉଁ କାଦମ୍ବରୀରେ ତୁମର ପାନ ଓ ଅବଗାହନ। ତୁମେ ଯେ ପାଦ ଚାଳନାରେ ଧୂଳି ଉଡାଅ ଫୁଲ ପରି, ଫୁଲ ପାଖୁଡ଼ାରେ ଉଡ଼ାଅ ଗୀତ, ତାରରେ ତାର ଛୁଆଁଇ ତୁମେ ଯେ ବୁଝାଇ ଦିଅ କେମିତି ଫୁଟେ ପ୍ରାଣ ପଙ୍କଜ ।" (ପୃଷ୍ଠା-୧୫୫)

ଉପରୋକ୍ତ ବର୍ଣ୍ଣନାକୁ ଯଦି କବିତା ଆକାରରେ ଲେଖି ଦିଆଯାଏ ତାହା ସ୍ୱତଃ ହୋଇଉଠିବ ଏକ ସୁରମ୍ୟ କାବ୍ୟ ପଙ୍କ୍ତି । ଅର୍ଥାତ୍ ବୀଣାପାଣି ନିଜର କାବ୍ୟିକ ଅନୁଭବକୁ ସାଥୀରେ ଧରି କିପରି ଅଗ୍ରସର ହୋଇଛନ୍ତି ଜୀବନପଥରେ ତାହାର ସୁସ୍ପଷ୍ଟ ସଂକେତ ସୁରକ୍ଷିତ କରି ଯତ୍ନର ସହିତ ସାଇତି ରଖିଛନ୍ତି ଏହି ଡାଏରୀ ରଚନା ମଧ୍ୟରେ । ଅନ୍ତର ମଧ୍ୟରେ ଜଣକର ଆନ୍ତରିକ ଶ୍ରଦ୍ଧାଭାବ ନଥିଲେ ଏପରି ପ୍ରତିଟି ବିଷୟ ଓ ପ୍ରତିଟି ଚରିତ୍ର ପ୍ରତି ସେ କେବେ ହେଲେ ନିଜସ୍ୱ ଅନ୍ତରର ସ୍ୱଚ୍ଛ ଅନୁରାଗ ନେଇ ଦେଖିପାରିନଥାନ୍ତେ। ଶାନ୍ତିନିକେତନରେ ଯେତେ ପ୍ରକାରର ଚରିତ୍ରକୁ ସାକ୍ଷାତ କରିଛନ୍ତି ସେ, ସମସ୍ତେ ଯେ ବାସ୍ତବରେ ବୀଣାପାଣିଙ୍କ ହୃଦୟକୁ ମଣ୍ଡିତ କରିଥିବେ ଏକଥା ସମ୍ଭବ ନୁହେଁ। ଅନେକ ଆଲୋଚନାରେ ପ୍ରକାଶିତ ନକରାତ୍ମକ ସମାଲୋଚନା ଉପରେ

ମଧ୍ୟ ସେ ଆଲୋକପାତ କରିଛନ୍ତି ନିରପେକ୍ଷ ଭାବରେ । ଆଉ ଏକ ରହସ୍ୟ ହେଲା ବିବାଦାସ୍ପଦ କଥାକୁ ଅଧିକ ଘଣ୍ଟାଚକଟା ନ କରି ସେ ଯାହା ସମସ୍ତଙ୍କ ପାଇଁ ପ୍ରେରଣାର ଆଧାର ହେବାକୁ ଯୋଗ୍ୟ, ସେସବୁକୁ ଉଲ୍ଲେଖ କରିଛନ୍ତି ଅନାସକ୍ତ ଭାବରେ । ଏହି କାରଣରୁ ତାଙ୍କ ନିଜର ଅଭିମତଟି ବାସ୍ତବରେ କ'ଣ ହୋଇପାରେ, ତାହାକୁ ନିର୍ଭୀକ ଭାବରେ ପ୍ରକାଶ ନକରି ଏଡାଇ ଯାଇଛନ୍ତି ସ୍ୱାଭାବିକ ରୀତିରେ । ଆଉ ଏକ ଦୃଷ୍ଟିକୋଣରୁ ଦେଖିଲେ, ଯାହାକିଛି ସୁନ୍ଦର, ସ୍ୱଚ୍ଛ ଆଉ ନମନୀୟ ତାହାକୁ ହିଁ ଗ୍ରହଣ କରିପାରିଛନ୍ତି ଉଦାର ଭାବରେ । ବେଳେବେଳେ ମନେହୁଏ ଯେ ବୀଣାପାଣି ଯଦି ସାହସିକତାର ସହିତ ସ୍ୱଅଭିମତକୁ ଉପସ୍ଥାପନ କରିପାରିଥାନ୍ତେ ତା'ହେଲେ ଏ ବହିଟିର ବୈପ୍ଳବିକ ମହତ୍ତ୍ୱ ନିଶ୍ଚିତ ଭାବରେ ବୃଦ୍ଧି ପାଇପାରିଥାନ୍ତା ।

ଯେତେବେଳେ ଯେତିକି ଇଚ୍ଛା ସେତିକି ଧାଡ଼ି ସ୍ୱାଧୀନ ଭାବରେ ସେ ଲେଖନ୍ତି । ତାହା ହିଁ ଯେପରିକି ବିଧି ନିର୍ଦ୍ଦିଷ୍ଟ । ଏଥିରେ କୌଣସି ବାଧବାଧକତାର ଉଚ୍ଚ ପ୍ରାଚୀର ଅନୁପସ୍ଥିତ । ଏହି ଡାଏରୀ ରଚନା ଶୈଳୀଟି ଏ ଦୃଷ୍ଟିରୁ ନିଶ୍ଚିତ ଭାବରେ ଏକ ଓପନ୍ ଫର୍ମ ଓ ପ୍ଲାଟ୍‌ଫର୍ମ ।

ଶାନ୍ତିନିକେତନ ସମ୍ବନ୍ଧୀୟ ଏସବୁ ଅନୁଭୂତିକୁ ବୀଣାପାଣି ଯଦି ପ୍ରତିଦିନ ଟିପି ରଖୁନଥାନ୍ତେ, ତା'ହେଲେ ପରବର୍ତ୍ତୀ ସମୟରେ ଏତେ କଥା ମନେପକାଇବା କିମ୍ବା ତାହାକୁ ଲିଖିତ ରୂପ ପ୍ରଦାନ କରିବା କେବେହେଲେ ସମ୍ଭବ ହୋଇନଥାନ୍ତା । ଯାହାବି ହେଉନା କାହିଁକି ଆପଣାର ମାନସିକ ଭାରସାମ୍ୟ ରକ୍ଷାକରି ସେ ଅଜସ୍ର ଅନୁଭୂତି ଯେ ରୂପାୟିତ କରି ପାରିଛନ୍ତି ଏହା ଏକ ମହାନ୍ ସଫଳତା ନିଶ୍ଚିତ ଭାବରେ । ଯେଉଁମାନେ ଶାନ୍ତିନିକେତନରେ ରହି ମଧ୍ୟ ଏପରି ଡାଏରୀ ରଚନା କରିବା ସମ୍ଭବ ହୋଇପାରିନାହିଁ, ସେମାନେ ବୀଣାପାଣିଙ୍କ ଲେଖା ମଧ୍ୟରେ ନିଜକୁ ଆବିଷ୍କାର କରିପାରିବେ ସ୍ୱାଭାବିକ ରୂପରେ। ସତେ ଯେମିତି "ଅନ୍ତଃହୀନ ଶାନ୍ତିନିକେତନ" ଗ୍ରନ୍ଥଟି ଅସଂଖ୍ୟ ଛାତ୍ରଛାତ୍ରୀଙ୍କ ଅନ୍ତରର ଏକ ସୁସ୍ପଷ୍ଟ ପ୍ରତିଫଳନ। ସତେ ଯେପରି ବୀଣାପାଣି ଏହି ପୁସ୍ତକ ରଚନା କରିବା ଦ୍ୱାରା ସମସ୍ତଙ୍କର ସୁଯୋଗ୍ୟ ପ୍ରତିନିଧି ହେବାର ସୌଭାଗ୍ୟ ଲାଭ କରିଛନ୍ତି। ଯାହାଯାହା ବୀଣାପାଣି ଲେଖୁଥିଲେ ସେସବୁକୁ ଠିକ୍ ସେହିପରି ଭାବରେ ହିଁ ପ୍ରକାଶ କରିଛନ୍ତି। ଏହାଫଳରେ ଯାହାକିଛି ଯେତେବେଳେ ଲେଖି ହୋଇଯାଇଛି ତାହାକୁ ହିଁ ପ୍ରକାଶିତ ରୂପ ପ୍ରଦାନ କରିଛନ୍ତି । ଏହି କାରଣରୁ ଏ ପୁସ୍ତକର ପାଠକ ପାଠିକାମାନେ ଧୈର୍ଯ୍ୟର ସହିତ ଅଧ୍ୟୟନ କରିବାର ଆବଶ୍ୟକତା ରହିଛି। ଯେତେବେଳେ ଯେକୌଣସି ପୃଷ୍ଠା ଓଲଟାଇ ପାଠକ ପାଠିକାମାନେ ଏହାକୁ ସ୍ୱାଧୀନ ଭାବରେ ପାଠ କରିପାରିବେ ନିଶ୍ଚୟ । ଓଡ଼ିଆରେ

ଶାନ୍ତି ନିକେତନ ସମ୍ବନ୍ଧରେ ଏପରି ଡାଏରୀ ପୁସ୍ତକ ରଚନା ହେଉଛି ପ୍ରଥମ । ସେ ଦୃଷ୍ଟିରୁ ଏହାର ରହିଛି ଏକ ଗୌରବାବହ ସ୍ୱତନ୍ତ୍ର ସ୍ଥାନ ଓଡ଼ିଆ ସାହିତ୍ୟ ଜଗତରେ । ଡାଏରୀ ରଚନା ହେଉଛି ବ୍ୟକ୍ତିନିଷ୍ଠ ଉପଲବ୍ଧିର ଉନ୍ମୋଚନ । ତେଣୁ ଏହା ରମ୍ୟରଚନା ଅନ୍ତର୍ଗତ । ଓଡ଼ିଆ ରମ୍ୟରଚନା ସାହିତ୍ୟରେ ମଧ୍ୟ ଏହା ହୋଇ ରହିବ ଏକ ଚିରସ୍ମରଣୀୟ ଅବଦାନ ।

■

ନିଜ ନିଜ ଶାନ୍ତିନିକେତନ

ବିଶ୍ୱକବି ରବୀନ୍ଦ୍ରନାଥ ଠାକୁରଙ୍କ ପରିକଳ୍ପନାରେ ଯେଉଁ ଶାନ୍ତିନିକେତନ ହୋଇ ଉଠିଛି ସ୍ୱର୍ଗୀୟ ସୌନ୍ଦର୍ଯ୍ୟର ଲୀଳାସ୍ଥଳୀ ତାକୁ ଦର୍ଶନ କରିବା ଓ ତାହାକୁ ଶତଜିହ୍ୱ ହୋଇ ପ୍ରଶଂସା କରିବାରେ ଆମର କର୍ତ୍ତବ୍ୟ ଶେଷ ହୋଇଗଲା ବୋଲି ଯେଉଁମାନେ ମନେକରନ୍ତି ସେମାନେ ରବୀନ୍ଦ୍ରଙ୍କ ବାର୍ତ୍ତା ମଧ୍ୟରେ ଯେଉଁ ପ୍ରେରଣା ପରିପୂର୍ଣ୍ଣ ହୋଇ ରହିଛି ତାହାକୁ ଆବିଷ୍କାର କରିପାରନ୍ତି ନାହିଁ । ଏହି ରବୀନ୍ଦ୍ରୀୟ ଶୁଭବାର୍ତ୍ତାଟି ପ୍ରକୃତରେ ହୋଇପାରେ କ'ଣ ? ଅନ୍ୟ କିଛି ନୁହେଁ, ରବୀନ୍ଦ୍ର ନିଃଶବ୍ଦରେ ଏକଥା କହିବାକୁ ଚାହିଁଛନ୍ତି ଯେ 'ଏ ପୃଥିବୀର ଯେ କୌଣସି ସ୍ଥାନ ହୋଇପାରେ ଶାନ୍ତିନିକେତନ।' ସମଗ୍ର ପୃଥିବୀରେ ଗୋଟିଏ ଶାନ୍ତିନିକେତନ ରହିଥିବ- ଏକଥା କବି-କଳ୍ପନା ମଧ୍ୟରେ ନଥିଲା ଉପସ୍ଥିତ । ଆମେ ଯେଉଁ ଯେଉଁ ଅଞ୍ଚଳରେ ବସବାସ କରୁ, ଜୀବନ ନିର୍ବାହ କରିଥାଉ, ସେସବୁ ଅଞ୍ଚଳରେ ରହିଥିବା ପ୍ରତିକୂଳ ଓ ଜଟିଳ ପରିସ୍ଥିତିରେ ଅଣନିଃଶ୍ୱାସୀ ଅନୁଭବ କରୁ । ଇଚ୍ଛାହୁଏ ଏହି ସ୍ଥାନ ପରିତ୍ୟାଗ କରି ଯେଉଁଠି ଶାନ୍ତି ଓ ସଦ୍‌ଭାବ ବିଦ୍ୟମାନ ସେଠାକୁ ପଳାୟନ କରିବା ପାଇଁ। ଏଭଳି ମନୋବୃତ୍ତି ସଂସାରର କୌଣସି ସ୍ଥାନକୁ ପରିବର୍ତ୍ତନ କରି ଦେଇପାରିବ ନାହିଁ । ତା'ହେଲେ ଶାନ୍ତିନିକେତନକୁ ହୃଦୟ ଦେଇ ଭଲ ପାଉଥିବା ପ୍ରତିଟି ଦର୍ଶକ, ଶିକ୍ଷକ, ଛାତ୍ରଛାତ୍ରୀ, ଗବେଷକ ଗବେଷିକା ପ୍ରଭୃତିଙ୍କ କ'ଣ ରହିଛି ଭୂମିକା ତାହା ବିଚାରଯୋଗ୍ୟ ।

ଶାନ୍ତିନିକେତନରୁ ଯେଉଁମାନେ ଆନନ୍ଦରେ ଅଭିଭୂତ ହୋଇ ପ୍ରତ୍ୟାବର୍ତ୍ତନ କରନ୍ତି ନିଜ ନିଜ ଜନ୍ମଭୂମି ବା କର୍ମଭୂମିକୁ ସେଠାରେ ଯେଉଁ ପରିସ୍ଥିତି ବିରାଜିତ ତାହାରି କବଳିତ ହୋଇଯାନ୍ତି ନିମିଷକରେ। ଭୁଲିଯାଆନ୍ତି ଯେ ସେମାନେ ଶାନ୍ତିନିକେତନର ଶିକ୍ଷାର୍ଥୀ ବା ଦର୍ଶନାର୍ଥୀ । ଅପରପକ୍ଷରେ ଯେଉଁମାନେ ଏକ ଅନ୍ତର୍ଦୃଷ୍ଟି ନେଇ ନିରୀକ୍ଷଣ କରିଥାନ୍ତି ଶାନ୍ତିନିକେତନକୁ, ସେମାନେ ଉଦ୍ୟମ କରନ୍ତି ନିଜ ନିଜ

ଜନ୍ମସ୍ଥଳୀ ବା କର୍ମସ୍ଥଳୀକୁ ସେହିପରି ଭାବଗର୍ଭକ ଓ ପ୍ରେରଣାପୂର୍ଣ୍ଣ ରୂପ ପ୍ରଦାନ କରିବା ସକାଶେ । ବହୁ ବିଶିଷ୍ଟ ବ୍ୟକ୍ତି ଶାନ୍ତିନିକେତନରୁ ଫେରିଆସି ନିଜ ଜୀବନକୁ ଯେପରି ସୁସଂଗଠିତ କରିଦେଇପାରିଛନ୍ତି ତାହା ଦେଖିଲେ ବାସ୍ତବିକ ଏକ ଅନନ୍ୟ କମ୍ପନ ସୃଷ୍ଟି ହୁଏ ପ୍ରାଣରେ। ଆମେ ପ୍ରତ୍ୟେକେ କାହିଁକି ନଚାହିଁବା ଯେ ଆମ ଗ୍ରାମ, ଆମ ଅଞ୍ଚଳ ଶାନ୍ତିନିକେତନ ପରି ସମୁଜ୍ଜ୍ୱଳ ହୋଇ ଉଠୁ ବୋଲି ? ଯେଉଁମାନେ ସୃଜନଶୀଳ ଓ ବିବର୍ତ୍ତନଶୀଳ ସେଇମାନେ ହିଁ ଏପରି ଅସମ୍ଭବ କଥା ଭାବିପାରନ୍ତି ଓ ତାହାକୁ ସମ୍ଭବ କରିବା ସକାଶେ ଗ୍ରହଣ କରିଥାନ୍ତି ଅଧିନାୟକର ଦାୟିତ୍ୱ । ଆମ ସମାଜରେ ଆମେ ଅନେକ ଠାକୁର ଠାକୁରାଣୀଙ୍କୁ ପୂଜା କରୁ; ମାତ୍ର ଯାହା ବାସ୍ତବରେ ଠାକୁରଙ୍କ ଇଚ୍ଛା ତାହାକୁ କାର୍ଯ୍ୟକାରୀ କରିବା ହେଉଛି ସର୍ବଶ୍ରେଷ୍ଠ କର୍ତ୍ତବ୍ୟ ବୋଲି ଜାଣିପାରିବା ଓ ତଦନୁସାରେ ଜୀବନ-ଦର୍ଶନ ସ୍ଥିର କରିବା ହେଲା ଅସଲ ଆହ୍ୱାନ । ଶାନ୍ତିନିକେତନରେ ଥିଲା କ'ଣ ? ମହର୍ଷି ଦେବେନ୍ଦ୍ରନାଥ ଯେତେବେଳେ ଏହି ବିରାଟ ଭୂଖଣ୍ଡର ଅଧୀଶ୍ୱର ହେଲେ ସେତେବେଳେ ଚତୁର୍ଦ୍ଦିଗ ରହିଥିଲା ମହାଶୂନ୍ୟ । ଏଭଳି ଏକ ଶୂନ୍ୟତାମୟ ଭୂମିଖଣ୍ଡରେ ଯେଉଁ ଆଶା, ବିଶ୍ୱାସ, ଶ୍ରଦ୍ଧା ଓ ସମର୍ପଣର ଜୀବବପନ ସେ କଲେ, ତାହାର ଉପଯୁକ୍ତ ଯତ୍ନ ନେଇ ରବୀନ୍ଦ୍ରନାଥ ତାହାକୁ ନୂତନ ଶକ୍ତି ଓ ସ୍ନେହ ପ୍ରଦାନ କରି ରୂପାୟନ କଲେ ବିଶ୍ୱର ଏକ ଶ୍ରେଷ୍ଠ ସ୍ଥାନ ବା ପବିତ୍ର ତୀର୍ଥ ଭାବରେ । ରବୀନ୍ଦ୍ର ସଶରୀରେ ଥିବାବେଳେ ଯେପରି ପ୍ରତିଟି ଦୂବଘାସ ହୋଇ ଉଠୁଥିଲେ ଉଲ୍ଲସିତ, ତାଙ୍କ ଦେହାନ୍ତ ପରେ ତାଙ୍କରି ହିଁ ଆତ୍ମାର ସୌଷମ୍ୟ ଆହୁରି ପ୍ରଗାଢ଼ ଭାବରେ ଫୁଟି ଉଠିଲା ପତ୍ରରେ ପତ୍ରରେ, ପ୍ରତିଟି ମାଟି ଗୋଡ଼ିରେ ଆଉ ଏଠାକାର ମଣିଷମାନଙ୍କ ହୃଦୟରେ । ଶାନ୍ତିନିକେତନ ଦେଖିବା ସାର୍ଥକ ହେଲା ବୋଲି ଆମେ ସେଇଦିନ ବୁଝିବା ଯେଉଁଦିନ ଆମ ଘରଟିକୁ କରି ଦେଇପାରିବା ଶାନ୍ତିର ସଦନ। ସେହିପରି ନିଜ ଗ୍ରାମ ଅଥବା ନିଜ ଅଞ୍ଚଳକୁ ଶ୍ରୀସମ୍ପନ୍ନ କରି ଦେବାର ସ୍ୱପ୍ନପ୍ରବଣତାରେ ଯେଉଁମାନେ ହୁଅନ୍ତି ଆଚ୍ଛନ୍ନ ସେମାନେ ହିଁ ହେଉଛନ୍ତି ରବୀନ୍ଦ୍ର- ଚେତନାର ପ୍ରକୃତ ବାର୍ତ୍ତାବହ । ଆମେ ବଳିଷ୍ଠ ଯୁକ୍ତି ଦ୍ୱାରା ଏକଥା ପ୍ରମାଣ କରିଦେଇପାରିବା ଯେ ଶାନ୍ତିନିକେତନ ସଦୃଶ ପରିବେଶ ନିଜ କ୍ଷେତ୍ରରେ ସୃଷ୍ଟି କରିବା କେବଳ କଠିନ ନୁହେଁ ଅସମ୍ଭବ ମଧ୍ୟ । ଏପରି ଚିନ୍ତନ ମଣିଷକୁ ପାହାଚ ପରେ ପାହାଚ ଆରୋହଣ କରିବାର ଶକ୍ତି ଦେଇପାରେ ନାହିଁ । ସକଳ ପ୍ରକାରର ଦୁଃସ୍ଥିତି ରହିଥିଲେ ମଧ୍ୟ ଯେଉଁମାନେ ନିଜ ନିଜ ଶାନ୍ତିନିକେତନର ନିର୍ମାଣ ନିମିତ୍ତ ସମର୍ପିତ ସେମାନଙ୍କ କଣ୍ଠରୁ ହିଁ ନିର୍ଗତ ହୁଏ ଆଶା ବିଶ୍ୱାସ ସ୍ନେହ, ମମତା ଓ ଆସ୍ଥାଶୀଳତାର ସନ୍ଦେଶପୂର୍ଣ୍ଣ ହୃଦୟସ୍ପର୍ଶୀ ସଙ୍ଗୀତ ।

ତେଣୁ ସେମାନଙ୍କ ସକାଶେ ଏକ ଶ୍ରେଷ୍ଠ ଆହ୍ୱାନ ହେଲା ଯେ ଶାନ୍ତିନିକେତନର

ସୌନ୍ଦର୍ଯ୍ୟକୁ ନିଜ ଭୂମିରେ, ନିଜ ଅନ୍ତର ମଧ୍ୟରେ ନିଜ ଆତ୍ମୀୟସ୍ୱଜନ ଓ ପ୍ରତିବେଶୀମାନଙ୍କ ହୃଦୟରେ ଆବିଷ୍କାର କରିପାରିବା । ଏହି ଅନ୍ତର୍ଭେଦୀ ଆହ୍ୱାନ ଯାହାଙ୍କର କର୍ଣ୍ଣ ଗହ୍ୱରରେ ପ୍ରବେଶ କରିପାରେନା ଶାନ୍ତି ନିକେତନକୁ ସେମାନଙ୍କ ପ୍ରବେଶ ସିଧା ସଖଳ ମନା । କେବଳ ମନୋରଞ୍ଜନ ସକାଶେ ଶାନ୍ତିନିକେତନ ଦର୍ଶନର ଅଭିପ୍ରାୟ ପୋଷଣ କରିବା ଅର୍ଥହୀନ । ଏଭଳି ଏକ ଶ୍ରେଷ୍ଠ ପ୍ରେରଣାଦୀପ୍ତ ଭୂମି ଯଦି ନିଜ ଅଞ୍ଚଳକୁ ସେହିପରି ରୂପଦାନ କରିବା ସକାଶେ ଆମ ଭିତରେ ପରିଶୁଦ୍ଧ ଆବେଗ ସଂଜାତରେ ହେଲା ଅକ୍ଷମ; ତେବେ ଆଉ ଏ ବିଶ୍ୱର କୌଣସି ଶୁଭଙ୍କର ଶକ୍ତି କଣିକା ନାହିଁ ଯିଏ ପରିବର୍ତ୍ତିତ କରି ଦେଇପାରିବ ସେପରି ନାସ୍ତିକତା-ଯୁକ୍ତ ମନୁଷ୍ୟଚିତ୍ତକୁ। ରବୀନ୍ଦ୍ର ଆପଣାର ନଶ୍ୱର ଶରୀର ତ୍ୟାଗ କରି ଯିବା ପରେ ବି ଶାନ୍ତିନିକେତନର ଗୌରବ ରହିଛି ଅନାହତ । ଠିକ୍ ସେହିପରି ଯିଏ ଯେଉଁଠି ଭଲ କାମଟିଏ ଆରମ୍ଭ କରିବ କଲ୍ୟାଣମୟ ଆଭିମୁଖ୍ୟ ନେଇ, ତା'ର ଦେହାନ୍ତ ପରେ ସୁଦ୍ଧା ସେହି ମଙ୍ଗଳମୟ କାର୍ଯ୍ୟଟି ସଂପ୍ରସାରିତ ହୋଇ ଚାଲିଥିବ ନିଶ୍ଚୟ । ଅନେକ ସ୍ଥଳରେ ଯେ ଏହାର ବିପରୀତ ଘଟଣା ଘଟିନାହିଁ, ସେକଥା ନୁହେଁ। କିନ୍ତୁ ମଣିଷ ପରାଜୟ ସ୍ୱୀକାର କରିବା ନିମନ୍ତେ ଏ ଧରିତ୍ରୀ ବକ୍ଷକୁ ଆସିନାହିଁ । ଚତୁର୍ଦ୍ଦିଗରେ ଅନ୍ଧକାରର ରାଜୁତି ଚାଲୁଥିଲେ ବି ଯିଏ ଆଲୋକ ପ୍ରଜ୍ୱଳିତ କରିବାର ପ୍ରତିଜ୍ଞାରେ ଅଟଳ, ତା'ପାଇଁ ଶାନ୍ତିନିକେତନ ପ୍ରତିଟି ମୁହୂର୍ତ୍ତରେ ପ୍ରେରଣ କରୁଥିବ ଅନ୍ତର୍ଶକ୍ତିର ଆଲୋକ ସ୍ରୋତ । ସେହିଭଳି କଲ୍ୟାଣମୟ ଶୁଭଙ୍କର ମାନବସତ୍ତାମାନଙ୍କର ଆବିର୍ଭାବ ଏ ପୃଥିବୀରେ କିପରି ହେବ ସେଥି ନିମନ୍ତେ ସ୍ୱୟଂ ଶାନ୍ତିନିକେତନ ଦଣ୍ଡାୟମାନ ହୋଇରହିଛି ପ୍ରାର୍ଥନାରତ ଏକ ଚିରନ୍ତନ ଋଷିପ୍ରତିମା ପରି। ଆମେ ଯିଏ ଯେଉଁଠି ଥାଉନା କାହିଁକି ଯଦି ମନେପକାଇବା ଶାନ୍ତିନିକେତନର ସଂପ୍ରୀତିକୁ, ତା'ହେଲେ ସେହି ପବିତ୍ର ଭୂଖଣ୍ଡର ଆତ୍ମିକ ସ୍ପନ୍ଦନ ଆମ ଶିରା ପ୍ରଶିରାର ରକ୍ତ ପ୍ରବାହକୁ କରିଦେବ ତେଜପୂର୍ଣ୍ଣ । ଯେଉଁମାନେ ଶାନ୍ତିନିକେତନକୁ ଭଲପାଆନ୍ତି ପ୍ରକୃତରେ ସେମାନେ ନିଜ ହୃଦୟରେ ପ୍ରଥମେ ପ୍ରତିଷ୍ଠା କରନ୍ତି ଆଉ ଏକ ନୂତନ ଶାନ୍ତି ନିକେତନ । ଆଉ କ୍ରମଶଃ ଏହି ହୃଦୟସ୍ଥ ଶାନ୍ତିନିକେତନ ଯେ କୌଣସି ଭୂମି ଉପରେ ପରିଗ୍ରହ କରିପାରେ ନିଜର ସ୍ଥୂଳ ରୂପ ନେଇ, ଏଥିରେ ସନ୍ଦେହ କାହିଁ ?

■

ବିଶ୍ୱ ଭାରତୀର ସାପ୍ତାହିକ ଛୁଟି

ସମଗ୍ର ପୃଥିବୀରେ ପ୍ରାୟ ଅଧିକାଂଶ ଦେଶର ପ୍ରତିଷ୍ଠାନଗୁଡ଼ିକ ରବିବାର ଦିନ ହିଁ ଘୋଷଣା କରିଥାନ୍ତି ସେମାନଙ୍କ ସାପ୍ତାହିକ ଛୁଟି ଦିବସକୁ । କିନ୍ତୁ ଏ କ୍ଷେତ୍ରରେ ଶାନ୍ତିନିକେତନ ସୃଷ୍ଟି କରିଛି ଏକ ବ୍ୟତିକ୍ରମ। ତାହା ହେଲା ଏଠାରେ ରବିବାର ଦିନ ଛୁଟି ନହୋଇ ବୁଧବାର ଦିନ ହିଁ ବନ୍ଦ ରହେ ସମଗ୍ର ଆଶ୍ରମ । ବୁଧବାର ଦିନ ଛୁଟିହେବାରେ ରହିଛି ନିଶ୍ଚୟ ଏକ ଭିନ୍ନ ତାତ୍ପର୍ଯ୍ୟ । ରବୀନ୍ଦ୍ରନାଥଙ୍କ ପିତା ମହର୍ଷି ଦେବେନ୍ଦ୍ରନାଥ ଠାକୁର ଏଠାରେ ପ୍ରତିଷ୍ଠା କରିଥିଲେ ବ୍ରାହ୍ମଧର୍ମର ଏକ ଉପାସନା ଗୃହ। ପ୍ରତି ବୁଧବାର ଦିନ ଏଠାରେ ଅନୁଷ୍ଠିତ ହୋଇଥାଏ ନୀରବ ଉପାସନା । ସେଥିପାଇଁ ଏହି ଦିବସଟିକୁ ହିଁ ସାପ୍ତାହିକ ଛୁଟି ଦିବସ ଭାବରେ ଘୋଷଣା କରିବାର ଅନ୍ତର୍ନିହିତ ତାତ୍ପର୍ଯ୍ୟ ବିଦ୍ୟମାନ । ସମଗ୍ର ଦେଶ ଯେଉଁଦିନ ଥାଏ ଚଳଚଞ୍ଚଳ ସେଦିନ ଶାନ୍ତି ନିକେତନରେ ଛାଇ ଯାଇଥାଏ ନୀରବତାର ଆସ୍ତରଣ । ଆଉ ଅପରପକ୍ଷରେ ଯେଉଁଦିନ ଛୁଟି ମନାଏ ସମଗ୍ର ଦେଶ, ସେତେବେଳେ ଶାନ୍ତିନିକେତନ ରହିଥାଏ ସକ୍ରିୟ ଓ କର୍ମନିଷ୍ଠ । ଏହି ପାର୍ଥକ୍ୟଟିକୁ ଜାଣିବା ଦ୍ୱାରା ପ୍ରତ୍ୟେକେ ଅନୁଭବ କରିପାରିବେ ଏହାର ସ୍ୱାତନ୍ତ୍ର୍ୟ ଓ ଉପାସନାର ମହତ୍ତ୍ୱ ।

ଏହି ଉପାସନା ସମୟରେ ଯେ ସମସ୍ତେ ଏଥିରେ ଯୋଗ ଦିଅନ୍ତି ତାହା ନୁହେଁ । ଯେଉଁମାନଙ୍କର ରହିଛି ସେ ଦିଗରେ ସ୍ୱତନ୍ତ୍ର ଅଭିରୁଚି, ସେମାନେ ହିଁ ଉପବିଷ୍ଟ ହୁଅନ୍ତି ସେଠି । ତେବେ ଶାନ୍ତିନିକେତନରେ ରହୁଥିବା ପ୍ରତ୍ୟେକେ ଏହି ଉପାସନା ଗୃହମଧ୍ୟକୁ ଥରେ ନା ଥରେ ପ୍ରବେଶ କରିଛନ୍ତି ନିଶ୍ଚିତ ଭାବରେ। ଏହି ଅନୁଭବ ପ୍ରତ୍ୟେକଙ୍କ ନିଜସ୍ୱ । ମହର୍ଷି ଦେବେନ୍ଦ୍ରନାଥ ଥିଲେ ବ୍ରାହ୍ମଧର୍ମାବଲମ୍ବୀ । ସମଗ୍ର ବିଶ୍ୱବ୍ରହ୍ମାଣ୍ଡ ଯେ ଏକ ଅଚିନ୍ତନୀୟ ମହାଶକ୍ତି ଦ୍ୱାରା ପରିଚାଳିତ ତାହାକୁ ସେ ଅନୁଭବ କରିପାରିଥିଲେ ଅତି ଏକାନ୍ତରେ । ରବୀନ୍ଦ୍ରନାଥଙ୍କ ଉପରେ ତାଙ୍କ

ପିତୃଦେବଙ୍କ ଦାର୍ଶନିକ ଓ ଆଧ୍ୟାତ୍ମିକ ପ୍ରଭାବ ପଡ଼ିଥିଲା ନିଶ୍ଚିତ ଭାବରେ । ବ୍ରାହ୍ମ ସମାଜର ସେଥିଲେ ସମ୍ମାନିତ ସକ୍ରିୟ କର୍ମୀ । ସିଏ ହିଁ ୧୮୪୮ ମସିହାରେ ବ୍ରାହ୍ମଧର୍ମ ପ୍ରତିଷ୍ଠା କରିଥିବା ଉଲ୍ଲେଖ ରହିଛି। ସମାଜର ସେ ଥିଲେ ଜଣେ ଶ୍ରେଷ୍ଠ ସଂସ୍କାରକ । ଦେବେନ୍ଦ୍ରନାଥଙ୍କ ଦ୍ୱାରା ୧୮୬୩ ମସିହାରେ ପ୍ରତିଷ୍ଠା ହୋଇଥିଲା ଯାହା, ତାହା ସଂପ୍ରତି 'କାଚଘର' ଭାବରେ ପ୍ରସିଦ୍ଧ । ଏଥିରେ ପ୍ରବେଶ କରିବା ପାଇଁ କୌଣସି ଫି' ଦାଖଲର ଆବଶ୍ୟକତା ନଥାଏ । ଫଟୋଗ୍ରାଫ ଉତ୍ତୋଳନ କରିବା ସକାଶେ ଆବଶ୍ୟକ ହୁଏ ଅନୁମତି । ଶାନ୍ତିନିକେତନ ହେଉଛି ଏକ ମୁକ୍ତ ଚିନ୍ତାଧାରାର ସ୍ଥାନ । ତେବେ ମହର୍ଷି ଦେବେନ୍ଦ୍ର ନାଥଙ୍କ ପ୍ରାର୍ଥନାର ପବିତ୍ରତା ପ୍ରତି ଉପଯୁକ୍ତ ସମ୍ମାନ ପ୍ରଦର୍ଶନ କରିବା ହିଁ ବୁଧବାର ଛୁଟି ଯେ ତାତ୍ପର୍ଯ୍ୟ ବହନ କରେ ଏହା ନିଶ୍ଚିତ ଭାବରେ ସ୍ୱୀକୃତ। ଶାନ୍ତିନିକେତନର ଏହି 'କାଚମନ୍ଦିର' ଅତ୍ୟନ୍ତ ଆକର୍ଷଣୀୟ । ପ୍ରତି ବୁଧବାର ସନ୍ଧ୍ୟାରେ ଯେଉଁ ପ୍ରଦୀପ ପ୍ରଜ୍ଜ୍ୱଳିତ ହୋଇଥାଏ, ତାହା ସତେ ଯେମିତି ଦେବେନ୍ଦ୍ରନାଥ ଓ ରବୀନ୍ଦ୍ରନାଥଙ୍କ ହୃଦୟର ନିଶ୍ଚଳ ଦୀପଶିଖା ସଦୃଶ ପ୍ରତୀୟମାନ ହୋଇଥାଏ । ଏହା ମଧ୍ୟକୁ ଯେଉଁମାନେ ପ୍ରବେଶ କରିଥାନ୍ତି ସେମାନେ ପରିଧାନ କରନ୍ତି ଧଳାରଙ୍ଗର ପୋଷାକ । ତେବେ ସବୁଦିନ ପାଇଁ ଏହା ବାଧ୍ୟତାମୂଳକ ନୁହେଁ । ଏହାର ନୀରବ ଓ ଶାନ୍ତିପୂର୍ଣ୍ଣ ବାତାବରଣ ଯେକୌଣସି ଉପାସକଙ୍କ ମାନସମଣ୍ଡଳରେ ସୃଷ୍ଟି କରେ ଧ୍ୟାନ ଯୋଗର ନିବିଡ଼ତା । ବୁଧବାର ସକାଳ ୭ଟାରେ ସାଧା ପୋଷାକରେ ପ୍ରବେଶ କରିବାକୁ ହୁଏ ଉପାସନା ନିମିତ୍ତ । ଅନ୍ୟ ଦିବସଗୁଡ଼ିକରେ ମଧ୍ୟ ଏହା ରହେ ଉନ୍ମୁକ୍ତ। ଶାନ୍ତିନିକେତନର ଛୁଟି ତେଣୁ ନୁହେଁ ଅବସର ବିନୋଦର ଇଙ୍ଗିତ, ଏସବୁ ବର୍ଣ୍ଣନା କରିବାର ଅର୍ଥ ହେଉଛି ଯେ ବୁଧବାର ଦିନଟି ହେଲା ଉପାସନା ପାଇଁ ସୁନିର୍ଦ୍ଦିଷ୍ଟ। ଜଣେ ଯେ ଏହି ସୁନିର୍ମଳ ଉପାସନା ଗୃହ ମଧ୍ୟକୁ ପ୍ରବେଶ କଲେ ହିଁ ସାମୂହିକ ପ୍ରାର୍ଥନା ସହିତ ସଂଯୁକ୍ତ ହୋଇପାରିବ ତାହା ନୁହେଁ, ବରଂ ଶାନ୍ତିନିକେତନର ପରିବେଶ ମଧ୍ୟରେ ଯିଏ ଯେଉଁଠି ଥାଆନ୍ତୁ ନା କାହିଁକି ଈଶ୍ୱରାଭିମୁଖୀ ହେବା ନିମନ୍ତେ ଏପରି ବ୍ୟବସ୍ଥା ନିଶ୍ଚୟ ସମସ୍ତଙ୍କ ପାଇଁ ଏକ ସୁମହାନ ପ୍ରେରଣା।

■

ଶାନ୍ତିନିକେତନରେ ଋତୁ ପରିବର୍ତ୍ତନ

ବିଭିନ୍ନ ଋତୁଙ୍କ ଆଗମନ ଏ ପୃଥିବୀରେ ସମ୍ଭବ ହୁଏ ବୋଲି ଏହା ହୋଇପାରିଛି ଏତିକି ବିଚିତ୍ରବର୍ଣ୍ଣା । ଯଦି ଧରିତ୍ରୀ ବକ୍ଷରେ ଗୋଟିଏ ହିଁ ଋତୁ ରାଜତ୍ୱ କରୁଥାନ୍ତା ସର୍ବଦା ତା'ହେଲେ ଏହି ବର୍ଣ୍ଣବିଭା ପରିଦୃଷ୍ଟ ହୁଅନ୍ତା ନାହିଁ। ରବୀନ୍ଦ୍ରଙ୍କ ପ୍ରତିଷ୍ଠିତ ଶାନ୍ତିନିକେତନକୁ ଯାହା ବର୍ଣ୍ଣାଢ୍ୟ କରି ରଖିପାରେ ତାହା ଏହି ଋତୁ ପରିବର୍ତ୍ତନର ପରିପ୍ରକାଶ । ଅନ୍ୟ ସମସ୍ତ ସ୍ଥାନ ପରି ଏଠାରେ ବିରାଜିତ ହୁଏ ଗ୍ରୀଷ୍ମକାଳ, ଶୀତଦିନ ଓ ବର୍ଷା-ପ୍ରବଣ ଦିବସ ରାତ୍ରି। ଏ ଦୃଷ୍ଟିରୁ କେଉଁ ସ୍ଥାନ ଅବା ମଣିଷର ପ୍ରିୟ ନୁହେଁ! ତେବେ ଅନେକ ଦୃଷ୍ଟିରୁ ଶାନ୍ତି ନିକେତନର ସୌନ୍ଦର୍ଯ୍ୟ ଯେ ଭିନ୍ନ ଉପଲବ୍ଧିର ସଞ୍ଚାରକ, ତାହାକୁ କଦାପି ଅସ୍ୱୀକାର କରାଯାଇନପାରେ ।

ସବୁ ଋତୁଙ୍କର ସୌନ୍ଦର୍ଯ୍ୟ କେମିତି ଭିନ୍ନ ଭିନ୍ନ ଭାବରେ ପ୍ରତିବିମ୍ବିତ ତାହା ଏଠାରେ ଅନୁଭବ କରିପାରିବାର ସ୍ୱାତନ୍ତ୍ର୍ୟ ରହିଛି ନିଶ୍ଚୟ । ଶୀତଦିନରେ ଏହା ହ୍ରାସ ହୋଇ ୧୦ରୁ ୧୫ ଡିଗ୍ରୀ ମଧ୍ୟରେ ସୀମିତ ରହିଥାଏ । ମାର୍ଚ୍ଚ, ଏପ୍ରିଲ ଓ ମେ ମାସ ହେଲା ଗ୍ରୀଷ୍ମ ଋତୁର ରାଜତ୍ୱ କାଳ । ଯେଉଁମାନେ କହନ୍ତି ଯେ ଶାନ୍ତିନିକେତନରେ ଗରମ ଅସହ୍ୟ ସେମାନଙ୍କ କଥାକୁ ମୁଁ ବ୍ୟକ୍ତିଗତ ଭାବରେ ସ୍ୱୀକାର କରିପାରେ ନାହିଁ । ଓଡ଼ିଶାରେ ଥାଇ ମଧ୍ୟ ଶାନ୍ତିନିକେତନ କଥା ଚିନ୍ତାକରି। ରବୀନ୍ଦ୍ରଙ୍କ ନିର୍ମିତ ଶାନ୍ତିନିକେତନରେ ରବି ବା ସୂର୍ଯ୍ୟ ତାଙ୍କ ପରାକ୍ରମ ପ୍ରକାଶରୁ ରହୁଥିବେ କ୍ଷାନ୍ତ ହୋଇ-ଏହାହିଁ ମନେ ହୋଇଥାଏ । ଯେଉଁମାନେ ଶାନ୍ତିନିକେତନ ମଧ୍ୟରେ ଆଶ୍ରିତ ସେମାନେ ଯଦି ମନେ ମନେ ଚିନ୍ତା କରନ୍ତି ଯେ ଆମେ ଅବସ୍ଥାନ କରୁଛୁ ଶାନ୍ତି ଓ ଶୀତଳତାର ଏକ ବୃହତ୍ତର ବଳୟ ମଧ୍ୟରେ; ତା'ହେଲେ ଗ୍ରୀଷ୍ମ କାଳର ଉତ୍ତାପ ତାଙ୍କ ମସ୍ତିଷ୍କକୁ ସଂପୂର୍ଣ୍ଣ ଆୟତ୍ତାଧୀନ କରିପାରିବ ନାହିଁ ବୋଲି ମୋର ଦୃଢ଼ ବିଶ୍ୱାସ । ଗ୍ରୀଷ୍ମର ତେଜ ହୁଏ ଯେତେ ପ୍ରଖରରୁ ପ୍ରଖରରେ ଆଶ୍ଚର୍ଯ୍ୟର କଥା ହେଲା କୃଷ୍ଣଚୂଡ଼ାର ରଙ୍ଗ ଆଉ

ସତେଜତା ହୁଏ ସେତିକି ପ୍ରଗାଢ଼ତର । ଶାନ୍ତିନିକେତନ ପରିସରରେ ଏହି ଗ୍ରୀଷ୍ମର ଉତ୍ତାପ ସତ୍ତ୍ୱେ କେତେ କଅଁଳ ଫୁଲର ପାଖୁଡ଼ା ଫୁଟି ଉଠିପାରନ୍ତି । ଛୋଟ ଛୋଟ ସବୁଜ ଦୂବଘାସ। ଶୁଖି ଶୁଖି ଆସୁଥିଲେ ବି ମାନନ୍ତିନାହିଁ ଏହି ଉତ୍ତାପର ପ୍ରଚଣ୍ଡ ପ୍ରଭାବକୁ । ସେହିପରି ଯେଉଁମାନେ ଶାନ୍ତିନିକେତନର କୋଳରେ ନେଇଛନ୍ତି ଆଶ୍ରୟ ସେମାନେ ସୃଷ୍ଟି କରିପାରିବେ ନିଜ ଶରୀର ଓ ମନ ଭିତରେ ଶାନ୍ତ ଶୀତଳ ନିଳୟଟିଏ ନିଶ୍ଚିତ ଭାବରେ ।

ଜୁନ୍, ଜୁଲାଇ, ଅଗଷ୍ଟ ଓ ସେପ୍ଟେମ୍ବର ଏହି ଚାରିମାସ ଶାନ୍ତି ନିକେତନର ବର୍ଷାକୁ ଯିଏ ଯେତିକି ଆପଣାର କରି ନେଇପାରେ ସେ ସେତିକି ହୋଇଯାଏ ବର୍ଷା ବିନ୍ଦୁ ପରି ସ୍ୱଚ୍ଛ ନିର୍ମଳ ଓ ନିବେଦିତ୍ । ରବୀନ୍ଦ୍ରନାଥଙ୍କ କଣ୍ଠସ୍ୱର ସହିତ କଣ୍ଠ ମିଳାଇ ସେ ଗାଇପାରେ 'ଗୀତାଞ୍ଜଳି'ର ପ୍ରାଣସ୍ପର୍ଶୀ ସଙ୍ଗୀତ ଯେଉଁଠି ରବୀନ୍ଦ୍ର କହନ୍ତି-

"ଅନ୍ତର ମମ ବିକଶିତ କର
ଅନ୍ତରତର ହେ
ନିର୍ମଳ କର ଉଜ୍ଜ୍ୱଳ କର
ଶାନ୍ତ କର ହେ ।"

ବର୍ଷାଋତୁରେ ପଶ୍ଚିମ ଦିଗରେ ପ୍ରତିଦିନ ଯେଉଁ ବୈଚିତ୍ର୍ୟ ଦୃଶ୍ୟମାନ ହୁଏ ତାହା ଶାନ୍ତିନିକେତନର ସୌନ୍ଦର୍ଯ୍ୟକୁ କରି ଦିଏ ବହୁ ଗୁଣିତ । ଡିସେମ୍ବର, ଜାନୁଆରୀ ଓ ଫେବୃଆରୀ ଏ ତିନୋଟି ମାସରେ ଶୀତ-ରାଣୀ ଯେଉଁ ସ୍ନିଗ୍ଧ ରୂପରେ ହୁଅନ୍ତି ବିରାଜିତା ସେଥିରେ ସୃଷ୍ଟି ହୁଏ ସର୍ବତ୍ର ଏକ ସ୍ଥିରତା, ନିଶ୍ଚଳତା ଓ ଧ୍ୟାନମଗ୍ନତା । ଏହି ତିନୋଟି ସୁଶୀଳ ମାସ ସମସ୍ତଙ୍କ ପାଇଁ ସତେ ଯେମିତି ସାଧନାମଗ୍ନ ହେବାର ଦୁର୍ଲଭ ମୁହୂର୍ତ୍ତ ।

ଶାନ୍ତି ନିକେତନକୁ ପ୍ରତିବର୍ଷ ପଦାର୍ପଣ କରୁଥିବା ଏହି ବିଭିନ୍ନ ଋତୁର ସ୍ୱାତନ୍ତ୍ର୍ୟକୁ ନୀରବ ଭାବରେ ନିରୀକ୍ଷଣ କରିବା ପାଇଁ ରବୀନ୍ଦ୍ରନାଥ ପ୍ରଦାନ କରି ଯାଇଛନ୍ତି ଯେଉଁ ପ୍ରଚକ୍ଷୁ, ତାହାରି ମାଧ୍ୟମରେ ଆତ୍ମିକ ସ୍ତରରେ ଆସ୍ୱାଦନ କରାଯାଇପାରିବ ସମସ୍ତ ଗଭୀରତର ଜୀବନାନନ୍ଦ । ବୃକ୍ଷଲତାକୁ, ସୁନୀଳ ଆକାଶକୁ, ପାଦତଳର ମାଟିକୁ ଓ ପ୍ରତିଟି ଋତୁଙ୍କୁ ଆଦରି ନେବା ପାଇଁ, ଭଲ ପାଇବା ପାଇଁ ରବୀନ୍ଦ୍ର ସୃଷ୍ଟି କରିଛନ୍ତି ଯେଉଁ ସୌନ୍ଦର୍ଯ୍ୟର ଭାବ-ବୃତ୍ତ ସେଥିରେ ଅବଗାହନ କରି ପ୍ରତ୍ୟେକେ ହୋଇଯାଇପାରିବେ ନିଶ୍ଚିତ ଭାବରେ ଶାନ୍ତିର ଦିବ୍ୟ ଦେବଦୂତ ।

■

ଆମାଦେର ଶାନ୍ତି ନିକେତନ

ବିଶ୍ୱ କବି ରବୀନ୍ଦ୍ରନାଥଙ୍କ ଦ୍ୱାରା ଲିଖିତ 'ଆମାଦେର ଶାନ୍ତିନିକେତନ' ସଙ୍ଗୀତଟି ଯେକୌଣସି ଶ୍ରୋତାର ଅନ୍ତରକୁ ବିଭୋର କରିଦିଏ କ୍ଷଣକରେ । ଏହା ରଚିତ ହୋଇଥିଲା ୧୯୧୧ ମସିହାରେ । ଯେତେବେଳେ ଶ୍ରୀନିକେତନର ପ୍ରତିଷ୍ଠା ହେଲା, ସେହି ସମୟରେ ହିଁ ସମବେତ କଣ୍ଠରେ ଏହାକୁ ଗାନ କରାଯାଇଥିଲା ପ୍ରଥମେ । ସଙ୍ଗୀତଟିର ଭାଷାରେ, ଛନ୍ଦରେ, ସ୍ୱରରେ ଯେଉଁ ଲାଳିତ୍ୟ ଭରି ରହିଛି ତାହା କାହାକୁ ବା ମୁଗ୍ଧ କରିଦେଇ ନପାରେ! ଶାନ୍ତି ନିକେତନ ପ୍ରକୃତରେ ଯେ ଅତି ଆପଣାର ଏହି ଭାବ ଗର୍ଭକ ଅର୍ଥରେ ସମୃଦ୍ଧ ଏ ସଙ୍ଗୀତ । ତାହାର ଆକାଶଭରା କୋଳରେ ହୃଦୟ ଖେଳେ ଦୋଳି । ନିତ୍ୟ ନୂତନ ଶାନ୍ତି ନିକେତନ ବୃକ୍ଷ ମୂଳରେ ଅନୁଷ୍ଠିତ ହୁଏ ଯେଉଁ ମେଳା ତାହାର ପ୍ରଶଂସାରେ ଏ ଗୀତଟି ଅନୁପମ । ଏହାର ଗୋଟିଏ ଦୁଇଟି ପଙ୍କ୍ତି ଉଦ୍ଧାର କଲେ ଯେ କେହି ଉପଲବ୍ଧି କରିପାରିବେ ଶାନ୍ତି ନିକେତନର ଆତ୍ମିକ ଆବେଦନକୁ । ରବୀନ୍ଦ୍ର ଲେଖୁଛନ୍ତି-

କବିତା- ମୋଦେର ନୀଲ ଗଗନେର୍ ସୁହାଗ ଶାଖା ସକାଲ ସନ୍ଧ୍ୟା ବେଲା ।
ମୋଦେର ଶାଲେର ଛାୟା ବିଧି ବାଜାୟ ବନେର କଲ ଗୀତି ।
ସଦାୟି ପାତାର୍ ନାଚେ ମେତେ ଆଛେ ଆମଲ କି- କାନନ??

XXX

ପ୍ରାନେର ସଙ୍ଗେ ପ୍ରାନେ ସେ ଯେ ମିଲିୟେଛେ ଏକ ତାନେ
ଭାଇ ସଙ୍ଗେ ଭାଇକେ ସେ ଯେ କରେଛେ ଏକ-ମନ।"

ଏହି ସଙ୍ଗୀତରେ ଯେଉଁ ପ୍ରାଣପ୍ରାଚୁର୍ଯ୍ୟ ରହିଛି ନିହିତ ତାହା ଯେ କୌଣସି ପ୍ରାଣରେ ସୃଷ୍ଟି କରିପାରେ ନବ ଚେତନାର ତେଜ । ଏହାର ଇଂରାଜୀ ଏବଂ ହିନ୍ଦୀ ଅନୁବାଦ ମଧ୍ୟ ହୋଇପାରିଛି ସୁପ୍ରସିଦ୍ଧ ଗାୟକ ମାନଙ୍କଠାରୁ ଆରମ୍ଭ କରି ଛୋଟ

ଛୋଟ ଶିଶୁଙ୍କ ପର୍ଯ୍ୟନ୍ତ, ଯାହାଙ୍କ କଣ୍ଠରେ ମଧ୍ୟ ଏହି ସଙ୍ଗୀତର ସ୍ୱର ଅନୁରଣିତ ହୋଇଉଠିଛି ସବୁକିଛିକୁ ସର୍ବଦା କରି ଦେଇଛି ଶ୍ରୋତାର ଅନ୍ତଃସ୍ଥଳକୁ ଭାବନିମଗ୍ନ । ରବୀନ୍ଦ୍ର ସଙ୍ଗୀତର ରହିଛି ନିଜସ୍ୱ ଶୈଳୀ ଓ ସ୍ୱର । ପୁନଶ୍ଚ କେଉଁ ସଙ୍ଗୀତ କେଉଁ ସମୟରେ ଗାନ କରାଯିବ ତାହା ମଧ୍ୟ ସୁନିର୍ଦ୍ଦିଷ୍ଟ । ସଂପୂର୍ଣ୍ଣ ନିର୍ଭୁଲ ଭାବରେ ସ୍ୱରସଂଯୋଗ କରି ଏହାକୁ ଗାନ କରିବାରେ ହିଁ ଫୁଟି ଉଠେ ଏହାର ସ୍ୱତନ୍ତ୍ର ସୌନ୍ଦର୍ଯ୍ୟ । ସମଗ୍ର ପୃଥିବୀରେ ରବୀନ୍ଦ୍ରସଙ୍ଗୀତର ଅନ୍ତର୍ନିହିତ ଅର୍ଥ ପରିବ୍ୟାପ୍ତ । 'ଆମାଦେର ଶାନ୍ତିନିକେତନ' ସଙ୍ଗୀତ ସହିତ ଏକାତ୍ମ ହେବାର ଅର୍ଥ ହେଉଛି ଯେ, ଶାନ୍ତି ନିକେତନର ଆଭିମୁଖ୍ୟ ସହିତ ବନ୍ଧନଯୁକ୍ତ ହେବା । ଆଜି ଶାନ୍ତିନିକେତନକୁ ଆମେ କଦାପି ପଶ୍ଚିମବଙ୍ଗର ସମ୍ପତ୍ତି ବୋଲି କହିପାରିବା ନାହିଁ । ସମଗ୍ର ବିଶ୍ୱବାସୀ ଶାନ୍ତି ନିକେତନକୁ 'ଆମାଦେର ଶାନ୍ତି ନିକେତନ' ବୋଲି ଭାବିବାର, କହିବାର ଓ କାମ କରିବାର ଅଧିକାର ଦେଇଯାଇଛନ୍ତି ସ୍ୱୟଂ ରବୀନ୍ଦ୍ର । ତେଣୁ ଏହା ସଂପ୍ରତି ସମଗ୍ର ବିଶ୍ୱର ଐଶ୍ୱର୍ଯ୍ୟ ମଣ୍ଡିତ ମାନବିକ ମର୍ଯ୍ୟାଦା ବିଭୂଷିତ ସୌନ୍ଦର୍ଯ୍ୟମୟ ପୃଥିବୀର ପ୍ରତୀକ । ଶାନ୍ତିନିକେତନ ଗୀତ ଆହ୍ୱାନ କରେ ସମଗ୍ର ବିଶ୍ୱବାସୀଙ୍କୁ ଏହି ସ୍ୱର ସହିତ ସ୍ୱର ମିଳାଇ ଦେବା ସକାଶେ, ହୃଦୟ ସହିତ ହୃଦୟକୁ ଅଭିନ୍ନ କରିଦେବା ନିମନ୍ତେ ଆଉ ପ୍ରକୃତି ସହିତ ପ୍ରେମ ବନ୍ଧନର ନିବିଡ଼ତାରେ ସଂଯୁକ୍ତ ହୋଇ ଯିବା ସକାଶେ । ଏହିସବୁ କାରଣରୁ ଶାନ୍ତିନିକେତନ ବାସ୍ତବିକ ହେଉଛି 'ଆମାଦେର ଶାନ୍ତିନିକେତନ' । ଆମର ହିଁ, ସଭିଙ୍କର ହିଁ ଶାନ୍ତିନିକେତନ ।

ବିବୁଧମାନଙ୍କ ହୃଦୟରେ ବିପୁଳ ବିଶ୍ୱଭାରତୀ

ଶାନ୍ତିନିକେତନ ଅନୁଭୂତି ନାମରେ ଏକ ପୁସ୍ତକ ସଂକଳନ କରିଛନ୍ତି ବିଶିଷ୍ଟ କବି ମନୋରମା ବିଶ୍ୱାଳ ମହାପାତ୍ର । ଓଡ଼ିଶାର ଯେଉଁ ବିଦ୍ୱାନ ମଣ୍ଡଳୀ ଶାନ୍ତିନିକେତନରେ ଅତିବାହିତ କରିଛନ୍ତି ଜୀବନର ଅମୂଲ୍ୟ ସମୟ ତାହାର ମାର୍ମିକ ସ୍ମୃତିଚାରଣ ହେଉଛି ଏହି ଗ୍ରନ୍ଥଟି । ଡକ୍ଟର କୁଞ୍ଜବିହାରୀ ଦାଶ, ଚିତ୍ତରଞ୍ଜନ ଦାସ, ଦେବୀ ପ୍ରସନ୍ନ ପଟ୍ଟନାୟକଙ୍କ ଠାରୁ ଆରମ୍ଭ କରି ମିହିର କୁମାର ସାହୁଙ୍କ ଭଳି ବିଶିଷ୍ଟ ବରିଷ୍ଠ ଓ କନିଷ୍ଠ ଲେଖକ ଲେଖିକାଙ୍କ ଆଲେଖ୍ୟରେ ଏହା ହୋଇଛି ସମୃଦ୍ଧଶାଳୀ ।

ପ୍ରତ୍ୟେକଙ୍କ ଲେଖାରେ ତ ରହିଛି ଯେଉଁ ସ୍ମୃତି କଥା ଓ ବିଶ୍ୱଭାରତୀର ବୈଶିଷ୍ଟ୍ୟ ତାହା ବ୍ୟକ୍ତିଗତ ଭାବରେ ମୋତେ ନାନା ରୂପରେ ବିମୁଗ୍ଧ କରିଛି ନିଶ୍ଚୟ । ପ୍ରଫେସର କୁଞ୍ଜବିହାରୀ ଦାଶ କହିଛନ୍ତି- "ମୁଁ ପହିଲେ ଶାନ୍ତି ନିକେତନରେ ବିଶ୍ୱଭାବର ସ୍ପର୍ଶ ପାଇଲି, ଅନୁଭବ କଲି ହୃଦୟର ସଂପ୍ରସାରଣ । ବାଲେଶ୍ୱରର 'ଫକୀରମୋହନ ସାହିତ୍ୟ ପରିଷଦ'ରୁ ବିଚ୍ଛିନ୍ନ ହୋଇ ଭଲଲାଗୁନଥାଏ; ଇଚ୍ଛା ହେଲା ବିଶ୍ୱ ଭାରତୀରେ ଗୋଟିଏ ସାହିତ୍ୟ ପରିଷଦ ଗଢ଼ିବାକୁ- 'ବିଶ୍ୱ ସାହିତ୍ୟ ପରିଷଦ' । ଅବଶ୍ୟ ଏହି ଅତି କଳ୍ପନା ତଥାପି ଆଂଶିକ ଭାବେ କାର୍ଯ୍ୟରେ ପରିଣତ ହୋଇଥିଲା । ବଙ୍ଗଳା ହିନ୍ଦୀ, ତେଲୁଗୁ, ତାମିଲ, ଗୁଜରାଟୀ କି ଘେନି ଭାରତୀୟ ସାହିତ୍ୟ ପରିଷଦ ଗଢ଼ିଥିଲେ ଚଳିଥାନ୍ତା- କିନ୍ତୁ କଳ୍ପନା ଉଚ୍ଚସ୍ତରରେ ଗତି କରୁଥିଲା । ଇଉରୋପୀୟ, ଏସୀୟଙ୍କ ଯୋଗଦାନ ଲାଗି ପରିଷଦର ଦ୍ୱାର ଉନ୍ମୁକ୍ତ ରହିଲା । ପ୍ରଥମ ବୈଠକରେ ମୋତେ କରାଗଲା ସଭାପତି ଅମୀୟ ସେନ୍‌ଙ୍କୁ ସମ୍ପାଦକ ।" (ଶାନ୍ତି ନିକେତନ ଅନୁଭୂତି, ପୃଷ୍ଠା-୧୨)

କୁଞ୍ଜବିହାରୀ ଦାଶଙ୍କ ଏହି ଉଦ୍ୟମ ଓ ଏପରି ଧାରାର ଅନ୍ୟ ପ୍ରଚେଷ୍ଟା ସବୁ

ଅତ୍ୟନ୍ତ ତାତ୍ପର୍ଯ୍ୟପୂର୍ଣ୍ଣ । ଅନୁଷ୍ଠାନଗୁଡ଼ିକ ଭାଙ୍ଗିଯାଏ- ଏହା ସତ। କିନ୍ତୁ ଯେଉଁ ବିଶ୍ୱଭାବର ବିଷୟ ଉଲ୍ଲେଖ କରିଛନ୍ତି ଲେଖକ ତାହା ହିଁ ହେଉଛି ସବୁଠାରୁ ସର୍ବଶ୍ରେଷ୍ଠ ଉପଲବ୍ଧି । ଓଡ଼ିଶାର ସବୁଜ ଧାରାର କବି ଅନ୍ନଦାଶଙ୍କର ରାୟଙ୍କ ସମ୍ପର୍କରେ ଆଲୋକପାତ କରି ଲେଖକ ମତବ୍ୟକ୍ତ କରିଛନ୍ତି ଯେ ରବୀନ୍ଦ୍ରନାଥଙ୍କ ପରେ ଶାନ୍ତିନିକେତନରେ ଏତେ ବଡ଼ ସାହିତ୍ୟିକ ବ୍ୟକ୍ତିତ୍ୱ ଆଉ ନଥିଲେ । ଅନ୍ନଦାଶଙ୍କରଙ୍କ ଗୃହ କିପରି ସାରସ୍ୱତ ତୀର୍ଥରେ ହୋଇଥିଲା ପରିଣତ ତାହାର ସୂଚନା ପ୍ରଦାନ କରି ସେ ପାଠକମାନଙ୍କ ଆତ୍ମାକୁ ଶାନ୍ତିନିକେତନ ଅଭିମୁଖୀ କରାଇ ପାରିଛନ୍ତି। ଶ୍ରୀଯୁକ୍ତ ଚିତ୍ତରଞ୍ଜନ ଦାସ ଉଲ୍ଲେଖ କରିଛନ୍ତି ଯେ ୧୯୦୧ ମସିହାରେ ଶାନ୍ତିନିକେତନ ନାମକ ସେହି ସ୍ଥାନରେ କବି ରବୀନ୍ଦ୍ରନାଥ ଯେଉଁ ସ୍ୱତନ୍ତ୍ର ରୁଚିର ଶିକ୍ଷାଳୟ ଶୁଭାରମ୍ଭ କରିଥିଲେ ତା'ର ନାମ ଥିଲା 'ବ୍ରହ୍ମ ବିଦ୍ୟାଳୟ' ଏହାର ଦୁଇ ଦଶକ ପରେ ସ୍ଥାପିତ ହୋଇଥିଲା ବିଶ୍ୱଭାରତୀ। ନିଜ ଅନୁଭୂତି ବର୍ଣ୍ଣନା କରିବା ବେଳେ ଧୀରେ ଧୀରେ ଶାନ୍ତି ନିକେତନ ମଧ୍ୟରେ ଯେଉଁ ପରିବର୍ତ୍ତନ ସଂଘଟିତ ହେଉଥିଲା ସେ ସମ୍ପର୍କରେ ନିଜସ୍ୱ ପ୍ରତିକ୍ରିୟା ବ୍ୟକ୍ତ କରିଛନ୍ତି ସେ । ତେବେ ସମସ୍ତ ପରିବର୍ତ୍ତନ ସତ୍ତ୍ୱେ ଶାନ୍ତି ନିକେତନରୁ ଲାଭ କରିଥିବା ଅନ୍ତର୍ଦୃଷ୍ଟି ତାଙ୍କର ଯେ ପରବର୍ତ୍ତୀ ସମୟରେ ଅଧିକ ସଂପ୍ରସାରିତ ହୋଇଯାଇଛି, ବିଶ୍ୱକବିଙ୍କ ବିଶ୍ୱ ସ୍ୱପ୍ନ ସହିତ ସେ ଯେ ଏକାତ୍ମ ଏହା ଅନୁଭବ କରିହୁଏ ସ୍ଥିର ଚିତ୍ତରେ ବିଚାର କଲେ । ଡକ୍ଟର କୃଷ୍ଣଚରଣ ବେହେରା ଏହାର ଇତିହାସ ଉପରେ କରିଛନ୍ତି ଆଲୋକପାତ ଓ ନିଜସ୍ୱ ସ୍ମୃତିକୁ ଉଜ୍ଜୀବିତ କରି ତୋଳିଛନ୍ତି ଜୀବନ୍ତ ଭାବରେ । ରବୀନ୍ଦ୍ର-ସଙ୍ଗୀତର ସେ କିପରି ମୁଗ୍ଧ ଶ୍ରୋତା ଥିଲେ ଓ ତାହାର ଅନୁସରଣରେ ଲେଖୁଥିଲେ ଗୀତି କବିତା, ସେଇ ଅନୁଭୂତିକୁ ପ୍ରକାଶ କରି ରବୀନ୍ଦ୍ରନାଥଙ୍କ ପଦଟିଏ ଉଦ୍ଧାର କରିଛନ୍ତି ଏହିପରି:

"ଜୀବନେ ଯେତେ ପୂଜା ହେଲାନି ଶେଷ
ଜାଣେ ହେ ଜାଣେ ତାହା ହୋଇନି ନାଶ ।
ଯେ ଫୁଲ ନ ଫୁଟୁଣୁ ଝରିଛି ମାଟି ପରେ
ଯେ ନଦୀ ମରୁ ପଥେ ହୋଇଛି ହ୍ରାସ,
ଜାଣେ ହେ ଜାଣେ ତାହା ହୋଇନି ନାଶ ।"
(ଶାନ୍ତି ନିକେତନ ଅନୁଭୂତି, ପୃଷ୍ଠା-୭୭)

କବି ପ୍ରସନ୍ନ କୁମାର ମିଶ୍ର ସେହିପରି ଥିଲେ ବିଶ୍ୱ ଭାରତୀର ବିଶ୍ୱସ୍ତ ଛାତ୍ର । ନିଜ ଛାତ୍ର ଜୀବନର ଘଟଣା କିଏ ବା ଭୁଲିଯିବା ସମ୍ଭବ ? ପ୍ରସନ୍ନ ମିଶ୍ର ମଧ୍ୟ ସେମିତି ଭୁଲିନାହାନ୍ତି କେବେ ହେଲେ ବିଶ୍ୱଭାରତୀକୁ ଓ ସମଗ୍ର ଜୀବନ ବ୍ୟାପୀ ଚାଲିବାର

ଗୀତ ଗାଇଛନ୍ତି ନିରନ୍ତର । ପ୍ରଫେସର ନରେନ୍ଦ୍ରନାଥ ମିଶ୍ର ପ୍ରଥମେ ଯୋଗ ଦେଇଥିଲେ ଗବେଷକ ଭାବରେ। ପରବର୍ତ୍ତୀ ସମୟରେ ସେ ହୋଇଛନ୍ତି ବିଶ୍ୱଭାରତୀର ଅଧ୍ୟାପକ । କେତେ ଯେ ପ୍ରସଙ୍ଗ ବର୍ଣ୍ଣନା କରିଛନ୍ତି ସେ। ତେବେ ସମସ୍ତଙ୍କ ଉଦ୍ଦେଶ୍ୟରେ ଦେଇଯାଇଛନ୍ତି ଯେଉଁ ଅବିସ୍ମରଣୀୟ ବାର୍ତ୍ତା ତାହା ଏକାନ୍ତ ଉଲ୍ଲେଖନୀୟ । କେବଳ ଗୋଟିଏ ବାକ୍ୟ ହିଁ ତାଙ୍କର ଦେବ ଏହାର ପ୍ରମାଣ- "ମୋର ପରମ ସୁଖ ବିଶ୍ୱଭାରତୀରେ ମୋର କର୍ମ ଜୀବନରେ ମୁଁ ସମ୍ପଦ ବିପଦ, ଲାଭ କ୍ଷତି, ନିନ୍ଦା ଅପମାନକୁ ଭୃକ୍ଷେପ ନକରି ଯଥାସମ୍ଭବ ଅନାସକ୍ତ ଓ ନିର୍ଲିପ୍ତ ଭାବରେ ମୋର କର୍ତ୍ତବ୍ୟ ସାଧନ ପାଇଁ ପ୍ରୟାସ କରିଛି।"

(ଶାନ୍ତିନିକେତନ ଅନୁଭୂତି, ପୃଷ୍ଠା-୧୧୨)

ପ୍ରଫେସର ଶ୍ରୀନିବାସ ମିଶ୍ର ତାଙ୍କ ଲେଖାର ଶୀର୍ଷକରେ ହିଁ କହି ଦେଇଛନ୍ତି ମର୍ମକଥାକୁ । ତାହା ହେଲା- "ଶାନ୍ତି ନିକେତନ ଓଡ଼ିଆଙ୍କ ମିଳନ ପୀଠ" । ପ୍ରଫେସର ଦେବୀ ପ୍ରସନ୍ନ ପଟ୍ଟନାୟକ ବିଶ୍ୱଭାରତୀରେ ନିଯୁକ୍ତି ଲାଭ କରିବା ଓ ତାଙ୍କର ବିରଳ ଅନୁଭୂତି ଏଥିରେ ବ୍ୟକ୍ତ କରିଥିବା ବହୁ ଦୃଷ୍ଟିରୁ ଅତ୍ୟନ୍ତ ଗୁରୁତ୍ୱପୂର୍ଣ୍ଣ ନିଶ୍ଚୟ । ବିଶ୍ୱଭାରତୀର କୁଳପତି ସତ୍ୟେନ ବୋଷଙ୍କ ଯେଉଁ କଥାଟି ସେ ଉଦ୍ଧାର କରିଛନ୍ତି ବର୍ତ୍ତମାନ ପରିପ୍ରେକ୍ଷୀରେ ତାହା ଓଡ଼ିଶା ପ୍ରତି ସମ୍ପୂର୍ଣ୍ଣ ପ୍ରଯୁଜ୍ୟ ତାହା ହେଲା- "ଯଦି ଜଣେ ବଙ୍ଗାଳୀ ଫିଜିକ୍ସିଷ୍ଟ ବଙ୍ଗଳାରେ ପଦାର୍ଥ ବିଜ୍ଞାନୀ ପଢ଼ାଇ ପାରିବେ ନାହିଁ ବୋଲି କହନ୍ତି, ତା'ର କାରଣ ସିଏ ବଙ୍ଗଳା ଜାଣନ୍ତି ନାହିଁ, ନୁହେଁ । ସିଏ ପଦାର୍ଥ ବିଜ୍ଞାନ ଜାଣନ୍ତି ନାହିଁ ।" (ଶାନ୍ତି ନିକେତନ ଅନୁଭୂତି, ପୃଷ୍ଠା-୧୨୬) ।

ବର୍ତ୍ତମାନ ଓଡ଼ିଆ ଭାଷାରେ ସେଭଳି ପ୍ରତ୍ୟେକ ବିଷୟ ଶିକ୍ଷାଦାନ କରିବାର ଯଥାର୍ଥତା ଏଥିରୁ ଯେ କେହି ଉପଲବ୍ଧି କରିପାରିବେ ନିଶ୍ଚୟ । ପ୍ରଫେସର ଗଗନେନ୍ଦ୍ରନାଥ ଦାଶ ଶାନ୍ତି ନିକେତନରେ ଏମ୍.ଏ. ପଢ଼ିବା ବେଳେ ପହଞ୍ଚିଥିଲେ । ବିଶ୍ୱଭାରତୀର ବିଶେଷତ୍ୱ ବର୍ଣ୍ଣନା କରି ସେ ପ୍ରତିପାଦନ କରି ଦେଇଛନ୍ତି ଯେ ଶାନ୍ତି ନିକେତନ ରୂପକ ବିଶ୍ୱ-ନୀଡ଼ ମଧ୍ୟରେ ଭେଦ ଭାବର ପ୍ରାଚୀର ସୃଷ୍ଟି କରିବା, ତାହାର ଆଦର୍ଶ-ପରିପନ୍ଥୀ ବିଷୟ । ପ୍ରଫେସର ବସନ୍ତ କୁମାର ପଣ୍ଡା ଉଲ୍ଲେଖ କରିଛନ୍ତି ରବୀନ୍ଦ୍ରନାଥଙ୍କ ପୂଜ୍ୟ ପିତା ଦେବେନ୍ଦ୍ରନାଥଙ୍କ ସମ୍ପର୍କରେ । କହିଛନ୍ତି ଯେ- ଦେବେନ୍ଦ୍ରନାଥ ଶାନ୍ତିର ଅନ୍ୱେଷଣରେ ଚାଲି ଯାଉଥିଲେ ହିମାଳୟ ଉଦ୍ଦେଶ୍ୟରେ। ବୋଧହୁଏ ସେହି ହିମାଳୟର ଶାନ୍ତି ଧାରାକୁ ଆଣି ସିଏ ପ୍ରତିଷ୍ଠା କରିଦେଇଛନ୍ତି ଶାନ୍ତି ନିକେତନ । ଏହି ପରିସରରେ ନାହିଁ କୌଣସି ପାହାଡ଼ ପର୍ବତ । ମାତ୍ର ଦେବେନ୍ଦ୍ର ନାଥଙ୍କ ହିମାଳୟରୁ ଆନୀତ ଶାନ୍ତିର ମହାନ୍ ଉଚ୍ଚତାକୁ ଓ ନିଶ୍ଚଳତାକୁ ଯେ କେହି ଦେଖିପାରିବେ ଏଠାରେ

ନିଜର ଅନ୍ତର୍ଚକ୍ଷୁ ବଳରେ । ଶାନ୍ତିନିକେତନ ଉପରେ ବାସ୍ତବିକ ରହିଛି ସୁଉଚ୍ଚ ସୁଶୀତଳ ହିମାଳୟର ଦୁର୍ଲଭ ଆଶିଷ, ଏହି ସତ୍ୟ ସଂପ୍ରତି ଆବିଷ୍କାର କରିପାରିବା ପ୍ରତ୍ୟେକଙ୍କ ପାଇଁ ଏକ ବଳିଷ୍ଠ ପ୍ରେରଣା ନିଶ୍ଚୟ । ଡକ୍ଟର ମିହିର କୁମାର ସାହୁ ଶାନ୍ତିନିକେତନକୁ 'ଶାନ୍ତି ଓ ପ୍ରେମର'; 'ଶିକ୍ଷା ଓ ଜ୍ଞାନ'ର ନିକେତନ ବୋଲି ଅଭିହିତ କରିଛନ୍ତି । ରବୀନ୍ଦ୍ରନାଥ ତାଙ୍କର ସମସ୍ତ ବଙ୍ଗଳା ଲେଖାର କପି ରାଇଟ୍ ବିଶ୍ୱଭାରତୀକୁ ପ୍ରଦାନ କରିଦେଇଥିଲେ ୧୯୨୨ ମସିହାରେ । ଏହା ମନେରଖିବା ପରି ତଥ୍ୟ ନିଶ୍ଚିତ ଭାବରେ। ମୃଦୁଳା ମିଶ୍ରଙ୍କ ଲେଖାର ଶୀର୍ଷକ ହେଲା 'ଜନ୍ମଭୂମି ଶାନ୍ତିନିକେତନ' ବାସ୍ତବିକ ଶାନ୍ତିନିକେତନରେ ଜଣେ ଯେଉଁ ନବ ଚେତନାରେ ଉଦ୍‌ବୁଦ୍ଧ ହୁଏ ତାହା ହିଁ ହେଉଛି ତାହାକୁ ଜନ୍ମଭୂମି ବୋଲି ବର୍ଣ୍ଣନା କରିବାର ଉଦ୍ଦେଶ୍ୟ । ମନୋରମା ବିଶ୍ୱାଳ ମହାପାତ୍ର ରବୀନ୍ଦ୍ରନାଥଙ୍କ ଏକ ଉକ୍ତି ଉଦ୍ଧାର କରି ଲେଖିଛନ୍ତି- "ଭାଲୋବାସା ଯଦି ଅପରାଧ ହୁଏ ଆମି ଅପରାଧୀ। ତେବେ, ଜାନି ତାର ଲାଗି ଜୀବନ ଆମାର ସୁନ୍ଦରତର ହବେ।" (ଶାନ୍ତି ନିକେତନ ଅନୁଭୂତି, ପୃଷ୍ଠା-୧୭୧) । ଜୀବନକୁ ଅଧିକ ସୁନ୍ଦର କରିବାରେ ପ୍ରେମ ହିଁ ବିଶଲ୍ୟକରଣୀ ଏଇ ଅନୁଭବ ରବୀନ୍ଦ୍ରନାଥଙ୍କ କବିତାରେ ଉତ୍କୀର୍ଣ୍ଣ ହୋଇ ରହିଥିଲା ଶାନ୍ତିନିକେତନରେ। ଶ୍ରୀଯୁକ୍ତ ଗୋବିନ୍ଦ ମିଶ୍ର ଆଣ୍ଡ୍ର୍ୟୁଜ ସାହେବଙ୍କ କଥା ମନେପକାଇ ଯାହା କହିଲେ ତାକୁ ସ୍ମରଣ କରିବା ସଙ୍ଗେ ସଙ୍ଗେ ଶାନ୍ତିନିକେତନକୁ ଦେବଭୂମି ଓ ଶିକ୍ଷାଳୟକୁ ଋଷିଆଶ୍ରମ ବୋଲି ଅଭିହିତ କରିଦେଇଛନ୍ତି । ଡକ୍ଟର ଶ୍ରୀଚରଣ ମହାନ୍ତି କବିଗୁରୁଙ୍କର ଚିରନ୍ତନ ଭାବ ଜାଗ୍ରତ- କ୍ଷମ ପଦଟିକୁ ଉଦ୍ଧାର କରିଛନ୍ତି ଏହିପରି-

"ଆମରା ଯେଥାଏ ମରି ଘୂରେ
ସେ ଯେ ଯାଏ କଭି ଦୂରେ
ମୋଦେର ମନେର୍ ମାଝେ ପ୍ରେମେର ସେତାର ବାଜାଏ ତା'ର ସୁରେ ।"
(ଶାନ୍ତିନିକେତନ ଅନୁଭୂତି, ପୃଷ୍ଠା-୧୯୮)

ଶ୍ରୀଯୁକ୍ତ ପଦ୍ମନାଭ ମିଶ୍ର ଥିଲେ କଳାଭବନର ଛାତ୍ର । ସେଠାରେ ଶିକ୍ଷା ପ୍ରଦାନ କରାଯାଏ ଚାରୁକଳା, ମୂର୍ତ୍ତିକଳା ଓ ହସ୍ତକଳା ବିଷୟରେ । ନନ୍ଦଲାଲ ବସୁ ଯିଏ ସୁପ୍ରସିଦ୍ଧ କଳାକାର ତାଙ୍କ ନାମ ବା ଶୁଣିନାହିଁ କିଏ ? ତେବେ ତାଙ୍କର ସୁପୁତ୍ର ବିଶ୍ୱରୂପ ବୋଷ ଏହି କଳାଭବନର ଥିଲେ ପୁଣି ଅଧକ୍ଷ । ଚାରୁକଳାରେ ଧୀରେନ୍‌ଦେବ ବର୍ମନ ସୁଖମୟ ମିତ୍ର, ସୁଖେନ୍ ଗାଙ୍ଗୁଲି, ରାଧାଚରଣ ବାଗଚୀ, ମୂର୍ତ୍ତିକଳାରେ ଶ୍ରୀ ରାମକିଙ୍କର ବେଜ୍, ସୁରେନ୍ ଦେ ଓ ହସ୍ତକଳାରେ ଶ୍ରୀମତୀ ଗୌରୀ ଭଞ୍ଜ ଶିକ୍ଷାଦାନ ଦେଇଥିଲେ ଯାହାକି ବର୍ତ୍ତମାନ ପର୍ଯ୍ୟନ୍ତ ମୋର କଳା କ୍ଷେତ୍ରରେ ସାହାଯ୍ୟ କରୁଅଛି ।" (ଶାନ୍ତି

ନିକେତନ ଅନୁଭୂତି, ପୃଷ୍ଠା-୨୦୦) । ଡକ୍ଟର ଦୁର୍ଗାଚରଣ ପରିଡ଼ା ପ୍ରତିଟି
ରକ୍ତକଣିକାରେ ଶାନ୍ତି ନିକେତନର ଉପସ୍ଥିତି ଅନୁଭବ କରିଛନ୍ତି । ଡକ୍ଟର ଲକ୍ଷ୍ମୀକାନ୍ତ
ତ୍ରିପାଠୀ କହିଛନ୍ତି ସବୁଥିରେ ହଜାର ହଜାର ଦର୍ଶକଙ୍କ ହୁଏ ସମାବେଶ । ଏହି ଅଞ୍ଚଳରେ
ବିରାଜମାନ କରୁଥାଏ ବୀରବତାର ଶାଳୀନତା । ଏହାକୁ ଶାନ୍ତି ନିକେତନର ବିଶେଷତ୍ୱ
ବୋଲି ସେ କହିବା ପ୍ରକୃତରେ ସ୍ମରଣଯୋଗ୍ୟ ଏବଂ ସମସ୍ତଙ୍କ ପାଇଁ ଅନୁସରଣୀୟ ।
ଶାନ୍ତି ନିକେତନ ସମ୍ବନ୍ଧରେ କେତେ ଶିକ୍ଷକ ଓ ଛାତ୍ର ଛାତ୍ରୀମାନଙ୍କ ବିପୁଳ ଉପଲବ୍ଧି
ରହିଛି । ତା'ରି ମଧ୍ୟରୁ ଏହି ସାମାନ୍ୟ କେତୋଟି ଉଦ୍ଧୃତି ସମସ୍ତଙ୍କ ପାଇଁ ପ୍ରେରଣାମୟ
ହେବ ବୋଲି ଏ ଲେଖକର ରହିଛି ସୁଦୃଢ଼ ବିଶ୍ୱାସ ।

ଓଡ଼ିଆ ବିଭାଗର ପ୍ରାଚାର୍ଯ୍ୟବୃନ୍ଦ

ଶାନ୍ତିନିକେତନର ପ୍ରତିଟି ବିଭାଗ ମୁଁ ଯିବାର ସୌଭାଗ୍ୟ ପାଇନାହିଁ । କେବଳ ଓଡ଼ିଆ ବିଭାଗ ସହିତ ମୋର ରହିଛି ଘନିଷ୍ଠତା । ୧୯୯୭ ମସିହାରେ ଯେତେବେଳେ ପ୍ରଥମେ ଯାଇଥିଲି ଶାନ୍ତିନିକେତନକୁ ସେତେବେଳେ ମୋର ପରିଚୟ କେବଳ ଥିଲା ପ୍ରଫେସର କଇଳାଶ ପଟ୍ଟନାୟକଙ୍କ ସହିତ, ତାଙ୍କ ପାଖକୁ ପହଞ୍ଚିଥିଲି ମାର୍ଚ୍ଚ ମାସର ଏକ ସୁନ୍ଦର ସନ୍ଧ୍ୟାରେ । ମାନନୀୟ କଇଳାଶ ସାର୍ ଏବଂ ପ୍ରଫେସର ଗିରିବାଳା ମହାନ୍ତି ଉଭୟଙ୍କୁ ସାକ୍ଷାତ କରିବାର ଦୁର୍ଲଭ ସୁଯୋଗ ମିଳିଥିଲା ଏକ ସଙ୍ଗରେ । ମୋ' ପ୍ରତି ଉଭୟେ ସେଦିନ ଠାରୁ ଆଜି ପର୍ଯ୍ୟନ୍ତ ରହିଆସିଛନ୍ତି ସେହିପରି ସ୍ନେହଶୀଳ ହୋଇ । ତାଙ୍କ ଘରଟି ସେତିକି ବେଳେ କି କଳାତ୍ମକ ଦେଖାଯାଉଥିଲା ତାହା ଆଜି ବି ଭୁଲି ପାରିନାହିଁ । ସେହି ସମୟରେ ପ୍ରଫେସର ଶ୍ୟାମସୁନ୍ଦର ମହାପାତ୍ର, ପ୍ରଫେସର ନୀଳାଦ୍ରି ଭୂଷଣ ହରିଚନ୍ଦନ ପ୍ରମୁଖଙ୍କ ସହ ମଧ୍ୟ ସେପରି ସାନ୍ଧ୍ୟକାଳୀନ ସାକ୍ଷାତ ଘଟିଥିଲା ସେମାନଙ୍କ ସୁଦୃଶ୍ୟ ଗୃହାଙ୍ଗନରେ । ହିନ୍ଦୀ, ବଙ୍ଗଳା ଓ ଚୀନ୍ ଭାଷା ବିଭାଗର ପ୍ରଫେସରମାନଙ୍କ ସହିତ ମଧ୍ୟ ଯେଉଁ ସାକ୍ଷାତକାର ହୋଇଥିଲା ତାହା ପ୍ରେରଣାଦାୟକ ଥିଲା ମୋ' ପାଇଁ । ପରବର୍ତ୍ତୀ ସମୟରେ ଓଡ଼ିଆ ବିଭାଗ ସହିତ ସମ୍ପର୍କ ହେଲା ଘନିଷ୍ଠରୁ ଘନିଷ୍ଠତର । ମନେପଡୁଛି ଥରେ ସେମିନାରରେ ଯୋଗଦେବା ପାଇଁ ଯାଇଥାଏ ସେହି ପୁଣ୍ୟ ପୀଠକୁ । ରହୁଥିଲି ପୂର୍ବପଲ୍ଲୀ ଗେଷ୍ଟ ହାଉସ୍‌ରେ । ରାତ୍ରି ଭୋଜନ ନିକଟବର୍ତ୍ତୀ ହେଉଥିବା ସମୟରେ ପହଞ୍ଚିଥିଲେ ମୋ' ପାଖକୁ ପ୍ରଫେସର ମନୋରଞ୍ଜନ ପ୍ରଧାନ ସୁଗଭୀର ଶ୍ରଦ୍ଧା ଓ ଶୁଭେଚ୍ଛା ହୃଦୟରେ ବହନ କରି । ତାଙ୍କର ଆଳାପ ଏତେ ପ୍ରାଣଖୋଲା ଯେ ତାହା ମୋତେ ଅଭିଭୂତ କରିଦେଇଥିଲା ସେ ସମୟରେ । ମୋ ସମ୍ପର୍କରେ ସାର୍ ଯେଉଁ ଅଭିମତ ପ୍ରକାଶ କଲେ ତାହା ଏଠାରେ ଉଦ୍ଧାର କରିବା ଆତ୍ମ ପ୍ରଶଂସା ସୂଚକ ହୋଇଯିବ ବୋଲି ରହୁଛି ନୀରବ । ତେବେ ପରବର୍ତ୍ତୀ ସେମିନାରରେ

ଯୋଗଦେବା ବେଳେ ପ୍ରଫେସର ମନୋରଞ୍ଜନ ପ୍ରଧାନ, ପ୍ରଫେସର ସବିତା ପ୍ରଧାନ ଏବଂ ଡକ୍ଟର ଶରତ କୁମାର ଜେନା, ଡକ୍ଟର ରବୀନ୍ଦ୍ର କୁମାର ଦାସ, ଡକ୍ଟର ଇନ୍ଦ୍ରମଣି ସାହୁ ଓ ପ୍ରମିଳା ପାଟ୍ଟୁଳିଆ ଙ୍କ ସହିତ ଗଢ଼ି ଉଠିଲା ମମତାପୂର୍ଣ୍ଣ ସମ୍ବନ୍ଧର ସେତୁ ।

ଯେତେଥର ମୁଁ ଶାନ୍ତିନିକେତନ ଯାଇଛି ଏହି ସମସ୍ତ ଶିକ୍ଷକ ଶିକ୍ଷୟିତ୍ରୀମାନଙ୍କ ସ୍ନେହାତ୍ମକ ସଂସର୍ଗ ଲାଭ କରି ନିଜକୁ ଭାଗ୍ୟବାନ ମନେକରିଛି । ମୁଁ ଯେତେବେଳେ 'ଗଙ୍ଗାଧର ଗ୍ରନ୍ଥାବଳୀ' ସମ୍ପାଦନା କାର୍ଯ୍ୟରେ ନିଜକୁ ନିୟୋଜିତ କରିଥିଲି ସେତେବେଳେ କଇଳାଶ ସାର ଙ୍କ ଶ୍ରମ ସାପେକ୍ଷ ସହାୟତା କେବେହେଲେ ଭୁଲିପାରିବି ନାହିଁ। ତାହା ମଧ୍ୟ ଗଙ୍ଗାଧର ଗ୍ରନ୍ଥାବଳୀର ଭୂମିକାରେ ମୁଁ ସ୍ୱୀକାର କରିଛି । କଇଳାଶ ସାର୍ ଜଣେ ବିଶିଷ୍ଟ ଗବେଷକ ଓ ଗାଳ୍ପିକ ଭାବରେ କମ୍ ମୁଗ୍ଧ କରିନାହାନ୍ତି ମୋତେ ! ଗିରିବାଳା ମାଡାମ୍ ତ ଓଡ଼ିଶାର ଜଣେ ପ୍ରତିଷ୍ଠିତ କବି । ତେବେ ତାଙ୍କର ସାଧାରଣ କଥାବାର୍ତ୍ତା ମଧ୍ୟରେ ବି ଝରି ଆସେ କିପରି କବିତାର ନିର୍ଝର, ତାହା ଶୁଣିଛି ସେତେବେଳେ, ଯେତେବେଳେ ଆମେ ସପରିବାର ଶାନ୍ତି ନିକେତନକୁ ଗଲାବେଳେ ତାଙ୍କର ଆତିଥ୍ୟ ଲାଭ କରିବାର ପାଇଥିଲୁ ଅପୂର୍ବ ସୁଯୋଗ । ମନୋରଞ୍ଜନ ସାର୍‌ଙ୍କ ଶ୍ରଦ୍ଧା ଅତୁଳନୀୟ । ସବିତା ମାଡାମ୍ ନୁହଁନ୍ତି ସେପରି ପ୍ରଗଳ୍ଭ । କିନ୍ତୁ ଯାହା କିଛି ବ୍ୟକ୍ତ କରନ୍ତି ସଂକ୍ଷେପରେ ସେହି ପ୍ରତିଟି ଶବ୍ଦ ମନେହୁଏ ଅତ୍ୟନ୍ତ ଅର୍ଥପୂର୍ଣ୍ଣ । ଶରତ ସାର୍‌ଙ୍କ ଛାତ୍ର ବତ୍ସଳତା କି ଗଭୀର ! ତାଙ୍କର ଅକ୍ଷର ମଧ୍ୟ ସେହିପରି ଚମତ୍କାର । ରବୀନ୍ଦ୍ର ସାର୍ ଶ୍ରୀ ଅରବିନ୍ଦଙ୍କ ଚେତନା ପ୍ରତି ଉନ୍ମୁଖ ରହିଛନ୍ତି ସର୍ବଦା । ତାଙ୍କ କଣ୍ଠରୁ ଫକୀରମୋହନଙ୍କ ରଚିତ କବିତାର ଗାନ ଶୁଣି ବାସ୍ତବିକ୍ ମୁଁ ଆଜି ପର୍ଯ୍ୟନ୍ତ ହୋଇ ଆସିଛି ଭାବ ତନ୍ମୟ । ଇନ୍ଦ୍ରମଣି ସାର୍ ବୟସରେ କନିଷ୍ଠ ହେଲେ ମଧ୍ୟ ନିଦା ମଣିଷ ଜଣେ । ଶାନ୍ତିନିକେତନ ଓଡ଼ିଆ ବିଭାଗ ସୁଶୃଙ୍ଖଳିତ ଓ ସୁନିୟନ୍ତ୍ରିତ କରି ରଖିବାରେ ସମସ୍ତଙ୍କ ଅବଦାନ ଉଲ୍ଲେଖନୀୟ ନିଶ୍ଚୟ । ଡକ୍ଟର ପ୍ରମିଳା ପାଟ୍ଟୁଳିଆ ନିଜ ବ୍ୟବହାରରେ ପ୍ରଦର୍ଶନ କରନ୍ତି ଯେଉଁ ଶ୍ରଦ୍ଧାପୂର୍ଣ୍ଣ ଆବେଗ ତାହା ବି ଲାଗେ ମାର୍ମିକ । ମୁଁ ଶାନ୍ତିନିକେତନ ଯିବାବେଳେ ଓ ସେମାନେ ଓଡ଼ିଶା ଆସିବା ସମୟରେ ବାରମ୍ବାର ସାକ୍ଷାତ ଘଟିଛି ବିଭିନ୍ନ ଅବସରରେ ପାଠ୍ୟଦାନ କ୍ଷେତ୍ରରେ ସମସ୍ତ ବୈଶିଷ୍ଟ୍ୟ କିପରି ଭିନ୍ନ ଭିନ୍ନ ତାହା ଶୁଣି ଆସିଛି ଛାତ୍ରଛାତ୍ରୀମାନଙ୍କ ଠାରୁ । ବିଶେଷତଃ ସେମିନାର ଏବଂ ପିଏଚ୍‌ଡି ପ୍ରି ସବମିଶନ ଓ ଶେଷଥର ପାଇଁ ଅନୁଷ୍ଠିତ ହେଉଥିବା ମୁକ୍ତ ମୌଖିକ ପରୀକ୍ଷା ଶାନ୍ତି ନିକେତନ ଓଡ଼ିଆ ବିଭାଗରେ ଯେପରି ଅନୁଷ୍ଠିତ ହୁଏ ଗାମ୍ଭୀର୍ଯ୍ୟର ସହିତ ତାହା ଆଉ କେଉଁଠି ହେଲେ ମୁଁ ଦେଖିନାହିଁ । ପ୍ରଶ୍ନୋତ୍ତର କାର୍ଯ୍ୟକ୍ରମରେ ଛାତ୍ରଛାତ୍ରୀମାନଙ୍କ ପ୍ରତ୍ୟକ୍ଷ ଅଂଶଗ୍ରହଣ ସହିତ ସମସ୍ତ ଶିକ୍ଷକଙ୍କ ସମ୍ପୃକ୍ତି ଏତେ ଆନ୍ତରିକତାପୂର୍ଣ୍ଣ ଯେ ମନେହୁଏ ଯେପରିକି ପୃଥିବୀର

ଏକ ତାତ୍ପର୍ଯ୍ୟପୂର୍ଣ୍ଣ ବିଷୟରେ ସମସ୍ତେ ନିଜସ୍ୱ ମତଦାନ କରିବାରେ ପ୍ରଦର୍ଶନ କରିଥାନ୍ତି ଅପୂର୍ବ ଚିନ୍ତନ । ଏହାହିଁ ତ ଛାତ୍ରଛାତ୍ରୀଙ୍କ ମଧ୍ୟରେ ସୃଷ୍ଟି କରେ ସାହିତ୍ୟ ଚର୍ଚ୍ଚା ଓ ଗବେଷଣାର ଏକ ଅନୁକୂଳ ବାତାବରଣ । ଯେକୌଣସି ପ୍ରକାରେ କାମ ଚଳାଇନେବାରେ ସେମାନେ କେହି କରନ୍ତି ନାହିଁ ବିଶ୍ୱାସ । ସେଥିପାଇଁ ହିଁ ଶାନ୍ତି ନିକେତନ ଓଡ଼ିଆ ବିଭାଗରେ ଅଧ୍ୟୟନରତ ଛାତ୍ରଛାତ୍ରୀ ଓ ଅଧ୍ୟାପନାରତ ଶିକ୍ଷକ ସମାଜର ରହିଛି ଏକ ସ୍ୱତନ୍ତ୍ର ପରିଚିତି । ମୋର ବିନମ୍ର ମତ ହେଲା ଯେ, ଏହି ଗାମ୍ଭୀର୍ଯ୍ୟ ଏବଂ ଗୌରବ ଓଡ଼ିଶାର ସମସ୍ତ ବିଶ୍ୱବିଦ୍ୟାଳୟ ଓଡ଼ିଆ ବିଭାଗରେ ରହିବା ଏକାନ୍ତ ଆବଶ୍ୟକ । ଓଡ଼ିଶାରେ ଏ କ୍ଷେତ୍ରରେ ଯେ ଆନ୍ତରିକତାର ଅଭାବ ରହିଛି ତାହା ନୁହେଁ । ତେବେ ବି ଶାନ୍ତିନିକେତନରୁ ଯାହା ଆହରଣ କରିବାର ରହିଛି ଏକାନ୍ତ ପ୍ରୟୋଜନ ତାକୁ ଆମେ କଦାପି ଅସ୍ୱୀକାର କରିପାରିବା ନାହିଁ । ବରଂ ଉଦାତ୍ତ ଓ ଉଦାର ଚିତ୍ତରେ ସେହି ବାତାବରଣ ଓଡ଼ିଶାର ସମସ୍ତ ବିଶ୍ୱବିଦ୍ୟାଳୟରେ କିପରି ସୃଷ୍ଟି ହୋଇପାରିବ ସେ ସମ୍ପର୍କରେ ଦୃଷ୍ଟିହେତ କେନ୍ଦ୍ରୀଭୂତ କରିବା ଆମର ଧ୍ୟାନର ବିଷୟ ।

■

ଗଙ୍ଗାଧର ଓ ରବୀନ୍ଦ୍ରନାଥଙ୍କ ଉତ୍ତର ଦାୟାଦ

ବାଲ୍ୟକାଳରୁ ମୁଁ ଦେଖି ଆସୁଛି ଆମ ଗୃହରେ ସ୍ୱଭାବ କବି ଗଙ୍ଗାଧର ମେହେରଙ୍କ ପ୍ରତିଛବି ଯେପରି ସୁସଜ୍ଜିତ, ସେହିପରି ବିଶ୍ୱକବି ରବୀନ୍ଦ୍ରନାଥଙ୍କ ପ୍ରତିକୃତି ମଧ୍ୟ ସସମ୍ମାନେ ହୋଇଛି ସ୍ଥାପିତ । ମୋର ପୂଜ୍ୟ ପିତାମହ କବିପୁତ୍ର ଭଗବାନ ମେହେର ହିଁ ଏହି ଫଟୋଚିତ୍ର ଦୁଇଟିକୁ ସଜାଇ ରଖିଥିଲେ ଅପୂର୍ବ ଅନୁରାଗରେ । ଏହି କାରଣରୁ ଛୋଟ ବେଳରୁ ଉଭୟ କବିଙ୍କ ପ୍ରତି ମୋର ଶ୍ରଦ୍ଧା, ସମ୍ମାନ ଓ ଆକର୍ଷଣ ରହିଛି ସମାନ ଭାବରେ । ନିଜକୁ ଯେପରି ସ୍ୱଭାବ କବିଙ୍କ ଉତ୍ତର-ଦାୟାଦ ବୋଲି ଜାଣିଛି, ସେହିପରି ମନେ ମନେ ମଧ୍ୟ ଭାବି ଆସିଛି ଯେ ବିଶ୍ୱକବି ରବୀନ୍ଦ୍ରନାଥଙ୍କ ମଧ୍ୟ ମୁଁ ଉତ୍ତରସୂରୀ । ଶାନ୍ତିନିକେତନ ଗଲାବେଳେ ମୋର ଏହି ଅନୁଭବଟି ଆହୁରି ପଲ୍ଲବିତ ଓ ପୁଷ୍ପିତ ହୋଇଯାଏ। ବିଶ୍ୱଭାରତୀ ଓଡ଼ିଆ ବିଭାଗରେ ମୋର ପରିଚୟ ପ୍ରଦାନ କରାଯାଏ ସ୍ୱଭାବକବିଙ୍କ ପ୍ରପୌତ୍ର ଭାବରେ । କିନ୍ତୁ ଶାନ୍ତି ନିକେତନରେ କାହାର ମଧ୍ୟ ଅନୁଭବ କରିବାର ଅବକାଶ ନଥାଏ ଯେ ମୁଁ ମଧ୍ୟ ହୋଇପାରେ ରବୀନ୍ଦ୍ର ପରିବାରର ସଦସ୍ୟ । ସେଠାକୁ ଯିବା ମାତ୍ରକେ ଏହା ମୋର ପୂର୍ବଜଙ୍କ କୀର୍ତ୍ତିସ୍ଥଳ ବୋଲି ଯେପରି ମୁକ୍ତ ବିହଙ୍ଗମ ସଦୃଶ ଉଡ଼ିବୁଲୁଥାଏ ମୋ' ମନ, ତାହାକୁ କିଏ ବା ଦେଖିପାରିବେ ଖାଲି ଆଖିରେ ? ଯିଏ ଅନୁଭବ କରନ୍ତୁ ବା ନକରନ୍ତୁ ମୁଁ ନିଶ୍ଚିତ ଭାବରେ ପ୍ରତିମୁହୂର୍ତ୍ତରେ ଅନୁଭବ କରୁଥାଏ ଯେ ଶାନ୍ତି ନିକେତନ ମୋର । ଆମର ଓ ତା' ସହିତ ସମସ୍ତଙ୍କର ମନରେ ଆସେ ଯେଉଁ ଭାବନା ତାହା ହେଲା- ରବୀନ୍ଦ୍ରନାଥ ଆଜି ସଶରୀରେ ଥାଆନ୍ତେ କି ? ସେହିଁ ମୋ ଆଗମନରେ ପ୍ରକାଶ କରିପାରୁଥାନ୍ତେ ପରମ ଆନନ୍ଦ । ଆଉ ଜାଣିପାରୁଥାନ୍ତେ ଯେ ମୁଁ ହେଉଛି ତାଙ୍କ ଆତ୍ମାର ଅବିଚ୍ଛେଦ୍ୟ ଅଂଶ।

ରବୀନ୍ଦ୍ରନାଥ ଓ ଗଙ୍ଗାଧରଙ୍କ ସାହିତ୍ୟ ଓ ଜୀବନ ମଧ୍ୟରେ ଯେଉଁ ସାମଞ୍ଜସ୍ୟ ମୋତେ ମୁଗ୍ଧ କରି ଆସିଛି, ଶାନ୍ତି ନିକେତନ ପରିସରକୁ ପ୍ରବେଶ କଲେ ତାହାହିଁ ଉଜ୍ଜୀବିତ ହୋଇ ଉଠେ ହୃଦୟରେ । ଗଙ୍ଗାଧରଙ୍କ କବିତାର ସ୍ୱର-ମାଧୁର୍ଯ୍ୟ ଗୋଟିଏ ପାଖରେ ଧ୍ୱନିତ ହେବା ବେଳେ ଅପରପାର୍ଶ୍ୱରେ ରବୀନ୍ଦ୍ର-ସଙ୍ଗୀତର ମୂର୍ଚ୍ଛନାରେ ମୁଁ ହୋଇଯାଏ ଭାବମୁଗ୍ଧ । ସେହିପରି ଉଭୟଙ୍କ ଜୀବନରେ ଘଟିଥିବା ଘଟଣା ମଧ୍ୟରେ ରହିଛି କି ଗଭୀର ସାମଞ୍ଜସ୍ୟ ? ରବୀନ୍ଦ୍ରଙ୍କ ପତ୍ନୀ ବିୟୋଗ ଘଟିଛି ଯେମିତି ଗଙ୍ଗାଧର ମଧ୍ୟ ସେପରି ଅସମୟରେ ହରାଇ ଦେଇଛନ୍ତି ତାଙ୍କ ପ୍ରିୟତମା ପତ୍ନୀଙ୍କୁ । ରବୀନ୍ଦ୍ରଙ୍କ ୧୨ ବର୍ଷର ପୁତ୍ର ଶମୀନ୍ଦ୍ରଙ୍କ ଅକାଳ ବିୟୋଗ କି ଗଭୀର ବେଦନା ସୃଷ୍ଟି କରେ ଅନ୍ତରରେ । ଅନୁରୂପ ଭାବରେ ଗଙ୍ଗାଧରଙ୍କ ସୁପୁତ୍ର ଅର୍ଜୁନଙ୍କ ସେଇ ୧୨ବର୍ଷ ବୟସରେ ହିଁ ଘଟିଯାଏ ଦୁଃଖଦ ଦେହାବସାନ । ଉଭୟ କବିଙ୍କ ଅନ୍ତରର ବ୍ୟଥାତୁର କ୍ରନ୍ଦନ ଧ୍ୱନି ଗୋଟିଏ ବୀଣାର ତାରରେ ନିନାଦିତ ହେଉଥିବାର ଶୁଣିପାରେ ମୋର ଅନ୍ତଃସ୍ଥଳ । ରବୀନ୍ଦ୍ରନାଥଙ୍କ ସୁପୁତ୍ର ରଥୀନ୍ଦ୍ରନାଥ ଠାକୁର ଯେପରି ଥିଲେ ପିତୃଭକ୍ତ ଓ ଯେପରି ରଚନା କରିଛନ୍ତି 'ପିତୃସ୍ମୃତି' ନାମକ ପୁସ୍ତକ ଠିକ୍ ସେହିପରି ଭାବରେ ଗଙ୍ଗାଧରଙ୍କ ସୁଯୋଗ୍ୟ ସନ୍ତାନ ଭଗବାନ ମେହେର ପ୍ରସ୍ତୁତ କରିଛନ୍ତି "ପିତୃପ୍ରସଙ୍ଗ" । ଏସବୁ ମଧ୍ୟରେ ମୋ ସ୍ଥାନରେ ଯଦି ଅନ୍ୟ କେହି ବି ଥାଆନ୍ତେ ତା' ହେଲେ ସେ ଅନୁଭବ କରିପାରୁ ଥାନ୍ତେ ଯେ, ସେ ଦୁଇଟି ମହାନ୍ କବି ବଂଶର ହୋଇପାରନ୍ତି ପ୍ରକୃତ ଦାୟାଦ । ମୁଁ ତାହାହିଁ ତ ଉପଲବ୍ଧି କରି ଆସିଛି ନିଜସ୍ୱ ଆନ୍ତରିକତା ଦ୍ୱାରା । ଏଠାରେ କେହି ମୋତେ ଗଙ୍ଗାଧରଙ୍କ ବା ରବୀନ୍ଦ୍ରନାଥଙ୍କ ଉତ୍ତର-ଦାୟାଦ ବୋଲି ଚିହ୍ନି ନ ପାରିଲେ ସୁଦ୍ଧା ମୋର କିଛି ବ୍ୟକ୍ତିଗତ ଦୁଃଖ ନାହିଁ । ସେଥିପାଇଁ କୌଣସି ସ୍ୱତନ୍ତ୍ର ସମ୍ମାନର ଅଭିଳାଷୀ ହେବା ମଧ୍ୟ ଅସ୍ୱାଭାବିକ ନିଶ୍ଚିତ ଭାବରେ । ତେବେ ଏ ସବୁ ସତ୍ତ୍ୱେ ଯଦି କିଏ ଆବିଷ୍କାର କରିପାରେ ମୋତେ ଯେ ରବୀନ୍ଦ୍ରନାଥଙ୍କ ପରିବାର ସହିତ ରହିଛି ମୋର ଗଭୀର ସମ୍ବନ୍ଧ ତା' ହେଲେ ମୁଁ ହୁଅନ୍ତି ଚକିତ ଓ ତାଙ୍କ ପ୍ରତି କୃତଜ୍ଞଚିତ୍ତ । ଶାନ୍ତିନିକେତନକୁ ଆସିବା ନିଜ ଘରକୁ ଆସିବା ଭଳି ପ୍ରଦାନ କରେ ଗଭୀରତର ଆନନ୍ଦ । ସେହିପରି ଏଠୁ ବିଦାୟ ଗ୍ରହଣ କରିବାକୁ ପଡ଼ିଲେ ମଧ୍ୟ ମନେ ହୁଏ ଯେମିତି ନିଜ ଘରଠାରୁ, ନିଜ ଆତ୍ମୀୟ ସ୍ୱଜନଙ୍କ ଠାରୁ ଆସୁଛି ବିଦାୟ ନେଇ । ରବୀନ୍ଦ୍ରନାଥଙ୍କ ବାତ୍ସଲ୍ୟ ମମତା ପ୍ରତି ମୋର ଆଦୌ ସନ୍ଦେହ ନାହିଁ । ଯାହା ପ୍ରକୃତ ସତ୍ୟ ତାହା ହିଁ ପ୍ରକାଶ କରି ଦେବାରେ ରହିଛି ଅତୁଳନୀୟ ଆନନ୍ଦ । ଯାହା କଥାରେ କହି ହୁଏ ନାହିଁ ତାହା ଲିଖିତ କାରରେ ତେଣୁ ସଂରକ୍ଷିତ ରଖି ଦେଉଛି ସମସ୍ତଙ୍କ ପାଇଁ ।

■

ଓଡ଼ିଆ ବିଭାଗର ବିଦ୍ୟାର୍ଥୀ

ଯେତେଥର ମୁଁ ଯାଇଛି ଶାନ୍ତିନିକେତନ ମଧ୍ୟକୁ ସେତେଥର ସାକ୍ଷାତ ହୋଇଛି ନୂତନ ଛାତ୍ରଛାତ୍ରୀଙ୍କ ସହିତ । ବାସ୍ତବରେ ଏହି ଶାନ୍ତି ନିକେତନ ପରିସରରେ ସବୁ ଛାତ୍ରଛାତ୍ରୀ ଦେଖାଯାଆନ୍ତି ଅନୁପମ । ଯିଏ ଯେମିତି ପୋଷାକ ପରିଧାନ କରନ୍ତୁ ନା କାହିଁକି, ଯାହାର ଶାରୀରିକ ଓ ମାନସିକ ଗଠନ ଯେମିତି ବି ହୋଇଥାଉ, ଶାନ୍ତି ନିକେତନର ବାୟୁମଣ୍ଡଳ ମଧ୍ୟରେ ରହିଛି ଏପରି ଏକ ଉପାଦାନ, ଯାହା ସ୍ୱତଃ ପ୍ରଲେପିତ ହୋଇଯାଏ ସମସ୍ତଙ୍କ ସାରା ଶରୀର ଓ ମାନସିକତାରେ । ସେଇ ଛାତ୍ରଛାତ୍ରୀଙ୍କୁ ମୁଁ ଯଦି ବାହାରେ କେଉଁଠି ଅନ୍ୟତ୍ର ଦେଖେ, ତେବେ ଅନୁଭବ ଆଉ କରିପାରେ ନାହିଁ ସେହି ଶାନ୍ତି ନିକେତନୀୟ ଆଭାର ପ୍ରଭାବ । ସେମାନଙ୍କ ସେଇ ସମାନ ଆନ୍ତରିକତା ସତ୍ତ୍ୱେ ଶାନ୍ତିନିକେତନରୁ ବିଚ୍ଛିନ୍ନ ହୋଇଯିବାର ଚିହ୍ନ ରହିଥାଏ କୌଣସି ନା କୌଣସିଠି ଯେଉଁଥିପାଇଁ ସେଇ ପୂର୍ବବର୍ତ୍ତୀ ସମୟର ସୁବାସ ଚହଟି ଆସେନାହିଁ ।

ଶାନ୍ତିନିକେତନ ପରିସରରେ ସମସ୍ତେ କାହିଁକି ଏତେ ସୁନ୍ଦର ଆପଣାର ଓ ସ୍ୱତନ୍ତ୍ର ପ୍ରତିଭାତ ହୁଅନ୍ତି ତାହାର ରହସ୍ୟଭେଦ କରିବାର ସାମର୍ଥ୍ୟ କାହିଁ ମୋର ? ତେବେ ଏତିକି କଥା କହିବି ଯେ ଏହି ବାତାବରଣ ମଧ୍ୟରେ ଭରି ରହିଛି ଏପରି ଏକ ସୂକ୍ଷ୍ମ କମନୀୟତା ଯାହା ପ୍ରତ୍ୟେକଙ୍କ ପ୍ରାଣକୁ ଏବଂ ଶରୀରକୁ ସଞ୍ଚରିତ ହୋଇ ଆସେ ସ୍ୱତଃସ୍ଫୂର୍ତ୍ତ ଭାବରେ । ଏକ ଶିକ୍ଷା ପ୍ରତିଷ୍ଠାନ କିପରି ସମସ୍ତଙ୍କୁ କରିପାରେ ସୌନ୍ଦର୍ଯ୍ୟ ଦାନ ତାହା ବାସ୍ତବିକ ଏଠାରେ ଅନୁଭବ କରିବାର ବିଷୟ । ଆମେ ଖାଲି ଆଖିରେ ଯାହା କିଛି ଦେଖୁ ସେତିକି ଯେ ସବୁକିଛି- ଏହା ନୁହେଁ । ପରିବେଶର ଅନ୍ତରାଳରେ ରହିଥାଏ ସଂଗୁପ୍ତ ଭାବରେ ଯେଉଁ ଭାବଧାରା ତାହାର ଅବତରଣ ଘଟେ ସମସ୍ତଙ୍କ ଶରୀର ଓ ମାନସପଟ ଉପରେ । ଏହି ଅନ୍ତର୍ନିହିତ ସତ୍ୟର କ୍ଷୀଣ ଆଭାସ ମାତ୍ର ପାଇବା ମୋ ପକ୍ଷରେ ହୋଇଛି ସମ୍ଭବ ।

ଏ କ୍ଷେତ୍ରରେ ଏକ ଏକ ବ୍ୟତିକ୍ରମ ମଧ୍ୟ ମୋର ଦୃଷ୍ଟି ପଥାରୂଢ଼ ହୋଇପାରିଛି । ଏପରି ଏକ ଏକ ଚରିତ୍ରଙ୍କୁ ଦେଖିଛି ସ୍ୱଚକ୍ଷୁରେ ଯେଉଁମାନେ ଶାନ୍ତିନିକେତନର ଭାବ ବହନ କରିଆଣିଥାନ୍ତି ନିଜ ମୁଖ ମଣ୍ଡଳରେ ସବୁଦିନ ପାଇଁ । ସେପରି ଏକ ଦୃଷ୍ଟାନ୍ତ ହେଉଛନ୍ତି ଓଡ଼ିଶାର ସୁବିଖ୍ୟାତ ନାରୀ କବି ଶ୍ରୀମତୀ ମନୋରମା ବିଶ୍ୱାଳ ମହାମାତ୍ର । ସେ ଶାନ୍ତିନିକେତନ ଭାବ ବଳୟରେ ଏତେ ଗଭୀର ଭାବରେ ନିମଜ୍ଜିତ ହୋଇ ରହିଛନ୍ତି ଯେ ତାଙ୍କୁ ଦେଖିଲେ ସ୍ୱତଃ ମନେପଡ଼େ ଶାନ୍ତିନିକେତନ । ଓଡ଼ିଶା ମାଟିରେ ସେ ହେଉଛନ୍ତି ଶାନ୍ତିନିକେତନର ବାସ୍ତବ ଉପସ୍ଥାନ । ଏହି କଳା ଓ ଆନ୍ତରିକତା ଆହରଣ କରିପାରିବା ସବୁଠାରୁ ହେଉଛି ମହତ୍ତ୍ୱପୂର୍ଣ୍ଣ । ଶାନ୍ତିନିକେତନରୁ ଯେଉଁମାନେ ଅଧ୍ୟୟନ ଶେଷ କରି ଫେରିଆସନ୍ତି ଓଡ଼ିଶାକୁ, ତାଙ୍କ ସହିତ ସାକ୍ଷାତ ହେବା ମାତ୍ରକେ ମୁଁ ଖୋଜିବୁଲେ ତାଙ୍କ ଦୁଇ ଆଖିରେ ଶାନ୍ତି ନିକେତନର ଆଲୋକକୁ । ଯାହାଙ୍କ ମଧ୍ୟରେ ଦେଖିପାରେ ସାମାନ୍ୟ ବି ଆଭାସ ସେତିକିରେ ଉତ୍‌ଫୁଲ୍ଲିତ ହୋଇଯାଏ ମୋର ଅନ୍ତଃପ୍ରଦେଶ ।

ସକାଳ ହେଉ ପୂର୍ବାହ୍ନ ଅଥବା ମଧ୍ୟାହ୍ନ ଯେ କୌଣସି ସମୟରେ ଛାତ୍ରଛାତ୍ରୀମାନଙ୍କ ମୁଖମୁଣ୍ଡଳ ଦିଶୁଥାଏ ସତେଜ । ସଦ୍ୟ ସଦ୍ୟ ଫୁଟି ଉଠିଥିବା ଏକ ଶୁଭ୍ର ଗୋଲାପର ପାଖୁଡ଼ା ପରି ସେମାନେ ଲାଗନ୍ତି ନମନୀୟ ଓ ଅତି ଆଦରଣୀୟ । ସାନ୍ଧ୍ୟାକାଳୀନ ଶାନ୍ତିନିକେତନ ଆହୁରି ଦେଖାଯାଏ ସୌନ୍ଦର୍ଯ୍ୟ ପରିପୂର୍ଣ୍ଣ ଏକ ସ୍ୱତନ୍ତ୍ର ସ୍ୱପ୍ନପୁରୀ ଭଳି । ଛାତ୍ରଛାତ୍ରୀମାନଙ୍କ ସହିତ ରାସ୍ତାରେ ଚାଲୁ ଚାଲୁ ହୋଇଯାଏ ଅନେକ ଭାବ ବିନିମୟ । ଏମିତି କୌଣସି ଛାତ୍ରଛାତ୍ରୀ ନାହାନ୍ତି ଯେଉଁମାନଙ୍କ ସଂପ୍ରୀତିରେ ସ୍ୱପ୍ନମୟ ହୋଇଯାଇ ନାହିଁ ମୋ ହୃଦୟ । ବେଳେବେଳେ ଲାଗେ ସନ୍ଧ୍ୟାର ଆଗମନରେ ଶାନ୍ତିନିକେତନ ସୁନ୍ଦର ନା ଶାନ୍ତିନିକେତନର ପରିସରକୁ ଆସି ସନ୍ଧ୍ୟାରାଣୀ ହୋଇଯାଇଛି ସୁନ୍ଦରତର ? ଏଭଳି ଅନେକ ପ୍ରଜ୍ଞାଶୀଳ ପ୍ରତିଭାଶାଳୀ ଓ ପ୍ରେମ ମୁଗ୍ଧ ମଣିଷ ଏ ପରିସରରେ ବିତାଇଛନ୍ତି ତାଙ୍କ ଜୀବନର ମୂଲ୍ୟବାନ ସମୟ ଯାହାର ସୂକ୍ଷ୍ମ ପ୍ରଭାବକୁ ପୋଛି ଦେଇପାରେ ନାହିଁ ମହାକାଳ । ରବୀନ୍ଦ୍ର ଏଠାରେ ଯେପରି ସଦା ସମୁଦ୍ଭାସିତ ସେହିପରି ଅନ୍ୟାନ୍ୟ ଶିଳ୍ପୀ ଶିକ୍ଷକ ଓ ବିଦ୍ୟାର୍ଥୀମାନଙ୍କ ଅନୁପମ ଆତ୍ମାନୁଭୂତି ହୋଇ ରହିଛି ଅମଳିନ। ତାହାକୁ ଯଥାର୍ଥ ଭାବରେ ଅନୁଭବ କରିପାରିବା ନିର୍ଭର କରେ ଏହାର ଦର୍ଶକମାନଙ୍କ ନିମଜ୍ଜମାନତା ଉପରେ। ମୁଁ ଆନ୍ତରିକ ଭାବରେ ପ୍ରାର୍ଥନା କରେ– ଯେଉଁମାନେ ଶାନ୍ତିନିକେତନରେ ବିତାଇ ଦେଇଛନ୍ତି ନିଜ ନିଜର ବିଦ୍ୟାର୍ଥୀ ଜୀବନ ସେମାନେ ସମସ୍ତେ ଯିଏ ଯେଉଁଠିକୁ ଯଆନ୍ତୁ ନା କାହିଁକି ସେମାନଙ୍କ ଉପସ୍ଥିତିରେ ଶାନ୍ତିନିକେତନର ବାସ୍ନା ହିଁ ଚହଟି ଉଠୁ । ଯାହାଫଳରେ ଶାନ୍ତିନିକେତନର ଅନ୍ତଃସୌନ୍ଦର୍ଯ୍ୟ ହୋଇଯାଇପାରିବ ସଂପ୍ରସାରିତ ଦିଗ୍‌ବିଦିଗ୍‌କୁ । ■

ବିଦାୟ ଲଗ୍ନ : ଅକଳନ୍ତି ମମତାର ବନ୍ଧନ

ଶାନ୍ତିନିକେତନକୁ ଯିବାବେଳେ ପ୍ରାଣରେ ଥାଏ ଯେଉଁ ଉତ୍ସାହ ଓ ଉଦ୍ଦୀପନା ସେଥିରୁ ମୁକ୍ତ ହେବାକୁ ଚାହେଁ ନାହିଁ ମନ । ତେବେ କାର୍ଯ୍ୟକ୍ରମର ସମାପ୍ତି ପରେ ସେଠାରୁ ପ୍ରତ୍ୟାବର୍ତ୍ତନ କରିବା ହୋଇରହିଥାଏ ସୁନିର୍ଦ୍ଦିଷ୍ଟ । କେବେ ଦିନେ, କେବେ ଦୁଇଦିନ କିମ୍ବା ଅତି ବେଶିରେ ତିନିଦିନ ଠାରୁ ଆଉ ଅଧିକ ସମୟ ମୁଁ କେବେ ରହିନାହିଁ ଶାନ୍ତିନିକେତନ ପରିସରରେ । କିନ୍ତୁ ସେଠି ବିତାଇଥିବା ଗୋଟିଏ ଗୋଟିଏ ମୁହୂର୍ତ୍ତ ହେଉଛି ଏତେ ଅନୁପମ ଯେ ତାହା ଗୋଟିଏ ଗୋଟିଏ ଜନ୍ମର ସାର୍ଥକତାରେ ପରିପୂର୍ଣ୍ଣ । ଅତି ଅଳ୍ପ ସମୟର ଆଳାପରେ ସେଠି ସମସ୍ତେ ହୋଇଯାଆନ୍ତି କିପରି ଆପଣାର ତାହା ରହସ୍ୟ ଭେଦ କରିବା ଅସମ୍ଭବ ବ୍ୟାପାର । ମାତ୍ର ଗୋଟିଏ ବିନମ୍ର ପ୍ରଣାମ, ପଦେ ଆନ୍ତରିକ ସମ୍ବୋଧନ ଆଉ ଦୁଇ ଚାରିଟି ଧାଡ଼ି ମଧ୍ୟରେ ସାମାନ୍ୟ ଆଳାପ ପରସ୍ପରକୁ ବାନ୍ଧି ଦେଇପାରେ ନିବିଡ଼ ଭାବରେ ବନ୍ଧନରେ, ଏହା ପ୍ରତ୍ୟେକଥରର ଯାତ୍ରା ବେଳେ ଅନୁଭବ କରିଆସିଛି ଅନ୍ତରଙ୍ଗ ଭାବରେ । ସେଠି ଅଧ୍ୟୟନ କରୁଥିବା ଛାତ୍ରଛାତ୍ରୀମାନେ ତ ମୋର ପ୍ରତ୍ୟକ୍ଷ ବା ଡାଇରେକ୍ଟ ଷ୍ଟୁଡେଣ୍ଟ ନୁହଁନ୍ତି । ତଥାପି ସେମାନଙ୍କ ଅନ୍ତରରେ ମୋ' ସକାଶେ କିଏ ସାଇତି ରଖି ଦେଇଛି ଏତେ ଅନାବିଳ ସମ୍ମାନ ଓ ଶ୍ରଦ୍ଧାଶୀଳତା ତାହା ଭାବିପାରେ ନାହିଁ ମୁଁ । ପ୍ରତ୍ୟେକ ଛାତ୍ରଛାତ୍ରୀଙ୍କ ଉଦ୍‌ବେଳିତ ମନର ପ୍ରଶ୍ନ ଭାବ-ବିମୁଗ୍ଧ କରି ତୋଳେ ମୋତେ । ସେମାନେ ପଚାରନ୍ତି- "ସାର୍ ଆପଣ କେବେ ଫେରିବେ, ପୁଣି ପଚାରନ୍ତି ଆଉ କେବେ ଆସିବେ? କେବେ ଆସିବିର ଉତ୍ତର ଦେବା ତ ସମ୍ଭବ ହୁଏ ନାହିଁ । ମାତ୍ର କେବେ ସେଠୁ ଲେଉଟି ଆସିବି ତାହା ଜଣାଇ ଦେଇଥାଏ ସ୍ପଷ୍ଟ ଭାବରେ। ଏହା ଦ୍ୱାରା ଘଟେ କ'ଣ ? ଯେଉଁ ସମୟରେ ବୋଲପୁର ରେଲୱେ ଷ୍ଟେସନରେ ପହଞ୍ଚିବାର ଥାଏ, ଠିକ୍ ତା' ପୂର୍ବରୁ କେତେଜଣ ସ୍ନେହାନୁବନ୍ଧ ଛାତ୍ର ଆସି ପହଞ୍ଚିଯାଆନ୍ତି ମୁଁ ରହୁଥିବା ପୂର୍ବପଲ୍ଲୀ ଗେଷ୍ଟହାଉସ୍‌ର ପ୍ରକୋଷ୍ଠ ମଧ୍ୟକୁ ।

ସେମାନେ ଡାକି ଆଣିଥାନ୍ତି ଅଟୋ ବା ଟଟୋ । ଜିନିଷପତ୍ର ସବୁକିଛି ନିଜେ ସଜାଇ ରଖିଦିଅନ୍ତି ତା' ଭିତରେ। ମୁଁ ବା ଆମେ ଆସୁ ରେଲୱେ ଷ୍ଟେସନ ପର୍ଯ୍ୟନ୍ତ । ଆଉ ପଛରେ ସେହି ଅନୁରକ୍ତ ଛାତ୍ରମାନେ ସଇକେଲ ମାଧ୍ୟମରେ ପହଞ୍ଚି ଯାଆନ୍ତି ଆମ ପାଖକୁ । କେତେବେଳେ ନିର୍ଦ୍ଦିଷ୍ଟ ସମୟରେ ଆସିଯାଏ ଟ୍ରେନ୍ ଆଉ କେବେ କେବେ ହୋଇଯାଏ କିଛି ସମୟ ବିଳମ୍ବ । ପ୍ରିୟ ଛାତ୍ରମାନଙ୍କୁ ମୁଁ କହେ- "ତୁମ୍ଭେମାନେ ମୋତେ ଅପେକ୍ଷା କରନାହିଁ । ଟ୍ରେନ୍ ଆସିଲେ ମୁଁ ଯିବି ତୁମେମାନେ ଏଥର ଫେରିଯାଅ ହଷ୍ଟେଲକୁ । ଅମାନିଆ ଏହି ପିଲାମାନେ ଆଦୌ ସେଥିରେ ରାଜି ହୁଅନ୍ତି ନାହିଁ । ବସି ରହନ୍ତି ମୋ' ପାଖରେ । ସ୍ଥାନାଭାବ ଥିଲେ ଛିଡ଼ା ହୋଇରହିଥାନ୍ତି ବିନମ୍ରତାପୂର୍ଣ୍ଣ ମୁଦ୍ରାରେ । ତାରି ମଧ୍ୟରେ ଚାଲିଥାଏ କିଛି ନା କିଛି ବାର୍ତ୍ତାଳାପ । ବେଳେବେଳେ ଦେଖେ ଆହୁରି କେତେଜଣ ଛାତ୍ର ପୁଣି ସାଇକେଲରେ ପହଞ୍ଚି ଯାଆନ୍ତି ମୋ' ପାଖକୁ । ଯେଉଁମାନେ ପୁଣି ଆସିପାରି ନଥାନ୍ତି କେତେବେଳେ ଫୋନ୍ ମାଧ୍ୟମରେ ବା କେତେବେଳେ ପତ୍ର ମାଧ୍ୟମରେ ତାଙ୍କର ଅତୃପ୍ତି ବ୍ୟକ୍ତ କରିଥାନ୍ତି ଅନୁତପ୍ତ ହୋଇ । ଟ୍ରେନ୍ ଆସିବା ପରେ ଲକ୍ଷ୍ୟ କରେ ପ୍ରତ୍ୟେକଙ୍କ ମୁହଁରେ ଏକ ସଙ୍ଗରେ ଦେଖାଯାଉଛି ଆତ୍ମୀୟତାର ହସ ଓ ମୋ'ଠାରୁ ବିଦାୟ ନେବାର ଔଦାସ୍ୟ । ପ୍ରତ୍ୟେକଙ୍କୁ ଇଚ୍ଛାହୁଏ ଆଖି ପୂରାଇ ଦେଖିବା ପାଇଁ । ସେମାନେ ବି ସମସ୍ତେ ଚାହିଁଥାନ୍ତି ଏକ ଲୟରେ ମୋ' ପ୍ରତି । ଲାଗେ ମୋତେ କାନ୍ଦ କାନ୍ଦ। ସେମାନଙ୍କ ଆଖିର ଅଦୃଶ୍ୟ ଅଶ୍ରୁବିନ୍ଦୁ ମୋ' ପ୍ରାଣକୁ ସଞ୍ଚରି ଆସି ଗାନ କରୁଥାଏ ବିଦାୟ ଲଗ୍ନର କରୁଣ ସଙ୍ଗୀତ । ଏହି ମର୍ମସ୍ପର୍ଶୀ ଦୃଶ୍ୟଗୁଡ଼ିକ କେବେ ହେଲେ କ'ଣ ଭୁଲିଯାଇପାରିବି ଜୀବନରେ ? ଆଉଥରେ ଥରେ ସେମାନଙ୍କ ସହିତ ଯେ ଦେଖା ହେବ ଏହାର ନିଶ୍ଚିତତା ନଥାଏ କେବେ। ନୀରବ ନିଶ୍ଚଳ ଭାବରେ ଦୃଷ୍ଟିପାତ କରେ ଯେତେବେଳେ ଅନ୍ତଃସ୍ଥଳକୁ ସେତେବେଳେ ଦେଖେ ସେମାନେ ସମସ୍ତେ ରହିଛନ୍ତି ହୃଦୟକକ୍ଷରେ ସଦା ସତେଜ ରୂପ ନେଇ ।

■

ଶାନ୍ତିନିକେତନର ଶିଶୁ

ଶାନ୍ତିନିକେତନ ପ୍ରଥମେ ଗଲାବେଳେ ହିଁ ମୋତେ ଅଭିଭୂତ କରି ଦେଇଥିଲା ଗୋଟିଏ ପ୍ରସଙ୍ଗ ତାହା ହେଲା ଶାନ୍ତି ନିକେତନରେ ଶିଶୁମାନଙ୍କ ପାଇଁ ଉଦ୍ଦିଷ୍ଟ ଶିକ୍ଷାଦାନ ବ୍ୟବସ୍ଥା। ଶ୍ରେଣୀ ପ୍ରକୋଷ୍ଠର ଚାରିକାନ୍ଥ ମଧ୍ୟରେ ଶିଶୁମାନଙ୍କୁ ବାନ୍ଧି ରଖିବାର କୌଣସି ଉଦ୍ୟମକୁ ଯେ କବିଗୁରୁ ରବୀନ୍ଦ୍ରନାଥ ସ୍ୱୀକାର କରୁନଥିଲେ ଏହା ପ୍ରତିପାଦିତ ହୋଇଯାଏ ଏଠାରେ । ଆମେ ଦେଖିଲୁ ପାଞ୍ଚ ସାତ ବର୍ଷ ବୟସର ଶିଶୁମାନେ ବୃକ୍ଷଛାୟା ତଳେ ବସି ରହି ନିଜ ଶିକ୍ଷକଙ୍କଠାରୁ ଗ୍ରହଣ କରୁଛନ୍ତି ଶିକ୍ଷାର ଆଲୋକ । ଏହା ଯେ ଶିଶୁମାନଙ୍କ ନିମନ୍ତେ ହେଉଥିବ ପ୍ରେରଣାପ୍ରଦ, ଏକଥା ସୁନିଶ୍ଚିତ । ଶିଶୁ ମନ କୌଣସି ବନ୍ଧନକୁ କଦାପି ସ୍ୱୀକାର କରେନା । ଶିଶୁ ମନସ୍ତତ୍ତ୍ୱର ଏହି ନିଗୂଢ଼ ସତ୍ୟ ସହିତ ସଂଯୁକ୍ତ ହୋଇ ରହିଛି ବିଶ୍ୱଶାନ୍ତିର ସନ୍ଦେଶ । ସମଗ୍ର ପୃଥିବୀ ଯେଉଁଠି ପରିଣତ ହୋଇଯାଇପାରେ ଏକ ନୀଡ଼ରେ ସେଠି ଶିଶୁମାନଙ୍କୁ ଅଖଣ୍ଡ ସ୍ୱାଧୀନତା ଦିଆଯାଇଥିବା ସ୍ୱାଭାବିକ । ସ୍ୱାଧୀନ ଓ ମୁକ୍ତମନ ନେଇ ଶିଶୁମାନେ ଉପବେଶନ କରିଥାଆନ୍ତି ଛାୟାଚ୍ଛନ୍ନ ପରିବେଶରେ ।

କବି ରବୀନ୍ଦ୍ରନାଥ ମାତ୍ର ପାଞ୍ଚ ଛଅଜଣ ପିଲାଙ୍କୁ ନେଇ ଆରମ୍ଭ କରି ଥିଲେ ଆଶ୍ରମ ସ୍କୁଲ ବା ବ୍ରହ୍ମଚର୍ଯ୍ୟାଶ୍ରମ । ପରେ ତାହା 'ପାଠ ଭବନ' ନାମରେ ନାମିତ ହୋଇଥିଲା । ଦେଶର ଅନ୍ୟାନ୍ୟ ସ୍କୁଲ ଠାରୁ ଏହା ଥିଲା ସ୍ୱତନ୍ତ୍ର । ନିୟମ ବା ପ୍ରଥାବଦ୍ଧ ପାଠ୍ୟକ୍ରମ ଉପରେ କବିଙ୍କ ଆସ୍ଥା ନ ଥିଲା । ସେଥିପାଇଁ ନାଚଗୀତ, ଚିତ୍ରକଳା ମାଧ୍ୟମରେ ପାଠ୍ୟଦାନ କରାଯାଉଥିଲା ଯାହାଥିଲା, ଆନନ୍ଦମୟ ଓ ସୃଜନାତ୍ମକ । ତାହାରି ସମୁଜ୍ଜ୍ୱଳ ସଙ୍କେତ ଆଜି ବି ଶାନ୍ତିନିକେତନରେ ଯେ ବିରାଜିତ, ତାହା ଅନୁଭବ କରିପାରିଲି ଉକ୍ତ ପରିବେଶ ମଧ୍ୟରେ । ଏହି ଅଞ୍ଚଳକୁ ପ୍ରବେଶ କରିଥିଲୁ ଆମେ ଅବାଧରେ। ଦେଖିଲୁ ଛାତ୍ରଛାତ୍ରୀମାନେ କିପରି ଆନନ୍ଦମଗ୍ନ ହୋଇ ଶିକ୍ଷକଙ୍କ ସହିତ

ଆପଣାକୁ ମିଶାଇ ଦେଇପାରୁଛନ୍ତି ସହଜ ଓ ସ୍ୱାଭାବିକ ଭାବରେ। ଏ ଦୃଶ୍ୟ ମୋ ମନରେ ସୃଷ୍ଟି କରିଥିଲା ଶିଶୁସୁଲଭ ପୁଲକ । ଖୁବ୍ ଇଚ୍ଛା ହେଉଥିଲା ଏହି ଶ୍ରେଣୀରେ ପିଲାମାନଙ୍କର ସହିତ ପିଲାଟିଏ ହୋଇ ବସିଯାଆନ୍ତି ଆଉ ନୂଆ କରି ଆରମ୍ଭ କରନ୍ତି ମୋ ଜୀବନଧାରାକୁ । ଥରେ ବଡ଼ ହୋଇଗଲା ପରେ ଆଉ କ'ର ଛୋଟ ହୋଇଯିବା କେବେ ହେଲେ ସମ୍ଭବ? ଯାହା ବାସ୍ତବତାର ରୂପ ନେବାର ନାହିଁ ସମ୍ଭାବନା ଆଉ ସେ ବିଷୟରେ ଭାବିବି କାହିଁକି? ମନେ ମନେ ହୋଇଗଲି ଛଅସାତ ବର୍ଷ ବୟସର ଶିଶୁଟିଏ । ଯାଇ ବସିଲି ପାଠଶାଳାରେ । ଶୁଣିଲି ଶିକ୍ଷକଙ୍କ ସ୍ନେହବୋଳା କଥା । ଦେଖିଲି ସୁନୀଳ ମହାକାଶକୁ । ଦେଖିଲି ବୃକ୍ଷ ଉପରେ ବସି କ୍ଷୀଣ କଣ୍ଠରେ କାକଳି କରୁଥିବା ପ୍ରିୟ ପକ୍ଷୀମାନଙ୍କୁ । ଜାଣିପାରିଲି ଯେ ମନେ ମନେ ମୁଁ ଯେଉଁ ଆନନ୍ଦ ଅନୁଭବ କରୁଛି ତାହା ଏଇ ପିଲାମାନେ ଅନୁଭବ କରୁଛନ୍ତି ରୂପରେ ପରମାନନ୍ଦ ।

ପୁଣି ଇଚ୍ଛା ହେଲା ମହାବିଦ୍ୟାଳୟରେ ଅଧ୍ୟାପକଟିଏ ନହେଲେ, ହୋଇଥାନ୍ତି କି ଏପରି ଛୋଟ ପିଲାଙ୍କର ଅନାମଧେୟ ଅପରିଚିତ ସାଧାରଣ ଶିକ୍ଷକଟିଏ ମାତ୍ର! ତାହା ବି ଅଙ୍ଗେ ନିଭାଇଲି କଳ୍ପନାର ସହାୟତାରେ । ବୃକ୍ଷଛାୟା ତଳେ ସୁନିର୍ମିତ ସିମେଣ୍ଟ ଆସନରେ ବସିଲି ଶିକ୍ଷକ ରୂପରେ । ପିଲାମାନଙ୍କ ସୁକୋମଳ ମୁଖମଣ୍ଡଳ ସବୁ ଦେଖିଲି ଯେତେବେଳେ ଆଖି ପୂରାଇ ସେତେବେଳେ ଭୁଲିଗଲି ଜୀବନର କେତେ ଅଭାବ ଓ ଅତୃପ୍ତି । ଶିଶୁମାନଙ୍କ ଆଖି ମଧ୍ୟରେ ଚମକି ଉଠୁଥିଲା ହୀରକଦ୍ୟୁତି । ତାଙ୍କ ହସରେ ଫୁଟୁଥିଲା ବିଭିନ୍ନ ରଙ୍ଗର ଅସଂଖ୍ୟ ଫୁଲ । ତାଙ୍କ ନରମ ଓଠରୁ ଯେଉଁ ଶବ୍ଦ ଉଚ୍ଚାରିତ ହେଉଥିଲା ତାହାହିଁ ମୋ' ପାଇଁ ଥିଲା ଶ୍ରେଷ୍ଠ ସଙ୍ଗୀତ । କଳ୍ପନାର ଡେଣା ମେଲି ଦେଲେ ସବୁକିଛି ସୁଲଭ ହୋଇଯାଏ ଏ ପୃଥିବୀରେ । ସେଥିପାଇଁ ମୁଁ ହେଲି 'ପାଠଭବନ'ର ଛାତ୍ରଟିଏ । ପୁଣି ରୂପାନ୍ତରିତ ହୋଇଗଲି ନିରୀହ ସରଳ ଶିକ୍ଷକଟିଏ ରୂପରେ ।

ତଥାପି ହୃଦୟରେ ତୃପ୍ତି ଟିକିଏ ଭରି ଦେବା ପାଇଁ ସେମାନଙ୍କର ନିକଟବର୍ତ୍ତୀ ହେଲୁ ଆମେ । ଦେଖିଲୁ ଗୋଟିଏ ଶ୍ରେଣୀର କେତୋଟି ପିଲା ସେହି ସ୍ଥଳରୁ କିଞ୍ଚିତ୍ ଦୂରବର୍ତ୍ତୀ ହୋଇ କୌଣସି ଏକ ଖେଳରେ ନିମଜ୍ଜିତ। ଆଶ୍ଚର୍ଯ୍ୟ କଥା ଶିକ୍ଷକ ମହୋଦୟ ତାଙ୍କୁ ଆକଟ କରୁନାହାଁନ୍ତି ଆଦୌ। ଏହାର କାରଣ ପଚାରିବାକୁ ଇଚ୍ଛା ହେଲା । ଶିକ୍ଷକଙ୍କ ସହିତ ଅଳ୍ପ ସମୟର ବାର୍ତ୍ତାଳାପ ମଧ୍ୟରୁ ଜାଣିଲୁ ଯେ ଯଦି ଶିକ୍ଷକ ପାଠ୍ୟଦାନ କରୁଥିବେ, ଆଉ ସେତିକିବେଳେ କେଉଁ ଶିଶୁର ମନ ହେଲା ଯଦି ଅନ୍ୟ ଖେଳ ଖେଳିବା ପାଇଁ, ତାହା ହେଲେବି ଏଠାରେ ସେମାନଙ୍କୁ ମନା କରାଯାଏ ନାହିଁ । ଶିଶୁ ମନକୁ ମୁକ୍ତ ବିହଙ୍ଗମଟିଏ କରିପାରିବାର ଏ ଆନ୍ତରିକତା ବାସ୍ତବିକ୍ ଅତୁଳନୀୟ ।

ଶିଶୁ ବୃନ୍ଦ ଗେରୁଆ ରଙ୍ଗର ବସ୍ତ୍ର ପରିଧାନ କରି ଦେଖାଯାଉଥାନ୍ତି ମୁନିକୁମାର ବା ମୁନିକୁମାରୀଙ୍କ ପରି । ପୁନଶ୍ଚ ମୁଁ ଚାହିଁଲି ଏହି ଶିଶୁମାନଙ୍କ ସହିତ ନେବି ମୁଁ ଏକ ଆଲୋକ ଚିତ୍ର । ମୋର ଏ ମନସ୍କାମନା ମଧ୍ୟ ପୂର୍ଣ୍ଣ ହୋଇଗଲା ପ୍ରିୟ ଛାତ୍ର ଲକ୍ଷ୍ମଣ କୁମାରଙ୍କ ସହାୟତାରେ। ଦୁଇ ତିନିଜଣ ସପ୍ତମ ଅଷ୍ଟମ ଶ୍ରେଣୀରେ ଅଧ୍ୟୟନରତ ଛାତ୍ରଙ୍କ ସହିତ ଫଟୋ ମଧ୍ୟ ହେଲା ଉତ୍ତୋଳିତ । ସେଇ ପିଲାମାନଙ୍କ ନାମ ଟିପି ରଖିଲି ଡାଏରୀରେ । ସେମାନଙ୍କ ସହିତ ଉଠାଇଥିବା ଫଟୋଚିତ୍ର ସାଇତି ରଖିଛି ନିଜ ଆଲବମ୍ ଭିତରେ। କିଛି ବର୍ଷ ବ୍ୟବଧାନ ପରେ ଯେତେବେଳେ ଗଲି ଶାନ୍ତି ନିକେତନ ସେତେବେଳେ ଦେଖିଲି "ପାଠ ଭବନ" ପାଇଁ ସୁରକ୍ଷା ବ୍ୟବସ୍ଥା କରାଯାଇଛି ଆତ୍ୟନ୍ତ କଡ଼ାକଡ଼ି । "ପାଠ ଭବନ" ଶିକ୍ଷାଦାନ ବୃକ୍ଷଛାୟା ତଳେ ଅନୁଷ୍ଠିତ ହେଉଥିବା ବେଳେ କୌଣସି ଯାନବାହନ ପ୍ରବେଶ ଥିଲା ନିଷିଦ୍ଧ । ସେହିପରି ପରିଦର୍ଶକଙ୍କ ପ୍ରବେଶକୁ ମଧ୍ୟ ଅନୁମତି ପ୍ରଦାନ କରାଯାଉ ନଥିଲା ଆଦୌ । ଏହାବି ମୋତେ ଦେଉଥିଲା ଆଉ ଏକ ନୂତନ ଆନନ୍ଦ । ଯେପରି ଜାଙ୍ଗଲିକ ସୁଷମାର କେତେକ ସ୍ଥଳ ରହିଯାଏ ପୂର୍ଣ୍ଣ ସଂରକ୍ଷିତ ଓ ସେ ଅଞ୍ଚଳକୁ ପ୍ରବେଶ କରିବା ହୋଇଥାଏ ନିଷେଧ ଏହା ଠିକ୍ ସେହିପରି ଏକ ଉନ୍ନତମାନର ସୁବ୍ୟବସ୍ଥା । ପକ୍ଷୀ ମନ ନେଇ ବଞ୍ଚୁଥିବା କୋମଳମତି ଶିଶୁମାନଙ୍କ ଏକାଗ୍ରତା ଆଉ ସ୍ୱାଧୀନତାକୁ ଭଙ୍ଗ ନକରିବା ସକାଶେ ଏହା ଯେ ଏକ ସମୟୋଚିତ ପଦକ୍ଷେପ ତାହା ଉପଲବ୍ଧି କରି ମନେ ମନେ ହୋଇଥିଲି ଆହ୍ଲାଦିତ । ମୋର ମନେ ହେଲା ସତେ ଯେପରି ମୋର ଶିଶୁ ମନଟି ସୁରକ୍ଷିତ ଓ ଧ୍ୟାନସ୍ଥ ।

■

ବୁଧୁବାରିଆ ସାହିତ୍ୟ ସଂସଦରେ ଦିନେ

ଶାନ୍ତିନିକେତନରେ ଓଡ଼ିଆ ବିଭାଗର ଓ ଓଡ଼ିଶାର ଛାତ୍ରଛାତ୍ରୀଗଣ, ଅଧ୍ୟାପକ ଅଧ୍ୟାପିକା ବୃନ୍ଦ ସମସ୍ତଙ୍କ ପାଇଁ ଗଠିତ ହୋଇଛି ବୁଧୁବାରିଆ ସାହିତ୍ୟ ସଂସଦ । ମୋ' ଜାଣିବାରେ ପ୍ରଫେସର କରଳାଶ ପଟ୍ଟନାୟକ ହେଉଛନ୍ତି ଏହାର ପ୍ରତିଷ୍ଠାତା । ୧୯୯୭ ମସିହାରେ ଶାନ୍ତି ନିକେତନ ଯିବା ସମୟରେ ପଡ଼ିଥିଲା ଏକ ବୁଧବାର । ମୋର ଅତି ପ୍ରିୟ ଛାତ୍ର ଲକ୍ଷ୍ମଣ କୁମାର ଆମକୁ ନେଇ ଯାଇଥିଲେ ସାହିତ୍ୟ ଆସର ଅନୁଷ୍ଠିତ ହେଉଥିବା ବୃକ୍ଷଛାୟା ମୂଳକୁ । ସେଠି ଗୋଲାକାରରେ ବସିଥାନ୍ତି ଛାତ୍ରଛାତ୍ରୀମାନେ । ସମସ୍ତଙ୍କ ମୁଖମଣ୍ଡଳରେ ପ୍ରତିଫଳିତ ହେଉଥାଏ ଅରୁଣ କିରଣର ଆଭା । ବାସ୍ତବରେ ପ୍ରକୃତି କୋଳରେ ସାହିତ୍ୟ ଚର୍ଚ୍ଚା କରିବାର ରହିଛି ଯେଉଁ ଭିନ୍ନ ପୁଲକ ତାହା ଉପଲବ୍ଧି କରୁଥିଲି ସେତେବେଳେ ।

ନିଜେ ରବୀନ୍ଦ୍ରନାଥ ବୃକ୍ଷ ମୂଳରେ ବସି ଲେଖିଥିବେ ନିଶ୍ଚୟ ତାଙ୍କର ଅନେକ କବିତା । ସେହିପରି ଏହି ପରିବେଶରେ ମଧ୍ୟ ଆବୃତ୍ତି କରିଥିବେ ସ୍ୱରଚିତ ପଦପଙ୍‌କ୍ତି ଆବେଗର ସହିତ । ସେହି କଣ୍ଠସ୍ୱର ଶୁଣୁଥିବେ ନିଶ୍ଚୟ ବୃକ୍ଷର ପ୍ରତିଟି ଡାଳପତ୍ର । ଶୁଣୁଥିବେ ବୃକ୍ଷରେ ଆଶ୍ରିତ ପକ୍ଷୀକୁଳ ମଧ୍ୟ । ବୁଧୁବାରିଆ ସାହିତ୍ୟ ଆସରରେ ବସି ରହି ଏକଥା ସବୁ ମନେପକାଉଥିଲି ନିବିଷ୍ଟ ଚିତ୍ତରେ । ଛାତ୍ରଛାତ୍ରୀମାନେ ପଢ଼ିଲେ ନିଜ ନିଜ କବିତା । ତା ପରେ ଗବେଷକ ଛାତ୍ରଛାତ୍ରୀମାନେ ପଢ଼ିଲେ ନିଜ ନିଜ କବିତା । ତାହାରି ସମ୍ପର୍କରେ ଗବେଷକ ଛାତ୍ର ଜଣେ କରୁଥିଲେ ସମୀକ୍ଷା । ପିଲାମାନଙ୍କର କବିତା ଆବୃତ୍ତି ଓ ଜୀବନ ଦୃଷ୍ଟିକୁ ନିରୀକ୍ଷଣ କରୁଥିଲି ମୁଁ ଏକାଗ୍ର ମନ ନେଇ । ପ୍ରତିଟି କବିତାରେ ଫୁଟି ଉଠୁଥିଲା ଯେଉଁ ଆଶାବାଦର ଝଙ୍କାର ତାହାକୁ ସାଇତି ରଖୁଥିଲି ହୃଦୟରେ ମୋର । ଆଜି ସେ ସମସ୍ତ ଛାତ୍ରଛାତ୍ରୀଙ୍କ ନାମ ମନେପଡୁନାହିଁ କିମ୍ବା ସମୟ ସ୍ରୋତରେ ବିସ୍ମୃତ ହୋଇଯାଇଛି । କିନ୍ତୁ ଛାତ୍ରଛାତ୍ରୀମାନଙ୍କ

ଉତ୍‌ଫୁଲ୍ଲିତ ମୁଖଭଙ୍ଗୀ ରେଖାଙ୍କିତ ହୋଇ ରହିଛି ମୋର ଅନ୍ତଃସ୍ଥଳରେ । କି ଭାବ ବିଭୋର ସଂଯୋଜନା ! କି ଆନ୍ତରିକତା ପୂର୍ଣ୍ଣ କବିତା ଆବୃତ୍ତି ! ଏସବୁ କଥା ମନେପକାଇବା ବେଳେ ଭାବୁଛି ଯେ ଏପରି ସାହିତ୍ୟ ଆସରରେ କିଏ କବିତା ପଢ଼ିଦେଲେ ଯେ ସେ ହୋଇଯିବ ସୁବିଖ୍ୟାତ କବି- ଏହା କଦାପି ନୁହେଁ । କବିତା ଲେଖିବା, ପଢ଼ିବା, ନିଜବନ୍ଧୁ ବର୍ଗଙ୍କୁ ତାହା ଶୁଣାଇବା ଓ ଅନ୍ୟମାନଙ୍କ କବିତାକୁ ଆଦର କରିବା ଦ୍ୱାରା ମଣିଷର ନିଃସ୍ୱାର୍ଥ ଶ୍ରଦ୍ଧାର ବଳୟ ସଂପ୍ରସାରିତ ହୋଇ ଯାଉଥାଏ ଅଧିକରୁ ଅଧିକ ।

ସମସ୍ତେ କବିତା ପଢ଼ିବା ପରେ ସ୍ନେହାସ୍ପଦ ଲକ୍ଷ୍ମଣ ସମସ୍ତଙ୍କୁ ପରିଚିତ କରାଇଦେଲେ ମୋ' ସହିତ। ମୋ ସମ୍ପର୍କରେ ଉପସ୍ଥାପନ କଲେ ଏକ ସଂକ୍ଷିପ୍ତ-ବକ୍ତବ୍ୟ । ଆଉ ତା'ପରେ ଉଦ୍‌ବୋଧନ ଦେବା ପାଇଁ ଅନୁରୋଧ କରାଗଲା ମୋତେ। ଯାହାସବୁ ସେଦିନ କହିଥିଲି ମୋର ବକ୍ତବ୍ୟରେ ତାହା ଆଉ କିପରି ବା ମନେପଡ଼ିବା ସମ୍ଭବ ଏ ବେଳାରେ ? କେବଳ ଉଲ୍ଲେଖ କରିଥିବା କଥା ଭିତରେ ରହିଥିଲା ପଦେ ପ୍ରେରଣାଧର୍ମୀ ବାକ୍ୟ । ତାହା ହେଲା ସମସ୍ତଙ୍କ ମଧ୍ୟରେ ମୁଁ ଲକ୍ଷ୍ୟ କରିଛି ମୁକୁଳିତ ହେଇଯିବାର ରାଗ ମହ୍ଲାର । ଏଇ ତ ହେଉଛି ବୟସ ଯେଉଁ ସମୟରେ ହୃଦୟର ଦ୍ୱାର ଫିଟିଯାଏ । ସେହି ସମୟରେ ହିଁ ଉଦ୍‌ବେଳିତ ହୋଇଉଠେ ସାଗର ଲହରୀ ପରି ଏହି ସଜଳ କୋମଳ ଅନ୍ତରଟି ପ୍ରତ୍ୟେକଙ୍କର । ସାହିତ୍ୟ ଆସରରେ ବସିଥିବା ବେଳେ ବଉଳର ବାସ୍ନା ଚହଟି ଯାଉଥାଏ ସର୍ବତ୍ର । ବାହାରେ ବୃକ୍ଷଡାଳରେ ଯେମିତି ବଉଳର ସୁବାସ ଚହଟି ଉଠୁଥାଏ ସେପରି ଅନ୍ତର ଭିତରେ ମଧ୍ୟ ବଉଳର ସୁଗନ୍ଧ ବାରି ହୋଇ ଯାଉଥାଏ ସ୍ୱତନ୍ତ୍ର ଭାବରେ । ବେଳେବେଳେ କୋଇଲିର କୁହୁତାନ ଆସି ପ୍ରବେଶ କରେ କର୍ଣ୍ଣ ଗହ୍ୱରରେ । ସାହିତ୍ୟ ଆସରର ଆୟୋଜନ ଦେଖି କୋଇଲି ମଧ୍ୟ ତା'ର କବିତା ଯେ ପଢୁନଥିବ ଏହା କୁହାଯାଇପାରିବ କିପରି ? ରବୀନ୍ଦ୍ରନାଥ ଗୋଟିଏ ସ୍ଥାନରେ ଉଲ୍ଲେଖ କରି କହିଛନ୍ତି ଯେ, କେହି ଲେଖକ ଓ କବି କହନ୍ତି ଆମେ କୌଣସି ଲକ୍ଷ୍ୟ ବା ଉଦ୍ଦେଶ୍ୟ ରଖି କବିତା ଲେଖୁନା । ବଣର ପକ୍ଷୀ ଯେମିତି ସ୍ୱତଃସ୍ଫୂର୍ତ୍ତ ଭାବରେ ଗାଏ ତା'ର ଗୀତ ଆମେ ସେମିତି ନିଜ ଅନ୍ତରର ପ୍ରେରଣାରେ ହିଁ ଲେଖୁ ଆମର ଗଦ୍ୟ କି ପଦ୍ୟ । ରବୀନ୍ଦ୍ରନାଥ ଏକଥା ଉଦ୍ଧାର କରି କହିଛନ୍ତି ସେଇ ଲେଖକ ଓ କବିମାନଙ୍କ ଉଦ୍ଦେଶ୍ୟରେ ଯେ, କିଏ କହେ ପକ୍ଷୀଟିଏ ଆପଣା ପାଇଁ କେବଳ ଗୀତ ଗାଏ ବୋଲି ? ବୃକ୍ଷ ଅନ୍ତରାଳରେ ବସିଥିବା ପକ୍ଷୀଟିଏ ଅନ୍ୟ ପକ୍ଷୀକୁ ଶୁଣାଇବା ପାଇଁ ଯେ ଗୀତ ଗାଉନଥିବ- ଏହା ପ୍ରମାଣ କରାଇପାରିବ କିଏ ? ରବୀନ୍ଦ୍ରଙ୍କ ଉକ୍ତି ମଧ୍ୟରେ ଥିବା ସତ୍ୟତା ପ୍ରମାଣ କରିଦିଏ ଯେ ଏହି ସାହିତ୍ୟ ଆସରର ଆୟୋଜନ

ସେଇଥିପାଇଁ । ପ୍ରତ୍ୟେକ ଛାତ୍ରଛାତ୍ରୀ ତ ଲେଖନ୍ତି କିଛି ନା କିଛି । ପଢ଼ନ୍ତି ମଧ୍ୟ ମନେ ମନେ । ନିଜେ ନିଜେ ନିଜ ପ୍ରକୋଷ୍ଠରେ ବସି ରହି ସେମାନେ ଯଦି ଆବୃତ୍ତି କରନ୍ତେ କବିତା ତା' ହେଲେ କ'ଣ ଏ ଜୀବନର ଲକ୍ଷ୍ୟ ପୂରଣ ହୋଇପାରନ୍ତା କେବେ ହେଲେ ? ସମସ୍ତେ ଏକାଠି ବସି ଯେ ଜଣକ ପରେ ଜଣେ ପଢ଼ନ୍ତି କବିତା ଏହାର ମୂଳ ଲକ୍ଷ୍ୟ ହେଉଛି ଅନ୍ୟର ହୃଦୟ ମଧ୍ୟକୁ ପ୍ରବେଶ କରିବାର ଆନ୍ତରିକତା । ଏହାହିଁ ତ ସବୁଠାରୁ ହେଉଛି ଶ୍ରେଷ୍ଠ ଉପଲବ୍ଧି । କେବଳ ନିଜକୁ ଜାଣିଲେ ହୁଏନା । ଅନ୍ୟର ହୃଦୟ ମଧ୍ୟକୁ ପ୍ରବେଶ କରିବା ଓ ହୃଦୟ ସହିତ ହୃଦୟ ଯୋଡ଼ିଦେବା ସବୁ ସାହିତ୍ୟ ଆସରର ବୈଶିଷ୍ଟ୍ୟ । ଏହି ଭାବ ବିନିମୟ ଦ୍ୱାରା ହିଁ ସୁନ୍ଦର ମନେହୁଏ ଜୀବନ ସୁନ୍ଦର ମନେହୁଏ ପୃଥିବୀ । ଆଉ ଏହାରି ଦ୍ୱାରା ସାଧିତ ହୁଏ ଆମ ଜନ୍ମ ଓ ଜୀବନର ପ୍ରକୃତ ଆଭିମୁଖ୍ୟ । ଶାନ୍ତି ନିକେତନ ଜୀବନକୁ ପରିପୂର୍ଣ୍ଣ କରି ଦେବାର ଏକ ସ୍ୱତଃ ନିଶ୍ଚୟ କେତେ ଯେ ବର୍ଷ ବିତି ଗଲାଣି ଏହାରି ମଧ୍ୟରେ ତଥାପି ସେଦିନର ସକାଳ ଓ ପୂର୍ବାହ୍ନର ପ୍ରୀତି ରହିଛି ସତେଜ ହୋଇ ଛାତି ତଳେ ମୋର ।

■

ରବୀନ୍ଦ୍ର ଭବନ : ଏକ ପ୍ରଦକ୍ଷିଣ

ଶାନ୍ତି ନିକେତନର ଯାହା ହେଉଛି ମୂଳ ଆକର୍ଷଣ ତାହା ହେଲା ରବୀନ୍ଦ୍ର ଭବନ । ୧୯୪୧ ମସିହାରେ କବିଙ୍କ ଘଟିଥିଲା ମହାପ୍ରୟାଣ । ଏହାର ପରବର୍ତ୍ତୀ ବର୍ଷ ୧୯୪୨ ମସିହାରେ ପ୍ରତିଷ୍ଠିତ ହେଲା ଏହି ସଂଗ୍ରହାଳୟ । ପ୍ରତିଷ୍ଠାତା ହେଉଛନ୍ତି ରବୀନ୍ଦ୍ରଙ୍କ ସୁପୁତ୍ର ରଥୀନ୍ଦ୍ର ନାଥ ଠାକୁର ନିଜ ପିତୃଦେବଙ୍କ ପ୍ରତି ଶ୍ରେଷ୍ଠ ସ୍ମୃତି ଅର୍ଘ୍ୟ ନିବେଦନ କରିବାରେ ନିଜସ୍ୱ ପିତୃଭକ୍ତିର ଯଥାର୍ଥ ପରିଚୟ ପ୍ରଦାନ କରିଛନ୍ତି ଏହାଦ୍ୱାରା । ପ୍ରତିଦିନ ଶାନ୍ତି ନିକେତନକୁ ଶତ ଶତ ଦର୍ଶକ ଆଗମନ କରିଥାନ୍ତି ଏହି ମହାନ ସଂଗ୍ରହାଳୟ ପରିଦର୍ଶନ କରିବା ନିମନ୍ତେ । ରଥୀନ୍ଦ୍ରଙ୍କ ପିତୃଭକ୍ତି ଓ ଦର୍ଶନାର୍ଥୀମାନଙ୍କ ରବୀନ୍ଦ୍ର ପ୍ରୀତି ଦେଖିଲେ ବାସ୍ତବିକ୍ ଆନନ୍ଦ ମଗ୍ନ ହୋଇଯାଏ ହତାଶା ବିଜଡ଼ିତ ମନ ମଧ୍ୟ । ସମଗ୍ର ଭାରତବର୍ଷରେ ଆଉ କୌଣସି କବି ବା ସାହିତ୍ୟିକଙ୍କ ସ୍ମୃତିରାଜି ଏପରି ଭାବରେ ସୁସଜ୍ଜିତ ଓ ଆକର୍ଷଣୀୟ ଭାବରେ ପ୍ରଦର୍ଶିତ ହୋଇପାରି ନାହିଁ । ରବୀନ୍ଦ୍ରନାଥଙ୍କ ରଚନାର ମୂଳ ପାଣ୍ଡୁଲିପି, ଚିଠି ପତ୍ର ଓ କବିଙ୍କ ଦ୍ୱାରା ଅଙ୍କିତ ଚିତ୍ରକଳା ସୁସଂରକ୍ଷିତ ହୋଇ ରହିଛି ଏଠାରେ । ୪୦,୦୦୦ ପୁସ୍ତକ ୧୨,୦୦୦ ପତ୍ରପତ୍ରିକା ସୁଶୃଙ୍ଖଳିତ ଭାବରେ ବନ୍ଧନଯୁକ୍ତ କରି ରଖାଯାଇଛି।

ଯେକୌଣସି ଦର୍ଶକ ଏହି ସଂଗ୍ରହାଳୟ ମଧ୍ୟକୁ ପ୍ରବେଶ କରି ସେ ନିଶ୍ଚୟ ରବୀନ୍ଦ୍ରୀୟ- ଜଗତକୁ ପ୍ରବେଶ କରି ନିଜକୁ ସେଥିରେ ସମ୍ପୂର୍ଣ୍ଣ ଭାବେ ହଜାଇ ଦେଇପାରିବ ନିଶ୍ଚୟ । ଯେତିକିଥର ମୋତେ ସୁଯୋଗ ମିଳିଛି ଏହି ସଂଗ୍ରହାଳୟ ଦର୍ଶନ କରିବା ପାଇଁ, ଇଚ୍ଛା ହୋଇଛି ତାହାରି ମଧ୍ୟରେ ରହି ରବୀନ୍ଦ୍ରଙ୍କ ସମଗ୍ର ଜୀବନ କାଳକୁ ନିରୀକ୍ଷଣ କରିବା ସକାଶେ । ଏପରି ସୁବର୍ଣ୍ଣ ସୁଯୋଗ ସମସ୍ତଙ୍କୁ ମିଳେନାହିଁ । ରବିନ୍ଦ୍ରନାଥଙ୍କ ବିରାଟ ବିରାଟ ଫଟୋଚିତ୍ର କଳାଧଳା ରୂପରେ ଯେପରି ସସମ୍ମାନେ ସଜୀକରଣ କରାଯାଇଛି ତାହା ଶ୍ରେଷ୍ଠ କଳାତ୍ମକ ଅଭିରୁଚିର ସଙ୍କେତ ବହନ କରୁଛି

ସ୍ୱତଃ । ରବୀନ୍ଦ୍ରଙ୍କ ସମଗ୍ର ମୁଖ ମଣ୍ଡଳ କେତେ ସମୁଜ୍ଜ୍ୱଳ, ଶାନ୍ତ, ଉଦାର ତାହା ଅନୁଭବ କରିବାର ଯେଉଁ ମୁହୂର୍ତ୍ତ ଆସିଛି ମୋ ଜୀବନ କ୍ଷେତ୍ରକୁ ତାହା ଯେ କେତେ ମୁଗ୍ଧାନୁଭୂତିର ସୁକୋମଳ ସଞ୍ଚାରକ ତାହା କ'ଣ ଶବ୍ଦରେ କେବେ ହେଲେ ପ୍ରକାଶ କରି ହେବ? ରବୀନ୍ଦ୍ରନାଥଙ୍କ ବିଭିନ୍ନ ପ୍ରକାରର ପୁରାତନ ଫଟୋଗ୍ରାଫ୍‌କୁ ଅନାଇ ଦେବା ମାତ୍ରକେ ଲାଗେ ଯେ ଏସବୁକୁ ଏକତ୍ରିତ କରିବାରେ ରଥୀନ୍ଦ୍ରନାଥ ଯେଉଁ ଭୂମିକା ନେଇ ଥିଲେ ତାହା ଅତୁଳନୀୟ ।

ସ୍ୱଭାବକବି ଗଙ୍ଗାଧର ମେହେରଙ୍କ ପ୍ରପୌତ୍ର ଭାବରେ ମୁଁ ମୋର ପୂଜ୍ୟ ପିତାମହ କବିପୁତ୍ର ଭଗବାନ ମେହେରଙ୍କୁ ଦେଖିଛି ଓ ତାଙ୍କର ସ୍ନେହ-ସ୍ନିଗ୍ଧ ସ୍ପର୍ଶ ଓ ଶୁଭକାମନା ଲାଭ କରିଛି ଅତ୍ୟନ୍ତ ନିକଟତର ହୋଇ । ଗଙ୍ଗାଧରଙ୍କୁ ମୁଁ ଦେଖିନାହିଁ ବୋଲି ଜାଣନ୍ତି ଅନ୍ୟମାନେ। ମାତ୍ର ମର୍ମସ୍ଥଳରେ ଯାହାଙ୍କୁ ନିବିଡ଼ରୁ ନିବିଡ଼ତର ଭାବରେ ତାହାତ ଏକ ମହାନ୍ ଉପଲବ୍ଧି । ରବୀନ୍ଦ୍ରଙ୍କ ପ୍ରତିଛବି ଦେଖିବା ମାତ୍ରକେ ତା' ମଧ୍ୟରେ ଗଙ୍ଗାଧରଙ୍କ ଛବି ଆବିଷ୍କାର କରିଛି ସଦାସର୍ବଦା । ସେହିପରି ଗଙ୍ଗାଧରଙ୍କ ଛବି ମଧ୍ୟରେ ଦେଖିଛି ରବୀନ୍ଦ୍ରଙ୍କ ଚକ୍ଷୁ ଯୁଗଳର ସ୍ନେହାତ୍ମକ ଦୃଷ୍ଟି । ରଥୀନ୍ଦ୍ର ନାଥଙ୍କ କ୍ଷେତ୍ରରେ ମଧ୍ୟ ଘଟିଛି ତାହାହିଁ ଅର୍ଥାତ୍ ରଥୀନ୍ଦ୍ର ନାଥଙ୍କ ଜୀବନଧାରା ମଧ୍ୟରେ ସର୍ବଦା ଉଙ୍କି ମାରିଛି ଯାହାଙ୍କ ଶ୍ରଦ୍ଧାପୂତ ମୁଖମଣ୍ଡଳ ସେ ହେଉଛନ୍ତି ମୋର ପିତାମହ ଅନନ୍ୟ ପିତୃଭକ୍ତ ଭଗବାନ ମେହେର । ଏହି ସଂଗ୍ରହାଳୟରେ ରବୀନ୍ଦ୍ର ନାଥଙ୍କ ଲିଖିତ କବିତା ବଡ଼ ବଡ଼ ଅକ୍ଷରରେ ସୁସଜ୍ଜିତ । କ'ଣ ନାହିଁ ଏଠାରେ? କବି ବିଶିଷ୍ଟ ବ୍ୟକ୍ତିଙ୍କ ଠାରୁ ଯେଉଁସବୁ ଉପହାର ଲାଭ କରିଥିଲେ ସେସବୁକୁ ମଧ୍ୟ ଏତେ ଯତ୍ନ ସହକାରେ ରଖାଯାଇଛି ଯାହା ଦେଖିବା ମାତ୍ରକେ ହୃଦୟ ହୋଇଯାଏ ପରିପୂର୍ଣ୍ଣ । ରବୀନ୍ଦ୍ରଙ୍କ ବ୍ୟବହୃତ ସାମଗ୍ରୀ ସହିତ ଠାକୁର ପରିବାରର ପ୍ରତ୍ୟେକଙ୍କ କିଛି ନା କିଛି ଚିହ୍ନ ଦର୍ଶକମାନଙ୍କର ସୁଦୃଷ୍ଟି ଆକର୍ଷଣ କରିବା ଏକାନ୍ତ ସ୍ୱାଭାବିକ । ସଂଗ୍ରହାଳୟ ମଧ୍ୟରେ ରବୀନ୍ଦ୍ରଙ୍କ ସଂକ୍ଷିପ୍ତ ଜୀବନୀ ମଧ୍ୟ ସୁଲିଖିତ । ବ୍ୟଗ୍ରତା ପ୍ରକାଶ ନ କରି ଏହିସବୁ ଫଟୋଚିତ୍ରକୁ ଦେଖିଲେ ଓ ତାହା ନିର୍ଦ୍ଦିଷ୍ଟ ଚିତ୍ତରେ ପାଠ କଲେ ଜାଣିହୁଏ ରବୀନ୍ଦ୍ରଙ୍କ ଜୀବନର ସୌନ୍ଦର୍ଯ୍ୟ ଓ ବୈଚିତ୍ର୍ୟକୁ । କବି ଯେ ତାଙ୍କ ଜୀବନର ଅନ୍ତିମ ପର୍ଯ୍ୟାୟରେ ଚିତ୍ରକର ଭାବରେ ଆଉ ଏକ ଆଲୋକଦୀପ୍ତ ପ୍ରତିଭାର ପରିଚୟ ଦେଲେ ତାହା ଦର୍ଶକଙ୍କୁ ଘେନିଯାଏ ଚିତ୍ରକଳାର ମାଧୁର୍ଯ୍ୟ ମଧ୍ୟକୁ । କୌଣସି ଏକ ସ୍ଥାନରେ ରବୀନ୍ଦ୍ରନାଥ କହିଛନ୍ତି ଯେ ସୁନ୍ଦର ଚିତ୍ରଗୁଡ଼ିକ ହେଉଛି ଏକ ଏକ ପ୍ରାଣସ୍ପର୍ଶୀ କବିତା। ଚିତ୍ରକଳା ଓ ସାହିତ୍ୟ ମଧ୍ୟରେ ରହିଛି ଯେଉଁ ସୂକ୍ଷ୍ମ ସାମଞ୍ଜସ୍ୟ ତାହାର ରହସ୍ୟ ଉନ୍ମୋଚନ କରି ଦେଇଛନ୍ତି କବୀନ୍ଦ୍ର । ଯେତେବେଳେ ରବୀନ୍ଦ୍ରନାଥ କାଗଜ ଉପରେ ଲେଖୁଥିଲେ କବିତା ସେତେବେଳେ ଯେଉଁ ଯେଉଁ ସ୍ଥାନରେ ପରିବର୍ତ୍ତନ

ଏକାନ୍ତ ଆବଶ୍ୟକ ସେ ସବୁକୁ ମଧ୍ୟ ଦେଉଥିଲେ ଚିତ୍ରକଳାର ଅପୂର୍ବ ରୂପ। ଅର୍ଥାତ୍ କବିଙ୍କ କବିତା ଓ ତାଙ୍କ ଚିତ୍ରାଙ୍କନର କଳା-କୁଶଳତା ଏକତ୍ର ଫୁଟି ଉଠିଛି ସେହି ସ୍ଥଳରେ । ଦେଶର ଓ ସମଗ୍ର ବିଶ୍ୱର ବିଶିଷ୍ଟ ବ୍ୟକ୍ତିମାନଙ୍କ ସହିତ ତାଙ୍କର ସାକ୍ଷାତକାରର ଆଲୋକଚିତ୍ର ଦର୍ଶନୀୟ ନିଶ୍ଚୟ । ରବୀନ୍ଦ୍ରଙ୍କ ଜୀବନଧାରା ସହିତ ସମ୍ପର୍କିତ ଏପରି କୌଣସି ଜିନିଷ ନାହିଁ, ଯାହା ଏଠାରେ ସଂରକ୍ଷିତ ହୋଇନାହିଁ । କବିପୁତ୍ର ରଥୀନ୍ଦ୍ରନାଥ ଏହାକୁ ରବୀନ୍ଦ୍ରଙ୍କ ଜୀବନ ଓ ସୃଜନର ଏକ ବିସ୍ତୃତ ଗବେଷଣାତ୍ମକ କେନ୍ଦ୍ର କରିବାର ଯେଉଁ ସ୍ୱପ୍ନ ଦେଖିଥିଲେ ତାହା ଯେ ବାସ୍ତବତାରେ ପରିଣତ ହୋଇପାରିଛି ଓ ଏହାକୁ ଅଧିକରୁ ଅଧିକ ଭାବ ଗର୍ଭକ ପ୍ରେରଣାଦାୟକ କରିବା ପାଇଁ ପରବର୍ତ୍ତୀ ସମୟରୁ ଆନ୍ତରିକ ପ୍ରଚେଷ୍ଟା ରହିଛି ଅବ୍ୟାହତ ତାହାହିଁ ହେଲା ପ୍ରେରଣାଦାୟକ। ଅନେକ ସମୟରେ ମନରେ ଏକ ପ୍ରଶ୍ନ ଉତ୍‌ଥାପିତ ହୁଏ ଯେ ଯାହା ରବୀନ୍ଦ୍ର ସ୍ମୃତିରକ୍ଷା ପାଇଁ କରାଯାଇପାରିଛି ତାହା ଅନ୍ୟ କବି ଓ ଲେଖକମାନଙ୍କ କ୍ଷେତ୍ରରେ କାହିଁକି ସମ୍ଭବ ହୋଇପାରିନାହିଁ ? ରବୀନ୍ଦ୍ରଙ୍କ ପରି ଏକ ଶିକ୍ଷାୟତନର ପ୍ରତିଷ୍ଠା ଅନ୍ୟ କାହା ଦ୍ୱାରା ହୋଇନପାରିବା ହେତୁ ହିଁ ସ୍ମୃତିରକ୍ଷାର ଯେଉଁ ପାରିବାରିକ ପ୍ରଚେଷ୍ଟା ତାହା ସମ୍ଭବ ହୋଇନାହିଁ ସବୁ କ୍ଷେତ୍ରରେ ।

ସଂଗ୍ରହାଳୟ ହିଁ ମୋ' ପାଇଁ ହେଉଛି ଶାନ୍ତି ନିକତେନର ସବୁଠୁ ଶ୍ରେଷ୍ଠ ଆକର୍ଷଣ । ଏହା ମଧ୍ୟକୁ ପ୍ରବେଶ କଲେ ଆଉ ସେଠାରୁ ପ୍ରତ୍ୟାବର୍ତ୍ତନ କରିବାକୁ ଚାହେଁ ନାହିଁ ଏ ମନ । ଏହାହିଁ ମୋ ପାଇଁ ଶ୍ରେଷ୍ଠ ସାହିତ୍ୟ ସଭା । ଶ୍ରେଷ୍ଠ ଆଲୋଚନାଚକ୍ର ଆଉ ଶ୍ରେଷ୍ଠ ଉତ୍ସବ ମଧ୍ୟ । ଶାନ୍ତି ନିକେତନର ପରିସରରେ ଅନୁଷ୍ଠିତ ହୋଇଥାଏ ବସନ୍ତ ଉତ୍ସବ, ବର୍ଷା ମଙ୍ଗଳ, ହୋଲି ପୌଷମେଳା, ମାଘ ଉତ୍ସବ ଓ ଆହୁରି ଅନେକ କାର୍ଯ୍ୟକ୍ରମ । ଯଦି ଶାନ୍ତି ନିକେତନରେ ରବୀନ୍ଦ୍ରନାଥଙ୍କ ଏହି ବିରଳ ସ୍ମୃତି ଚିହ୍ନ ନଥାନ୍ତା ତାହେଲେ ଅନ୍ୟ ସବୁ କିଛି ହୋଇ ଯାଆନ୍ତା ମଳିନ ଓ ପ୍ରାଣହୀନ । ରବୀନ୍ଦ୍ରନାଥ ସଶରୀରେ ଚଳଚଞ୍ଚଳ, ପ୍ରାଣବନ୍ତ ଓ ସର୍ବଦା ବିତରଣରେ ପବିତ୍ର ଆଶୀର୍ବାଦ ଆକର୍ଷଣୀୟ। ଆଜି ମଧ୍ୟ ସେହି ମହିମାନ୍ୱିତ ରୂପ ଅମ୍ଳାନ ରହିପାରିଛି ଏହି ସଂଗ୍ରହାଳୟର ପ୍ରତିଷ୍ଠା ହେତୁରୁ । ଏହା 'ରବୀନ୍ଦ୍ର ଭବନ' କେବଳ ନୁହେଁ । ଏହା ହେଉଛି ରବୀନ୍ଦ୍ରନାଥଙ୍କ ଜୀବନ୍ତ ଉପସ୍ଥିତି । ସ୍ୱୟଂ ରବୀନ୍ଦ୍ରନାଥ ହିଁ ସଶରୀରେ ରହିଛନ୍ତି ଜାଗ୍ରତ ଓ ସମ୍ପ୍ରସାରିତ ରୂପ ପରିଗ୍ରହ କରି । 'ରବୀନ୍ଦ୍ର ଭବନ' ଉଦ୍ଦେଶ୍ୟରେ ସର୍ବଦା ଭକ୍ତି ନିବେଦନର ମୁଦ୍ରାରେ ମୁଁ ନତମସ୍ତକ।

■

ରବୀନ୍ଦ୍ରନାଥଙ୍କ ଶ୍ରେଷ୍ଠ ସୃଷ୍ଟି : ଶାନ୍ତିନିକେତନ

ଯେକୌଣସି କବି ଲେଖକଙ୍କ ସାହିତ୍ୟ ସୃଷ୍ଟିକୁ ଯେପରି ଶ୍ରେଷ୍ଠ ସମ୍ମାନ ଦିଆଯାଇଥାଏ ଠିକ୍ ସେହି ଦୃଷ୍ଟିରୁ ତାଙ୍କ ଜୀବନର ଅନ୍ୟାନ୍ୟ ଦିଗକୁ ଗୁରୁତ୍ୱର ସହିତ ବିଚାରକୁ ନିଆଯାଏନାହିଁ । କବି ଲେଖକଙ୍କ ଜୀବନଧାରାରେ ଯେଉଁ ବୈଶିଷ୍ଟ୍ୟ ପରିଲକ୍ଷିତ ହୋଇଥାଏ ତାହାକୁ ସ୍ୱତନ୍ତ୍ର ମର୍ଯ୍ୟାଦା ପ୍ରଦାନ କରିବା ହେଉଛି ସାହିତ୍ୟ ସମାଲୋଚକମାନଙ୍କ ସକାଶେ ଏକ ବିରାଟ ଆହ୍ୱାନ । ଯେଉଁ ମହାନ୍ ସାହିତ୍ୟଶିଳ୍ପୀଙ୍କ ବିଷୟରେ ଆଲୋଚନା କରିବାକୁ ଯାଉଛୁ, ଏ କ୍ଷେତ୍ରରେ ତାହା ଯେ କେତେ ମହତ୍ତ୍ୱପୂର୍ଣ୍ଣ ସେକଥା ପାଠକମାନେ ସ୍ୱତଃ ଉପଲବ୍ଧି କରିପାରିବେ ନିଶ୍ଚୟ ।

ବିଶ୍ୱକବି ରବୀନ୍ଦ୍ରନାଥଙ୍କ ଶ୍ରେଷ୍ଠ ସୃଷ୍ଟି ହେଉଛି 'ଗୀତାଞ୍ଜଳି' । ଏହା ୧୯୧୩ ମସିହାରେ ନୋବେଲ ପୁରସ୍କାର ଲାଭ କରିଥିବା କିଏ ବା ନଜାଣେ ! ଏ ପ୍ରସଙ୍ଗରେ ରବୀନ୍ଦ୍ରଙ୍କ ଗୀତାଞ୍ଜଳିର ସୁଗଭୀର ପ୍ରଭାବ ସମଗ୍ର ଦେଶବାସୀ ଅନୁଭବ କରି ଆସିଛନ୍ତି । ମାତ୍ର ରବୀନ୍ଦ୍ରନାଥଙ୍କ ସମଗ୍ର ଜୀବନକାଳକୁ ଯଦି ବିଚାରକୁ ନିଆଯାଏ ଏବଂ ତାଙ୍କ କାର୍ଯ୍ୟାବଳୀର ଉପଯୁକ୍ତ ସମୀକ୍ଷା କରାଯାଏ ତେବେ 'ଶାନ୍ତିନିକେତନ' ତାଙ୍କର ଯେ ସମଗ୍ର ପୃଥିବୀ ପ୍ରତି ଏକ ମହତ୍ତର ଅବଦାନ-ଏହାକୁ ସମସ୍ତେ ମୁକ୍ତ କଣ୍ଠରେ ସ୍ୱୀକାର କରିବେ। ଯାହା କାଗଜ କଲମରେ ଲେଖାହୁଏ, ତାହାକୁ ହିଁ କାବ୍ୟ କବିତା କିମ୍ବା ଗଳ୍ପ, ଉପନ୍ୟାସ ବୋଲି ଏପର୍ଯ୍ୟନ୍ତ ଆମେ ଚିନ୍ତା କରି ଆସିଛୁ । କାଗଜ କଲମର ସହାୟତା ନ ନେଇ ମଧ୍ୟ ଯେ ସାହିତ୍ୟ ସର୍ଜନା ସମ୍ଭବ ଏହା ଏପର୍ଯ୍ୟନ୍ତ ନିର୍ଣ୍ଣୟ କରାଯାଇପାରିନାହିଁ । ବିଶ୍ୱକବି ରବୀନ୍ଦ୍ରନାଥଙ୍କ ସୃଜନଦୀପ୍ତ ବକ୍ଷସ୍ଥଳରୁ ଯେଉଁ ମହାନ୍ ଶିକ୍ଷାନୁଷ୍ଠାନର ଜନ୍ମ ସଂଘଟିତ ହୋଇଛି ତାହା ହେଲା

'ଶାନ୍ତିନିକେତନ' । ଏହି ବିଶାଳ ଶିକ୍ଷା ପ୍ରତିଷ୍ଠାନ ନିର୍ମାଣରେ ରବୀନ୍ଦ୍ରନାଥ ଯେଉଁ ରକ୍ତ, ଅଶ୍ରୁ ଓ ସ୍ୱେଦ ତର୍ପଣ କରିଛନ୍ତି ତାହାକୁ ପ୍ରତ୍ୟକ୍ଷ ଭାବରେ ଦେଖି ପାରିବା ଆଜି ସମ୍ଭବ ନୁହେଁ । କିନ୍ତୁ ଶାନ୍ତିନିକେତନର ବିଶାଳ ପରିସର ମଧ୍ୟକୁ ଯେଉଁମାନେ ପ୍ରବେଶ କରିପାରିଛନ୍ତି, ସେମାନେ ଏହାର ପ୍ରତିଟି ଧୂଳିକଣା ମଧ୍ୟରେ ଶୁଣିପାରିଛନ୍ତି ରବୀନ୍ଦ୍ର ସଙ୍ଗୀତର ଅପୂର୍ବ ଝଙ୍କାର । ଶାନ୍ତି ନିକେତନର ଏମିତି କୌଣସି ସ୍ଥାନ ନାହିଁ ଯେଉଁଠି ରବୀନ୍ଦ୍ର ଅନୁପସ୍ଥିତ। ଏଠାକାର ସୁବିଶାଳ ଆମ୍ରବୃକ୍ଷ ବା ଶାଳବିଥି ହେଉ କିମ୍ବା ଉତ୍ତରାୟଣର ପ୍ରେରଣାପୂର୍ଣ୍ଣ ପରିବେଶ ସମସ୍ତ ସ୍ଥାନରେ ରବୀନ୍ଦ୍ରସ୍ମୃତି ଉଜ୍ଜୀବିତ ହୋଇ ରହିଛି। ବର୍ତ୍ତମାନ ମଧ୍ୟ ଶାନ୍ତି ନିକେତନ ସମଗ୍ର ଦେଶ ଓ ପୃଥିବୀକୁ ଯେଉଁ ମୈତ୍ରୀ ଭାବର ସନ୍ଦେଶ ଦେଉଛି ତାହା ଅସାମାନ୍ୟ ସୌନ୍ଦର୍ଯ୍ୟର ଚିରନ୍ତନ ସଂକେତ । ଗଭୀର ଅନ୍ତର୍ଦୃଷ୍ଟି ନେଇ ଦେଖିଲେ ଅନୁଭବ କରିହୁଏ ଯେ ଶାନ୍ତି ନିକେତନ ଏକ ଅସରନ୍ତି ମହାକାବ୍ୟ । 'ଗୀତାଞ୍ଜଳି' ରବୀନ୍ଦ୍ରଙ୍କ ଶ୍ରେଷ୍ଠ କବିତାଗୁଡ଼ିକର ଏକ ପ୍ରାଣସ୍ପର୍ଶୀ ସଂକଳନ । ଆଉ ଶାନ୍ତି ନିକେତନ ହେଉଛି ତାଙ୍କର ସୁଷମାମଣ୍ଡିତ ମହାକାବ୍ୟ । ଏହି ଉଭୟ ସୃଷ୍ଟି ମଧ୍ୟରେ ତୁଳନା କରିପାରିଲେ ଗୋଟିଏ ଅନ୍ତର୍ସତ୍ୟ ଉନ୍ମୋଚିତ ହୋଇଯିବ ଯେ ଶାନ୍ତି ନିକେତନ ରବୀନ୍ଦ୍ରନାଥଙ୍କ ଜୀବନର ସବୁଠାରୁ ଶ୍ରେଷ୍ଠ ଅବଦାନ ଓ ଈଶ୍ୱରଙ୍କ ପ୍ରତି ଭକ୍ତିପୂର୍ଣ୍ଣ ନିବେଦନ ।

'ଗୀତାଞ୍ଜଳି' କାଗଜ କଲମ ସାହାଯ୍ୟରେ ଲିଖିତ କବିତା । ଶାନ୍ତିନିକେତନ ନିର୍ମାଣରେ ସେହିପରି ଲେଖନୀ ଚାଳନା ହୋଇପାରିନାହିଁ । ହେବା ମଧ୍ୟ ସମ୍ଭବ ନୁହେଁ । ଏହି ପରିପ୍ରେକ୍ଷୀରେ ଏକ ନିଷ୍ପକ୍ଷ ବିଚାର ଯଦି କରିପାରିବା ହେବ ସମ୍ଭବ; ତାହେଲେ ଗୀତାଞ୍ଜଳି ଠାରୁ ଶାନ୍ତିନିକେତନ ଯେ ଅଧିକ ପ୍ରଭାବଉଦୀପ୍ତ ଏହା ସ୍ୱତଃ ପ୍ରମାଣିତ ହୋଇଯିବ ନିଶ୍ଚୟ । ପୁସ୍ତକ ମଧ୍ୟରେ ପ୍ରବେଶ କରିନପାରିଲେ 'ଗୀତାଞ୍ଜଳି'ର ମାଧୁର୍ଯ୍ୟ ଜଣେ ଅନୁଭବ କରିପାରିବ ନାହିଁ । ଅପରପକ୍ଷରେ ଶାନ୍ତିନିକେତନ ମଧ୍ୟକୁ ପ୍ରବେଶ କରିବା ପରେ ରବୀନ୍ଦ୍ର-ଅନ୍ତରର ଅତ୍ୟନ୍ତ ନିକଟତର ବୋଲି ଯେ କେହି ଅନୁଭବ କରିପାରିବେ । ରବୀନ୍ଦ୍ରଙ୍କ ଅନ୍ତରାତ୍ମାର ଅନ୍ତର୍ଭେଦୀ ଅଭିବ୍ୟକ୍ତି ହେଉଛି ଶାନ୍ତିନିକେତନ । ସମଗ୍ର ବିଶ୍ୱକୁ ଗୋଟିଏ ନୀଡ଼ ମଧ୍ୟରେ ପ୍ରତିଫଳିତ କରିବାର ଯେଉଁ କାବ୍ୟିକ ପ୍ରଚେଷ୍ଟା ବିଶ୍ୱକବି କରିଛନ୍ତି ତାହା ଅନନ୍ୟ ଓ ଅତୁଳନୀୟ । ଭାରତୀୟ ଋଷି ଆଶ୍ରମର ନିର୍ମଳତା ଓ ପବିତ୍ରତା ଏହାର ପରିବେଶରେ ସୁସଂରକ୍ଷିତ । ଋଷିକଣ୍ଠର ଚିରନ୍ତନ ବାଣୀ ଏହାର ଗଗନ ପବନରେ ଧ୍ୱନିତ ଓ ପ୍ରତିଧ୍ୱନିତ ହେଉଛି ନିୟତ । ଯେଉଁ ଆଧ୍ୟାତ୍ମିକ ଉପଲବ୍ଧିରେ 'ଗୀତାଞ୍ଜଳି' ହୋଇ ଉଠିଛି ସମୃଦ୍ଧଶାଳୀ ସେହି ଈଶ୍ୱରାନୁରାଗରେ ସ୍ପନ୍ଦିତ ଏ ପବିତ୍ର ଭୂମି । ରବୀନ୍ଦ୍ରଙ୍କ

ଉଚ୍ଚତର କଳ୍ପନାର ବାସ୍ତବ ରୂପାୟନ ହେଉଛି ଶାନ୍ତି ନିକେତନ । କବିର କଳ୍ପନା କାଗଜରେ ଯେତେବେଳେ ରୂପାୟିତ ହୋଇଥାଏ ଓ ପୁସ୍ତକାକାରରେ ତାହା ପ୍ରକାଶ ଲାଭ କରେ ସେତେବେଳେ ତାହାକୁ ଅର୍ପଣ କରାଯାଏ ସାହିତ୍ୟର ଗୌରବ । କବି-ମାନସରୁ ସଂଜାତ ସୁଦୃଶ୍ୟ ଗୃହଟିଏ କବିତା ଠାରୁ କ'ଣ ଆବେଦନ କ୍ଷମ ? ସେହିପରି ମହାକବିର ମହାନ୍ କଳ୍ପନା ଓ ଯୋଜନା ଯଦି ହୁଏ ବାସ୍ତବତାରେ ପରିଣତ ତାହାକୁ ମହାକାବ୍ୟ ବୋଲି ଅଭିହିତ କରିବା କେଉଁ ଦୃଷ୍ଟିରୁ ହୋଇପାରେ ଅଯୁକ୍ତିକର ?

ରବୀନ୍ଦ୍ରଙ୍କ ଦ୍ୱାରା ଲିଖିତ କବିତା, ପାଠକ ପ୍ରାଣକୁ ଯେପରି ବିଭୋରତାରେ ଆଚ୍ଛନ୍ନ କରିଦିଏ, ସେହିପରି ତାଙ୍କର ଶାନ୍ତି ନିକେତନର ଛାୟାଚ୍ଛନ୍ନ ପରିବେଶ ଦର୍ଶକକୁ ନେଇଯାଏ ଭିନ୍ନ ଏକ ଭାବ ରାଜ୍ୟକୁ । ଏହି ଶିକ୍ଷାୟତନକୁ ଅଧ୍ୟୟନ କରିପାରିବେ ଏଠାରେ ଦଣ୍ଡାୟମାନ ପ୍ରତିଟି ସୁବିଶାଳ ବୃକ୍ଷର ସବୁଜ ପତ୍ରରେ । କୋଇଲିର କୁହୁତାନରେ । ନାନା ଜାତିର ରଙ୍ଗବେରଙ୍ଗର ପୁଷ୍ପ ପାଖୁଡ଼ା ପ୍ରସ୍ଫୁଟନରେ। ଶାନ୍ତିନିକେତନକୁ ପରିଦର୍ଶକ ଭାବରେ ଯେଉଁ ସହସ୍ର ସହସ୍ର ଲୋକଙ୍କ ଶୁଭାନୁଗମନ ହୁଏ ସେମାନେ ସମସ୍ତେ 'ଗୀତାଞ୍ଜଳି'ର ସୁପାଠକ ନୁହଁନ୍ତି। ସେମାନେ ରବୀନ୍ଦ୍ର ରଚିତ ଶାନ୍ତିନିକେତନ ମହାକାବ୍ୟର ହେଉଛନ୍ତି ପ୍ରତ୍ୟକ୍ଷ ପାଠକ । ଏହାରି ମଧ୍ୟରେ ସେମାନେ ଅନୁସନ୍ଧାନ କରିଥାନ୍ତି ରବୀନ୍ଦ୍ର ପ୍ରତିଭାର ବିପୁଳ ମାଧୁର୍ଯ୍ୟ। ତା'ହେଲେ ଶାନ୍ତିନିକେତନକୁ ବାଦ୍ ଦେଇ ରବୀନ୍ଦ୍ରପ୍ରତିଭାର ବିଚାର ବିମର୍ଶ ସମ୍ଭବ କି ? ରବୀନ୍ଦ୍ରଙ୍କ ବିଶାଳ ସାହିତ୍ୟ କୃତି ମଧ୍ୟରେ ଶାନ୍ତିନିକେତନକୁ ସଂଯୁକ୍ତ କରିଦେଇ ପାରିଲେ ହିଁ ରବୀନ୍ଦ୍ରଙ୍କ ସାମଗ୍ରିକ ସାହିତ୍ୟିକ ଅବଦାନର ଅନୁଶୀଳନ କରିବା ସମ୍ଭବ ହୋଇଥାଏ । ଏହି କାରଣରୁ ପ୍ରଥମରୁ କୁହାଯାଇଛି ଯେ ଜଣେ କବି ବା ଲେଖକଙ୍କ ଜୀବନଧାରାରୁ ତାଙ୍କୁ ବିଚ୍ୟୁତ କରି ଆଲୋଚନା କରିବା ଆଦୌ ସମ୍ଭବ ନୁହେଁ । ଅଧିକାଂଶ ପାଠକ ହେଉଛନ୍ତି ଦର୍ଶକ ଭୂମିକାରେ ଅବତୀର୍ଣ୍ଣ । ସେମାନେ କୌଣସି କବି ଲେଖକଙ୍କ କବିତା ପଢ଼ିବା ପୂର୍ବରୁ ତାଙ୍କ ଜୀବନ-ଗ୍ରନ୍ଥକୁ ଅଧ୍ୟୟନ କରି ନିଅନ୍ତି ଅତି ନିକଟରୁ ଓ ସାହିତ୍ୟ ପୁସ୍ତକ ପାଠ ନ କରି ମଧ୍ୟ ଜାଣିପାରନ୍ତି କବିଙ୍କ ସାହିତ୍ୟିକ ବ୍ୟକ୍ତିତ୍ୱର ପ୍ରକୃତ ମହତ୍ତ୍ୱ। ଜଣେ କବି ବା ଲେଖକ ତେଣୁ ନିଜ ଜୀବନ କାଳ ମଧ୍ୟରେ ଯେତିକି କାର୍ଯ୍ୟ ସମ୍ପାଦନା କରିଥାଏ, ସେଥିରେ ଲେଖା ହୋଇଥାଏ ଅଦୃଶ୍ୟ କବିତା। ଯାହା ପୁସ୍ତକ ଆକାରରେ ପ୍ରକାଶିତ ହେବା ପରେ ଦୂରବର୍ତ୍ତୀ ପାଠକ ଓ ସମାଲୋଚକମାନେ ପଢ଼ି ପାରନ୍ତି ନାହିଁ ତାହା କବିଙ୍କ ନିକଟବର୍ତ୍ତୀ ଅନୁଭବୀ ମଣିଷମାନେ କବିଙ୍କ କର୍ମ ମାଧ୍ୟମରେ ପାଠ କରିଥାନ୍ତି ସେହି କବିତାର ମର୍ମ ।

ଏସବୁ ଦୃଷ୍ଟିରୁ ବିଚାର କଲେ ରବୀନ୍ଦ୍ରନାଥଙ୍କ ଶ୍ରେଷ୍ଠ କୃତି ଯେପରି 'ଗୀତାଞ୍ଜଳି' ସେହିପରି ଅନ୍ୟତମ ସର୍ବାଙ୍ଗ ସୁନ୍ଦର ନିଖୁଣ ଏକ ସର୍ବଶ୍ରେଷ୍ଠ ସାହିତ୍ୟିକ ସର୍ଜନା ହେଉଛି– 'ଶାନ୍ତି ନିକେତନ' ଏହାକୁ ରବୀନ୍ଦ୍ରଙ୍କ ଏକ ଶ୍ରେଷ୍ଠ ସାହିତ୍ୟକୃତି ବୋଲି ବର୍ଣ୍ଣନା କରିବା ଦ୍ୱାରା ପାଠକ ଓ ଦର୍ଶକଙ୍କର ପ୍ରାଣତନ୍ତ୍ରୀରେ ଝଙ୍କୃତ ହୋଇଉଠେ ରବୀନ୍ଦ୍ରଙ୍କ ଜୀବନ-ସଙ୍ଗୀତ ।

ଶାନ୍ତି ନିକେତନର ବାଉଲ ସଙ୍ଗୀତ

ବାଉଲ ସଙ୍ଗୀତ ସମ୍ପର୍କରେ ମୁଁ ପ୍ରଥମେ ଜାଣିପାରିଥିଲି ଓଡ଼ିଆ ସାହିତ୍ୟର ସୁପ୍ରସିଦ୍ଧ ଗଦ୍ୟଶିଳ୍ପୀ ଚିତ୍ତରଞ୍ଜନ ଦାସଙ୍କ ଏକ ଲେଖାରୁ । ତାହା ସ୍ୱଭାବ କବି ଗଙ୍ଗାଧର ମେହେରଙ୍କ ସମ୍ପର୍କରେ ଲିଖିତ। ପ୍ରବନ୍ଧଟିର ଶୀର୍ଷକ ହେଲା 'ଗଙ୍ଗାଧରଙ୍କ ତପସ୍ୟା' । ସେଠି ବାଉଲ ସଙ୍ଗୀତର ଏକ ଉଦାହରଣ ଉପସ୍ଥାପନ କରିଛନ୍ତି ଚିତ୍ତରଞ୍ଜନ । ପୂର୍ବ ବଙ୍ଗର ଜଣେ ବାଉଲ ପ୍ରାର୍ଥନାର ଅର୍ଥ ବ୍ୟାଖ୍ୟା କରି କହିଥିଲେ ଯେ, "ପ୍ରାର୍ଥନା କେବଳ ମନ୍ଦିର ବା ମସଜିଦ ଭିତରେ ଚାଲିନାହିଁ । ପ୍ରାର୍ଥନା ସମଗ୍ର ଆକାଶ ଭୂତଳ ଧରି ସର୍ବତ୍ର ଅନୁରଣିତ । ଯେମିତି ସୂର୍ଯ୍ୟଙ୍କ ପ୍ରାର୍ଥନା ହେଲା କିରଣ ପ୍ରଦାନ, ପକ୍ଷୀର କାକଳି ହେଲା ତା'ର ପ୍ରାର୍ଥନା, ଫୁଲର ଫୁଟି ଉଠିବା, ନଦୀର ବୋହିଯିବା ମଧ୍ୟରେ ଭରି ରହିଛି ପ୍ରାର୍ଥନାର ଆନ୍ତରିକତା ।" ଏହାକୁ ଠିକ୍ ଚିତ୍ତରଞ୍ଜନ ଦାସଙ୍କ ଲିଖିତ ହୋଇଥିବା ଶବ୍ଦରେ ଅବିକଳ ମୁଁ ଉଲ୍ଲେଖ କରୁନାହିଁ। ତାହାର ଭାବ ନିଷ୍କର୍ଷକୁ ହିଁ ବ୍ୟକ୍ତ କରୁଛି। ଏକଥା ଉପସ୍ଥାପନ କରିବାର ଅର୍ଥ ହେଲା ଯେ, ଏଇ ଧାଡ଼ିଗୁଡ଼ିକର ପଠନ ମାଧ୍ୟମରେ ମୁଁ ପଡ଼ିଥିଲି ବାଉଲ ପ୍ରେମରେ । ବାଉଲ ସଙ୍ଗୀତ ହୋଇପାରେ ଏତେ ସୁନ୍ଦର, ହୋଇପାରେ ଏତେ ଅର୍ଥପୂର୍ଣ୍ଣ ଓ ପ୍ରେରଣାଦାୟକ ତାହା ଉପଲବ୍ଧି କରି ସେଦିନ ଠାରୁ ବିହ୍ୱଳ ହୋଇଉଠିଛି ମୋ ଅନ୍ତର । ଏପରି ମାର୍ମିକ ଭାବପ୍ରକାଶ କରୁଥିବା ବାକ୍ୟ ପଥର ଉପରେ ଖୋଦିତ ହୋଇ ରହିଥିବା ଶିଳାଲିପି ପରି ମୋ' ଅନ୍ତରରେ ରହିଛି ଅଲିଭା ଦାଗ ନେଇ । ଚିତ୍ତରଞ୍ଜନ ପୂର୍ବ ବଙ୍ଗର ବାଉଲମାନଙ୍କ ସମ୍ପର୍କରେ କରିଛନ୍ତି ବର୍ଣ୍ଣନା । ବର୍ତ୍ତମାନ ଆମେ ମନେପକାଇବାକୁ ଯାଉଛୁ ପଶ୍ଚିମବଙ୍ଗର ବାଉଲମାନଙ୍କ ବିଷୟ । ଏ ସମ୍ପର୍କରେ ମୋର ଧାରଣା କଦାପି ସ୍ପଷ୍ଟ ନୁହେଁ । ସେମାନଙ୍କ ସଙ୍ଗୀତ ଓ ଜୀବନ ବିଷୟରେ ମଧ୍ୟ ମୁଁ ବିଶେଷ କିଛି ଜାଣିନାହିଁ କିମ୍ବା ପୁସ୍ତକ ଅଧ୍ୟୟନ କରି ଜ୍ଞାନ ଆହରଣ କରିପାରି ନାହିଁ । ତଥାପି ବାଉଲ ସଙ୍ଗୀତର

କଥା ମନେ ପକାଇଲେ ମୋ ଅନ୍ତର କାହିଁକି ଥରି ଉଠେ ତାହା ଜାଣେନା। କଲିକତାରୁ ଶାନ୍ତିନିକେତନକୁ ଟ୍ରେନ୍‌ରେ ଯିବାବେଳେ ଦେଖିଛି ଥରେ ଥରେ ଜଣେ ଜଣେ ବାଉଲ ତାଙ୍କର ଗେରୁଆ ରଙ୍ଗର ପୋଷାକ ପିନ୍ଧି ପଶି ଆସନ୍ତି ଟ୍ରେନ୍ ବଗି ମଧ୍ୟକୁ । ଗାଆନ୍ତି ଗୀତ ସୁମଧୁର ସାଙ୍ଗୀତିକ ଧ୍ୱନି ସହିତ । ଆଉ ପରିଶେଷରେ ଯେଉଁମାନେ ଚାହାଁନ୍ତି ସାମାନ୍ୟ କିଛି କିଛି ଅର୍ଥଦାନ କରିବା ପାଇଁ ତାହା ଗ୍ରହଣ ସେମାନଙ୍କ ପ୍ରତି କୃତଜ୍ଞତା ନିବେଦନ କରି ବାଉଲ ଗାୟକ ଓହ୍ଲାଇ ପଡ଼ନ୍ତି ଟ୍ରେନ୍‌ରୁ । ଶାନ୍ତିନିକେତନକୁ ଯାଇ ଥରେ ଅଧେ ପ୍ରତ୍ୟକ୍ଷ ଭାବରେ ଶୁଣିପାରିଛି ଏହି ବାଉଲ ସଙ୍ଗୀତର ସୁମଧୁର ସ୍ୱର-ଲହରୀ। ମନେପଡୁଛି ଏକଦା ଶାନ୍ତିନିକେତନ ଯାଇଥିବାବେଳେ ଦେଖିଥିଲି ବାଉଲଗାୟକଙ୍କୁ ଅତି ନିକଟରୁ । ମୋ' ସହିତ ଥିଲେ ପ୍ରିୟ ଛାତ୍ର କେତେଜଣ। ସେମାନଙ୍କ ନିକଟରେ ପ୍ରକଟ କଲି ମୋର ଅଭିଳାଷ ଯେ, ବାଉଲ ଗାୟକଙ୍କ ନିକଟକୁ ଯାଇ ଶୁଣିବା ତାଙ୍କର ଏହି ହୃଦୟସ୍ପର୍ଶୀ ସଙ୍ଗୀତ। ତାହାହିଁ ହେଲା । ପିଲାମାନେ ଡାକି ଆଣିଲେ ଜଣେ ବାଉଲ ଗାୟକଙ୍କୁ ମୋ ନିକଟକୁ । ଚାଷ ଜମିର ହିଡ଼ ଉପରେ ବସିଲୁ ସମସ୍ତେ ତାଙ୍କୁ ଶ୍ରଦ୍ଧାରେ ଘେରି ଯାଇ । ସେ ବିଭୋର ଚିତ୍ତରେ ପରିବେଷଣ କଲେ ଏକ ଅନ୍ତଃସ୍ପର୍ଶୀ ସଙ୍ଗୀତ ତେବେ ତାହାର ଅର୍ଥ ହୃଦୟଙ୍ଗମ କରିବା ପାଇଁ ମୁଁ ଥିଲି ଅସମର୍ଥ। କିନ୍ତୁ ମୁଁ ଯେ ଏକ ଭିନ୍ନ ବାତାବରଣକୁ ଉତ୍ତୋଳିତ ହୋଇଯାଉଥିଲି ତାହା ଅନୁଭବ କରିପାରୁଥିଲି ଅନ୍ତର ମଧ୍ୟରେ । ବାଉଲ ସଙ୍ଗୀତକୁ ଉପଭୋଗ କରିବା ପାଇଁ ଶାନ୍ତିନିକେତନରେ ରହିଛି ଅନେକ ସୁଯୋଗ । ସେମାନଙ୍କୁ ନେଇ ମଞ୍ଚରେ ମଧ୍ୟ ଅନୁଷ୍ଠିତ ହୁଏ ଆକର୍ଷଣୀୟ କାର୍ଯ୍ୟକ୍ରମ । ମୁଁ ବୁଝିପାରେ ଏତିକି ଯେ ବାଉଲ ସଙ୍ଗୀତ ଯେକୌଣସି ମଣିଷକୁ ନେଇଯାଏ ଏକ ଭିନ୍ନ ଜଗତକୁ । ସମସ୍ତ ପ୍ରକାରର ଭବବନ୍ଧନରୁ ତାହା ମୁକ୍ତ କରିଦିଏ ଶ୍ରୋତାର ଆତ୍ମିକ ସତ୍ତାଟିକୁ । ମନେହୁଏ ଯେମିତି ଜୀବନର ଅନ୍ତର୍ନିହିତ ସତ୍ୟ ସହିତ ସେ ସଙ୍ଗୀତ ସଂଯୁକ୍ତ କରି ଦେଉଛି ଆମର ଆତ୍ମାକୁ ।

ସେଦିନ ଅପରାହ୍ନ ଅବତରଣ କରିଆସୁଥିଲା ଶାନ୍ତିନିକେତନକୁ। ଆଉ ବାଉଲ ସଙ୍ଗୀତର ଧ୍ୱନିରେ ମୁଁ ଯେମିତି ପରିଣତ ହୋଇଯାଉଥିଲି ହାଲୁକାଏ ପବନରେ । ଏହି ଲୋକ ସଙ୍ଗୀତ ସର୍ବତ୍ର ଜନାଦୃତ । ସଙ୍ଗୀତ ମଧ୍ୟରେ ଭରି ରହିଛି ଯେଉଁ ରହସ୍ୟମୟ ଭାବାର୍ଥ ତାହାକୁ ବିଶ୍ଳେଷଣ କରିବାର ସାମର୍ଥ୍ୟ କାହିଁ ମୋର? ଏହାର କୌଣସି ଲିଖିତ ରୂପ ନାହିଁ। କୁହାଯାଏ 'ଲାଲୋନଶାହା' ଏହାର କରିଥିଲେ ଶୁଭାରମ୍ଭ ଊନବିଂଶ ଶତାବ୍ଦୀରେ । ବାଉଲ ଗୀତ ପରି ବାଉଲ ନୃତ୍ୟ ମଧ୍ୟ କମ୍ ଚିତ୍ତାକର୍ଷକ ନୁହେଁ। ଏହା ପ୍ରେମ ଓ ଆଧ୍ୟାତ୍ମିକତା ଆଧାରିତ । ଏକତାରା, ଦୋ' ତାରା ଢ଼ୋଲ, ବଂଶୀ, ଖୋଲ ଆଦି ବାଦ୍ୟଯନ୍ତ୍ର ମାଧ୍ୟମରେ ଯେଉଁ ସଙ୍ଗୀତ ଗାନ କରାଯାଏ ତାହା ହୁଏ ମାର୍ମିକ

ସମସ୍ତଙ୍କ ନିମନ୍ତେ । ବୀରଭୂମ ଜିଲ୍ଲାର 'କେନ୍ଦୁଲି' ନାମକ ଗ୍ରାମ ଏହି ବାଉଲ ସଙ୍ଗୀତ ପାଇଁ ଅତ୍ୟନ୍ତ ପ୍ରସିଦ୍ଧ । 'ବାଉଲ ଶବ୍ଦଟି ସଂସ୍କୃତର 'ବତୁଳ' ଶବ୍ଦରୁ ଗୃହୀତ ହୋଇଛି, ଯାହାର ଅର୍ଥ ହେଲା ଯେ ଭଗବାନଙ୍କ ନିମିତ୍ତ ଯିଏ ବିଭୋର। ଦିବ୍ୟସତ୍ତା ସହିତ ପ୍ରେମାବଦ୍ଧ ହୋଇଯିବାର ରହସ୍ୟାତ୍ମକ ଉପଲବ୍ଧି କିପରି ଏହି ସଙ୍ଗୀତକୁ କରିଛି ଲୋକପ୍ରିୟ ତାହାତ ନିଶ୍ଚୟ ଉଲ୍ଲେଖନୀୟ। ଏହି ସଙ୍ଗୀତର ଆତ୍ମିକ ଭାବକୁ ହୃଦୟରେ ଧାରଣ କରିବା ଓ ତଦନୁସାରେ ଜୀବନର ମର୍ମାର୍ଥକୁ ହୃଦୟଙ୍ଗମ କରିବା ହେଉଛି ସବୁଠାରୁ ଅଧିକ ନିଗୂଢ଼ ବିଷୟ । ମାନବୀୟ ସଂସ୍କୃତିର ଐତିହାସିକ ଓ ପାରମ୍ପରିକ ସମୃଦ୍ଧି ସୂଚକ ଏ ସଙ୍ଗୀତ ଆନ୍ତର୍ଜାତିକ ସ୍ତରରେ ଲାଭ କରିଛି ଯେଉଁ ସ୍ୱୀକୃତି ସେଥିପାଇଁ ବଙ୍ଗାଳୀ ଜାତି ସହିତ ସମଗ୍ର ଭାରତବାସୀ ଗୌରବାନ୍ୱିତ ନିଶ୍ଚୟ । ତେବେ ଏହି ବାହ୍ୟ ସ୍ୱୀକୃତି ଅନ୍ତରାଳରେ ପ୍ରବାହିତ ହୋଇ ରହିଛି ଯେଉଁ ଦିବ୍ୟ ପ୍ରୀତିର ତଲ୍ଲୀନତା ତାହା ପ୍ରତି ଉନ୍ମୁଖ ରହିବାରେ ହିଁ ନିହିତ ଜୀବନର ସାର୍ଥକତା।

■

ବିଶ୍ୱ ନୀଡ଼ର ପ୍ରତୀକ : 'ବିଶ୍ୱଭାରତୀ'

ଗୁରୁଦେବ ରବୀନ୍ଦ୍ରନାଥ ଠାକୁର ବିଶ୍ୱ ଭାରତୀ ପ୍ରତିଷ୍ଠା କରିଥିଲେ ୨୩ ଡିସେମ୍ବର ୧୯୨୧ ମସିହାରେ । ଏହି ନାମକରଣ ମଧ୍ୟରେ ନହିତ ହୋଇ ରହିଛି ରବୀନ୍ଦ୍ରଙ୍କ ସୁବିଶାଳ ହୃଦୟର ମାର୍ମିକ ସ୍ପନ୍ଦନ । ଏହି ଅନୁଷ୍ଠାନଟିକୁ ସେ ବିଶ୍ୱ ଚେତନାର ଉଜ୍ଜୀବନ ନିମନ୍ତେ ହିଁ ନିର୍ମାଣ କରିଥିଲେ । ସଂସ୍କୃତରେ ଏହାର ଲକ୍ଷ୍ୟ ଲିଖିତ ହୋଇଛି 'ଯତ୍ର ବିଶ୍ୱମ୍ ଭବତ୍ୟେ କ ନୀଡମ୍' ଅର୍ଥାତ୍ ଯେଉଁଠି ସମଗ୍ର ବିଶ୍ୱ ଏକ ନୀଡ଼ରେ ପରିଣତ । ଇଂରାଜୀରେ କୁହାଯାଇଛି "Where the world makes a home in a single nest". ରବୀନ୍ଦ୍ରନାଥଙ୍କ ଚିନ୍ତାଧାରା ଥିଲା, ଏତେ ସମ୍ପ୍ରସାରିତ ଯେ ସେ ଏହି ଶିକ୍ଷା ପ୍ରତିଷ୍ଠାନକୁ ସମଗ୍ର ବିଶ୍ୱ ସହିତ ସମ୍ବନ୍ଧିତ ହେବାର ଏକ ମାଧ୍ୟମ ଭାବରେ ଗଢ଼ି ତୋଳିଥିଲେ । ସ୍ୱାଧୀନତା ପୂର୍ବବର୍ତ୍ତୀ ସମୟ ପର୍ଯ୍ୟନ୍ତ ଏହା ଥିଲା ଏକ ମହାବିଦ୍ୟାଳୟ ମାତ୍ର । ସ୍ୱାଧୀନତା ଲାଭର ପରବର୍ତ୍ତୀ କାଳରେ ୧୯୫୧ ମସିହାରେ ଭାରତୀୟ ପାଲିଆମେଣ୍ଟରେ ଏହାକୁ କେନ୍ଦ୍ରୀୟ ବିଶ୍ୱବିଦ୍ୟାଳୟର ମର୍ଯ୍ୟାଦା ପ୍ରଦାନ କରାଗଲା । ନିୟମାନୁସାରେ ଭାରତର ମାନ୍ୟବର ପ୍ରଧାନମନ୍ତ୍ରୀ ହେଉଛନ୍ତି ଏହାର କୁଳାଧିପତି । ଶାନ୍ତିନିକେତନର ଐତିହାସିକ ମୂଲ୍ୟ ଅକଳନୀୟ ଏହି ଶାନ୍ତିନିକେତନ ମଧ୍ୟକୁ ସଂଲଗ୍ନ ହୋଇ ରହିଛି ଶ୍ରୀନିକେତନ । ଉଭୟ ଶାନ୍ତିନିକେତନ ଓ ଶ୍ରୀନିକେତନ ପ୍ରତିଟି ଦର୍ଶକଙ୍କୁ ଅଭିଭୂତ କରିଥାନ୍ତି ସେମାନଙ୍କ ବିଶ୍ୱକୈନ୍ଦ୍ରିକ ଭାବନାରେ ।

ଏହି ଶାନ୍ତି ନିକେତନକୁ ଯେତିକି ଥର ଯିବାର ସୁଯୋଗ ଲାଭ କରିଛି ମୁଁ, ପ୍ରତିଟି ଥର ବିଶ୍ୱମୈତ୍ରୀର ଭାବନାରେ ହିଁ ଆଲୋଡ଼ିତ ହୋଇଛି ବାରମ୍ବାର । ଯେତିକି ଦର୍ଶକ ଏହା ମଧ୍ୟକୁ ପ୍ରବେଶ କରନ୍ତି ସେମାନେ ଯେ କୌଣସି ଜାତି, ଧର୍ମ, ଭାଷା ଓ ଦେଶର ହୁଅନ୍ତୁ ନା କାହିଁକି- ସମସ୍ତେ ଏଠାରେ ଗୋଟିଏ ସୂତ୍ରରେ ହିଁ ଗ୍ରଥିତ ହୋଇଛନ୍ତି ଅପୂର୍ବ ଭାବରେ । ରବୀନ୍ଦ୍ରନାଥଙ୍କ ପୂର୍ବରୁ ଏପରି ଏକ ବିଶ୍ୱଭାବ- ଉଦ୍ରେକକାରୀ

ଅନୁଷ୍ଠାନର ଚିନ୍ତା ଆଉ କେହି କରିପାରି ନଥିଲେ । ଏହି ସୁବିଶାଳ ପରିସର ମଧ୍ୟକୁ ପ୍ରବେଶ କରିବା ମାତ୍ରକେ ଯେ କେହି ଅନୁଭବ କରିପାରିବେ ଏହାର ମହତ୍ ଆଭିମୁଖ୍ୟ । ଯାହା ସତରେ ବର୍ଣ୍ଣନା କରାଯାଇଛି ତାହା ନ ପଢ଼ିଲେ ମଧ୍ୟ ପ୍ରତ୍ୟେକ ଅନୁଭବ କରିବେ ଯେ ସେମାନେ ପ୍ରବେଶ କରିଛନ୍ତି ଏକ ସୌନ୍ଦର୍ଯ୍ୟମୟ ବିଶ୍ୱଗୃହ ମଧ୍ୟକୁ, ମଣିଷ ମଣିଷ ମଧ୍ୟରେ ରହିଥିବା ସମସ୍ତ ଭେଦଭାବକୁ ଲିଭାଇ ଦେବା ପାଇଁ ରବୀନ୍ଦ୍ରଙ୍କ ଚିନ୍ତନ କିପରି ସାର୍ଥକ ରୂପ ପରିଗ୍ରହ କରିଛି ତାହା ଆଖି ପୂରାଇ ଦେଖିବାର ବିଷୟ ନିଶ୍ଚୟ । ଏହାର ଧୂଳିମାଟିରେ ବୃକ୍ଷଲତାର ଶିଶିରସିକ୍ତ ପଲ୍ଲବରେ ଅଦୃଶ୍ୟ ଭାବରେ ଲିଖିତ ହୋଇ ରହିଛି ରବୀନ୍ଦ୍ରଙ୍କ ମହନୀୟ ଲକ୍ଷ୍ୟର ଭାବାବେଗ ।

ଶାନ୍ତିନିକେତନକୁ ଯିବାବେଳେ ବ୍ୟକ୍ତିଗତ ଭାବରେ ମୁଁ ଅଧିକ ଗଭୀର ରୂପେ ସମ୍ବନ୍ଧିତ ଓଡ଼ିଆ ବିଭାଗ ସହିତ । ମାତ୍ର ମୁଁ ଜାଣେ ଯେ ଏହି ପରିସରରେ ଅବସ୍ଥିତ ବିଦ୍ୟାର୍ଜନର କେତେ ଶାଖା ପ୍ରଶାଖା ପ୍ରବାହିତ ହୋଇ ଚାଲିଛି ନଦୀ ଉପନଦୀ ଓ ଶାଖା ନଦୀ ସଦୃଶ । ଏଠି ଅବସ୍ଥିତ କଳା ଭବନ, ସଙ୍ଗୀତ ଭବନ, ଚୀନା ଭବନ, ପଲ୍ଲୀ ସଂଗଠନ ବିଭାଗ, ରବୀନ୍ଦ୍ର ଭବନ, ହିନ୍ଦୀ ଭବନ, ବଂଗଳା ଭବନ, ଶିକ୍ଷା ଭବନ, ବିଦ୍ୟା ଭବନ, ଆଧୁନିକ ୟୁରୋପୀୟ ଅଧ୍ୟୟନ କେନ୍ଦ୍ର ଭାଷା ଭବନ, ବିନୟ ଭବନ ଆଦି ଅନେକ ବିଭାଗ । ପ୍ରତିଟି ବିଭାଗ ମଧ୍ୟକୁ ପ୍ରବେଶ କରିବାର ସୁଯୋଗ ମୋତେ ମିଳିନାହିଁ ଏକଥା ସତ୍ୟ । ତେବେ ଏଠାକାର ଯେକୌଣସି ସ୍ଥାନରେ ଛିଡ଼ା ହେବା ମାତ୍ରକେ ଅନୁଭବ କରିହୁଏ ସମଗ୍ର ଶାନ୍ତିନିକେତନର ଅନ୍ତର୍ସ୍ପନ୍ଦନ । ଦର୍ଶନ ବିଭାଗ ସମ୍ମୁଖରେ ଛିଡ଼ା ହୋଇ ଉତ୍ତୋଳିତ କରିଛି ଫଟୋଗ୍ରାଫ୍ । ଆଖି ବୁଲାଇ ଆଣିଛି ପ୍ରତିଟି ବିଭାଗ ପ୍ରତି ଶ୍ରଦ୍ଧାନ୍ୱିତ ହୋଇ । ସେତିକି ହିଁ ମୋତେ ଦେଇଛି ଅପୂର୍ବ ପରିତୃପ୍ତି । କେତେ ଭାଷାଭାଷୀଙ୍କ ସମାବେଶ ଘଟିଛି ଏହି ବିଶ୍ୱପରିବାର ମଧ୍ୟରେ । ମୋ ମାତୃଭାଷା ଠାରୁ ଯେହେତୁ ଅନ୍ୟ କୌଣସି ଭାଷାରେ ମୋର ବିଶେଷ ଦକ୍ଷତା ନାହିଁ ସେଥିପାଇଁ ଭାବ ବିନିମୟ କରିପାରିନାହିଁ ବିଭିନ୍ନ ଭାଷା ଭାଷୀ ଛାତ୍ରଛାତ୍ରୀ ଅଥବା ଶିକ୍ଷକ ଶିକ୍ଷୟିତ୍ରୀଙ୍କ ସହିତ । ମାତ୍ର ଭାବର ବନ୍ଧନ ସୃଷ୍ଟି କରିବା ପାଇଁ ବୈଦେଶିକ ଭାଷା ଆୟତ୍ତ କରିବା ଯେ ଅପରିହାର୍ଯ୍ୟ ତାହା ମଧ୍ୟ ମୁଁ ଅନୁଭବ କରିନାହିଁ ଏହି ଭାବ ଭୂମିରେ । କେବଳ ବାର୍ତ୍ତାଳାପ ହିଁ ଏକମାତ୍ର ମାଧ୍ୟମ ହୋଇ ନପାରେ ହୃଦୟ ସହିତ ହୃଦୟକୁ ଯୋଡ଼ିବା ପାଇଁ । କେତେବେଳେ କାହା ସହିତ ହୋଇଯାଏ ଦୃଷ୍ଟି ବିନିମୟ, ହୋଇଯାଏ ମୃଦୁହାସ୍ୟ ବିନିମୟ ତାହା କ'ଣ ଚିନ୍ତା କରି ହୋଇଥାଏ ପୂର୍ବରୁ ! ଏଭଳି ଅନ୍ତର ସହିତ ଅନ୍ତର ଯୋଡ଼ି ହେଲେ ହିଁ ଫୁଟି ଉଠେ ନାନା ରଙ୍ଗର ଅସଂଖ୍ୟ ଫୁଲ । ସାଧାରଣ ସୌଜନ୍ୟ ଓ ଶିଷ୍ଟାଚାରମୂଳକ ଭାଷା ବ୍ୟବହାର କରିଦେଲେ ଅନ୍ତର୍ଗତ

ସମ୍ପର୍କ ଯୋଡ଼ି ହୋଇଯାଇ ନାହିଁ । ବରଂ ଅନେକ କ୍ଷେତ୍ରରେ ନୀରବତାର ଭାଷାରେ ଯେଉଁ ଭାବ ବିନିମୟ ସମ୍ଭବ ହୁଏ ତାହା ଆଉ କୌଣସି ଧ୍ୱନିମୟ ଶବ୍ଦ ଉଚ୍ଚାରଣ ଦ୍ୱାରା ହୋଇପାରେ ନାହିଁ । ମୋ' ପରି ନାନା ଭାଷାରେ ପାରଦର୍ଶିତା ଅର୍ଜନ କରିପାରି ନଥିବା ବ୍ୟକ୍ତି ପାଇଁ ମଧ୍ୟ ଏହା ଏକ ଏପରି ବିଶ୍ୱନିଳୟ ଯେଉଁଠି ମାନବିକ ଓ ପ୍ରାକୃତିକ ଜଗତ ସହିତ ଅଭିନ୍ନତା ପ୍ରତିଷ୍ଠିତ ହୋଇଯିବ ସ୍ୱତଃସ୍ଫୂର୍ତ୍ତ ଭାବରେ । ଅନ୍ୟ ଭାଷାର ନୃତ୍ୟ ନାଟିକା ଯେତେବେଳେ ମଞ୍ଚରେ ଅଭିନୀତ ହୋଇଛି, ତାହାକୁ ମୁକ୍ତ ଆକାଶ ତଳେ ଦେଖି ଦେଖି ମୁଁ ଭାବ ବିଭୋର ହୋଇଛି, ସତେକି ସେଇ ଭାଷାର ଶାବ୍ଦିକ ଅର୍ଥ ମଧ୍ୟ ହୋଇଛି ପ୍ରକଟିତ । ରବୀନ୍ଦ୍ରନାଥ ଶାନ୍ତିନିକେତନରେ ପାଠାଭ୍ୟାସ ବ୍ୟତୀତ ଏପରି ସାଂସ୍କୃତିକ କାର୍ଯ୍ୟକ୍ରମଗୁଡ଼ିକର ଆୟୋଜନ ପାଇଁ ବ୍ୟବସ୍ଥା କରି ଦେଇଛନ୍ତି ଯାହା ମଣିଷର ପ୍ରାଣସତ୍ତାକୁ ଯୋଡ଼ି ଦେବ କଳାର ଅନ୍ତର୍ଗତ ଅତି ନିବିଡ଼ ଭାବରେ ନିଶ୍ଚୟ ।

ଯେତେଥର ଯାଇଛି ଶାନ୍ତିର ନିଳୟକୁ ସେତିକିଥର ଅନୁଭବ କରିଛି ଯେ ଏହିଠାରେ ବର୍ଷ ବର୍ଷ ବ୍ୟାପୀ ରହିଗଲେ ମଧ୍ୟ ଅତୃପ୍ତି ଦୂର ହେବନାହିଁ କେତେବେଳେ, କାରଣ ତାହା ହେଉଛି ଅସରନ୍ତି ଭାବର ସୁବିଶାଳ ନୀଡ଼ । ନୀଡ଼ କହିଲେ ଆମେ ବୁଝିଥାଉ ପକ୍ଷୀମାନଙ୍କ ଦ୍ୱାରା ନିର୍ମିତ ଛୋଟ ସୁନ୍ଦର କାଠି କୁଟାରେ ତିଆରି ନୀଡ଼ଟିଏ ବୋଲି । ମାତ୍ର ଶାନ୍ତି ନିକେତନ ରୂପକ ନୀଡ଼ଟି ନାନା ଜାତିର ପକ୍ଷୀଙ୍କ କଳରବରେ ସର୍ବଦା ଉଲ୍ଲାସମୟ । ସମସ୍ତ ପ୍ରକାରର ସୀମାରେଖାକୁ ଲଙ୍ଘନ କରିବା ପାଇଁ ଏହା ଏକ ଆହ୍ୱାନ । ସବୁପ୍ରକାରର ସଂକୀର୍ଣ୍ଣତାକୁ ଅସ୍ୱୀକାର କରିବାର ଏହା ଏକ ସଂକଳ୍ପ ସୃଷ୍ଟିଶୀଳ ମାଧ୍ୟମ । ବର୍ଷ ବର୍ଷ ବ୍ୟାପୀ ଯଦି ମୁଁ ରହନ୍ତି ସେଠାରେ ତେବେ କେତେ ଯେ ଅସଂଖ୍ୟ ଅନୁଭୂତିରେ ଅନୁରଞ୍ଜିତ ହୋଇ ଉଠନ୍ତା ମୋ ଜୀବନଧାରା ତାହା ଭାବି ବସିଲେ ଧ୍ୟାନମଗ୍ନ ହୋଇଯାଏ । ସେପରି ଅବସର ଆଉ ଏ ଜୀବନରେ ମିଳିବ ନାହିଁ ଏହା ମୁଁ ଜାଣେ ଭଲ ଭାବରେ । ତେବେ ସେଥିପାଇଁ ଅତୃପ୍ତି ମଧ୍ୟରେ କାଳ ବିତାଇବି କାହିଁକି ? ଶିଶିର ବିନ୍ଦୁ ମଧ୍ୟରେ ସମଗ୍ର ଆକାଶ ପ୍ରତିଫଳିତ ହେବା ପରି ମୋର ଅଳ୍ପଦିନର ଅନୁଭୂତି ମଧ୍ୟ ଦେଇ କାହିଁକି ମୁଁ ପରିବ୍ୟାପ୍ତ ହୋଇ ନଯିବି ସମଗ୍ର ଶାନ୍ତି ନିକେତନର କୋଣ ଅନୁକୋଣରେ ! ସେଠି ବିତିଥିବା ଗୋଟିଏ ଗୋଟିଏ ଭାବମଗ୍ନ ମୁହୂର୍ତ୍ତକୁ ଅବଲମ୍ବନ କରି ଏକାତ୍ମ ହୋଇଯାଉଥିବି ଶାନ୍ତିନିକେତନର ମାଟି ଓ ଆକାଶରେ । ଏହାହିଁ ମୋ ଅନ୍ତରାତ୍ମାର ସତ୍ୟ ଓ ସୌନ୍ଦର୍ଯ୍ୟ ।

■

ଶାନ୍ତିନିକେତନର ସିଂହ ସଦନ

ଯେତେଥର ମୁଁ ଯାଇଛି ଶାନ୍ତିନିକେତନକୁ ସେତେଥର ବସିବାର ସୁଯୋଗ ଲାଭ କରିଛି 'ସିଂହ ସଦନ' ମଧ୍ୟରେ । ଆଜି ବି ଯେତେବେଳେ ମୁଁ ମନେ ପକାଏ ସେମିନାରଗୁଡ଼ିକ ବିଷୟରେ, ସେତେବେଳେ ମୋ ଆଖି ଆଗରେ ସିଂହ ସଦନ ହିଁ ସ୍ୱତଃ ଉଭାସିତ ହୋଇଉଠେ ।

ଶାନ୍ତିନିକେତନ ପରିସର ବାସ୍ତବରେ ହେଉଛି ବୀରଭୂମର ରାୟପୁର ଅଞ୍ଚଳର ସିଂହ ପରିବାରର ବଂଶାନୁକ୍ରମିକ ଭାବରେ ଲାଭ କରିଥିବା ଜମିଦାରୀର ଅଂଶବିଶେଷ । ଉକ୍ତ ପରିବାରର ସତ୍ୟେନ୍ଦ୍ର ପ୍ରସନ୍ନ ସିଂହଙ୍କ ଅବଦାନ ହେଉଛି ଏହି 'ସିଂହସଦନ' । ଏହାର ନିର୍ମାଣ ସକାଶେ ସିଏ ହିଁ ଦାନ କରିଥିଲେ ଆବଶ୍ୟକ ଅର୍ଥ । ଏହି ସଦନର ଶୀର୍ଷ ଦେଶରେ ସ୍ଥାପିତ ହୋଇଛି ଏକ ସମୟ ନିର୍ଘଣ୍ଟ ସୂଚକ ସ୍ତମ୍ଭ ସହିତ ବିରାଟକାୟ ଏକ ଘଣ୍ଟି । ବିଶ୍ୱକବି ରବୀନ୍ଦ୍ରନାଥଙ୍କୁ ଅକ୍ସଫୋର୍ଡ ବିଶ୍ୱବିଦ୍ୟାଳୟ ତରଫରୁ ସମ୍ମାନଜନକ ଡକ୍ଟରେଟ୍ ଉପାଧି ପ୍ରଦାନ କରାଯାଇଥିଲା ଏହି ସଦନରେ । ଏହି ଦିନଟି ଏକ ଐତିହାସିକ କୀର୍ତ୍ତି ଭାବରେ ବିରାଜିତ ହୋଇରହିଛି ଓ ରହିଥିବ କାଳକାଳକୁ ନିଶ୍ଚୟ । ସିଂହସଦନ ମଧ୍ୟରେ ରବୀନ୍ଦ୍ରନାଥଙ୍କ ପାଦପାତ ହୋଇଛି ଏହା ଭାବିବା ମାତ୍ରକେ ହୃଦୟରେ ସୃଷ୍ଟି ହୁଏ ଅନନ୍ୟ ରୋମାଞ୍ଚ। ରବୀନ୍ଦ୍ରନାଥଙ୍କ ପବିତ୍ର ସ୍ମୃତି ବହନ କରୁଥିବା ଏ ସଦନ ସେଥିପାଇଁ ସବୁବେଳେ ବିମୁଗ୍ଧ କରି ଆସିଛି ସମସ୍ତଙ୍କୁ। ଏହାରି ସମ୍ମୁଖରେ ହିଁ ମୋ ଯିବା ବେଳର ଅନେକ ଫଟୋଗ୍ରାଫ୍ ଉତ୍ତୋଳିତ ହୋଇଛି । ବାସ୍ତବିକ୍ ଏହି ସୁପ୍ରସିଦ୍ଧ ସଦନକୁ ଦେଖି ଦେବା ମାତ୍ରକେ ହୃଦୟ ପରିପୂର୍ଣ୍ଣ ହୋଇଉଠେ । ଏହାରି ମଧ୍ୟରେ ଅନୁଷ୍ଠିତ ହେଉଥିବା ସମସ୍ତ କାର୍ଯ୍ୟକ୍ରମ ପରିଚାଳିତ ହୁଏ ଶୃଙ୍ଖଳିତ ରୀତିରେ। ସୂକ୍ଷ୍ମ ଭାବରେ ନିରୀକ୍ଷଣ କଲେ ଜାଣି ହୁଏ ଯେ ରବୀନ୍ଦ୍ରନାଥଙ୍କ ଆଶୀର୍ବାଦର ଆଲୋକ ରେଖା ଏହାକୁ

ଘେରି ରହିଛି ସଦାସର୍ବଦା । ଏକାନ୍ତରେ କାନ ପାତିଲେ ଶୁଣାଯାଏ ରବୀନ୍ଦ୍ରନାଥଙ୍କ ସୁମଧୁର କଣ୍ଠସ୍ୱର ।

ତାଙ୍କ ବକ୍ତୃତାର ବାକ୍ୟ ଆଉ ଶବ୍ଦର ନିଃଶବ୍ଦ ଧ୍ୱନି ଶୁଣିହୁଏ କେବଳ ଶାନ୍ତ ଓ ଧ୍ୟାନସ୍ଥ ଅନ୍ତଃସ୍ଥଳରେ । ପୁଣି କେତେବେଳେ ଶୁଣାଯାଏ ରବୀନ୍ଦ୍ରଙ୍କ କଣ୍ଠରୁ ଆବୃତ୍ତି ହେଉଥିବା ତାଙ୍କ ସ୍ୱରଚିତ କବିତାର ସୂକ୍ଷ୍ମ ସ୍ୱରଲହରୀ।

ସିଂହସଦନ ପ୍ରକୃତରେ ସମଗ୍ର ଶାନ୍ତିନିକେତନର ଯେପରି ଏକ ସ୍ଥୁଳ ରୁପରେ ଉଦ୍ଭାସିତ ଭାବମୂର୍ତ୍ତି । କେତେ ଯେ ବିଶିଷ୍ଟ ବ୍ୟକ୍ତିତ୍ୱଙ୍କ ପାଦ ଧୂଳିରେ ଏହା ହୋଇଯାଇଛି ପବିତ୍ରୀକୃତ ତାହା ବର୍ଣ୍ଣନା କରିବା କାହା ପକ୍ଷରେ ବା ସମ୍ଭବ? ସିଂହ ସଦନକୁ ପ୍ରବେଶ କରିବାର ଅର୍ଥ ହେଲା- ରବୀନ୍ଦ୍ରଙ୍କ ଆତ୍ମା ମଧ୍ୟକୁ ପ୍ରବେଶ କରିବା । ଏହାର ବାୟୁମଣ୍ଡଳ ମଧ୍ୟରେ ସଂରକ୍ଷିତ ହୋଇ ରହିଛି ଏପରି ମହତ୍ତର ସଦ୍‌ଭାବର ସ୍ପନ୍ଦନ, ଯାହା ପବନର ଢେଉରେ ଅନ୍ତର୍ହିତ ହୋଇଯିବାର ସମ୍ଭାବନା ନାହିଁ । ବରଂ ସେହି ଭାବ-ଉଦ୍‌ବୋଧକ ବାଣୀରେ ଯେପରି ଅନ୍ୟମାନେ ମଧ୍ୟ ହୋଇପାରିବେ ଉଦ୍‌ବୁଦ୍ଧ ସେହି ମହତ୍‌ କାର୍ଯ୍ୟ ନିର୍ବାହ କରେ ଏଥିରେ ପ୍ରବାହିତ ସମୀରଣ । ପବନର ତରଙ୍ଗରେ ବିଶ୍ୱକବି ରବୀନ୍ଦ୍ରନାଥଙ୍କ ଆତ୍ମାର ଶୁଭାଶିଷ ସମ୍ପ୍ରସାରିତ ହୋଇଯାଏ ସର୍ବତ୍ର । ଏହି ସିଂହସଦନରେ ଅନୁଷ୍ଠିତ ଆଲୋଚନାଚକ୍ରରେ ନିଜ ବକ୍ତବ୍ୟ ଉପସ୍ଥାପନ କଲାବେଳେ ସର୍ବଦା ଅନୁଭବ କରିଛି ଯେ ଏକ ଅଦୃଶ୍ୟ ସୂକ୍ଷ୍ମ ଭାବରେଖା ମୋ ଚତୁର୍ଦ୍ଦିଗରେ ଘେରି ଯାଇ ମୋତେ ରଖିଛି ଏକ ଦୁର୍ଲଭ ଅନୁଭବର ସ୍ପର୍ଶଦାନ କରି, ଯାହାକୁ ମୁଁ ଖୋଜି ଆସିଛି କୈଶୋର କାଳରୁ ଆଜି ପର୍ଯ୍ୟନ୍ତ । ସେହି ସଙ୍ଗୀତମୟ ମୂର୍ଚ୍ଛନା ଓ ପ୍ରେରଣାର ଏକମାତ୍ର ନାମ ଯେ 'ରବୀନ୍ଦ୍ରନାଥ' ଏହା କ'ଣ ଆଉ ସ୍ପଷ୍ଟ ଭାବରେ ବ୍ୟାଖ୍ୟା କରିବାର ପ୍ରୟୋଜନ ଅଛି ?

■

ସାଧୁ ସାଧୁ ସାଧୁ !

ସମଗ୍ର ପୃଥିବୀରେ ଯେତେ ସଭା ସମିତି ସମ୍ମିଳନୀ ଇତ୍ୟାଦି ଅନୁଷ୍ଠିତ ହୁଏ ଅଧିକାଂଶ ସ୍ଥଳରେ ଜଣେ ବକ୍ତା ବା ଆଲୋଚକ ତାଙ୍କ ଭାଷଣ ଯେତେବେଳେ ସମାପ୍ତ କରନ୍ତି ସେତିକି ବେଳେ ସଭା କକ୍ଷଟି ଘନଘନ କରତାଳିରେ ପ୍ରକମ୍ପିତ ହୋଇଉଠେ। ବକ୍ତାଙ୍କ ପ୍ରତି ଏହା ହେଉଛି ପ୍ରଶଂସା ସୂଚକ ଶ୍ରୋତାମଣ୍ଡଳୀଙ୍କ ଉଲ୍ଲସିତ ପ୍ରତିକ୍ରିୟା ଆଉ କେତୋଟି ନିର୍ଦ୍ଦିଷ୍ଟ ଧର୍ମ ସଂପ୍ରଦାୟ ବା ଧର୍ମଗୁରୁମାନଙ୍କ ଆରାଧନା ସ୍ଥଳରେ ଏହା ଭିନ୍ନ ଭିନ୍ନ ଭାବରେ ଅଭିବ୍ୟକ୍ତ ହୁଏ ।

ଏ କ୍ଷେତ୍ରରେ ଶାନ୍ତି ନିକେତନର ସ୍ୱତନ୍ତ୍ରତା ଏକାନ୍ତ ଉଲ୍ଲେଖଯୋଗ୍ୟ। ବିଶ୍ୱଭାରତୀ ବିଶ୍ୱବିଦ୍ୟାଳୟର ପ୍ରତ୍ୟେକ ଆନୁଷ୍ଠାନିକ କାର୍ଯ୍ୟକ୍ରମରେ ଦେଖିବାକୁ ମିଳେ ଯେଉଁ ବିଶେଷତ୍ୱ ତାହା ବହୁ ଦୃଷ୍ଟିରୁ ହେଉଛି ତାତ୍ପର୍ଯ୍ୟପୂର୍ଣ୍ଣ । କାର୍ଯ୍ୟକ୍ରମଗୁଡ଼ିକରେ ଯେତେବେଳେ ବକ୍ତାଙ୍କ ଭାଷଣ ସରିଯାଏ ସେତେବେଳେ ଉପସ୍ଥିତ ବିଦଗ୍ଧ ଶ୍ରୋତୃମଣ୍ଡଳୀ ସମସ୍ୱରରେ ଉଚ୍ଚାରଣ କରିଥାନ୍ତି "ସାଧୁ ସାଧୁ ସାଧୁ" । କରତାଳି ଦେଇ ସଭା ସ୍ଥଳକୁ କମ୍ପିତ କରିବା ପରିବର୍ତ୍ତେ ଏଇଭଳି ଉଚ୍ଚାରଣ କାର୍ଯ୍ୟକ୍ରମ ସ୍ଥଳରେ ସୃଷ୍ଟି କରେ ଏକ ଭିନ୍ନ ବାତାବରଣ । ବକ୍ତା ଯାହା କିଛି ପ୍ରକାଶ କରିଗଲେ ସେଥିପାଇଁ ସେ ହେଉଛନ୍ତି ସାଧୁବାଦ ପାଇବାର ଯୋଗ୍ୟ। ତାଙ୍କର ବକ୍ତବ୍ୟ ପ୍ରତି ସାମୂହିକ ଅଭିନନ୍ଦନ ଯେପରି ଉଚ୍ଚାରିତ ହୁଏ, ସେଥିରେ ଭରି ରହିଥାଏ ଶ୍ରୋତା ପ୍ରାଣର ସ୍ୱଚ୍ଛ ଓ ନିର୍ମଳ ଶ୍ରଦ୍ଧାଶୀଳତା । ବ୍ୟକ୍ତିଗତ ଭାବରେ ମୁଁ ଯେତିକିଥର ଯାଇଛି ଶାନ୍ତିନିକେତନକୁ ଏହି ଶୁଭେଚ୍ଛା ସୂଚକ ଶବ୍ଦୋଚ୍ଚାରଣ ମୋତେ ବାସ୍ତବିକ୍ କରିଛି ସର୍ବଦା ମୁଗ୍ଧ ଓ ଆହ୍ଲାଦିତ ।

ଏପରି ଏକ ପରମ୍ପରା ସୃଷ୍ଟି ମୂଳରେ ଯେ କବିଗୁରୁ ରବୀନ୍ଦ୍ରଙ୍କ ପ୍ରେରଣା ନିଶ୍ଚିତ ଭାବରେ ରହିଥିବ ଏହା କଳ୍ପନା କରିହୁଏ ସହଜରେ। ଯେକୌଣସି ସାହିତ୍ୟିକ ବା

ଶୈକ୍ଷିକ କାର୍ଯ୍ୟକ୍ରମରେ ଏପରି ପରିଶୁଦ୍ଧ ଶବ୍ଦ ଉଚ୍ଚାରଣ କରିବା ଦ୍ୱାରା ସମସ୍ତଙ୍କ ହୃଦୟ ମଧ୍ୟରେ ସୃଷ୍ଟି ହୁଏ ଏକ ପବିତ୍ରତାର ଭାବ- ମାଧୁର୍ଯ୍ୟ । ଏହାକୁ ଏକ ସାଧାରଣ ପାରମ୍ପରିକ ଆଚରଣ ମାତ୍ର ବୋଲି ମନେ କରିବା ଦ୍ୱାରା ଶ୍ରୋତା ଭିତରେ କୌଣସି ଭାବାବେଗ ସୃଷ୍ଟି ହେବା ସମ୍ଭବ ନୁହେଁ । ଏହା ଯେ ଅସାଧାରଣ, ଅତୁଳନୀୟ ଓ ପ୍ରେରଣାପୂର୍ଣ୍ଣ ଆନ୍ତରିକତା ପ୍ରଦର୍ଶନ- ଏହା ଅନୁଭବ କରିପାରିଲେ ଜୀବନରେ ଘଟି ଯାଇପାରେ ଏକ ଉତ୍‌ଥାନ । ପ୍ରତ୍ୟେକ ମଣିଷ ଭିତରେ ଯେଉଁ ସାଧୁତା ନିହିତ ତାହାକୁ ଉଜ୍ଜୀବିତ କରିଦେବା ସକାଶେ ଏହାର ରହିଛି ଅସାମାନ୍ୟ ଶକ୍ତି ନିଶ୍ଚୟ । ପାରସ୍ପରିକ ଶ୍ରଦ୍ଧା ଯୁକ୍ତ ସମ୍ପର୍କକୁ ସୁମଧୁର କରି ତୋଳିବା ଦିଗରେ ମଧ୍ୟ ଏହା କମ୍ ଭାବପୂର୍ଣ୍ଣ ହୋଇନପାରେ । ନିଜସ୍ୱ ବକ୍ତବ୍ୟ ମଧ୍ୟରେ ଯିଏ ଯାହା କୁହନ୍ତୁ ନା କାହିଁକି ସେସବୁକୁ ଭଦ୍ରୋଚିତ ଓ ଶାଳୀନତାପୂର୍ଣ୍ଣ ଭାବରେ ଉପସ୍ଥାପନ କରିବା ପାଇଁ ଏହା ଏକ ସୂକ୍ଷ୍ମ ସଂକେତ । ପରସ୍ପରକୁ ମିତ୍ରତାର ଭାବରେ ଆବଦ୍ଧ କରିଦେବା ପାଇଁ ଏହି ଉଚ୍ଚାରଣ ମଧ୍ୟରେ ଯେଉଁ ଶକ୍ତି ଭରି ରହିଛି ତାହା ଯଥାର୍ଥ ଭାବରେ ଉପଲବ୍ଧି କରିପାରିବା ହେଉଛି ସବୁଠାରୁ ମହତ୍ତ୍ୱପୂର୍ଣ୍ଣ । ଜୀବନର ଏମିତି କୌଣସି ଘଟଣା ନାହିଁ, ଯାହା ମଣିଷକୁ ଆଲୋକିତ ମାର୍ଗ ପ୍ରଦର୍ଶନ କରି ନପାରିବ । ଯେଉଁମାନେ ଏହା ଏକ ଶୁଷ୍କ ବିଧିରକ୍ଷା ମାତ୍ର ବୋଲି ମନେକରନ୍ତି ସେମାନେ ଉଚ୍ଚତର ଚେତନା ଦ୍ୱାରା ଉଦ୍‌ବୁଦ୍ଧ ହୋଇପାରିବେ ନାହିଁ । ଅପରପକ୍ଷରେ ଯେଉଁମାନେ ଏହା ମଧ୍ୟରେ ସନ୍ଧାନ କରିପାରିବେ ଅନ୍ତଃସୌନ୍ଦର୍ଯ୍ୟର ସୁବାସ, ସେମାନଙ୍କ ଜୀବନ ନିଶ୍ଚିତ ଭାବରେ ହୋଇଯିବ ସୌରଭଯୁକ୍ତ । "ସାଧୁ ସାଧୁ ସାଧୁ" ବୋଲି ଉଚ୍ଚାରଣ କରି ଦେବା ମାତ୍ରକେ ବାତାବରଣ ମଧ୍ୟରେ ଥାଏ ଯଦି କୌଣି ପ୍ରତିକୂଳ ଅପଶକ୍ତି ତାହା ସ୍ୱତଃ ସେହି ସ୍ଥାନ ପରିତ୍ୟାଗ କରି ଚାଲିଯାଏ ଦୂରଦୂରାନ୍ତରକୁ । ଏପରି ମଧ୍ୟ ସମ୍ଭବ ହୁଏ ଯେ ନିମ୍ନସ୍ତରର ଅପଶକ୍ତିମାନଙ୍କର ରୂପାନ୍ତର ମଧ୍ୟ ଘଟିଯାଇପାରେ, ଶୁଭ-ଶକ୍ତିର ପ୍ରଭାବରେ । ଆମ ଭିତରର ସ୍ନେହ ଶ୍ରଦ୍ଧା ମୈତ୍ରୀ ଭାବ ଆଉ ସକାଳ ପ୍ରକାରର ମହନୀୟ ସ୍ପନ୍ଦନ ଉଜ୍ଜୀବିତ କରିବା ପାଇଁ ଏହା କ'ଣ ଏକ ଏକ ଆନ୍ତରିକ ଆହ୍ୱାନ ନୁହେଁ? ବୈଦିକ ଋଷି କଣ୍ଠରୁ ମନ୍ତ୍ର ଧ୍ୱନି ନିଃସୃତ ହେବା ପରି ଏହା ହେଉଛି ସକଳ ଶୁଭଙ୍କର ପ୍ରାର୍ଥନାର ପ୍ରତୀକ । ଗୋଟିଏ ସୁନିର୍ଦ୍ଦିଷ୍ଟ ଶବ୍ଦକୁ ତିନିଥର ପୂର୍ଣ୍ଣ ଆନ୍ତରିକତା ସହକାରେ ଉଚ୍ଚାରଣ କରିଦେବା ମାତ୍ରକେ ତାହା ପରିଣତ ହୋଇଯାଏ ହୃଦୟସ୍ପର୍ଶୀ ଶ୍ଲୋକରେ । ସଭାସ୍ଥଳରେ ପ୍ରାରମ୍ଭିକ ଓ ସମାପ୍ତି ସଙ୍ଗୀତ ଗାନ କରାଯିବାର ପରମ୍ପରା ସର୍ବତ୍ର ପରିଲକ୍ଷିତ ହୁଏ । ଶାନ୍ତିନିକେତନର ଏହି ଶୁଭାଶିଷଯୁକ୍ତ ଶବ୍ଦ ଉଚ୍ଚାରିତ ହେବା ମାତ୍ରକେ ତାହା ମଧ୍ୟ ପରିଣତ ହୋଇଯାଏ ପ୍ରାଣସ୍ପର୍ଶୀ ସଙ୍ଗୀତରେ। ପ୍ରତ୍ୟେକ ଅତିଥିଙ୍କ ବକ୍ତବ୍ୟ ପରେ ଯଦି

ଝଙ୍କୃତ ହୋଇ ଉଠେ ଅନୁରାଗପୂର୍ଣ୍ଣ ଏକ ଏକ ସଙ୍ଗୀତର ପଦ ତାହା କେତେ ଉଚ୍ଛ୍ୱାସ ଭରି ଦେଇପାରିବ ପ୍ରତ୍ୟେକଙ୍କ ହୃଦୟରେ ତାହା କଳ୍ପନା କରିବାର ବିଷୟ । ସାଧୁ! ସାଧୁ! ସାଧୁ! ଏକ ସାଙ୍ଗୀତିକ ମୂର୍ଚ୍ଛନା। ଏକ ଅଭିନନ୍ଦନ ଭରା ଆବେଗ। ଏକ ପବିତ୍ର ବୈଦିକ ଶ୍ଳୋକ। ଆଉ ତାହା ପୁଣି ହେଉଛି ଏକ ଶୁଭ ଶଙ୍ଖଧ୍ୱନି । ଶାନ୍ତି ନିକେତନ ଉଦ୍ଦେଶ୍ୟରେ ସେଥିପାଇଁ ଆମେ ଆଜି ସମବେତ କଣ୍ଠରେ ଗାନ କରି ଉଠିବା- "ସାଧୁ ସାଧୁ ସାଧୁ" ।

■

ଯେତେ ଦେଖୁଥିଲେ ନୂଆ ଦିଶୁଥାଇ

ଶାନ୍ତିନିକେତନ ଯିବାର ପ୍ରଥମ ସୁଯୋଗ ମୋତେ ମିଳିଥିଲା ୧୯୯୭ ମସିହାରେ । କେନ୍ଦ୍ର ସାହିତ୍ୟ ଏକାଡେମୀ ଯୁବ ସାହିତ୍ୟିକମାନଙ୍କ ପାଇଁ ଭାରତବର୍ଷର ବିଭିନ୍ନ ଅଞ୍ଚଳକୁ ଯାଇ ଲେଖକ ଲେଖିକାମାନଙ୍କ ସହିତ ଭାବ ବିନିମୟ କରିବାର ଯେଉଁ କାର୍ଯ୍ୟକ୍ରମ ରଖିଛନ୍ତି ତାହାରି ଅନୁମୋଦନ ଲାଭ କରି ଯାଇଥିଲି ମୁଁ କଲିକତା ଓ ଶାନ୍ତିନିକେତନ । ସ୍ୱପ୍ନ ଏବଂ କଳ୍ପନାରେ ଦେଖିଥିବା ପ୍ରିୟ ଶାନ୍ତିନିକେତନକୁ ବାସ୍ତବ ଚର୍ମ ଚକ୍ଷୁରେ ଯେତେବେଳେ ଦେଖିଲି ପ୍ରଥମ ଥର ପାଇଁ ସେତେବେଳେ ଗୋଟାପଣେ ପ୍ରେମାସକ୍ତ ହୋଇପଡ଼ିବା ଥିଲା ଏକାନ୍ତ ସ୍ୱାଭାବିକ । ସମଗ୍ର ଶାନ୍ତିନିକେତନ ଭୂମିରେ ବୁଲିଛି ବିଭିନ୍ନ କାର୍ଯ୍ୟକ୍ରମରେ ଯୋଗ ଦେବା ନିମିତ୍ତ ଓ ବିଶ୍ୱଭାରତୀ ବିଶ୍ୱବିଦ୍ୟାଳୟର ଶିକ୍ଷକ ତଥା ଶିକ୍ଷାର୍ଥୀଙ୍କ ସହିତ ସମ୍ପର୍କ ଯୋଡ଼ିବା ନିମିତ୍ତ। ଦେଖା ହୋଇଛି ହରିଶ୍ଚନ୍ଦ୍ର ସାର୍‌ଙ୍କ ସେ ଏଇ। ମହାଭାରତ ହିନ୍ଦୀରେ ରୂପାନ୍ତରିତ କରିଛନ୍ତି । ସେହିପରି ବଙ୍ଗଳା ବିଭାଗର ମୁଖ୍ୟ, ଚୀନ୍ ଭାଷା ଓ ସାହିତ୍ୟ ବିଭାଗର ମୁଖ୍ୟ ପ୍ରଫେସରମାନଙ୍କ ସହିତ ହୋଇଛି ଅର୍ଥପୂର୍ଣ୍ଣ ବାର୍ତ୍ତାଳାପ । ମୋର ଅତ୍ୟନ୍ତ ଅନ୍ତରଙ୍ଗ ଛାତ୍ର ବର୍ତ୍ତମାନ ବିଶିଷ୍ଟ କବି ଓ ଲେଖକ ଲକ୍ଷ୍ମଣ କୁମାର ପ୍ରଧାନ ସେତେବେଳେ ଅଧ୍ୟୟନ କରୁଥିଲେ ସେଠାରେ । ମୋ ସହିତ ଯିଏ ଛାଇ ପରି ଯାଇଥିଲେ ସାଙ୍ଗରେ ସେ ସ୍ନେହାଧୀନ ଛାତ୍ର ହେଉଛନ୍ତି ବର୍ତ୍ତମାନ ସମ୍ବଲପୁର ବିଶ୍ୱବିଦ୍ୟାଳୟର ଆସିଷ୍ଟାଣ୍ଟ ପ୍ରଫେସର ଡକ୍ଟର ଶୁକମୁନି ମେହେର । ସେଠାରେ ବିତିଯାଇଥିବା ପ୍ରତିଟି ମୁହୂର୍ତ୍ତ ମୋ ହୃଦୟ ମଧ୍ୟରେ ପରିଣତ ହୋଇଯାଇଛି ପ୍ରାଣସ୍ପର୍ଶୀ ସଙ୍ଗୀତରେ । ମୁଁ ଶାନ୍ତିନିକେତନକୁ ଚର୍ମଚକ୍ଷୁରେ ଦେଖୁନଥିଲି କେବଳ। ଅନ୍ତକର୍ଣ୍ଣ ମଧ୍ୟରେ ଶୁଣିପାରୁଥିଲି ଏପରି ଏକ ସୂକ୍ଷ୍ମତର ଧ୍ୱନି ଯାହାର ପ୍ରକୃତ ବ୍ୟାଖ୍ୟା କରିବା ମୋ ପାଇଁ ଏବେ ବି ଅସମ୍ଭବ। ଯାଦୁଖେଳଠାରୁ କେତେ ଯେ ଗୁଣରେ ଶାନ୍ତି

ନିକେତନ ପ୍ରତିଭାତ ହୋଇଥିଲା ସ୍ୱର୍ଗୀୟ ଭୂମି ପରି, ତାହା ବର୍ଣ୍ଣନା କରିବାକୁ ଗଲେ ହେବି ନିଶ୍ଚୟ ବିଫଳ ।

ଏହି ପ୍ରଥମଥରର ଯାତ୍ରା ପରେ ଆହୁରି କେତେଥର ଯାଇଛି ସେହି ସ୍ନିଗ୍ଧ ପରିବେଶ ମଧ୍ୟକୁ। ରାଧାନାଥଙ୍କ ଭାଷାରେ କହିଲେ- ସୁନ୍ଦରେ ତୃପ୍ତିର ଅବସାଦ ନାହିଁ / ଯେତେ ଦେଖୁଥିଲେ ନୂଆ ଦିଶୁଥାଇ" । ଏହାର ସତ୍ୟତା ଅନୁଭୂତ ହୋଇଛି ପ୍ରତିଟି ଥରର ଯାତ୍ରା ସମୟରେ । ନିତ୍ୟ ନୂତନ ମନେହେବା ତ ଥିଲା ସ୍ୱାଭାବିକ । ତାହା ସହିତ ଶାନ୍ତିନିକେତନ ମନେ ହେଉଥିଲା ପୁରାତନ ପ୍ରେମ ଓ ବନ୍ଧୁତା ପରି ନିବିଡ଼ରୁ ନିବିଡ଼ତର । ନିଜର ଅତିପ୍ରିୟ ମଣିଷଟିକୁ ଦେଖିଲେ ଲାଗେ ପ୍ରତିଥରର ଦେଖା ହେଉଛି ପ୍ରଥମ ସାକ୍ଷାତ ପରି ମାଧୁର୍ଯ୍ୟସିକ୍ତ । ସେହିପରି ମଧ୍ୟ ସମାନ ଭାବରେ ଲାଗୁଥାଏ ସେ ଯୁଗ ଯୁଗର ଅତି ପରିଚିତ । ଶାନ୍ତିନିକେତନ ପରିସର ମଧ୍ୟକୁ ଯାଇଛି ଯେତିକିଥର ସେତିକି ନୂତନ ନୂତନ ରୋମାଞ୍ଚରେ ମୁଁ ପ୍ରସ୍ଫୁଟିତ ହୋଇଉଠିଛି ସୁଗନ୍ଧିତ ପୁଷ୍ପପାଖୁଡ଼ା ସଦୃଶ। ଏତେ ପ୍ରକାରର ବୃକ୍ଷଲତାରେ ଭରପୂର ସେହି ଭାବଜଗତ, ଯେଉଁଗୁଡ଼ିକର ନାମ ମନେ ରଖିବା ପାଇଁ ମୁଁ ହୋଇଛି ଅସମର୍ଥ । ଏହି ପ୍ରଶାନ୍ତ ବାତାବରଣରେ ଯେତିକି ସବୁଜପତ୍ର ପଲ୍ଲବିତ ହୁଏ, ଯେତିକି ଫୁଟି ଉଠେ ଜାତି ଜାତିର ବିବିଧ ରଙ୍ଗର ଫୁଲ ଯେତିକି ସଂଖ୍ୟକ ପକ୍ଷୀ ନିଜ ମଧୁର କାକଳିରେ ଆର୍ଦ୍ର କରି ଦିଅନ୍ତି ଅନ୍ତଃସ୍ଥଳ, ଯେତିକି ଶିଶିର ବିନ୍ଦୁ ଝରି ପଡ଼ନ୍ତି ଆକାଶ ବକ୍ଷରୁ ସେ ସମସ୍ତଙ୍କ ସ୍ୱତନ୍ତ୍ର ସ୍ୱତନ୍ତ୍ର ନାମ ମନେରଖିବା ମୋ ପାଇଁ ଆଦୌ ସହଜସାଧ ବ୍ୟାପାର ନୁହେଁ । ତାହା ବୋଲି ଯେ ସେମାନଙ୍କ ସ୍ୱତନ୍ତ୍ର ସୌନ୍ଦର୍ଯ୍ୟ ମୋତେ ବିଭୋର କରି ନାହିଁ ତାହା ନୁହେଁ । ପତ୍ରରେ ପତ୍ରରେ, ପ୍ରତିଟି ପୁଷ୍ପ ପାଖୁଡ଼ାରେ, ପ୍ରତିଟି ପକ୍ଷୀର ପର ଉପରେ, ପ୍ରତିଟି ଘାସ ଫୁଲର ଦେହରେ ଅଦୃଶ୍ୟ ଭାବରେ ଲିଖିତ ହୋଇ ରହିଛି ଗୋଟିଏ ମାତ୍ର ନାମ, ଯାହା ପଢ଼ିବା ପାଇଁ ମୁଁ ଅସମର୍ଥ । ତାହା ପାଠ କରିବାରେ ମୋର ଅନ୍ତଃସତ୍ତା, କେବଳ ସକ୍ଷମ। ଯେହେତୁ ମଣିଷର ଭାଷାରେ ତା'ର ନାମକରଣ ସମ୍ଭବ ନୁହେଁ ତେଣୁ ତାହା ଉଲ୍ଲେଖ କରିପାରିବି ବା କିପରି ? ପ୍ରତିଟି ଥରର ଅନୁଭୂତି ମୋତେ ଉତ୍ତୋଳିତ କରି ନେଇଛି ଏପରି ଏକ ବା ଏକାଧିକ ଭାବବଳୟ ମଧ୍ୟକୁ ଯେଉଁଠାରେ ମୁଁ ଅତିବାହିତ କରିଛି ଅବିସ୍ମରଣୀୟ ମୁହୂର୍ତ୍ତ । ଆଖିର ପଲକ ପଡ଼ିବା ମାତ୍ରକେ ଆଉ ଆଖି ପତା ଉପରକୁ ଉଠିବା ମାତ୍ରକେ ଉଦ୍‌ଘାଟିତ ହୋଇଯାଉଥାଏ ଏକ ଏକ ଅବ୍ୟକ୍ତ ଜଗତକୁ ପ୍ରବେଶ କରିବାର ବିବିଧ ପଥ । ଏହା ମନୁଷ୍ୟ ହାତର ନିର୍ମାଣ ନା କେଉଁ ଅଜଣା ଗ୍ରହ ତାରକାରୁ ଅବତରଣ କରିଆସିଥିବା ଅଚିନ୍ତନୀୟ ସତ୍ତାର ଅବିଶ୍ୱାସ୍ୟ ସୃଜନ! ସମସ୍ତେ ଇଚ୍ଛା କରିବା ମାତ୍ରକେ କ'ଣ ଏପରି ଭୂ-ଭାଗ ହୋଇପାରେ ଅପୂର୍ବ

ବର୍ଷବିଭାରେ ମଧୁରତମ ! ମନେହୁଏ ସତେ ଯେପରି ଋଷିକଳ୍ପ ରବୀନ୍ଦ୍ର ଆୟୋଜନ କରିଥିଲେ ଏପରି ପବିତ୍ର ହୋମଯଜ୍ଞ, ଯାହା ଆବାହନ କରି ଆଣିଥିଲା ଅନ୍ତରୀକ୍ଷର ଅଜଣା ଅନୁପମ ସୂକ୍ଷ୍ମାତିସୂକ୍ଷ୍ମ ଆଧାରମାନଙ୍କୁ । ଏହା ବାସ୍ତବରେ କ'ଣ ନୁହେଁ ମହର୍ଷି ବାଲ୍ମୀକିଙ୍କ ଆଶ୍ରମ ! ନୁହେଁ କ'ଣ କଣ୍ୱମୁନିଙ୍କ ତପୋବନ !! ପ୍ରାଚୀନ ଋଷି ଆଶ୍ରମର କେଉଁ ନିଗୂଢ଼ ରହସ୍ୟ ରୂପାୟିତ ହୋଇଉଠି ନାହିଁ ଏଠାରେ !!! ସତକୁ ସତ ଯାହା ଜନ୍ମ ଜନ୍ମାନ୍ତରରେ ଦେଖିବା ଥିଲା ମୋ ପାଇଁ କଳ୍ପନାତୀତ ତାହାହିଁ ଦେଖିପାରିଲି ଏହି ଜନ୍ମରେ ଓ ଜୀବନରେ । ଏ ପୃଥିବୀର କେତେ କେତେ ସୌନ୍ଦର୍ଯ୍ୟମୟ ସ୍ଥାନକୁ ଉଡ଼ି ନଯାଇଛି ମନ ମୋର । କିନ୍ତୁ ସଶରୀରେ ମୁଁ କ'ଣ ଯାଇପାରିଛି ସେସବୁ ସରସ ଆଉ ସୁନ୍ଦରତର ସ୍ୱପ୍ନିଳ ଜଗତକୁ ? ମୋ ଭାଗ୍ୟରେ ତାହା ନାହିଁ ବୋଲି ମୁଁ କଦାପି ଅତୃପ୍ତ ବା ଅନୁତପ୍ତ ନୁହେଁ । ଶାନ୍ତିନିକେତନ ପରି ପ୍ରେରଣା-ସ୍ନାତ ସତେଜ ଭୂସ୍ୱର୍ଗକୁ ମୁଁ ଯେ ଆସିପାରିଛି ବାରମ୍ବାର ସେତିକିରେ ଧନ୍ୟ ହୋଇଯାଇଛି ଅନ୍ତର୍ମନ ମୋର। ଯେଉଁ ନିଗୂଢ଼ ସୌନ୍ଦର୍ଯ୍ୟର ଆତ୍ମା ପ୍ରତିଫଳିତ ହେଉଥାଏ ଶିଶିର ବିନ୍ଦୁଟି ଭିତରେ, ତାହାହିଁ ପ୍ରକାଶିତ ହୁଏ ପୁଣି ମହୋଦଧି ବକ୍ଷରେ । ଆମ ସାଧାରଣ ମନୁଷ୍ୟର ଆଖିରେ ଗୋଟିଏ କେତେ କ୍ଷୁଦ୍ରାତିକ୍ଷୁଦ୍ର । ଆଉ ଗୋଟିଏ ଅସୀମ ଓ ଅନ୍ତଃହୀନ । ଉଭୟ କିନ୍ତୁ ଯେ ଏକ ହିଁ ମହାଭାବର ଇଙ୍ଗିତ, ଏଥିରେ ସନ୍ଦେହ କାହିଁ ?

ଅନେକେ କହନ୍ତି ଏହା ରବୀନ୍ଦ୍ରନାଥଙ୍କ ବ୍ୟକ୍ତିଗତ ପ୍ରଚେଷ୍ଟାର ପରିଣତି । କିନ୍ତୁ ରବୀନ୍ଦ୍ରନାଥଙ୍କ ଚତୁର୍ଦ୍ଦିଗରେ ବେଢ଼ି ରହିଥିବା ଶୁଭଙ୍କର ସୂକ୍ଷ୍ମତର ସୁଶକ୍ତିମାନଙ୍କୁ ଅନୁଭବ କରିବା ପରେ ହିଁ ଯେ କେହି ଘନିଷ୍ଠତର ହୋଇ ଉଠିବେ ସର୍ବତ୍ର ଏଠାରେ ବିରାଜିତ ପ୍ରତିଟି ଜୀବନ-ବିନ୍ଦୁ ସହିତ । ଏହାଠାରୁ ଆହୁରି ନିବିଡ଼ ଅରଣ୍ୟାନୀ ମଧ୍ୟରେ ବହୁ ବ୍ୟକ୍ତି ନିଶ୍ଚିତ ଭାବରେ କେତେ କେତେ ଅଲୌକିକ ପରିବେଶରେ ନିଜ ନିଜକୁ ନୂତନ ନୂତନ ଭାବରେ ଆବିଷ୍କାର କରିଛନ୍ତି, କରୁଛନ୍ତି ଓ କରୁଥିବେ ମଧ୍ୟ । ମୋରି ଭାଗ୍ୟରେଖାରେ ତାହା ସୁଲିଖିତ ନୁହେଁ ବୋଲି ଜାଣେ । ତେବେ ବି ଅପୂର୍ଣ୍ଣତା ବୋଲି କିଛି ନାହିଁ ମୋ ଜୀବନ-ଦେବତାଙ୍କ । ଶାନ୍ତି ନିକେତନ ପରିଦର୍ଶନରେ ସେ ହୋଇଛନ୍ତି ସମ୍ପୂର୍ଣ୍ଣ ଓ ଶ୍ରୀସମ୍ପନ୍ନ।

■

ଆଦିକନ୍ଦ ସାରଙ୍କ ସହ ରାତିର ଆକାଶ ତଳେ

ଶାନ୍ତିନିକେତନକୁ ସୂର୍ଯ୍ୟାଲୋକରେ ଉଦ୍ଭାସିତ ହୋଇଥିବା ରୂପରେ ଦେଖିବାର ଅବସର ମିଳିଛି କେତେଥର । ମାତ୍ର ରାତ୍ରିର ମହାକାଶ ତଳେ ଶାନ୍ତିନିକେତନର ନୀରବତା ଓ ନିଃସ୍ତବ୍ଧତାକୁ ଏକାଧିକ ବାର ଅନୁଭବ କରିବାର ଅପୂର୍ବ ସୁଯୋଗ ମଧ୍ୟ ମିଳିଛି ସୌଭାଗ୍ୟବଶତଃ । ଯେତେଥର ଯାଇଛି ଶାନ୍ତି ନିକେତନକୁ ପ୍ରାୟ ଅଧିକାଂଶ ସମୟରେ ରହିଛି ପୂର୍ବପଲ୍ଲୀ ଗେଷ୍ଟ ହାଉସ୍‌ରେ । ରାତିରେ ଅନୁଷ୍ଠିତ ହେଉଥିବା ଅନେକ ସାଂସ୍କୃତିକ କାର୍ଯ୍ୟକ୍ରମରେ ଭାଗ ନେଇ ଗେଷ୍ଟ ହାଉସ୍ ଉଦ୍ଦେଶ୍ୟରେ ଫେରି ଆସୁଥିବା ବେଳେ ଲକ୍ଷ୍ୟ କରିଛି ମହାଦ୍ରୁମ ଠାରୁ କ୍ଷୁଦ୍ର ଲତାଟି ପର୍ଯ୍ୟନ୍ତ ସମସ୍ତେ ପ୍ରଦାନ କରୁଛନ୍ତି ନୀରବତାର ମାର୍ମିକ ସଙ୍କେତ । ସହରାଞ୍ଚଳରେ ଗଭୀର ନିଶାକାଳରେ ମଧ୍ୟ ବୃକ୍ଷଲତାଙ୍କର ସୁନିଦ୍ରା ଭଗ୍ନ କରିଦିଏ ଆଧୁନିକ ମଣିଷ । ଏଠାରେ ସେହି ଆଶଙ୍କାର ଚିହ୍ନବର୍ଣ୍ଣ ନଥାଏ । ବୃକ୍ଷଗୁଡ଼ିକୁ ଅତିକ୍ରମ କରି ଆସିବା ବେଳେ ସୁଦୟରେ ଶୁଣି ହୁଏ ରବୀନ୍ଦ୍ରନାଥଙ୍କ ସୁସ୍ପଷ୍ଟ କଣ୍ଠସ୍ୱର। ସେ କହୁଥାନ୍ତି- 'ଧୀରେ ଧୀରେ ଚାଲ । ଯେପରି ମୋ ପ୍ରିୟ ବୃକ୍ଷଲତାଙ୍କର ସାମାନ୍ୟ ବି ନିଦ୍ରାଭଗ୍ନ ନହୁଏ ।' ଏହି ସୂକ୍ଷ୍ମ ସ୍ୱରକୁ ଶ୍ରେଷ୍ଠ ସମ୍ମାନ ଦେଇ ଆମେ ପ୍ରକୃତରେ ଧୀର ପଦକ୍ଷେପରେ ଅତିକ୍ରମ କରୁ ଆମ୍ରବୀଥି ଓ ଶାଳବୀଥିର ପରିସରରେ ।

ପୂର୍ବପଲ୍ଲୀ ଗେଷ୍ଟ ହାଉସ୍ ମଧ୍ୟ ଥାଏ ଶାନ୍ତ ଓ ନୀରବ ହୋଇ । ବେଳେବେଳେ ଏମିତି ମୁହୂର୍ତ୍ତ ଜୀବନରେ ଆସେ ଯେତେବେଳେ ରାତ୍ରିର ଆକାଶ ତଳେ ହୋଇଯାଏ ଅନେକ ଭାବ ବିନିମୟ। ମୋ ଜୀବନରେ ଆସିଥିବା ସେପରି ଏକ ଭାବାଚ୍ଛନ୍ନ ରାତିଟିର ଅନୁଭୂତି କେବେ ହେଲେ ଭୁଲିପାରିବି ନାହିଁ । ସେ ସମୟରେ ଆୟୋଜିତ

ଜାତୀୟ ସଂପାନରେ ଅତିଥି ଭାବରେ ଯୋଗ ଦେଇଥାନ୍ତି ମୋର ପରମ ପୂଜ୍ୟ ଗୁରୁଦେବ ପ୍ରଫେସର ଆଦିକନ୍ଦ ସାହୁ । ମୁଁ ଆଗରୁ ଜାଣି ପାରିଥିଲି ଯେ ସାର୍‌ଙ୍କ ସହିତ ପୂର୍ବପଲ୍ଲୀ ଅତିଥି ଶାଳାରେ ରହିଲେ ରାତିଟିର ଅଧିକାଂଶ ସମୟ ଅତିବାହିତ ହେବ ମୁକ୍ତାକାଶ ତଳେ। ଆଦିକନ୍ଦ ସାରଙ୍କ ସ୍ନେହାଧୀନ ଛାତ୍ର ମୁଁ । ତାଙ୍କ ସ୍ନେହପୂର୍ଣ୍ଣ ଆମନ୍ତ୍ରଣକୁ କିପରି ଅବା ଅସ୍ୱୀକାର କରିପାରିଥାନ୍ତି ? ସାର୍ ସାମୁଦ୍ରିକ ଆବେଗରେ ନିତ୍ୟ ଛଳ ଛଳ ଏକ ବିରଳ ଆତ୍ମା । ସେ ଯେତେବେଳେ ଆମ ଗୃହକୁ ଯାଇଛନ୍ତି ସେତେବେଳେ ପ୍ରତ୍ୟେକଟି ଥର ଗଙ୍ଗାଧରଙ୍କ ବିଷୟରେ ଶବ୍ଦ ଉଚ୍ଚାରଣ କରିବାକୁ ଆରମ୍ଭ କଲେ ଅଜସ୍ର ସୁଗନ୍ଧିତ ଫୁଲର ବର୍ଷା ହୋଇଯାଏ । ସେ ସମ୍ବଲପୁର ବିଶ୍ୱବିଦ୍ୟାଳୟର ସାହିତ୍ୟ ପତ୍ରିକା 'ସପ୍ତର୍ଷି'ରେ ଲେଖିଥିଲେ ଏକ ସୁଦୀର୍ଘ ନିବନ୍ଧ, ଯାହାର ଶୀର୍ଷକ ହେଉଛି 'ବରପାଲିରୁ ବୋଲପୁର'। ଶାନ୍ତିନିକେତନ ନିକଟବର୍ତ୍ତୀ ଅଞ୍ଚଳର ନାମ ହେଉଛି ବୋଲପୁର । ଏହିଠାରେ ରହିଛି ରେଲୱେ ଷ୍ଟେସନ। ଏଠି ଓହ୍ଲାଇ ତା'ପରେ ରିକ୍ସା ବା ଟଟୋରେ ଯିବାକୁ ହୁଏ ରବୀନ୍ଦ୍ର-କଳ୍ପିତ-ଜଗତ ଶାନ୍ତି ନିକେତନକୁ । ଆଦିକନ୍ଦ ସାର୍ ବିଶ୍ୱ ସାହିତ୍ୟର କେଉଁ ଲେଖକ ବା ଦାର୍ଶନିକଙ୍କୁ ଜାଣିନାହାନ୍ତି ! ଜର୍ମାନ କବି ରିଲକେଙ୍କ ଗୋଲାପ ଉଦ୍ୟାନର ବର୍ଣ୍ଣନା ଯେତେବେଳେ ସେ କରନ୍ତି ଆମ ଅନ୍ତର ତଳେ ପ୍ରସ୍ଫୁଟିତ ହୋଇଉଠେ ଅଜସ୍ର ଗୋଲାପ । ରିଲକେଙ୍କ ଗୋଲାପ ଉଦ୍ୟାନର ସଂରକ୍ଷକ ସମ୍ପର୍କରେ କହିଲା ବେଳେ ସାରଙ୍କ କଣ୍ଠସ୍ୱର କମ୍ପିତ ହୋଇ ଉଠୁଥାଏ । ସେ କହନ୍ତି ରାତ୍ରିର ନିସ୍ତବ୍ଧତା ମଧ୍ୟରେ ରିଲକେଙ୍କ ସୂକ୍ଷ୍ମ ସତ୍ତା ଅବତରଣ କରି ଆସେ ଉଦ୍ୟାନ ମଧ୍ୟକୁ ଯାହା ସେହି ଉଦ୍ୟାନ ରକ୍ଷକ ଅନୁଭବ କରେ ମର୍ମେ ମର୍ମେ । ଆଉ ସେଇ ଅନୁଭୂତି ଯେତେବେଳେ ସେ ଦର୍ଶକମାନଙ୍କ ଆଗରେ ବର୍ଣ୍ଣନା କରେ ସେତେବେଳେ ମନେହୁଏ ସେ ବଗିଚାର ଜଗୁଆଳୀ ମାତ୍ର ନୁହେଁ, ସେ ହେଲା ଜଣେ କବି ହୃଦୟର ଅଧିକାରୀ ସମଦରଦୀ ଆତ୍ମାଟିଏ । ତା' କାବ୍ୟରେ କିପରି ଫୁଟି ଉଠେ ରାତ୍ରିକାଳର ଅବ୍ୟକ୍ତ ଅନୁଭୂତି ତାହା ପ୍ରକୃତରେ ବିସ୍ମୟକର । ଏଇ କଥା ବର୍ଣ୍ଣନା କରୁଥିବା ମୋର ପ୍ରିୟ ସାର୍ ପୂର୍ବପଲ୍ଲୀ ଗେଷ୍ଟ ହାଉସ୍ ସମ୍ମୁଖ ସଡ଼କରେ ମୋତେ ପାଖରେ ଛିଡ଼ା କରାଇ ଯେତେବେଳେ ଲାଗେ ସୁଗଭୀର ରାତ୍ରିର ନିଛାଟିଆ ରାସ୍ତାରେ ରବୀନ୍ଦ୍ରନାଥ ସତେ ଯେପରି ଧୀର ପଦ ପାଦରେ ହୋଇ ଆସୁଛନ୍ତି ଆମର ନିକଟବର୍ତ୍ତୀ । ସେଦିନ ସତକୁ ସତ ମୁଁ ନିଜ ହୃଦୟ ମଧ୍ୟରେ ଶୁଣି ପାରିଥିଲି ରବୀନ୍ଦ୍ରନାଥଙ୍କ ପବିତ୍ର ପଦପାଦର ସୁଧୀର ସମ୍ମୋହିତ କରି ରଖିଛନ୍ତି। ଶବ୍ଦ ଓ ସେହିପରି ମୋ ଦେହରେ ସ୍ପର୍ଶ କରି ଯାଉଥିଲା ରବୀନ୍ଦ୍ରଙ୍କ ନିଃଶ୍ୱାସ ପ୍ରଶ୍ୱାସର ଉଷ୍ମତାଭରା ସ୍ନେହ ଓ ମମତା । ସେଇ ରାତିଟିକୁ ମୋ' ଜୀବନରେ କେବେ ହେଲେ ମୁଁ ଭୁଲିପାରିବି ନାହିଁ ।

ସାର୍ ମୋର ଆବେଗ ଉତ୍‌କୂଳ ହୋଇ ବର୍ଣ୍ଣନା କରିଚାଲିଥାନ୍ତି ରବୀନ୍ଦ୍ରଙ୍କ କବିତା ଓ ଜୀବନର ଅନ୍ତଃ ସୌନ୍ଦର୍ଯ୍ୟ । ରବୀନ୍ଦ୍ର କିପରି ଥିଲେ ଆବେଗ-ସ୍ନିଗ୍ଧସତ୍ତା ତାହା ସାର୍ ବିଭିନ୍ନ ଦୃଷ୍ଟାନ୍ତ ଦେଇ ବର୍ଣ୍ଣନା କରୁଥାନ୍ତି । ରାତ୍ରି ଗଭୀରରୁ ଗଭୀରତର ହୋଇ ଉଠୁଥାଏ । କିନ୍ତୁ ସାର୍ ସର୍ବଦା କ୍ଳାନ୍ତିହୀନ । ସେ ଜାଣନ୍ତି ଯେ ତାଙ୍କ ଅତିପ୍ରିୟ ମଣୀନ୍ଦ୍ର ନାମକ ଏ ଛାତ୍ରଟି ହୋଇପଡ଼େ କିପରି କ୍ଳାନ୍ତ ଓ ଅବଶ । ସେଥିପାଇଁ ଅନିଚ୍ଛା ସତ୍ତ୍ୱେ ମୋତେ ଶୁଭ ରାତ୍ରି ଜଣାଇ ନିଜ ପ୍ରକୋଷ୍ଠକୁ ଚାଲିଯାଆନ୍ତି ବିଶ୍ରାମ ନେବା ସକାଶେ। ମୁଁ ସେ ରାତିରେ ଫେରି ଆସିଲି ମୋ ପ୍ରକୋଷ୍ଠକୁ ବିଶ୍ରାମ ଗ୍ରହଣ କରିବା ନିମନ୍ତେ । ସୁସଜ୍ଜିତ ନିରାଡମ୍ବର ଶୁଭ୍ର ଶଯ୍ୟାରେ ଶୋଇବା ପାଇଁ କହି ସିନା ଉଦ୍ୟମ । ମାତ୍ର ବାହାରର ଆଖିପତା ବନ୍ଦ ହୋଇ ରହିଥିଲେ ମଧ୍ୟ ଭିତରର ଆଖିରେ ପଲକ ପଡ଼ିଲା ନାହିଁ । ଶୁଣାଗଲା କେବଳ ରବୀନ୍ଦ୍ର ସଙ୍ଗୀତର ମଧୁର ମୂର୍ଚ୍ଛନା। ଶୁଣାଗଲା ରବୀନ୍ଦ୍ରଙ୍କ ମୋ' ପ୍ରତି ସ୍ନେହାତ୍ମକ ସମ୍ବୋଧନ । କିପରି ଯେ ସେଇ ଆବେଗମୟ ରାତ୍ରିଟି ଅତିବାହିତ ହୋଇଗଲା ତାହା ଜାଣି ସୁଦ୍ଧା ପାରିଲି ନାହିଁ ।

ଶାନ୍ତିନିକେତନର ମୁକ୍ତାକାଶ ତଳେ ଭାବ ବିଭୋର ବ୍ୟକ୍ତିତ୍ୱଙ୍କ ସହିତ ଆଳାପ କଲେ କି ଅନୁଭୂତି ଅର୍ଜନ କରି ହୁଏ ତାହା ବୁଝିଯାଇଥିଲି ସେଦିନ । ଜର୍ମାନ କବି ରିଲକେ ଗଭୀର ରାତ୍ରିରେ ଗୋଲାପ ଉଦ୍ୟାନରେ ଯେପରି ପଦାର୍ପଣ କରନ୍ତି ବୋଲି ଜଗୁଆଳୀ ଜଣକ ବର୍ଣ୍ଣନା କରୁଥାଏ ତାହା କିପରି ଅନ୍ତର୍ଜଗତର ଏକ ମହାନ୍ ସତ୍ୟର ଉନ୍ମୋଚନ ତାହା ଅନୁଭବ କଲି ଶାନ୍ତି ନିକେତନର ନିଶୀଥରେ । ସ୍ୱୟଂ କବି ରବୀନ୍ଦ୍ରନାଥ ରାସ୍ତାରେ ରାସ୍ତାରେ ଯେ ପ୍ରଦକ୍ଷିଣ କରିଚାଲନ୍ତି ନିଜ ପ୍ରାଣପ୍ରିୟ ଶାନ୍ତିନିକେତନକୁ ଏହା କେବଳ ଯେ କଳ୍ପନା ମାତ୍ର କଲି ତାହା ନୁହେଁ । ଉପଲବ୍ଧି କଲି ତାହାର ବାସ୍ତବତା ହୋଇପାରେ ସତ୍ୟର କେତେ ନିକଟବର୍ତ୍ତୀ । ରବୀନ୍ଦ୍ର ଓ ମଣୀନ୍ଦ୍ରଙ୍କ ଅନ୍ତରାତ୍ମାର ମିଳନରେ ରୋମାଞ୍ଚିତ ହୋଇ ରହିଥିଲି ଗଙ୍ଗାଧରଙ୍କ ବର୍ଣ୍ଣିତ ଅରୁଣ କଷାୟବାସ ପରିହିତା ଉଷା ଦେବୀଙ୍କ ଶୁଭାଗମନ ପର୍ଯ୍ୟନ୍ତ।

■

ସୁବର୍ଣ୍ଣରେଖାର ଆକର୍ଷଣ

ଶାନ୍ତି ନିକେତନ ପରିସରକୁ ପ୍ରବେଶ କରି ଅଧ୍ୟୟନର ଆକାଂକ୍ଷା ନ ରହିବା ଅସ୍ୱାଭାବିକ । ତେଣୁ ଶାନ୍ତିନିକେତନକୁ ଯିବା ମାତ୍ରକେ ମୋର ଆନ୍ତରିକ ଅଭିଳାଷ ରହିଥାଏ ଯେ କୌଣସି ରବୀନ୍ଦ୍ର-ସମ୍ବନ୍ଧୀୟ ପୁସ୍ତକଟିଏ କ୍ରୟ କରିବାକୁ । ୧୯୯୭ ମସିହାରେ ପ୍ରଥମଥର ପାଇଁ ଏହି ସ୍ନିଗ୍ଧ ପରିବେଶରେ ଯାଇ ପହଞ୍ଚିଥିଲି 'ସୁବର୍ଣ୍ଣରେଖା' ପୁସ୍ତକ ଦୋକାନରେ । କେତେ ବଙ୍ଗଳା ଓ ଇଂରାଜୀ ବହିର ସମାବେଶ ସେଠି । ଇଚ୍ଛା ହେଉଥାଏ କିଣି ଆଣିବାକୁ ବହୁ ସଂଖ୍ୟକ ବହି । କିନ୍ତୁ ତାହାତ ସମ୍ଭବ ନଥିଲା । ବାଛି ବାଛି ଆଣିଥିଲି ଦୁଇ ଚାରିଖଣ୍ଡ ବହି । ଏହି ପରିସରକୁ ସଂଲଗ୍ନ ହୋଇ ନିକଟରେ ରହିଛି ଆଉ କେତେକ ପୁସ୍ତକ ବିକ୍ରୟ କେନ୍ଦ୍ର । ତେବେ କାହିଁକି କେଜାଣି ଶାନ୍ତିନିକେତନ ଯିବାକ୍ଷଣି ମୁଁ ଆକର୍ଷଣ ଅନୁଭବ କରିଥାଏ 'ସୁବର୍ଣ୍ଣରେଖା'କୁ ଥରେ ନିଶ୍ଚୟ ଯିବା ପାଇଁ । ବହି ନ ଦେଖିବା ଯାଏ କ'ଣ ତୃପ୍ତି ଆସେ ଏହି ବାତାବରଣରେ ! ସୁବର୍ଣ୍ଣରେଖା ପରିସରକୁ ପ୍ରବେଶ କଲେ କାହିଁକି କେଜାଣି ଲାଗେ ସବୁକିଛି ଯେମିତି ନିଜର ଅନ୍ତରଙ୍ଗ । ସବୁ ବହି ନେଇ ଯିବାର ଅଧିକାର ସତେ ଯେମିତି ବିଧି ପ୍ରଦତ୍ତ । ବହିଗୁଡ଼ିକ ମଣିଷକୁ କେମିତି ଆହ୍ୱାନ କରୁଥାନ୍ତି ତାଙ୍କୁ ଛୁଇଁବାକୁ, ତାହା ଶୁଣିପାରେ ମୋର ଅନ୍ତଃକର୍ଣ୍ଣରେ । ମନେହୁଏ ସବୁ ବହିର ସାରସତ୍ତା ସତେ ଯେମିତି ଏକ ଭାବ-ନଦୀ ସ୍ରୋତରେ ପରିଣତ ହୋଇ ପ୍ରବେଶ କରୁଥାନ୍ତି ମୋ' ହୃଦୟ ସାଗର ମଧ୍ୟକୁ । ଏହି ଅନନ୍ୟ ଅନୁଭୂତି ପ୍ରତ୍ୟେକଥର ଟାଣିନିଏ ମୋତେ 'ସୁବର୍ଣ୍ଣରେଖା' ପ୍ରତି । 'ସୁବର୍ଣ୍ଣରେଖା' ନାମ୍ନୀ ନଦୀକୁ ଦେଖିଛି ଓଡ଼ିଶାରେ । ବାଲେଶ୍ୱର ଠାରୁ ମନୋଜ ଦାସଙ୍କ ଗାଁ ଶଙ୍ଖାରିକୁ ଯିବା ସମୟରେ କ୍ଷଣକାଳ ପାଇଁ ହେଲେ ମଧ୍ୟ ସୂର୍ଯ୍ୟାସ୍ତର ମୁହୂର୍ତ୍ତରେ ନଦୀ ଉପରେ ନିର୍ମିତ ପୋଲରେ ଛିଡ଼ା ହୋଇ ନିଜେ ଯେମିତି ପରିଣତ ହୋଇଯାଇଛି ସେହି ନଦୀର କ୍ଷୁଦ୍ର ଏକ ଧାରରେ । ଏଇ ପ୍ରିୟ ନଈଟିର ନାମରେ

ନାମିତ ଯେଉଁ ପୁସ୍ତକାଳୟ ତାହା ତେଣୁ ସମାନ ଭାବରେ ବିଗଳିତ କରିଦେଇଛି ମୋ ଅନ୍ତରକୁ। ଏ ଉପଲବ୍ଧି ଏକାନ୍ତ ସ୍ୱତନ୍ତ୍ର । ବହି ବିକ୍ରେତା ମୋତେ ଚିହ୍ନି ନପାରନ୍ତି । କିନ୍ତୁ ଯିଏ ସୁବର୍ଣ୍ଣରେଖାର ବିକ୍ରେତା ଆସନରେ ଆସୀନ ସେମାନଙ୍କୁ ମଧ୍ୟ ମୋତେ ଲାଗେ ସର୍ବଦା ଆପଣାର ।

ସୁବର୍ଣ୍ଣରେଖାରେ ଯେତିକି ବି ସମୟ ରହିବାର ସୁଯୋଗ ମୋତେ ମିଳେ ତାହାର ସଦୁପୋଯୋଗ କରିବାରୁ ମୁଁ କଦାପି ବିରତ ହୋଇ ରହେନାହିଁ। ସେଠୁ ଆଣିଛି ଗାନ୍ଧୀ ଓ ରବୀନ୍ଦ୍ରନାଥଙ୍କ ଉପରେ ରଚିତ ପୁସ୍ତକ । ଏହି ଉଭୟ ମହାପୁରୁଷ ମୋ' ହୃଦୟ ସିଂହାସନରେ ଅଧିଷ୍ଠିତ । ସେପରି ଥରେ ପଡ଼ିଗଲା ମୋର ଦୃଷ୍ଟି "କବିପୁତ୍ର ଶମୀନ୍ଦ୍ର' ଉପରେ। ବହିଟିରୁ ଜାଣିଲି ଯେ ରବୀନ୍ଦ୍ରନାଥଙ୍କ ପୁତ୍ର ଶମୀନ୍ଦ୍ରନାଥ; ମାତ୍ର ୧୨ ବର୍ଷ ବୟସରେ ଇହଧାମ ତ୍ୟାଗ କରିଥିଲେ । ବହି ଦେଖିଲି ସିନା । କେଉଁ କାରଣରୁ ତାହା ଯେ ଆଣିପାରିଲି ନାହିଁ ତାହା ଜାଣେନା । ପରବର୍ତ୍ତୀ ସମୟରେ ଶାନ୍ତି ନିକେତନରେ ଗବେଷଣାରତ ମୋର ଅତି ପ୍ରିୟ ଛାତ୍ର ବାଳକୃଷ୍ଣ ବେହେରାଙ୍କୁ ଲେଖିଲି ଚିଠି ଉକ୍ତ ବହିଟି ପଠାଇଦେବାକୁ । ବାଳକୃଷ୍ଣ ମୋତେ ସଶ୍ରଦ୍ଧ ଉପହାର ଦେଇଥିଲେ ତାହା । ଏହି ପୁସ୍ତକ ଅବଲମ୍ବନରେ ମୁଁ ଲେଖିଥିଲି ଏକ ପ୍ରବନ୍ଧ, ଯାହାର ଶୀର୍ଷକ ହେଉଛି କବିପୁତ୍ର 'ଶମୀନ୍ଦ୍ର ଓ ଅର୍ଜୁନ'। ଅର୍ଜୁନ ମେହେର ହେଉଛନ୍ତି ଗଙ୍ଗାଧର ମେହେରଙ୍କ ସୁପୁତ୍ର, ଯାହାଙ୍କର ଅକାଳ ଦେହାବସାନ ଘଟିଥିଲା ମାତ୍ର ୧୨ ବର୍ଷ ବୟସରେ । ଏହି କାରଣରୁ ଉଭୟ ଚରିତ୍ରଙ୍କୁ ନେଇ ଲେଖିଥିଲି ତୁଳନାତ୍ମକ ପ୍ରବନ୍ଧଟିଏ । ସେପରି ଛୋଟ ଛୋଟ କିନ୍ତୁ ଭାବ-ଗର୍ଭକ ଅନେକ ପୁସ୍ତକ ନେଇ ଆସିଛି 'ସୁବର୍ଣ୍ଣରେଖା'ରୁ । ସମୟ ମିଳିଲେ ସେଗୁଡ଼ିକର ବିଭିନ୍ନ ପୃଷ୍ଠା ମଧ୍ୟରେ ନିଜକୁ ହଜାଇ ଦିଏ । ମୁଁ ଯେତେବେଳେ ଦଶମ ଶ୍ରେଣୀର ଛାତ୍ର ସେତେବେଳେ ଶିଖିଥିଲି ବଙ୍ଗଳା ପଢ଼ିବାର ସୂତ୍ର । ଆଶ୍ଚର୍ଯ୍ୟର କଥା ଯେ ଏହା ପଢ଼ିବା ପାଇଁ ମୋତେ ଲାଗିଥିଲା ମାତ୍ର ଗୋଟିଏ ଦିନ । ମୋର ପୂଜ୍ୟ ବଡ଼ବାପା ପୂର୍ଣ୍ଣଚନ୍ଦ୍ର ମେହେର ହିଁ ମୋତେ ଶିଖାଇ ଦେଇଥିଲେ ଅତି ସହଜରେ ଏହି ବଙ୍ଗଳା ପଢ଼ିବାର କଳା-ଲେଟରରାଇଟିଙ୍ଗ ଏକ ଛୋଟ ପୁସ୍ତକରୁ । କବି ଗଙ୍ଗାଧର ମେହେରଙ୍କ ଠାରୁ ଆରମ୍ଭ କରି ଘରେ ତ ସମସ୍ତେ ପଢ଼ନ୍ତି ବଙ୍ଗଳା । ସେଥିପାଇଁ ଆମ ଘରେ ବଙ୍ଗଳା ପୁସ୍ତକର ଅଭାବ ନଥିଲା । ଘରେ ଥିବା 'ଗୀତାଞ୍ଜଳି' ବହିରୁ ହିଁ ମୁଁ ଆବୃତ୍ତି କରି ପଢୁଥିଲି କବିତା ସନ୍ଧ୍ୟାକାଳୀନ ଛାତ ଉପରେ ଏକାକୀ ବସି ରହି । ଶାନ୍ତିନିକେତନ ଯିବା ମାତ୍ରକେ ବାପାଙ୍କର ଆଶାଥାଏ ଯେ ମୁଁ ନିଶ୍ଚୟ କିଛି ନା କିଛି ବଙ୍ଗଳା ପୁସ୍ତକ ତାଙ୍କ ପାଇଁ ନେଇଦେବି। ଯାହାବି ନିଏ ତାକୁ ଦେଖି ବାପା ହୁଅନ୍ତି ଖୁସି । ମୁଁ ପଢ଼େ କି ନପଢ଼େ ବହି ସବୁ ବାପା ହିଁ ପଢ଼ନ୍ତି

ନିଶ୍ଚିତ ଭାବରେ । ପୁସ୍ତକର ଯେଉଁ ଅଂଶଗୁଡ଼ିକ ତାତ୍ପର୍ଯ୍ୟପୂର୍ଣ୍ଣ ତାକୁ ଚିହ୍ନଟ କରି ରଖିଦିଅନ୍ତି ମୋ ପାଇଁ ଯେ ସମ୍ପୂର୍ଣ୍ଣ ପୁସ୍ତକଟିକୁ ପଢ଼ି ନପାରିଲେ ମଧ୍ୟ ଏହି ଚିହ୍ନିତ ଅଂଶଗୁଡ଼ିକୁ ମୁଁ ପଢ଼ିପାରିବି ନିଶ୍ଚିତ ଭାବରେ । ବେଳେବେଳେ ଅପେକ୍ଷା କରିନପାରି ଚିହ୍ନ ଦେଇଥିବା ସେହି ଅଂଶଗୁଡ଼ିକୁ ନିଜେ ପଢ଼ି ଶୁଣାଇ ଦିଅନ୍ତି ସେ ମୋତେ । 'ସୁବର୍ଣ୍ଣରେଖା'ରୁ ଆଣିଥିବା ଛୋଟ ବଡ଼ ସବୁ ପୁସ୍ତକ ସାଇତି ରଖିଛି ନିଜ ପାଖରେ । ଆଜି ଆଉ ବାପା ମୋ' ପାଖରେ ନାହାନ୍ତି। ଗୁରୁତ୍ୱପୂର୍ଣ୍ଣ ବାକ୍ୟଗୁଡ଼ିକ ଉପରେ ଧ୍ୟାନସ୍ଥ ହେବାର ପ୍ରେରଣା ମୋତେ ଦେବା ପାଇଁ । ତେବେ ତାଙ୍କର ଚିହ୍ନିତ ଅଂଶସବୁ ଏବେବି ମୋତେ ଅପେକ୍ଷା କରି ରହିଛନ୍ତି ମୁଁ ସେସବୁ ବାକ୍ୟ ଉପରେ ନିଜସ୍ୱ ଦୃଷ୍ଟି ନିବନ୍ଧ କରିବି ବୋଲି ।

'ସୁବର୍ଣ୍ଣରେଖା' ବ୍ୟତୀତ ଅନ୍ୟ ବହି ଦୋକାନକୁ ମଧ୍ୟ ଯାଇଛି ବୁଲିବାକୁ । କିଣିବାକୁ । ମାତ୍ର ଶାନ୍ତିନିକେତନରୁ ପୁସ୍ତକ କ୍ରୟ କରିବାର ସର୍ବମୂଳ ଆଉ ଶ୍ରେଷ୍ଠ ପ୍ରେରଣା ମୋ ପାଇଁ ହେଉଛି 'ସୁବର୍ଣ୍ଣରେଖା'। ଏହି ପ୍ରିୟ ନାଁଟିକୁ ଆଉ ତାହାର ସାରସ୍ୱତ ପରିବେଶକୁ ମୁଁ କଦାପି ଭୁଲି ପାରିବି ନାହିଁ । ଅପେକ୍ଷା କରିଛି ପୁନଶ୍ଚ କେବେ ଯଦି ଯାଏ ଶାନ୍ତିନିକେତନ ତା'ହେଲେ 'ସୁବର୍ଣ୍ଣରେଖା'ରେ ଖୋଜିବି ନିଶ୍ଚୟ ମୋର ଆତ୍ମାକୁ ତୃପ୍ତି ପ୍ରଦାନ କରୁଥିବା ବିଭିନ୍ନ ପୁସ୍ତକ । ନେଇ ଆସିବି ପ୍ରିୟ ବହିସବୁ ଆଉ ଯେତିକି ବି ପାଏ ସମୟ, ସେଥିରେ ହଜିଯାଉଥିବି କିଛି କିଛି କ୍ଷଣ ନିମନ୍ତେ ବାପାଙ୍କ କଥା ମନେପକାଇ ପକାଇ ।

■

ଶାନ୍ତିନିକେତନର ନଈରେ ସ୍ନାନାନୁଭୂତି

ମୋର ଯାହା ମନେପଡୁଛି ବୋଧହୁଏ ଦୁଇହଜାର ତେର ବା ୨୦୧୪ ମସିହାରେ ଘଟଣା ଏହା । ବିଶ୍ୱଭାରତୀ ଓଡ଼ିଆ ବିଭାଗର ପ୍ରଫେସର ମାନନୀୟ ମନୋରଞ୍ଜନ ପ୍ରଧାନ ମୋତେ ଫୋନ୍ ମାଧ୍ୟମରେ ଦେଲେ ଏକ ମହତ୍ତ୍ୱପୂର୍ଣ୍ଣ ବାର୍ତ୍ତା । ତାହା ହେଲା ଶାନ୍ତିନିକେତନରେ ତୁଳନାତ୍ମକ ସାହିତ୍ୟ ଓ ଜାତୀୟ ସଂହତି ସମ୍ପର୍କରେ ଏକ ଜାତୀୟ ସ୍ତରର ସେମିନାରରେ ମୋତେ ସ୍ୱରଚିତ ପ୍ରବନ୍ଧଟିଏ ଉପସ୍ଥାପନ କରିବାକୁ ପଡ଼ିବ । ସେତେବେଳେ ମୁଁ ଥାଏ ସମ୍ବଲପୁର ବିଶ୍ୱବିଦ୍ୟାଳୟର ଶିକ୍ଷକ । ପ୍ରବନ୍ଧଟି ପ୍ରସ୍ତୁତ କରିଦେଲି ମୋ ନିଜସ୍ୱ ମୌଳିକ ଚିନ୍ତନ ସାହାଯ୍ୟରେ । ଅଧ୍ୟାପକ ଡକ୍ଟର ଶୁକମୁନି ମେହେରଙ୍କ ସହିତ ଏକତ୍ର ଆମେ ଯାତ୍ରା କଲୁ ଶାନ୍ତିନିକେତନ ଉଦ୍ଦେଶ୍ୟରେ । ସେହି ଆଲୋଚନାଚକ୍ରରେ ଅଂଶଗ୍ରହଣ କରିବା ମୋ' ପାଇଁ ଏକାନ୍ତ ସ୍ମରଣୀୟ ହୋଇ ରହିଛି ଅନେକ କାରଣରୁ ।

ବିଶ୍ୱକବି ରବୀନ୍ଦ୍ରନାଥ ଏହି ତୁଳନାତ୍ମକ ସାହିତ୍ୟକୁ ବିଶ୍ୱ ସାହିତ୍ୟର ଯେଉଁ ଅପୂର୍ବ ମର୍ଯ୍ୟାଦା ଦେଇଛନ୍ତି ତାହା ପାଠ କରି ବହୁବାର ମୁଁ ତଲ୍ଲୀନ ହୋଇଉଠିଛି । ବାସ୍ତବିକ ଆମ ସାହିତ୍ୟ ସମାଲୋଚନା ଓ ଗବେଷଣାର ଅନେକ ଦିଗ ଓ ପଦ୍ଧତି ଥିଲେ ମଧ୍ୟ ବ୍ୟକ୍ତିଗତ ଭାବରେ ଏହି ତୁଳନାତ୍ମକ ସାହିତ୍ୟ ପ୍ରତି ମୋର ରହିଛି ଗଭୀର ଆକର୍ଷଣ । ମୋର ପୂଜ୍ୟ ଗୁରୁଦେବ ପ୍ରଫେସର ଆଦିକନ୍ଦ ସାହୁ ଏଥିପାଇଁ ହେଉଛନ୍ତି ପ୍ରେରଣାର ମୂଳ ଉତ୍ସ । ସେଥରର ଶାନ୍ତିନିକେତନକୁ ମୁଁ ପୁନରାବିଷ୍କାର କରିଥିଲି ନୂତନ ଭାବରେ । ଶାନ୍ତିନିକେତନ ପରିସରସ୍ଥ "ସିଂହସଦନ"ଠାରେ ଆୟୋଜିତ ହୋଇଥାଏ ଉକ୍ତ କାର୍ଯ୍ୟକ୍ରମ । ସେହି ସଂପାନରେ ଇଂରାଜୀ, ଓଡ଼ିଆ, ହିନ୍ଦୀ ଓ ବଙ୍ଗଳା ଭାଷାର ଯେଉଁ ପ୍ରବନ୍ଧଗୁଡ଼ିକ ଉପସ୍ଥାପିତ ହେଲା ବିଶିଷ୍ଟ ପ୍ରଫେସରମାନଙ୍କ ଦ୍ୱାରା, ତାହାହିଁ ପ୍ରମାଣିତ କରିଦେଉଥିଲା ଯେ ଭାରତବର୍ଷର ଜାତୀୟ ସଂହତି ହୋଇପାରେ

କେତେ ପ୍ରେରଣାଦାୟକ । ଭାରତ ପରି ଏକ ରାଷ୍ଟ୍ର ଭିତରେ କେତେ ଜାତି, କେତେ ଧର୍ମ, କେତେ ଭାଷାଭାଷୀ ଲୋକଙ୍କ ସମାବେଶ ଘଟିଛି ତାହା ଚିନ୍ତା କରିବା ମାତ୍ରକେ ଲାଗେ ଆଶ୍ଚର୍ଯ୍ୟଚକିତ। ଏ ସମସ୍ତେ ଯେ ପରସ୍ପରର ବିରୋଧୀ ନୁହଁନ୍ତି ଏକଥା ପ୍ରମାଣିତ ହୋଇସାରିଛି ଏହି ପବିତ୍ର ମାଟିରେ । ଏହା ଆମର ସାଂସ୍କୃତିକ ବିବିଧତାର ବୈଚିତ୍ର୍ୟ ଓ ସୌନ୍ଦର୍ଯ୍ୟକୁ ଉଦ୍‌ଘାଟନ କରି ଦିଏ ଅତ୍ୟନ୍ତ ମାର୍ମିକ ଭାବରେ । ପୁଣି ପାରସ୍ପରିକ ଭାବ-ବନ୍ଧନକୁ ସୁଦୃଢ଼ କରିବାରେ ଏହାର ଭୂମିକା ଅବର୍ଣ୍ଣନୀୟ । ତୁଳନାତ୍ମକ ସାହିତ୍ୟ ଆଲୋଚନା ଓ ବିଚାର ମାଧ୍ୟମ ଦ୍ୱାରା ଜାତୀୟ ସଂହତି ହୋଇପାରେ ଅଧିକ ସୁଦୃଢ଼ ଓ ମାନବିକ ସମ୍ପର୍କର ମାଧ୍ୟମ ଏହା ଯେ କେହି ଅନୁଭବ କରିପାରିବେ ନିଶ୍ଚିତ ଭାବରେ । ଶାନ୍ତିନିକେତନର 'ସିଂହସଦନ' ଏକ ବିରଳ ଐତିହାସିକ କୀର୍ତ୍ତିର ସଂକେତ। ଏହି ସଦନ ମଧ୍ୟରେ ରବୀନ୍ଦ୍ରନାଥଙ୍କ ପାଦଧୂଳି ମିଶିଛି- ଏକଥା ଚିନ୍ତା କରିବା ମାତ୍ରକେ ଦେଖାଯାଏ ରବୀନ୍ଦ୍ରଙ୍କ ସଶରୀରରେ ସେଠି ଉପସ୍ଥିତ ରହିଥିବାର ପ୍ରାଣବନ୍ତ ଲଳିତ ଦୃଶ୍ୟ। ପ୍ରବନ୍ଧ ପାଠ କରିବା ବେଳେ ମୁଁ ମର୍ମେ ମର୍ମେ ଅନୁଭବ କରୁଥିଲି ଏକ ଗହନ ସ୍ତରର ସୂକ୍ଷ୍ମ ସତ୍ୟ । କିଏ ଏଥିରେ ବିଶ୍ୱାସ କରନ୍ତୁ ବା ନକରନ୍ତୁ ମୁଁ ଯେ ରବୀନ୍ଦ୍ରଙ୍କ ସମ୍ମୁଖରେ ଛିଡ଼ା ହୋଇ କରୁଥିଲି ପ୍ରବନ୍ଧ ପାଠ ତାହା ମୋତେ ଓ କବିଗୁରୁଙ୍କୁ ହିଁ ଜ୍ଞାତ । ତୁଳନାତ୍ମକ ସାହିତ୍ୟର ପ୍ରସଙ୍ଗ ଆଲୋଚିତ ହେବ ଆଉ କବିଗୁରୁ ରବୀନ୍ଦ୍ର ରହିବେ ସେଠାରେ ଅନୁପସ୍ଥିତ, ଏହା ଅନ୍ତତଃ ମୋର କଳ୍ପନାର ବାହାରେ। ରବୀନ୍ଦ୍ରଙ୍କ ସ୍ନେହପୂର୍ଣ୍ଣ ଜ୍ୟୋତି ଦାନ କରିପାରୁଥିବା ଅମୃତମୟ ଦୃଷ୍ଟି ମୋତେ ଭିଜାଇ ଦେଉଥିଲା ଅହରହ । ଏହି ଶିକ୍ଷାୟତନର ଗୌରବ ଓ ସୌରଭ ବିକୀର୍ଣ୍ଣ ହୋଇଯାଇଛି ସର୍ବତ୍ର । ଦେଶ ବିଦେଶରେ ବହୁ ଭାଷୀ କବି ଲେଖକ ପ୍ରଦାନ କରୁଥିଲେ ରବୀନ୍ଦ୍ରଙ୍କ ମାଧ୍ୟମରେ ମାନବୀୟ ସଂକେତର ସନ୍ଦେଶ ।

ବିଶ୍ୱସାହିତ୍ୟ ଜଗତର ଅନ୍ତର୍ଗୂଢ଼ ତତ୍ତ୍ୱ ଉପଲବ୍ଧି କରିବା ତ ଅତ୍ୟନ୍ତ ଊର୍ଦ୍ଧ୍ୱତର ଚେତନାର ପରିଚୟ । ଭାରତୀୟ ସାହିତ୍ୟ ଜଗତ ମଧ୍ୟକୁ ପ୍ରବେଶ କରିବାରେ ରହିଛି ଯେଉଁ ଆନନ୍ଦ ଓ ସୌନ୍ଦର୍ଯ୍ୟର ଉପଲବ୍ଧି ତାହା ବି ଅବର୍ଣ୍ଣନୀୟ । ମୁଁ ମୁଗ୍ଧ ହେଲି ସେଇ ଆଲୋଚନାଚକ୍ରରେ ଯେତେବେଳେ ଜଣେ ବଙ୍ଗଳା ପ୍ରଫେସର ସାହିତ୍ୟକୁ ତୁଳନା କଲେ ଏକ ବଙ୍ଗଳା ଭାଷାରେ ନିର୍ମିତ ଚଳଚ୍ଚିତ୍ରକୁ । କେବଳ ଯେ ସେ ପ୍ରବନ୍ଧ ପାଠ କଲେ ସେତିକି ନୁହେଁ, ଉକ୍ତ ଚଳଚ୍ଚିତ୍ରଟିର ବିଭିନ୍ନ ନିର୍ବାଚିତ ଅଂଶ ପ୍ରଦର୍ଶନ କଲେ ପ୍ରାମାଣିକଭାବରେ ଧଳା ପରଦା ଉପରେ। ଏହା ମୋ' ଚେତନାରେ ଉନ୍ମୋଚନ କରି ଦେଇଥିଲା ତୁଳନାତ୍ମକ ସାହିତ୍ୟର ପରିସର ହୋଇପାରେ କେତେ ପରିବ୍ୟାପ୍ତ ।

ସାହିତ୍ୟ ସହିତ ଯେ କେବଳ ସାହିତ୍ୟର ତୁଳନା ସୀମିତ ହୋଇ ରହିବ

ଏହା ଶେଷକଥା ହୋଇନପାରେ । ସାହିତ୍ୟ ସହିତ ବିଭିନ୍ନ କଳାର ତୁଳନା ସମ୍ପର୍କରେ ଯେତିକି ସଚେତନତାର ଆବଶ୍ୟକତା ରହିଛି ସେ ଦିଗରେ ଅଗ୍ରସର ହେବାକୁ ଏହା ବ୍ୟକ୍ତିଗତ ଭାବରେ ମୋତେ ପ୍ରେରଣାପ୍ଲୁତ କରିଦେଇଥିଲା । ଏହାପରେ ସେଭଳି ଏକାଧିକ ଆଲୋଚନା ପ୍ରସ୍ତୁତ କରିପାରିଲି ମୁଁ ସେହି ଦିନର ବିରଳ ଅଭିଜ୍ଞତା ଆଧାରରେ । ଭାରତରେ ରହିଛି ଅନେକ ଭାଷା । ସେଇ ଭାଷାକୁ ଅବଲମ୍ବନ କରି ଗଢ଼ି ଉଠିଛି ସମୃଦ୍ଧଶାଳୀ ସାହିତ୍ୟିକ ପରମ୍ପରା । ଜଣେ ଯଦି ଭାରତର ଅନ୍ୟ ଯେକୌଣସି ଭାଷାରେ ଦକ୍ଷତା ଅର୍ଜନରେ ସକ୍ଷମ ତାହାତ ଆନନ୍ଦର କଥା । ଯେଉଁମାନେ ବିଭିନ୍ନ ଭାଷା ଶିକ୍ଷାରୁ ବଞ୍ଚିତ ସେମାନଙ୍କ ପାଇଁ ବିସ୍ତାରିତ କ୍ଷେତ୍ର ସୁପ୍ରସ୍ତୁତ ଯାହାକୁ ଆମେ ଅନୁବାଦ ସାହିତ୍ୟର ନାମରେ କରିଛୁ ପରିଚିତ । ଏହି ଅନୁବାଦ ହେଉଛି ବିଭିନ୍ନ ଭାଷାଭାଷୀ ଅଞ୍ଚଳ ମଧ୍ୟରେ ନିବିଡ଼ ଯୋଗସୂତ୍ର ସୃଷ୍ଟି କରିବାର ଏକ ଶ୍ରେଷ୍ଠ ପ୍ରେରଣା ।

ଆଲୋଚନାଚକ୍ରରେ ସ୍ୱରଚିତ ପ୍ରବନ୍ଧ ପାଠ କରିବା ପରେ ଛାତ୍ରଛାତ୍ରୀ ଗବେଷକ ଗବେଷିକା ମୋତେ ଯାହା କିଛି ପଚାରିଥିଲେ ପ୍ରଶ୍ନ ତାହାର ଉତ୍ତର ସେମାନଙ୍କୁ ଯେ ପରିତୃପ୍ତ କରିଥିଲା ତାହା ମୋର ସୌଭାଗ୍ୟ ନିଶ୍ଚୟ । ଏହି ପ୍ରଶ୍ନୋତ୍ତର ମାଧ୍ୟମରେ ଅନେକ ଛାତ୍ରଛାତ୍ରୀଙ୍କ ସହିତ ଭାବଗତ ସମ୍ବନ୍ଧ ସ୍ଥାପିତ ହୋଇଯିବା ଥିଲା ଆଉ ଏକ ସ୍ତରର ଆହ୍ଲାଦଦାୟକ ଅନୁଭୂତି । ମୁଁ ଏକଥା ମୋଟେ ଜାଣିପାରେନା ଯେ ଛାତ୍ରଛାତ୍ରୀମାନେ କେତେ ଧ୍ୟାନନିଷ୍ଠ ଭାବରେ ମୋତେ ନିରୀକ୍ଷଣ କରୁଛନ୍ତି । ମଞ୍ଚ ଉପରେ ବସିବା, ଗାଲରେ ଆଙ୍ଗୁଠିଟିଏ ରଖି ଅନ୍ୟମାନଙ୍କର ବକ୍ତବ୍ୟ ଶୁଣିବା ଆଉ ସମସ୍ତଙ୍କ ପ୍ରତି ମମତାପୂର୍ଣ୍ଣ ନୟନରେ ଚାହିଁବା ମୁଁ ନୁହେଁ, ସେଇ ଛାତ୍ରଛାତ୍ରୀମାନେ ହିଁ ବର୍ଣ୍ଣନା କରନ୍ତି ଯେତେବେଳେ ମୋ' ଆଗରେ ଅଥବା ଫୋନ୍ ମାଧ୍ୟମରେ ସେତେବେଳେ ଅବାକ୍ ହୋଇ ମୁଁ ରହିଯାଏ। ଜାଣିପାରେ ଯେ କେବଳ ପାରସ୍ପରିକ ଦୃଷ୍ଟି ବିନିମୟରେ ମଧ୍ୟ ମନୁଷ୍ୟର ହୃଦୟ କିପରି ପରସ୍ପରର ନିକଟବର୍ତ୍ତୀ ହୋଇଯାଏ । ଶାନ୍ତି ନିକେତନରେ କେତେ ରଙ୍ଗର ଫୁଲ ତ ଫୁଟେ। ତେବେ ଏଇ ଛାତ୍ରଛାତ୍ରୀମାନଙ୍କ ଅନ୍ତର୍ଜଗତର ଉଦ୍ୟାନରେ ଯେଉଁ ବର୍ଣ୍ଣିଳ ଓ ସୁବାସିତ ପୁଷ୍ପର ପ୍ରସ୍ଫୁଟନ ଘଟେ ତାହା ଦେଖି ଦେଖି ବାସ୍ତବରେ ମୁଁ ଚକିତ ଓ ବିସ୍ମିତ ହୋଇରହିଯାଏ ।

ଉକ୍ତ ସେମିନାରର ଶେଷ ପର୍ଯ୍ୟାୟରେ ନିର୍ଦ୍ଦେଶ ପାଇଥିଲି ସଭାପତିଙ୍କଠାରୁ ଯେ ଦୁଇ ଦିନର ଆଲୋଚନାଚକ୍ରର ସାରାଂଶ ମୋତେ ଉପସ୍ଥାପନ କରିବାକୁ ପଡ଼ିବ । ମନା କରିବାର ପ୍ରଶ୍ନ ତ ନଥିଲା। ଯାହା କହିଲି ତାହା ଥିଲା ମାତ୍ର ୧୦ ମିନିଟ୍‌ର ବକ୍ତବ୍ୟ । ଶେଷରେ ରବୀନ୍ଦ୍ରନାଥଙ୍କ ଗୀତାଞ୍ଜଳିରେ ଏକ ପଦ ଆବୃତ୍ତି କଲି-

"କତ ଅଜାନାରେ
ଜାନାଇଲ ତୁମେ
କତ ଘରେ ଦିଲ ଠାଇଁ
ଦୂରକେ କରିଲ ନିକଟବନ୍ଧୁ
ପରକେ କରିଲ ଭାଇ ।"

ଏହାର ଭାବ ବ୍ୟାଖ୍ୟା ଅନାବଶ୍ୟକ । ତୁଳନାତ୍ମକ ସାହିତ୍ୟର ମୂଳ ସନ୍ଦେଶ ଏ ପଦଟିରେ କେତେ ମାର୍ମିକ ଭାବରେ ପରିସ୍ଫୁଟିତ ହୋଇଯାଇଛି ତାହାହିଁ ପ୍ରତିପାଦନ କରିବା ଥିଲା ମୋର ଲକ୍ଷ୍ୟ । ସଭାସ୍ଥଳରେ ସମ୍ପୂର୍ଣ୍ଣ ନୀରବତା ଓ ମୁଗ୍ଧାନୁଭବ ମଧ୍ୟରେ ରହିଥିବା ଛାତ୍ରଛାତ୍ରୀ ଅଧ୍ୟାପକ ଅଧ୍ୟାପିକା, ଗବେଷକ-ଗବେଷିକାଙ୍କୁ ଦେଖିଲି ସମସ୍ତେ ତୁଳନାତ୍ମକ ସାହିତ୍ୟର ଶୁଭଙ୍କର ବାର୍ତ୍ତାଟିକୁ ଗ୍ରହଣ କରୁଛନ୍ତି କିପରି ଭାବରେ ଓ ଆଖି ଦୁଇଟି ମଧ୍ୟ ଦେଇ ଢାଳି ଦେଉଛନ୍ତି ମୋ' ଉଦ୍ଦେଶ୍ୟରେ ସ୍ନେହ ଓ ଶ୍ରଦ୍ଧାର ଅନାବିଳ ଧାରା ଶାନ୍ତିନିକେତନରେ । ନଈଟିଏ ବହି ଯାଉଥାନ୍ତା କି ! ଆହୁରି ସୁନ୍ଦର ମନେହୁଅନ୍ତା ଏହି ପ୍ରାକୃତିକ ସୁଷମା ମଣ୍ଡିତ ପରିସର । ସମସ୍ତଙ୍କୁ ଦେଖି ଓ ସମସ୍ତଙ୍କ ମୁଖରୁ ଉଚ୍ଚାରିତ 'ସାଧୁ ସାଧୁ' ଶବ୍ଦର ଧ୍ୱନିଶୁଣି ମନେ ହେଲା ଏଇ ସେହି ନଈ ଯାହା ମଧୁର ଛନ୍ଦରେ ପ୍ରବାହିତ ହୋଇ ଚାଲିଛି ଶାନ୍ତିନିକେତନର କୋମଳ କୋଳମଣ୍ଡନ କରି । ଏହି ଭାବ ନଦୀରେ ସ୍ନାନ କରି ମୁଁ ହୋଇଗଲି ପରିଚ୍ଛନ୍ନ ଓ ପରିଶୁଦ୍ଧ । ଅପୂର୍ବ ସ୍ନାନାନୁଭୂତି କେବେ କି ବିସ୍ମରି ଯାଇପାରିବି !

■

କେତେ ଫଗୁଣର ଫଗୁଲ ଆକାଶ

ଶାନ୍ତିନିକେତନର ହୋଲି ଉତ୍ସବ ଭାରତ- ପ୍ରସିଦ୍ଧ ପ୍ରଥମଥର କଲିକତା ସାରସ୍ୱତ ଭ୍ରମଣ ଉଦ୍ଦେଶ୍ୟରେ ଯାଇ ମଧ୍ୟ ଠିକ୍ ସେଇଦିନ ଶାନ୍ତିନିକେତନ ପହଞ୍ଚିବା ସମ୍ଭବ ହୋଇନଥିଲା । ସେଥିପାଇଁ ମନରେ ଭରି ରହିଥିଲା ଏକ ଗଭୀର ଅତୃପ୍ତି । ତାହା ପରିତୃପ୍ତି ଲାଭ କଲା ସେଇ ୨୦୧୩ ମସିହାରେ । କେବଳ ହୋଲି ମହୋତ୍ସବ ଦେଖିବା ସକାଶେ ଆମେ ରହିଗଲୁ ଶାନ୍ତି ନିକେତନରେ ଆଉ ଗୋଟିଏ ଅଧିକ ଦିନ ।

ପ୍ରତ୍ୟୁଷରୁ ଛାତ୍ରାବାସରେ ରହୁଥିବା ଅତି ପ୍ରିୟ ଛାତ୍ରମାନେ ଆମକୁ ଆମନ୍ତ୍ରଣ କରିବାକୁ ପହଞ୍ଚିଗଲେ ସାନନ୍ଦ ଚିତ୍ତରେ। ଦେଖିଲି ପ୍ରତ୍ୟେକ ଛାତ୍ର ପରିଧାନ କରିଛନ୍ତି ଧଳାରଙ୍ଗର ଢିଲା ଓ ପାଇଜାମା । ଏହାହିଁ ଏହି ବିଶ୍ୱବିଦ୍ୟାଳୟର ପରମ୍ପରା ବୋଲି ଜାଣିଲି ସେଥିରୁ । ଯେଉଁ ବିରାଟ ପଡ଼ିଆ ମଧ୍ୟରେ ଏହି ଉତ୍ସବର ଆୟୋଜନ ହୋଇଥିଲା ସେ ଦିଗରେ ଧୀରେ ଧୀରେ ଅଗ୍ରସର ହେବା ବେଳକୁ ଦେଖିଲି ଶହ ଶହ ଲୋକ ନଦୀ ସ୍ରୋତ ପରି ପ୍ରବାହିତ ହୋଇଯାଉଛନ୍ତି ସେହି ମହୋତ୍ସବ ସହିତ ଶ୍ରଦ୍ଧା ଓ ମମତାରେ ସଂଯୁକ୍ତ ହୋଇଯିବା ନିମିତ୍ତ।

ଉକ୍ତ ସ୍ଥାନକୁ ପହଞ୍ଚିବା ପରେ ଦେଖିଲି ସମଗ୍ର ପରିବେଶ ହୋଇଯାଇଛି ଲୋକାରଣ୍ୟ । ପ୍ରିୟ ଛାତ୍ରବୃନ୍ଦ ଆମ ବସିବା ସକାଶେ ବୃକ୍ଷ ଛାୟା ତଳେ କିଛି ସ୍ଥାନ ଅତିକଷ୍ଟରେ ଆୟତ୍ତ କରିପାରିଲେ। ପ୍ରିୟ ଅନୁଜ ଶୁକମୁନିଙ୍କ ସହିତ ବସି ରହିଲୁ ଆମେ ସୁଦୀର୍ଘ ସମୟ । ବହୁ ଦୂରରେ ଦେଖାଯାଉଥାଏ ଏକ ସୁସଜ୍ଜିତ ମଞ୍ଚ । ମାଇକ୍ରୋଫୋନ୍‌ରେ ଭାସି ଆସୁଥାଏ ରବୀନ୍ଦ୍ର-ସଙ୍ଗୀତର ଶ୍ରୁତିମଧୁର ସ୍ୱର ଝଙ୍କାର । ଜନ ଅରଣ୍ୟ ଭିତରେ ରହି ମଧ୍ୟ ଯାହା ମୋ ପ୍ରାଣକୁ ଉଦ୍‌ବେଳିତ କରୁଥାଏ ତାହା ହେଲା ରବୀନ୍ଦ୍ର-ସଙ୍ଗୀତର ସ୍ୱର ମାଧୁର୍ଯ୍ୟ । ସମସ୍ତେ ଅନାଇ ରହିଥାନ୍ତି ଗୋଟିଏ ସୁନିର୍ଦ୍ଦିଷ୍ଟ ଦିଗକୁ । ସମସ୍ତଙ୍କ ମଧ୍ୟରେ ଖେଳି ଯାଇଥିଲା ଉତ୍କଣ୍ଠା ଜୀବନର ପ୍ରିୟ ଦୃଶ୍ୟଟିକୁ ଦେଖିବା

ନିମିତ୍ତ । ମୁଁ ତ ଆଗରୁ କେବେ ଯେହେତୁ ଦେଖି ନଥିଲି ଏହି ବିଭୋର ହେବାର ଦୃଶ୍ୟ, ସେଥିପାଇଁ ମୁଁ ମଧ୍ୟ ଉତ୍କଣ୍ଠିତ ହୋଇ ରହିବା ଥିଲା ସ୍ୱାଭାବିକ ।

ଅଳ୍ପ ସମୟ ଅତିକ୍ରାନ୍ତ ହେବା ଉତ୍ତାରୁ ଯାହା ଦେଖିଲି ତାହା କଳ୍ପନାରେ ସୁଦ୍ଧା ଭାବିପାରିନଥିଲି କେବେ । ଦୃଷ୍ଟି ସ୍ୱତଃ ଆକୃଷ୍ଟ ହେଲା ଏକ ସୁଦୀର୍ଘ ଶୋଭାଯାତ୍ରା ପ୍ରତି । ବିଶେଷତଃ ସ୍କୁଲ ଛାତ୍ରଛାତ୍ରୀମାନେ ପିନ୍ଧିଥାନ୍ତି କମଳା ରଙ୍ଗର ପୋଷାକ । ହାତରେ ସମସ୍ତଙ୍କର ପରିଶୋଭିତ ହେଉଥାଏ ଯେଉଁ କ୍ଷୁଦ୍ର ଯନ୍ତ୍ର ସେଥିରୁ ନିଃସୃତ ହୋଇ ଆସୁଥାଏ ସୁମଧୁର ଶ୍ରୁତି ସୁଖକର ଛନ୍ଦବଦ୍ଧ ଧ୍ୱନିର ତରଙ୍ଗ । ସମସ୍ତଙ୍କ କଣ୍ଠରେ ଗୁଞ୍ଜରିତ ହେଉଥାଏ ରବୀନ୍ଦ୍ର ସଙ୍ଗୀତ । ଭାରତବର୍ଷରେ କିମ୍ବା ପୃଥିବୀର ଅନ୍ୟ କୌଣସି ରାଷ୍ଟ୍ରରେ ଜଣେ କବିଙ୍କ ସଙ୍ଗୀତ ଏପରି ସୁଧା-ସ୍ରୋତ ସୃଜନ କରିବାର ଦୃଷ୍ଟାନ୍ତ ହିଁ ଅନୁପସ୍ଥିତ । ସେହି ନିର୍ଦ୍ଦିଷ୍ଟ ଗୋଟିଏ ବିଷୟ ହିଁ ସବୁଠାରୁ ଅଧିକ ଭାବାବିଷ୍ଟ କରିଥିଲା ମୋତେ ।

ଏବେବି ମୋର ମନେହୁଏ ତାହା ମର୍ତ୍ତ୍ୟ ମଣ୍ଡଳର ଦୃଶ୍ୟ ମାତ୍ର ହୋଇନପାରେ । ଏହି ଶୋଭାଯାତ୍ରା ଯେପରିକି ସ୍ୱର୍ଗ ସୀମାରୁ ଆରମ୍ଭ ହୋଇ ପହଞ୍ଚିଛି ଏହି ବିଦ୍ୟା-ଭୂମିରେ। ଯେଉଁ କୋମଳ ସୁନ୍ଦର ଉତ୍ସାହ ସିକ୍ତ ଛାତ୍ରଛାତ୍ରୀମାନେ କରୁଥିଲେ ଶାସ୍ତ୍ରୀୟ ନୃତ୍ୟ ପ୍ରଦର୍ଶନ ମୋତେ ଲାଗିଛି ବାସ୍ତବରେ ଏମାନେ ଅବତରଣ କରି ଆସିଛନ୍ତି ଏକ ଊର୍ଦ୍ଧ୍ୱତର ସୌନ୍ଦର୍ଯ୍ୟ-ସମୃଦ୍ଧ ସୂକ୍ଷ୍ମ ସ୍ତରରୁ । ସେମାନଙ୍କ ଆଖିରେ ଫୁଟି ଉଠୁଥିଲା ଯେଉଁ ସ୍ନିଗ୍ଧ ଆଭା ତାହା କ'ଣ ଏହି ସାଧାରଣ ମର୍ତ୍ତ୍ୟଭୂମିର ହୋଇପାରେ! ସତେ ଯେପରି ସ୍ୱର୍ଗୀୟ ପରୀମାନେ ଓହ୍ଲାଇ ଆସିଛନ୍ତି ଏହି ଧରଣୀ ବକ୍ଷକୁ ସୁଶୋଭିତ କରିଦେବା ଲାଗି । ଶୋଭାଯାତ୍ରାର ମୂଳରୁ ଶେଷ ପର୍ଯ୍ୟନ୍ତ କେବଳ ମୂକ ମୁଗ୍ଧ ଓ ନିର୍ବାକ ହୋଇ ଚାହିଁ ରହିଥାଏ ମୁଁ ହୃଦୟରେ ଅମାପ ଆବେଗ ନେଇ । ଲାଗୁଥାଏ ପ୍ରତ୍ୟେକଟି ଛାତ୍ରଛାତ୍ରୀଙ୍କୁ ଜୀବନର କେଉଁ ଅମୂଲ୍ୟ ହୀରକ-ଅଂଶଟିକୁ ଉପହାର ଦେଇଦେବା ପାଇଁ ସେମାନଙ୍କ ସୁଦୃଶ୍ୟ ସୁକୋମଳ ଓଷ୍ଠ ଧାରରୁ ଝରି ପଡୁଥାଏ ଯେଉଁ ଅମୃତର ଧାରା ତାହା ପାନ କରି ଲାଗୁଥିଲା ଯେପରି ପୂର୍ବରୁ ଅନାସ୍ୱାଦିତ ସୁଧାମୃତ ପାନ କରି ମୋ ଚେତନା ମହାଭାବର ସ୍ପର୍ଶରେ ମୂର୍ଚ୍ଛିତ । ସରିଗଲା ଶୋଭାଯାତ୍ରା । ପ୍ରତ୍ୟାବର୍ତ୍ତନ କଲୁ ଆମେ ସିଂହସଦନ ସମ୍ମୁଖକୁ । ଦେଖିଲୁ ଓଡ଼ିଆ ବିଭାଗର ପ୍ରିୟ ଛାତ୍ରଛାତ୍ରୀମାନେ ଫଗୁଣର ରଙ୍ଗରେ ହୋଇଯାଇଛନ୍ତି ବର୍ଣ୍ଣିଳ ଆଉ ରୂପାନ୍ତରିତ । ସେମାନେ ଆମକୁ କ'ଣ ମୁକ୍ତି ଦିଅନ୍ତେ ସେହି ନାନାରଙ୍ଗର ଫଗୁରେ ରଞ୍ଜିତ ନକରି! ଆମେ ବି ହେଲୁ ସମ୍ପୂର୍ଣ୍ଣ ଭାବରେ ରଙ୍ଗମୟ ।

ଛୋଟବେଳେ ଖେଳୁଥିଲି ହୋଲି ଭାବବିହ୍ୱଳ ଚିତ୍ତରେ । ବୟସ ଅତିକ୍ରାନ୍ତ

ହୋଇ ଯୌବନର ପାହାଚରେ ପହଞ୍ଚିବା ବେଳକୁ କାହିଁକି କେଜାଣି ଏହି ରଙ୍ଗଖେଳ ପ୍ରତି ମୋର ତୁଟି ଯାଇଥିଲା ମୋହ । ଏକ ଅନ୍ତର୍ଗତ ବିଷାଦ-ବୋଧରେ ମୁଁ ହୋଇଯାଇଥିଲି ନିଃସଙ୍ଗ । ଶାନ୍ତିନିକେତନକୁ ଆସି ଫଗୁ ଖେଳରେ ମୁଁ ଯେ ହେଲି ଅନୁରାଗ ରଞ୍ଜିତ ତାହା ମୋ' ଭିତରର ବିଷାଦ-ବନ୍ଧକୁ କରିପାରିନାହିଁ ଭଗ୍ନ । ଏହି ବାହାରର ରଙ୍ଗ ଖେଳ ଦେଖିଛି ମୁଁ ସର୍ବତ୍ର । ତେଣୁ ଏ ଜନସମାବେଶ ଆଉ ଏହି ରଙ୍ଗ ଖେଳର ଉଦ୍ଦାମତା ଲାଗୁଥିଲା ମୋତେ ଶାନ୍ତିନିକେତନ ପରିବେଶର ବିପରୀତ । ଅସଂଖ୍ୟ ମଣିଷଙ୍କ କୋଳାହଳରେ ପକ୍ଷୀମାନେ ହୋଇଯାଇଥିଲେ ନୀରବ ଓ ହତଚକିତ । ମୁଁ ବି ଠିକ୍ ସେହିପରି ସାଥୀହୀନ ବ୍ୟଥାତୁର ପକ୍ଷୀଟିଏ ପରି ବସି ରହିଥିଲି ଆମ୍ର ଶାଖାରେ । ବଉଳର ବାସ୍ନାରେ ବିମୋହିତ ହେଉଥିଲା ମୋର ଅନ୍ତଃସତ୍ତା । ମୁଁ ବଡ଼ ବ୍ୟାକୁଳ ଭାବରେ ସେହି ଲୋକାରଣ୍ୟ ବାତାବରଣରେ ଖୋଜୁଥିଲି ମୋର ଅନ୍ତରତମ ସଖାଙ୍କୁ । ସେହି ପରମ ପ୍ରିୟ ବାନ୍ଧବ ରବୀନ୍ଦ୍ରଙ୍କ ବ୍ୟତୀତ ଆଉ କିଏ ବା ହୋଇପାରନ୍ତି ?

ଏକାକୀ ଫେରିଗଲି ମୁଁ ଅତିଶୀଘ୍ର ଛାତ୍ରାବାସରେ ରହୁଥିବା ଆମ ପ୍ରକୋଷ୍ଠକୁ । ମୋତେ ରାସ୍ତା ଦେଖାଇ ଦେବା ପାଇଁ ଯିଏ ଆସିଲେ ଅତି ଅନ୍ତରଙ୍ଗ ଭାବ ବହନ କରି ତାଙ୍କ ଶୁଭ ନାମ ରଘୁନାଥ । ଭିଡ଼ ମଧ୍ୟରୁ ମୁକୁଳି ଆସି ରଘୁନାଥ ସହିତ ଯେତେବେଳେ ପହଞ୍ଚିଲି ପ୍ରିୟ ପ୍ରକୋଷ୍ଠଟିଏ ମଧ୍ୟକୁ ସେତେବେଳେ ହିଁ ଆଖି ପୂରାଇ ଦେଖିପାରିଲି ରଘୁନାଥଙ୍କୁ । କି ଭଦ୍ର, କି ନମ୍ର ଓ ଶାଳୀନତା ବୋଧରେ କେତେ ପରିଶୁଦ୍ଧ ପିଲାଟିଏ । ସତରେ ସେ କ'ଣ ଏ ବିଶ୍ୱବିଦ୍ୟାଳୟର ସାଧାରଣ ଛାତ୍ରଟିଏ ହୋଇ ମୋତେ ଛାତ୍ରାବାସର ପ୍ରକୋଷ୍ଠଟିରେ ପହଞ୍ଚାଇ ଦେବାକୁ ଆସିଥିଲେ ? ରଘୁନାଥଙ୍କ ଦୁଇ ଆଖିରୁ ଝରି ପଡୁଥିବା ବିନ୍ଦୁ ବିନ୍ଦୁ ଶ୍ରଦ୍ଧାସିକ୍ତ ଆଲୋକକୁ ଦେଖି ଚକିତ ହୋଇଗଲି । ଆକସ୍ମିକ ଭାବରେ ସେ ମୋ'ଠାରୁ ବିଦାୟ ନେଇ ତତ୍କ୍ଷଣାତ ଫେରିଗଲେ ତାଙ୍କ ନିଜ ପ୍ରକୋଷ୍ଠ ଉଦ୍ଦେଶ୍ୟରେ । ଏ ପିଲାଟି ବାସ୍ତବରେ କିଏ ? ମୋ ମନକୁ ଆନ୍ଦୋଳିତ କରୁଥିଲା ସେହି ଭାବାବେଗ । ପ୍ରକୋଷ୍ଠ ମଧ୍ୟରେ ଆକର୍ଷିତ ହେଲା ମୋର ଦୃଷ୍ଟି ଯାହା ପ୍ରତି ତାହା ହେଲା କବୀନ୍ଦ୍ର ରବୀନ୍ଦ୍ରଙ୍କ ପ୍ରତିକୃତି ପ୍ରତି । ଓଃ କି ଅଲୌକିକ ଘଟଣା ଘଟିଯାଇଛି ମୋ ସହିତ, ତାହା ବୁଝିବାକୁ ଆଉ ନଥିଲା କୌଣସି ସନ୍ଦେହ । ରବୀନ୍ଦ୍ରଙ୍କ ଦୁଇ ଆଖି ଭିତରେ ଦେଖିଲି ଯେଉଁ ଆତ୍ମୀୟତାର ଅସୀମତା ସେଇଠାରେ କହି ଉଠିଲି ଅନ୍ତର ଭିତରେ- 'ତା'ହେଲେ କବିଗୁରୁ ରବୀନ୍ଦ୍ର ତୁମେ ହିଁ ରଘୁନାଥ ରୂପରେ ଅନ୍ତରଙ୍ଗ ସାନ୍ନିଧ୍ୟ ଦେଇ ଛାଡ଼ିଗଲ ଏହି ପ୍ରକୋଷ୍ଠରେ ମୋତେ ଭାବାକୁଳ କରିଦେଇ !' ମୋ' ପ୍ରାଣତନ୍ତ୍ରୀକୁ ଝଙ୍କୃତ କରୁଥିଲା ଶୋଭାଯାତ୍ରା ସ୍ଥଳରେ

ଆକାଶ ପବନରେ ଭାବ ତରଙ୍ଗ ଭରି ଦେଉଥିବା ରବୀନ୍ଦ୍ର ସଙ୍ଗୀତର ଛନ୍ଦ-ମାଧୁର୍ଯ୍ୟ। ସ୍ୱର୍ଗୀୟ ପରୀମାନଙ୍କ ରବୀନ୍ଦ୍ର ସଙ୍ଗୀତ ଗାନ ଓ ସେହି ଗାନର ତାଳରେ ତାଳ ମିଶାଇ ସେମାନେ ପ୍ରଦର୍ଶନ କରୁଥିଲେ ଯେଉଁ ରବୀନ୍ଦ୍ର ଆତ୍ମାର ଭାବ-ତନ୍ମୟତା । ମୁଁ ଯେତେବେଳେ ସମ୍ବଲପୁର ବିଶ୍ୱବିଦ୍ୟାଳୟରେ ଅଧ୍ୟୟନ କରୁଥିଲି ସେତେବେଳେ ମୋର ଅଗ୍ରଜ ମନୋରଞ୍ଜନ ଦାଦାଙ୍କ ସହିତ ଆମେ ମିଶି ସମ୍ପାଦନା କରୁଥିଲୁ 'ଅଙ୍କୁର' ନାମକ ସାହିତ୍ୟ ପତ୍ରିକା । ସେହି ପତ୍ରିକାକୁ ଓଡ଼ିଶାର ସୁପ୍ରସିଦ୍ଧ କବି ଶ୍ରୀନିବାସ ଉଦ୍‌ଗାତା ଦେଇଥାନ୍ତି ଏକ କବିତା। ତାହାର ଶୀର୍ଷକ ଥିଲା କେତେ 'ଫଗୁଣର ଫଗୁଳ ଆକାଶ' ରଞ୍ଜିତ ହେଲା ପୀରତିରେ। ସେହି ପଦଟି ଶାନ୍ତି ନିକେତନର ବର୍ଷୋତ୍ସବରେ ମୋର ତୁହାକୁ ତୁହା ମନେ ପଡୁଥିଲା । ନଇଁ ଆସୁଥିଲା ଅପରାହ୍ଣ ବେଳା। ରବୀନ୍ଦ୍ର ସଙ୍ଗୀତର ସାମୂହିକ ଗାନ ମଧ୍ୟରେ ମୁଁ ଅନୁଭବ କରୁଥିଲି ମୋ' ଭିତରର ବିଷାଦ ଅନୁରାଗର ରଙ୍ଗରେ ରଞ୍ଜିତ ହୋଇ ଉଠୁଛି ବିପୁଳ ସାଗରର ସୁନୀଳ ଢେଉ ପରି ।

■

ଶାନ୍ତିନିକେତନରେ ରବୀନ୍ଦ୍ରନାଥ ଓ ମହାତ୍ମା ଗାନ୍ଧୀ

ଶାନ୍ତିନିକେତନ ମଧ୍ୟରେ ଅବସ୍ଥିତ ଯେଉଁ ରବୀନ୍ଦ୍ର ଭବନ ତାହା କ'ଣ କେବେ ହେଲେ ଭୁଲିଯାଇପାରିବି ? ଯେତେବେଳେ ମହାତ୍ମାଗାନ୍ଧୀ ଓ କସ୍ତୁରବା ଗାନ୍ଧୀ ଶୁଭାଗମନ କରିଥିଲେ ତାହାର ସ୍ମୃତି ଜୀବନ୍ତ ହୋଇ ରହିଛି ଏଠି । ଉତ୍ତରାୟଣରେ । ରବୀନ୍ଦ୍ରନାଥ ଯେଉଁ ପାଞ୍ଚଟି ଗୃହ ନିର୍ମାଣ କରିଥିଲେ ରବୀନ୍ଦ୍ର ଭବନ ନିକଟରେ ତାହା ହେଲା ଉଦୟନ, ଶ୍ୟାମଳୀ, କୋଣାର୍କ, ଉଦୀଚୀ ଓ ପୁନଶ୍ଚ । ଏହି ପରିସରର ଉଦ୍ୟାନ ପରିବେଶ ପରିକଳ୍ପିତ ହୋଇଥିଲା ରବୀନ୍ଦ୍ରନାଥଙ୍କ ସୁପୁତ୍ର ରଥୀନ୍ଦ୍ରନାଥଙ୍କ ଦ୍ୱାରା । 'ଶ୍ୟାମଳୀ' ମାଟିରେ ନିର୍ମିତ ଏକ ଗୃହ । 'କଳାଭବନର' ଛାତ୍ରମାନଙ୍କ ଦ୍ୱାରା ଗୁରୁ ନନ୍ଦଲାଲ ବୋଷଙ୍କ ତତ୍ତ୍ୱାବଧାନରେ ଏହା ନିର୍ମିତ । ଏହି ସ୍ଥାନରେ ହିଁ ମହାତ୍ମାଗାନ୍ଧୀ ରବୀନ୍ଦ୍ରଙ୍କ ଆତିଥ୍ୟ ସ୍ୱୀକାର କରିଥିଲେ । ରବୀନ୍ଦ୍ରନାଥ ଓ ମହାତ୍ମା ଗାନ୍ଧୀ ଏକତ୍ର ଯେଉଁ ସ୍ଥଳରେ ବିଦ୍ୟମାନ ଥିବାର ଫଟୋଚିତ୍ର ସ୍ଥାପିତ ତାହା ଦେଖିବା ମାତ୍ରକେ ମନପକ୍ଷୀ ଉଡ଼ିଯାଏ ଅତୀତକୁ । ୧୯୪୦ ମସିହାର ଏହି ସତେଜ ଚିତ୍ରଟି ମନେହୁଏ ନିତ୍ୟ ନୂତନ । ଭାରତବର୍ଷର ଏହି ଦୁଇ ମହାପୁରୁଷଙ୍କୁ ଏକତ୍ର ଦେଖିବାର ଭାଗ୍ୟ ମିଳିବା କି ଦୁର୍ଲଭ ତାହା ଚିନ୍ତା କଲେ ଅନେକଥର ମୋର ଦୁଇ ଚକ୍ଷୁ ହୋଇ ଯାଇଛି ଅଶ୍ରୁସଜଳ । ୧୯୪୦ ମସିହାର ଫଟୋଚିତ୍ର ହୋଇଥିଲେ ମଧ୍ୟ ମୋର ମନେହୁଏ ଯେ ସତେ ଯେପରି ଏହି ଉଭୟ ମହାପୁରୁଷଙ୍କୁ ମୁଁ ପ୍ରାଣବନ୍ତ ଭାବରେ ଦେଖିପାରୁଛି । ଏହା ଅତୀତର ପୁରାତନ ସ୍ମୃତି ମାତ୍ର ବୋଲି କେବେହେଲେ ମନେହୁଏ ନାହିଁ ।

'ଶ୍ୟାମଳୀ'- ସୁନିର୍ମିତ ଗୃହଟି ମଧ୍ୟକୁ ପ୍ରବେଶ ମାତ୍ରକେ ମହାତ୍ମାଗାନ୍ଧୀ ଓ କସ୍ତୁରବା ଗାନ୍ଧୀଙ୍କ ଶୁଭାଶିଷ ଯେପରି ଅଜାଡ଼ି ହୋଇ ପଡୁଛି ନିଜ ଉପରେ ବୋଧହୁଏ

ଠିକ୍ ସେହିପରି । ଲାଗେ ନାହିଁ ମହାତ୍ମା ଓ ତାଙ୍କ ଧର୍ମପତ୍ନୀ କେବେ ଆସିଥିଲେ ଏଠାକୁ । ବରଂ ଏହାହିଁ ମନେହୁଏ ଯେ ସେମାନେ ଏଠାରେ ଏବେବି ସଶରୀରେ ଉପସ୍ଥିତ ରହିଛନ୍ତି। କେବଳ ସେମାନଙ୍କୁ ଖୋଜି ପାରିବା ଓ ପାଇବା ହେଉଛି ଏକ ଅନ୍ତର୍ନିହିତ କଳାର କାର୍ଯ୍ୟ । ଏହି କଳା ବ୍ୟତିରେକେ ଅତୀତକୁ ଜୀବନ୍ତ ଭାବରେ ଦେଖିବା କଦାପି ସମ୍ଭବ ହୁଏ ନାହିଁ । ପୁନଶ୍ଚ ଏକଥା ମଧ୍ୟ ଉଲ୍ଲେଖନୀୟ ଯେ, ଏହି କଳାଶକ୍ତି ପ୍ରଦତ୍ତ ହୋଇଥାଏ ସେମାନଙ୍କ କରୁଣାବଳରେ । ଯେଉଁଠି ଯେଉଁଠି ଏପରି ମହତ୍ ଆତ୍ମାର ଅଧିକାରୀ ମଣିଷଙ୍କ ପାଦଧୂଳି ପଡ଼େ, ତାହା ହୋଇଯାଏ ଦର୍ଶନୀୟ ତୀର୍ଥକ୍ଷେତ୍ର । 'ଶ୍ୟାମଳୀ' ମୋ' ପାଇଁ ସେହିପରି ଏକ ପବିତ୍ର ମାଟି ଗୃହ । ଇଚ୍ଛାହୁଏ ସେଠି ଏକାନ୍ତରେ ବସି ରହନ୍ତି କିଛି ସମୟ ଆଉ ଦୁଇ ଚର୍ମଚକ୍ଷୁ ମୁଦ୍ରିତକରି ଦେଇ ମର୍ମ ଚକ୍ଷୁରେ ଦେଖୁଥାନ୍ତି ବିରଳ ଦୃଶ୍ୟାବଳୀ । ପ୍ରତିଦିନ ଶହ ଶହ ଦର୍ଶକଙ୍କ ସମାବେଶରେ ସେଠି କିପରି ବା ସମ୍ଭବ ହେବ ଏପରି ଏକ ନିରୋଳା ମୁହୂର୍ତ୍ତ ? ଏହାର ଉତ୍ତର ବି ପାଇପାରିଛି ଶ୍ୟାମଳୀର ମାଟିକାନ୍ଥଗୁଡ଼ିକରୁ । ସେମାନେ ଦେଖାଇ ଦେଇଛନ୍ତି ସେଇ ପଥ, ଶିଖାଇ ଦେଇଛନ୍ତି ସେହି ବିରଳ କଳାର ରହସ୍ୟ, ଯାହାଦ୍ୱାରା ଅନ୍ୟମାନଙ୍କ ଉପସ୍ଥିତି ମଧ୍ୟରେ ବି ମନେ ମନେ ବସି ହେବ ନିରୋଳାରେ ଓ ନିସ୍ତବ୍ଧ ଧ୍ୟାନମୁଦ୍ରାରେ। କେବଳ ସେତିକିରେ ମଧ୍ୟ ଯାହା ଚିରନ୍ତନ ବାସ୍ତବତା ତାହାକୁ ପ୍ରତ୍ୟକ୍ଷ କରିବାର ସମୟ ଗଡ଼ିଯାଏ ନାହିଁ । ନିଜେ ସେହି ପରିସରରୁ ନିଷ୍କ୍ରାନ୍ତ ହୋଇ ଆସିବା ପରେ ଲାଗେ ଯେ 'ଶ୍ୟାମଳୀ' ପରି ଶାନ୍ତିପୂର୍ଣ୍ଣ ସୁଶୀତଳ ଗୃହଟିଏ ତିଆରି ସରିଯାଇଛି ହୃଦୟ ମଧ୍ୟରେ । ଏହି ଘରଟି ମଧ୍ୟକୁ ଯେକୌଣସି ମୁହୂର୍ତ୍ତରେ ପ୍ରବେଶ କରିହେବ ଏଥର । ବାଧା ଓ ପ୍ରତିବନ୍ଧକ ସୃଷ୍ଟି ପାଇଁ ନାହାନ୍ତି କୌଣସି ଗୃହରକ୍ଷୀ । ଏହି ଅନାବିଳ ଓ ଦୁର୍ଲ୍ଲଭ ଅନୁଭୂତି ଲାଭ କରି ପ୍ରତିଟିଥର ଫେରି ଆସିଛି ଘରକୁ ଆଉ ନିଜକୁ ରଖିପାରିଛି ଗାନ୍ଧୀ-ରବୀନ୍ଦ୍ରଙ୍କ ବିଚରଣ କ୍ଷେତ୍ରରେ ଅପାଣାକୁ । ଅନେକଙ୍କ ପାଇଁ ଏହା ହୋଇପାରେ ସୁନ୍ଦର କଳ୍ପନା ମାତ୍ର ଆଉ କେତେକଙ୍କ ଲାଗି ଏହା ଅବାସ୍ତବ ।

ଦୃଶ୍ୟମାନ ବାସ୍ତବତାର ଭିତରେ ଯେ ରହିପାରେ ଏକ ଅପରିବର୍ତ୍ତିତ ସ୍ଥାନ, କାଳ ଆଉ ପାତ୍ର ଏଥିପ୍ରତି ମୋର ସୁଦୃଢ଼ ବିଶ୍ୱାସ କେବେ ହେଲେ ଦୋହଲି ଯାଇନାହିଁ । ସମଗ୍ର ଶାନ୍ତିନିକେତନରେ ଯେଉଁ ବାୟୁ ପ୍ରବାହିତ ହୁଏ ସେଥିରେ ଶୁଣାଯାଏ ଏହି ଆସ୍ଥା ଓ ବିଶ୍ୱାସର ବଂଶୀଧ୍ୱନି । ଗାନ୍ଧିଜୀ ଯେଉଁସବୁ ଶବ୍ଦ ମୃଦୁକଣ୍ଠ ସ୍ୱରରେ ଉଚ୍ଚାରଣ କରିଥିଲେ ତାହା କାନ ପାତିଲେ ଶୁଣାଯାଏ ଧୀର ସମୀରଣ ମଧ୍ୟରେ । ଗାନ୍ଧିଜୀଙ୍କୁ ଦେଖି ରବୀନ୍ଦ୍ରନାଥ ଯେଉଁ ଉଲ୍ଲାସ ପ୍ରକଟ କରିଛନ୍ତି ତାହାବି ଦେଖି ହୁଏ ଅନ୍ତଃଚକ୍ଷୁ ଦ୍ୱାରା। ଏହା ଏକ ଅନ୍ଧବିଶ୍ୱାସ ନୁହେଁ । ବରଂ ଆମର ଆଧୁନିକ ଓ ସାମ୍ପ୍ରତିକ ପରିସ୍ଥିତିରେ

ତାହା ବିଶ୍ୱାସ ଠାରୁ ହୋଇଉଠେ ଅଧିକବାର ସତ୍ୟ ହିଁ ସତ୍ୟ। ରବୀନ୍ଦ୍ରନାଥଙ୍କ କିମ୍ବା ଗାନ୍ଧିଜୀଙ୍କ ସ୍ମୃତି ସର୍ବଦା ବର୍ତ୍ତମାନ ଯେ ଚିରନ୍ତନ ଜ୍ୟୋତିରେ ଭାସ୍ୱର- ଏକଥା କିଏ ବା ନଜାଣେ! ରବୀନ୍ଦ୍ର ସଙ୍ଗୀତର ମଧୁର ମୂର୍ଚ୍ଛନା ଶୁଣି ହୁଏ ଆନ୍ତରିକତାପୂର୍ଣ୍ଣ ସେହି ପରିବେଶରେ ।

ପୃଥିବୀର ଯେକୌଣସି ବିଶ୍ୱବିଦ୍ୟାଳୟରେ ଏପରି ମହାନୁଭୂତି ପ୍ରତି ସୃଷ୍ଟି ହେବ ଆନ୍ତରିକ ଅନୁରାଗ। ତା' ମଧ୍ୟରେ ଦେଖିହେବ ଯାହା ପ୍ରକୃତ ସତ୍ୟ। ତାହାହିଁ ହେଲା ଜୀବନ ବଞ୍ଚିବାର ସର୍ବମୂଳ ପ୍ରେରଣାଦାୟକ ନବନବ ଶକ୍ତି ଉତ୍ପାଦକ ଉପାଦାନ । ଏହାହିଁ ଆହରଣ କରିବାକୁ ଯାଇଛି ଅନେକଥର ଶାନ୍ତି ନିକେତନର ଶ୍ୟାମଳିମା-ଯୁକ୍ତ 'ଶ୍ୟାମଳୀ ଗୃହ' ଅଭ୍ୟନ୍ତରକୁ । ମହାତ୍ମାଗାନ୍ଧୀ ଓ ରବୀନ୍ଦ୍ରଙ୍କ ଅନ୍ତଦର୍ଶନ ଲାଭ କରି ଯେପରି ପରିତୃପ୍ତ ହୋଇଯାଇଛି ପ୍ରାଣ ତାହା ପ୍ରକାଶ କରିବାକୁ ମୁଁ ଅକ୍ଷମ ।

■

ଏକ ଅନନ୍ୟ ପ୍ରସ୍ଫୁଟନର ସ୍ନିଗ୍ଧ ଉଚ୍ଚାରଣ : 'ସ୍ମୃତିରେ ଶାନ୍ତିନିକେତନ'

ରବୀନ୍ଦ୍ରନାଥଙ୍କ ପ୍ରତିଟି ସୃଷ୍ଟି ଯେପରି ଅନ୍ତରାତ୍ମାର ସଙ୍ଗୀତରେ ମହିମାମଣ୍ଡିତ, ତାଙ୍କର ସ୍ୱପ୍ନର 'ଶାନ୍ତିନିକେତନ' ସେହିପରି ଅପୂର୍ବ ଓ ଅନୁପମ। ଶାନ୍ତିନିକେତନକୁ ଭିନ୍ନ କରି ରବୀନ୍ଦ୍ରଙ୍କ କବିତ୍ୱକୁ କଳନା କରିବା ଆଦୌ ସମ୍ଭବ ନୁହେଁ । ଶାନ୍ତିନିକେତନର ପ୍ରତିଟି ଧୂଳିକଣାରେ, ପ୍ରତିଟି ବୃକ୍ଷଲତାରେ, ପ୍ରତିଟି ପଥ ଓ ପ୍ରତିଟି କାକର ବିନ୍ଦୁରେ ରବୀନ୍ଦ୍ର-ଆତ୍ମାର ସୌନ୍ଦର୍ଯ୍ୟ ଅନ୍ତଃସ୍ପର୍ଶୀ ଭାବରେ ପ୍ରକଟିତ । ଶାନ୍ତିନିକେତନର 'ବିଶ୍ୱଭାରତୀ ବିଶ୍ୱବିଦ୍ୟାଳୟ' ଆଜି ପୃଥିବୀ ବିଖ୍ୟାତ ।

ନୋବେଲ୍ ପୁରସ୍କାର ଗ୍ରହଣ ଅବସରରେ ରବୀନ୍ଦ୍ରନାଥ ଯେଉଁ ବକ୍ତବ୍ୟ ଉପସ୍ଥାପନ କରିଥଲେ ଏ ପ୍ରସଙ୍ଗରେ, ତାହା ଏକାନ୍ତ ସ୍ମରଣୀୟ । ସେ କହିଥିଲେ- "ଆପଣମାନଙ୍କ ଠାରୁ ପାଇଥିବା ଏହି ଅର୍ଥକୁ ମୁଁ ଏବେ ଆରମ୍ଭ କରିଥିବା ବିଶ୍ୱବିଦ୍ୟାଳୟର ପ୍ରତିଷ୍ଠା ଏବଂ ପୋଷଣ ନିମନ୍ତେ ବ୍ୟୟ କରିବି । ମୋର ବୋଧହୋଇଛି, ଏହି ବିଶ୍ୱବିଦ୍ୟାଳୟଟି ଏପରି ଏକ ସ୍ଥାନ ହେବ, ଯେଉଁଠାକୁ କି ପାଶ୍ଚାତ୍ୟରୁ ଛାତ୍ରମାନେ ଆସିପାରିବେ । ଆପଣାର ପ୍ରାଚ୍ୟସ୍ଥ ଭ୍ରାତୃବର୍ଗଙ୍କ ସହିତ ଏକତ୍ର ହେବେ- ହୁଏତ ସମ୍ମିଳିତ ଭାବରେ କିଛି କାର୍ଯ୍ୟ କରିବେ ତଥା ଶତାବ୍ଦୀ ଶତାବ୍ଦୀ ଧରି ପ୍ରାଚ୍ୟରେ ଲୁକ୍କାୟିତ ହୋଇ ରହିଥିବା ସମ୍ପଦଗୁଡ଼ିକର ଆବିଷ୍କାର କରିବା ଲାଗି ପ୍ରୟାସ କରିବେ । ସେମାନେ ଆଧ୍ୟାତ୍ମିକ ସମ୍ପଦଗୁଡ଼ିକ ଅନାବୃତ୍ତ କରିବେ, ଯାହାକି ସମଗ୍ର ମାନବ ଜାତି ନିମନ୍ତେ ମଧ୍ୟ ଆବଶ୍ୟକ ହେବ ।" (୧) ରବୀନ୍ଦ୍ରନାଥ ଶାନ୍ତିନିକେତନକୁ ଗୋଟିଏ ଆନ୍ତର୍ଜାତିକ ଅନୁଷ୍ଠାନର ପ୍ରତିଷ୍ଠା ଦେବା ପାଇଁ ସଂକଳ୍ପ ଗ୍ରହଣ କରିଥିଲେ । ପ୍ରାଚ୍ୟ ଓ ପାଶ୍ଚାତ୍ୟର ମିଳନରେ ଆଧ୍ୟାତ୍ମିକ ଅଭୀପ୍ସାର ଉତ୍ତରଣ ଯେ ସମ୍ଭବ

ହୋଇପାରିବ, ଏହି ଆଶା ତାଙ୍କ ସ୍ୱରରେ ଝଙ୍କୃତ ହୋଇ ଉଠିଥିଲା । ସେଥିପାଇଁ ସେ କହିଥିଲେ ବର୍ତ୍ତମାନ ପ୍ରାଚ୍ୟ ଓ ପାଶ୍ଚାତ୍ୟ ପରସ୍ପରର ନିକଟବର୍ତ୍ତୀ ହୋଇ ଆସୁଛନ୍ତି । ସେମାନେ ପରସ୍ପରକୁ ଭେଟିବା ଲାଗି ଆସୁଛନ୍ତି, ଉଭୟ ଉଭୟଙ୍କୁ ଭେଟିବା ସକାଶେ ନିମନ୍ତ୍ରଣ କରୁଛନ୍ତି । ଦୁହେଁ ପରସ୍ପରକୁ ଭେଟିବେ, ହାତମୁଠା ଏକାଠି କରିବେ ଏବଂ ଭବିଷ୍ୟତ ଲାଗି ଏକ ନୂତନ ସଭ୍ୟତା ତଥା ମହାନ୍ ସଂସ୍କୃତି ନିର୍ମାଣ କରିବାକୁ ସମର୍ଥ ହେବେ ।"(୨) ମନୁଷ୍ୟ ମନୁଷ୍ୟ ମଧ୍ୟରେ ଯେଉଁ ବୃହତ ଐକ୍ୟର ସନ୍ଧାନ ଆବଶ୍ୟକ ସେଥିପାଇଁ ବିଶ୍ୱଭାରତୀ ନିଶ୍ଚିତ ଭାବରେ ତା'ର ମହାନ କର୍ତ୍ତବ୍ୟ ସମ୍ପାଦନ କରିବ ଓ ପୃଥିବୀରେ ବହୁଦ୍ୱେଷ ଏବଂ ଘୃଣାକୁ ଅପସାରିତ କରିବା ପାଇଁ ମାନବିକତାର ଓଁକାର ଧ୍ୱନି ... ମର୍ମରିତ ହେବ ବୋଲି ସେ ଦୃଢ଼ ବିଶ୍ୱାସ ରଖିଥିଲେ । ବିଶ୍ୱଭାରତୀର ଶିରୋବାଣୀ 'ଯତ୍ର ବିଶ୍ୱଂ ଭବତ୍ୟୋକନୀଡମ୍'; ଅର୍ଥାତ୍ ବିଶ୍ୱ ଯେଉଁଠି ଗୋଟିଏ ନୀଡ଼ରେ ବାନ୍ଧିଛି ।"(୩)

୧୯୬୪ ମସିହାରେ ରବୀନ୍ଦ୍ରନାଥଙ୍କ ଋଷିପ୍ରତିମ ପିତା ଦେବେନ୍ଦ୍ରନାଥ ଠାକୁର ଏକତାଲା କୋଠାଘର ସେଠାରେ ନିର୍ମାଣ କରି ତାହାରି ନାମ ରଖିଥିଲେ 'ଶାନ୍ତି ନିକେତନ' । ରବୀନ୍ଦ୍ରନାଥ ଶୈଶବ ଓ କୈଶୋର କାଳରେ ସେହି ଗୃହରେ ଅବସ୍ଥାନ କରି ପିତାଙ୍କ ହୃଦୟର ସ୍ପନ୍ଦନକୁ ମର୍ମେମର୍ମେ ଅନୁଭବ କରିଥିଲେ । ପିତାଙ୍କ ସ୍ୱପ୍ନକୁ ଏକ ମହତ୍ତର ଓ ବିସ୍ତୃତ ରୂପ ଦାନ କରି ଏ ପରିସରରେ ପ୍ରାଣ ସଞ୍ଚାର କଲେ ରବୀନ୍ଦ୍ରନାଥ । ଆଉ ସେ ହିଁ ହେଲେ ଦେବେନ୍ଦ୍ରନାଥଙ୍କ ଉତ୍ତରାଧିକାରୀ ଭାବରେ ଶାନ୍ତିନିକେତନ ଓ ବିଶ୍ୱଭାରତୀ ବିଶ୍ୱବିଦ୍ୟାଳୟର ମହାନ ନିର୍ମାତା, ପ୍ରାଣ-ପ୍ରତିଷ୍ଠାତା । ଯେଉଁମାନେ ଏହି ବିଶ୍ୱବିଦ୍ୟାଳୟରେ ଅଧ୍ୟୟନ କରିଛନ୍ତି ସେମାନଙ୍କ ଆତ୍ମା ଅନନ୍ୟ ଅନୁଭୂତିରେ ବିଗଳିତ ହେବା ଅତ୍ୟନ୍ତ ସ୍ୱାଭାବିକ । ତେବେ ସେଇ ମାଟି, ପାଣି ଓ ପବନରେ ସ୍ୱପ୍ନପରି କୋମଳ ମୁହୂର୍ତ୍ତ ସବୁ ବିତାଇଥିବା ଏପରି ଅନେକ ଛାତ୍ରଛାତ୍ରୀ ଅଛନ୍ତି, ଯେଉଁମାନଙ୍କୁ ଦେଖିଦେବା ମାତ୍ରକେ ଶାନ୍ତିନିକେତନ ପ୍ରଶାନ୍ତ ବାତାବରଣକୁ ସ୍ପର୍ଶ କରିହୁଏ ନିବିଡ଼ ଭାବରେ ।

ଓଡ଼ିଶାର ବିଶିଷ୍ଟ କବି ମନୋରମା ବିଶ୍ୱାଳ ମହାପାତ୍ର ହେଉଛନ୍ତି ଶାନ୍ତିନିକେତନର ସେହିଭଳି ଜଣେ ଅଗ୍ରଗଣ୍ୟା ଛାତ୍ରୀ, ଯାହାଙ୍କ ଲଳିତ ମୁଖମଣ୍ଡଳରେ ଓ ସ୍ୱପ୍ନସିକ୍ତ ଦୁଇଟି ସ୍ନିଗ୍ଧ ଆଖିରେ ଶାନ୍ତିନିକେତନର ଅପରୂପ ସୌନ୍ଦର୍ଯ୍ୟକୁ ଅନୁଭବ କରିହୁଏ । ସେ ହେଉଛନ୍ତି ଏପରି ସୂକ୍ଷ୍ମସ୍ତରର ଶିକ୍ଷାର୍ଥୀ ଯିଏ ଆନୁଷ୍ଠାନିକ ଶିକ୍ଷା ସମାପ୍ତି ପରେ ଶାନ୍ତିନିକେତନକୁ ଛାଡ଼ି ଆସିପାରିନାହାନ୍ତି । ତାଙ୍କର ସ୍ଥୂଳ କଳେବର ମଧ୍ୟ ଶାନ୍ତିନିକେତନଠାରୁ ବିଚ୍ଛିନ୍ନ ହୋଇନାହିଁ ଆଦୌ । ସ୍ୱର୍ଗୀୟ ସୌନ୍ଦର୍ଯ୍ୟର ସବୁ ସୁଷମା

ନିଜ ଅନ୍ତରରେ, ନିଜର ଦୁଇଟି ଜୀବନ୍ତ ଆଖିରେ ଏବଂ ପ୍ରତିଟି ଲୋମକୂପରେ ସେ ଧରି ଆସିଛନ୍ତି ବିମୋହିତ ଚିତ୍ତରେ । ତାଙ୍କୁ ଦେଖିବା ମାତ୍ରକେ ଶାନ୍ତିନିକେତନର ସୂକ୍ଷ୍ମସ୍ପର୍ଶରେ ଜଣେ ଶିହରିତ ହେବା ସ୍ୱାଭାବିକ । ଯେଉଁ ସୌନ୍ଦର୍ଯ୍ୟମୟ ଭୂମିରେ ସେ ବିତାଇଛନ୍ତି ତାଙ୍କର ପବିତ୍ର ବିଦ୍ୟାର୍ଥୀ ଜୀବନ, ସେଇ ଅନୁଭୂତି ବ୍ୟକ୍ତ କରିଛନ୍ତି ଗଦ୍ୟରେ ଓ କବିତାରେ । ସେଥିପାଇଁ ଶାନ୍ତିନିକେତନ ସମ୍ପର୍କିତ ପ୍ରତିଟି ଲେଖା ସହିତ ତାଙ୍କର ସାମଗ୍ରିକ ସାହିତ୍ୟ କୃତିରେ ଫୁଟି ଉଠିଛି ଅତୁଳନୀୟ ରମ୍ୟଭାବଚେତନା ।

ଶାନ୍ତିନିକେତନର ରହଣୀ କାଳରେ କି ମହିମ୍ନ ଅନୁଭୂତିରେ ମନୋରମାଙ୍କ ହୃଦୟରେ ଖେଳିଯାଉଥିଲା ନିତ୍ୟନୂତନ ଶିହ୍ରଣ ତାହା ବ୍ୟକ୍ତ କରିଛନ୍ତି ନିଜ ଲେଖାରେ । ସେ କହନ୍ତି, "ଆଞ୍ଜୁଳାଏ ଫୁଲର ମହକ ପରି ହୃଦୟ ଓ ମନକୁ ମହକାଇ ଦିଏ ସେ ସ୍ମୃତି । ତା'ର ସଙ୍ଗୀତ ଭରା ସକାଳ, ଉପାସନାମୟ ସନ୍ଧ୍ୟା ଭିତରେ ଶାନ୍ତିନିକେତନ ଆଜିବି ମୋ ମନରେ ଦୀପାନ୍ୱିତ । ଶାନ୍ତ ସ୍ୱର, ଆରଣ୍ୟକ ପରିବେଶ ଭିତରେ ନିରାଭରଣ ଝିଅଟିଏ ଶାନ୍ତିନିକେତନ । ବର୍ଷାର ଶାନ୍ତିନିକେତନ, ଶରତର ଶାନ୍ତିନିକେତନ ଅବା ବର୍ଷାବରଣ ହେଉ କି ବସନ୍ତ ଉତ୍ସବ ହେଉ ଶାନ୍ତିନିକେତନର ସେହି ସାଂଗୀତିକତା ଭରା ପରିବେଶ ମୋ' ଭିତରେ ସଙ୍ଗୀତର ଝରଣା ବୁହାଇ ଦେଉଥିଲା । ଜ୍ୟୋତ୍ସ୍ନାଧୁଆ ଜହ୍ନରାତି ଅବା ଗଙ୍ଗଶିଉଳିର ନରମ ସକାଳରେ ପୁଅଝିଅଙ୍କ ସମ୍ମିଳିତ କଣ୍ଠର କୋରସ୍ ମୋତେ ଅନ୍ୟମନସ୍କ କରି ଦେଉଥିଲା ।"(୪) ପୁଣି ମନୋରମା କହନ୍ତି- ଜୀବନ ପ୍ରତି ଅଙ୍ଗୀକାରବଦ୍ଧତା, ଜୀବନକୁ ଭଲପାଇବାର ସମ୍ପୂର୍ଣ୍ଣ ଭାବରେ ଜୀଇଁବାର ଲଗ୍ନ ବୋଧହୁଏ ଶାନ୍ତିନିକେତନ ହିଁ ପ୍ରଥମେ ମୋତେ ଶିଖାଇଥିଲା । ଆତ୍ମାର ଆଲୋଡ଼ନ ଭିତରେ ଗୋଧୂଳିର ଝୁରୁଝୁରୁ ବାସ୍ନା ଭିତରେ ମୁଁ ଶାନ୍ତିନିକେତନ ପ୍ରେମରେ ଆତ୍ମଲୀନ ହୋଇଗଲି । ଶାନ୍ତିନିକେତନ ସମ୍ପର୍କରେ କବିତା ଲେଖିଲି, ଗୀତ ବି ଲେଖିଲି । ସବୁ ଗୀତ ସବୁ କବିତା ଆଜି ସ୍ଥାପତ୍ୟ ପାଲଟିଯାଇଛି ମୋ ଭିତରେ । ଏ ଜୀବନର ଶୋକ ସହିତ, ଆନନ୍ଦ ସହିତ ଏବଂ ମାୟା ସହିତ ଏକାକାର ହୋଇଯାଇଛି- ଏହି ଆତ୍ମବିସ୍ମୃତ ହେବାର ମୁହୂର୍ତ୍ତ, ତାରୁଣ୍ୟର ଆବେଗମୟ ମୁହୂର୍ତ୍ତ । (୫)

ଯେଉଁଠି ପ୍ରତି ମୁହୂର୍ତ୍ତ ହେଉଛି କବିତାର ମୁହୂର୍ତ୍ତ, ସେଠାକାର ଅନୁଭୂତି ସେଥିପାଇଁ କବିତା ହୋଇ ଝରିଛି ମନୋରମାଙ୍କ ଲେଖନୀରୁ । ତାଙ୍କ ରଚିତ 'ସ୍ମୃତିରେ ଶାନ୍ତିନିକେତନ' ପ୍ରଥମେ ୨୦୧୩ ମସିହାରେ ପ୍ରକାଶିତ ହୋଇଥିଲା ।

ସଂପ୍ରତି (୨୦୧୮) 'ସ୍ମୃତିର ଶାନ୍ତିନିକେତନ' ନାମକ ସେଇ କବିତା ସଂକଳନ ଦ୍ୱିତୀୟଥର ପାଇଁ ମୁଦ୍ରିତ ହୋଇ ପାଠକମାନଙ୍କ ନିକଟତର ହୋଇପାରିଛି । ସମଗ୍ର କବିତା ପୁସ୍ତକଟି ଶାନ୍ତିନିକେତନର ବାସ୍ନାରେ ଭରପୂର । ସେ ଯେ ସେହି

ପବିତ୍ରସ୍ଥଳକୁ କିପରି ହୃଦୟରେ ବହନ କରି ଆଣିଛନ୍ତି, ତାହା ପ୍ରଥମ କବିତାରୁ ହିଁ ସ୍ପଷ୍ଟ ହୋଇଉଠେ ।

କବିଙ୍କ ଭାଷାରେ-

'ସବୁ ଅନୁଭବ ନେଇ ଆସିଛି ସାଙ୍ଗରେ
ଶାନ୍ତିନିକେତନ
କୁହୁଡ଼ିଆ ମେଘୁଆ ମେଘୁଆ ଦିନ
ମାଧବୀ ଫୁଲର ଋତୁ
ସୁନାରୀ, ସପ୍ତପର୍ଣ୍ଣ
ବାସ୍ନାର ସକାଳ ।
କେଉଁ ଆନମନା ଶିଳ୍ପୀର
ଉଦାସ ସ୍ୱାକ୍ଷର ।
ଆସିଲା ବେଳେ
କିଛି ଛାଡ଼ି ଆସିନାହିଁ
ସବୁ ନେଇ ଆସିଛି ସାଙ୍ଗରେ ।'(୬)

ଝୁରୁଝୁରୁ ବାସ୍ନା ଡେଣାରେ ଧରି ଉଡ଼ି ବୁଲୁଥିବା ପକ୍ଷୀମାନଙ୍କର କାତର ଚାହାଣୀ, ରବୀନ୍ଦ୍ରଭବନର କାନ୍ଥକୁ କୋଳେଇ ଧରି ଧୀରେ ଧୀରେ ଆଖି ଖୋଲୁଥିବା ଛୋଟ ଗୁଣ୍ଡୁଚିର ଚଞ୍ଚଳ ଆଖିପତା, ରବୀନ୍ଦ୍ରସଙ୍ଗୀତର କୋମଳ ଧ୍ୱନି- ସବୁକିଛି ସେ ନିଜ ହୃଦୟରେ ସାଉଁଟି ଆଣିଛନ୍ତି । ହରିତକୀ ବଣରେ ମେଘର ଟୁପ୍‌ଟାପ୍ ସଙ୍ଗୀତ- ଏସବୁ କିଛି ତାଙ୍କୁ ନେଇଯାଇଥିଲା ଏକ ସ୍ୱତନ୍ତ୍ର ଇଲାକାକୁ, ଯେଉଁ ଇଲାକାରେ ପାଦଦେବା ମାତ୍ରକେ ମଣିଷର ଅନ୍ତଃକରଣ ହୋଇଯାଏ ଉଦ୍ଭାସିତ । ବଦଳିଯାଏ ସ୍ୱପ୍ନର ରଙ୍ଗ, ଜୀବନର ଆଭିମୁଖ୍ୟ। ଯାହା ଥାଉ ନା କାହିଁକି, ଏ ଅଞ୍ଚଳରେ ବିଚରଣ କରିବା ମାତ୍ରକେ ପରିବର୍ତ୍ତିତ ହୋଇଯାଏ ଚେତନାର ଦିଗ ଦିଗନ୍ତ । ରବୀନ୍ଦ୍ର-ନିର୍ମିତ ସେଇ ଅପୂର୍ବ ନିକେତନ ଜୀବନକୁ ଭଲପାଇବାର ଯେଉଁ ପ୍ରେରଣା ଜାଗ୍ରତ କରେ, ବାସ୍ତବିକ ତା'ର କ'ଣ ତୁଳନା ଅଛି ? କବିଙ୍କ କଣ୍ଠରେ ସେଥିପାଇଁ ଝରିପଡ଼େ ଏହିପରି ଫୁଲର ସୁକୋମଳ ପାଖୁଡ଼ା ଭଳି କୋମଳ ଶବ୍ଦ ସମ୍ଭାର-

'ମୁଁ ତାକୁ ଭଲ ପାଏ ବୋଲି ତ
ଜୀବନ ମୋତେ ପ୍ରତାରିତ କରିନାହିଁ
ଆଜିଯାଏ ।
ଭରପୂର ପ୍ରେମ

ଜୀବନକୁ କୋଳେଇ ନେବାର ଆଗ୍ରହ
ଆଉ କ'ଣ ଦେଇଥାନ୍ତା ।
ଆଜି ବି ଜୀବନର ସାୟାହ୍ନରେ
ଶୁଭିଯାଏ ତା'ର ଡାକ ।'(୭)

ମଣିଷକୁ ଯେତେବେଳେ ସୁନ୍ଦର ଅନୁଭୂତି ସବୁ ଆଚ୍ଛନ୍ନ କରି ରଖନ୍ତି, ସେତେବେଳେ ଜୀବନ କେତେ ସୁଖପ୍ରଦ ମନେହୁଏ । ଆଉ ଯେତେବେଳେ ତିକ୍ତ ଅନୁଭୂତିରେ ଭାରାକ୍ରାନ୍ତ ହୋଇଯାଏ ହୃଦୟ, ସେତେବେଳେ ଅନ୍ତର୍ହିତ ହୋଇଯାଏ ସବୁ କଳ୍ପନାର ସୁନ୍ଦର ରଙ୍ଗ । କବି ମନୋରମା ବିଶ୍ୱାଳ ମହାପାତ୍ରଙ୍କ ଜୀବନରେ ଆସିଛି ଅନେକ ବାଧାବିଘ୍ନ । ମଣିଷର ଚକ୍ରାନ୍ତ ତାଙ୍କୁ ଆହତ କରିଛି ବାରମ୍ବାର। ତଥାପି ସେ ମଣିଷକୁ ଭଲନପାଇ ରହିପାରନ୍ତି ନାହିଁ । କାରଣ ଶାନ୍ତିନିକେତନର ଅଭୁଲା ଅନୁଭୂତି ତାଙ୍କ ହୃଦୟକୁ କରିଛି ଏଭଳି ଶକ୍ତି-ସମ୍ପନ୍ନ ଯେ, ସେ ମଣିଷକୁ ଭଲପାଇବାରେ ସର୍ବଦା ହିଁ ହୋଇଉଠିଛନ୍ତି ଜ୍ୟୋତିର୍ମୟୀ ।

ଶାନ୍ତିନିକେତନର ନୀଳ ଆକାଶ, ଜହ୍ନ, ଶାଳବଣ, ସୁନାରିଫୁଲ, ପ୍ରଜାପତି, ଫୁଲପତ୍ର, ପକ୍ଷୀର କାକଳି ସମସ୍ତେ ତାଙ୍କୁ ସବୁବେଳେ ଡାକୁଥାନ୍ତି ଆନ୍ତରିକ ଭାବରେ । ସେ ତ ନାଁ ନଜଣା ବାସ୍ନାରେ ଘୂରି ବୁଲୁଥିବା ପକ୍ଷୀଟିଏରେ ପରିଣତ ହୋଇଯାଆନ୍ତି । ରାତିର ଆକାଶରେ କୁଆଁତାରା ଦେଖି ଅନ୍ୟମନସ୍କ ହୋଇଉଠନ୍ତି । ଶାନ୍ତିନିକେତନର ବିମୁଗ୍ଧ ଫଗୁଣ କବିଚିତ୍ତକୁ ଦ୍ରବୀଭୂତ କରିଛି ସର୍ବଦା । ଶାଳବିଥି, ବକୁଳବିଥି, ମୟୂରାକ୍ଷୀ ସ୍ୱପ୍ନର ଦୋଳିରେ ତାଙ୍କୁ ଝୁଲାଇ ଦିଅନ୍ତି। ଏହି ଅନନ୍ୟ ସୁଷମାଭରା ଶାନ୍ତିନିକେତନକୁ ସେ ଚାହାନ୍ତି ବାରମ୍ବାର ଫେରି ଆସିବାକୁ । ରବୀନ୍ଦ୍ରନାଥ ଦିନେ ଯେପରି ଗାଇଥିଲେ 'ମରିତେ ଚାଇନା ଆମି ସୁନ୍ଦର ଭୁବନେ, ମାନୁଷେର ମାଝେ ଆମି ବାଁଚିବାରେ ଚାଇ'- ଠିକ୍ ସେହିପରି ଆଗାମୀ ଜନ୍ମରେ ଛୋଟ ପକ୍ଷୀଟିଏ ହୋଇ ସୁନାରୀ ଫୁଲଗଛରେ ବସି ବସନ୍ତର ଗୀତ ଗାଇବା ପାଇଁ ମନୋରମାଙ୍କ ହୃଦୟ ଉଚ୍ଛ୍ୱସିତ । ଶାନ୍ତିନିକେତନ ପ୍ରତି କବି-ଆତ୍ମାରେ ଏତେ ଭଲପାଇବା ପରିପୂର୍ଣ୍ଣ ହୋଇ ରହିଛି ଯେ, ସେ କହିପାରନ୍ତି ନାହିଁ, ମୁଁ ତୋତେ ଭଲପାଏ ବୋଲି । ଯେଉଁ ମହନୀୟ ଭାବବଳୟରେ ଶାନ୍ତିନିକେତନ ସମୃଦ୍ଧ, ତା'ରି ଉଦ୍ଦେଶ୍ୟରେ ଘିଅ ଦୀପଟିଏ ଜଳାଇ ରଖନ୍ତି କବି ହୃଦୟର ଗମ୍ଭୀରା ଭିତରେ । ଶାନ୍ତିନିକେତନର ନିର୍ମାତା 'ଉତ୍ତରାୟଣ'କୁ ଶୂନ୍ୟ କରି ଚାଲିଯାଇଛନ୍ତି ରହସ୍ୟମୟ କଳ୍ପଲୋକକୁ । କିନ୍ତୁ ସେ ରୋପଣ କରିଥିବା ସପ୍ତପର୍ଣ୍ଣୀ, ମାଧବୀ, ବଉଳ, ପଳାଶ, ଗଙ୍ଗଶିଉଳୀ ଠିକ୍ ସେହିପରି ବାସ୍ନାୟିତ ।

ରବୀନ୍ଦ୍ରଙ୍କ କବିତାର ମାଧୁର୍ଯ୍ୟରେ କବିମାନସ କିପରି ରସାୟିତ, ତାହା ଉପଲବ୍ଧି

କରିହୁଏ ମନୋରମାଙ୍କ ମନୋରମ ଶବ୍ଦ ସଂଯୋଜନାରେ । ବିଶ୍ୱକବି ଯେଉଁ ପିଆନୋର ତାଳରେ ସୃଷ୍ଟି କରୁଥିଲେ ମନମତାଣିଆ ଧ୍ୱନି, ଯେଉଁ ଖାତାରେ ଲେଖୁଥିଲେ ଗୀତ, ସେହି ପାଣ୍ଡୁଲିପି, ସେହି ପିଆନୋ, ସେହି ବହି ସେଲ୍‌ଫ ଯେମିତି ଥିଲା, ସେମିତି ସଜ୍ଜିତ ହୋଇ ରହିଛି । କେବଳ ସିଏ ନାହାନ୍ତି । ଯିଏ ଏସବୁ ଉପରେ ତାଙ୍କର କୋମଳ ହସ୍ତର ସ୍ପର୍ଶ ଦେଉଥିଲେ ବାରମ୍ବାର । ଯେଉଁ ସ୍ଥାନକୁ ମଣିଷ ଭଲପାଉଥାଏ ଗଭୀର ଭାବରେ, ସେହି ସ୍ଥାନର ସୁରଭି ସଂଚରି ଆସେ ପ୍ରତି ରାତିର ସ୍ୱପ୍ନରେ । ଅପାର୍ଥିବ ଆନନ୍ଦ ଆଉ କେଉଁଠି ଥାଏ କି ? ଏଇଠି ହିଁ ସଂଗୁପ୍ତ ହୋଇ ରହିଥାଏ ସୌନ୍ଦର୍ଯ୍ୟର ରତ୍ନଭଣ୍ଡାର । ବୟସ ଗଡ଼ିଯାଏ ସିନା, ମାତ୍ର ଅନେକ ବର୍ଷ ପରେ ବି ରୋମାଞ୍ଚ ସୃଷ୍ଟି ହୁଏ ଶରୀର ଓ ଆତ୍ମାରେ । ଶାନ୍ତିନିକେତନରେ ଯେଉଁ ବନ୍ଧୁବାନ୍ଧବଙ୍କୁ ଘନିଷ୍ଠତାର ବଳୟ ଭିତରେ ବାନ୍ଧି ରଖିଥିଲେ କବି ସେମାନଙ୍କୁ ବି ଭୁଲି ନାହାନ୍ତି । ଭୁଲି ନାହାନ୍ତି ଦମୟନ୍ତୀଙ୍କୁ, ଯାହାର ଚିଠି ସେ ହଜେଇ ଦେଇଥିଲେ । ଭୁଲି ନାହାନ୍ତି କରୁଣାକରଙ୍କୁ, ଯିଏ ଦର୍ଶନର ଛାତ୍ର ଥିଲେ । ସାରା ପୃଥିବୀକୁ ସ୍ନେହରେ ଆଲିଙ୍ଗନ କରିବାକୁ ଶାନ୍ତିନେକେତନ ତାଙ୍କ ଭିତରେ ଭରିଦେଇଛି ଅମାପ ଆବେଗ । ସେହି ସ୍ନେହଶୀଳତାକୁ ଅସ୍ୱୀକାର କରିବେ । କେମିତି କବି ? ଭଲ ପାଇବାର ପ୍ରେରଣା ଫୁଲ ହୋଇ ଯେ ଫୁଟିଥିଲା ତାଙ୍କ ଆତ୍ମାରେ, କେମିତି ଭୁଲିବେ ସେହି ଦିବ୍ୟ ମୁହୂର୍ତ୍ତମାନଙ୍କୁ ! ସେଥିପାଇଁ ସେ କହନ୍ତି:

‘ଶାନ୍ତିନିକେତନ ମୋତେ
ନିଭୃତରେ ଆସି କହିଲା
ଆହୁରି ଭଲପାଆ ଜୀବନକୁ
ଆହୁରି ଖୋଲିଯା
ବିସ୍ତାରିତ ହୋଇଯା
ପଦ୍ମଗନ୍ଧରେ ସୁଗନ୍ଧିତ ହେଉ
ସମସ୍ତ ସମୟ ।
ମୋ ପାଖରୁ ଯାହା ଯାହା
ଚାହୁଁଛୁ ସବୁ ନେଇଯା
ସବୁ ନେଇଯା ।’ (ପୃଷ୍ଠା-୩୩)

ଶାନ୍ତିନିକେତନର ସ୍ୱପ୍ନପରି କଅଁଳ ମୁହୂର୍ତ୍ତ ସବୁ ବିତାଉଥିବାବେଳେ ନିଜଘର, ନିଜ ଗାଆଁ, ନିଜର ଆତ୍ମୀୟସ୍ୱଜନ କାହାକୁ ସେ ଭୁଲି ନାହାନ୍ତି । ସମସ୍ତଙ୍କ ମଙ୍ଗଳ ପାଇଁ ପ୍ରାର୍ଥନା କରିଛନ୍ତି ସେହି ପୂଜାବେଦୀରେ । ଜହ୍ନରୁ କେମିତି ଝରେ ଅମୃତ,

ଝରକା ପାଖରେ ବସିରହି ରାତିସାରା ବିନିଦ୍ର ହୋଇ ଦେଖନ୍ତି ସେହି ରମଣୀୟ ଦୃଶ୍ୟ । ତପୋଭୂମି ଶାନ୍ତିନିକେତନ । ଏହାର ଗୌରବଗାନ କବିଙ୍କ ଧର୍ମ । ସମସ୍ୱରରେ ସମସ୍ତେ ସେଥିପାଇଁ ଗାଇ ଉଠନ୍ତି: 'ଆମାଦେର୍ ଶାନ୍ତିନିକେତନ, ଆମାଦେର ଶାନ୍ତିନିକେତନ' । ଓଡ଼ିଶା ମାଟିର ଯେଉଁ ଗାଆଁରେ ତାଙ୍କର ଜନ୍ମ, ସେଇ ଗାଆଁର ପଦ୍ମପୋଖରୀ, ସେଇ ଗାଆଁର ବୃକ୍ଷଲତା, ବାଉଁଶବଣ ଓ ମଣିଷମାନଙ୍କର ନିଆରାମନ ତାଙ୍କର ମନେପଡ଼ିଛି। ଶାନ୍ତିନିକେତନକୁ ଯାଇ ସେ ଗାଆଁଠାରୁ ବିଚ୍ଛିନ୍ନ ହୋଇନାହାନ୍ତି । ବରଂ ଗାଆଁର ଆତ୍ମା ସହିତ ଆହୁରି ଯୋଡ଼ି ହୋଇଯାଇଛନ୍ତି ନିବିଡ଼ ଭାବରେ । ଓଡ଼ିଶାର ବିଖ୍ୟାତ ପ୍ରାବନ୍ଧିକ ଓ ଦାର୍ଶନିକ ଚିତ୍ତରଞ୍ଜନ ଦାସ ହିମାଳୟ ଉଦ୍ଦେଶ୍ୟରେ ଯାତ୍ରା କରି ତାହାର ଅକଳ୍ପନୀୟ ସୌନ୍ଦର୍ଯ୍ୟରେ ଅଭିଭୂତ ହୋଇ ସେଠାରେ ଅଟକି ଯାଇନଥିଲେ । ହିମାଳୟର ପବିତ୍ରତା ନିଜ ଗାଆଁ ସହିତ ଆଉ ସଂସାର ସହିତ ପ୍ରଗାଢ଼ ବନ୍ଧନରେ ତାଙ୍କୁ ବାନ୍ଧି ଦେଇଛି । ତାଙ୍କ ଲିଖିତ 'ଶିଳାତୀର୍ଥ' ପରି ଭ୍ରମଣ ବୃତ୍ତାନ୍ତ ସେଥିପାଇଁ ହୋଇଯାଇଛି ପ୍ରେରଣାର ଦୀପ୍ତ ଦୀପଶିଖା ।

ଶତରୂପା ବୋଲି ଝିଅଟିଏ ସେହି ଶାନ୍ତିନିକେତନରେ ଆତ୍ମଘାତୀ ହେବାର ଘଟଣା କବି ଚିତ୍ତକୁ କରିଛି ବ୍ୟଥିତ। ଶତରୂପାର ଜୀବନ ସତରେ କ'ଣ ପୂର୍ଣ୍ଣ ହେଲା ? ଏଭଳି ଚରିତ୍ରମାନଙ୍କର ଆକସ୍ମିକ ବିଦାୟ ନିଶ୍ଚିତ ଭାବରେ ମନୋରମାଙ୍କ ଆଖିକୁ କରିଥିବ ସଜଳ । ମନୋରମା ରବୀନ୍ଦ୍ର ସଙ୍ଗୀତର ମାଧୁର୍ଯ୍ୟରେ ବିମୋହିତ ଏକ ପକ୍ଷୀ-ଆତ୍ମା । ରବୀନ୍ଦ୍ରଙ୍କ ହସ୍ତ ଅଙ୍କିତ ଚିତ୍ରକଳା, ତାଙ୍କ ଲିଖିତ ଲୋକଗୀତ ଏସବୁ ଭିତରେ ହଜିଯାଇ ସେ ଦୀକ୍ଷା ଗ୍ରହଣ କରିଛନ୍ତି ଏଭଳି ଏକ ପରିପୂର୍ଣ୍ଣ ଜୀବନ ବିତାଇବା ପାଇଁ, ଯାହା ସପ୍ତପର୍ଣ୍ଣୀ ଫୁଟିବାର ବିମୁଗ୍ଧ ସକାଳ ପରି ସର୍ବଦା ରହିଥିବ ସ୍ୱଚ୍ଛ ଓ ସୁନ୍ଦର ହୋଇ । ଅନ୍ୟ ଝିଅମାନଙ୍କର ଭାଗ୍ୟ ଶତରୂପା ପରି ନ ହେଉ, ଏ ପ୍ରାର୍ଥନା କବିଙ୍କ ହୃଦୟକୁ କରିଛି ନିସ୍ତବ୍ଧ । ଗଙ୍ଗଶିଉଳି ପରି ଝରି ପଡ଼ିଥିବା ସେ ଶତରୂପା, ବିବେକର ସ୍ୱର ଶୁଣି ନପାରି ଦିଗଭ୍ରାନ୍ତ ହେଲା, ମୃତ୍ୟୁକୁ ବରଣ କଲା । କିନ୍ତୁ ତାକୁ ମୃତ୍ୟୁ କ'ଣ ଛୁଇଁ ପାରିଲା ? ଯିଏ ଜୀବନର ସ୍ୱପ୍ନରେ ଆତ୍ମହରା ହେଉଥିବା ବେଳେ ଅସତର୍କ ମୁହୂର୍ତ୍ତରେ ଅତର୍କିତ ଭାବରେ ଆତ୍ମହତ୍ୟା କରେ, ତାକୁ ମୃତ୍ୟୁ କେବେ ହେଲେ ଗ୍ରହଣ କରେନା । ଶାନ୍ତିନିକେତନରେ ବେଳେବେଳେ ଯେଉଁ ଅବିଶ୍ୱାସର ବାତାବରଣ ଛାଇଯାଏ, ବିଶ୍ୱାସଘାତକତାର ମଞ୍ଜି ବୁଣାଯାଏ, ହଷ୍ଟେଲ ଖାଲି କରିବାର ପରୁଆନା ଯେତେବେଳେ ଜାରିହୁଏ, ଆଉ ଲାଗିଯାଏ କର୍ଫ୍ୟୁ, ସେତେବେଳେ କବି ମନର ଅନ୍ତର୍ବ୍ୟଥା ବଡ଼ କରୁଣ । ଦର୍ଶନ ଛାତ୍ର କରୁଣାକର କେବେ ଉଗ୍ରବାଦୀ କିମ୍ବା ନକ୍ସଲ ନଥିଲା । ତା'ର ହୃଦୟ କରୁଣାରେ ଥିଲା ନିତ୍ୟ କୋମଳ । ସେ ଏକ ସୁନ୍ଦର ଜଗତର କଥା କହୁଥିଲା ।

ଶାନ୍ତିନିକେତନ ପ୍ରାଚ୍ୟ ଓ ପାଶ୍ଚାତ୍ୟକୁ ସଂଯୁକ୍ତ କରି ଦେଉଥିବା ଏକ ଚମତ୍କାର ସେତୁ । କରୁଣାକର ସକ୍ରେଟିସ୍‌ଙ୍କୁ ତା'ର ଗୁରୁ କରିଥିଲା । ପରବର୍ତ୍ତୀ ସମୟରେ ସେ କିପରି ସନ୍ନ୍ୟାସ ବରଣ କରି ନେଇଛି, ସେଇ ଚିତ୍ର ଲିପିବଦ୍ଧ ହୋଇ ରହିଛି ଏହି କବିତା ଗ୍ରନ୍ଥରେ । "ସିଂହସଦନ"ର ଘଣ୍ଟା ଶବ୍ଦ, କୁମ୍ଭାଟୁଆ, ଡାହୁକ, ଭଦଭଦଳିଆଙ୍କ ଆନ୍ତରିକ ଆହ୍ୱାନ ଅନାହତ ମନ୍ତ୍ରର ଉଚ୍ଚାରଣ ଭଳି । ମହାଚେତନାର ମହତ୍ତର ଉତ୍ତରଣକୁ ମନୋରମା ଅନୁଭବ କରଛନ୍ତି ଯେପରି ଗଭୀର ଭାବରେ, ତାହା ହୋଇ ଉଠିଛି ପ୍ରେରଣାର ଆଲୋକ ବର୍ତ୍ତିକା । ପୁଣି ଗାଆଁର ନଈକୁ, ବାଇଚଢ଼େଇକୁ, ମାମାର ଗୁମୁରି ଗୁମୁରି କାନ୍ଦିବାକୁ ମନେପକାଇଛନ୍ତି କବି । ଶାନ୍ତିନିକେତନର ବର୍ଷାରେ ସିକ୍ତ ହେବାର ଅନୁଭୂତି କିପରି ଉଲ୍ଲାସମୟ, ସେ କଥା ସରଳ ପଦପଙ୍‌କ୍ତିରେ ବ୍ୟକ୍ତ କରିଛନ୍ତି ସେ। ବୁଲ୍‌ବୁଲ୍ ପକ୍ଷୀ ଯେତେବେଳେ ଏଠାରେ ଗୀତଗାଇ ଚାଲିଯାଏ, ସେ ଗୀତ ତ ରବୀନ୍ଦ୍ର ସଙ୍ଗୀତ ପରି ଉଚ୍ଚାଟିତ କରେ ମନୋରମାଙ୍କ ଆତ୍ମାକୁ । ଯେଉଁମାନେ କପଟତାପୂର୍ଣ୍ଣ ଜୀବନ ବଞ୍ଚନ୍ତି, ସେମାନେ ପୂତନାପରି ଶାନ୍ତିନିକେତନର ରକ୍ତ ପିଇଯାଆନ୍ତି । ସେ ବେଦନା ବାସ୍ତବିକ ବଡ଼ ଅସହ୍ୟ । ଏଭଳି କୋମଳ ମାଟି ଉପରେ ସେମାନଙ୍କର କର୍କଶ ଆଚରଣ ବି ଦେଖିଛନ୍ତି କବି ଆଉ ପାଇଛନ୍ତି ଦୁଃଖ । ସବୁ ସତ୍ତ୍ୱେ ଏଠି ଆସ୍ଥା ଓ ବିଶ୍ୱାସର ସଙ୍ଗୀତ ନିରନ୍ତର ଧ୍ୱନିତ ହୁଏ । ଏ ମାଟି ସାଧାରଣ ମାଟି ହୋଇ ନପାରେ । ଯେଉଁମାନେ ଅବିଶ୍ୱାସ ଆଉ ଘୃଣାର ମଞ୍ଜି ବୁଣନ୍ତି ଏଠାରେ, ସେମାନଙ୍କର ଅତ୍ୟାଚାରରେ ବିଦୀର୍ଣ୍ଣ ହୋଇଯାଏ ଶାନ୍ତିନିକେତନର ହୃଦୟ । ଅସଂଖ୍ୟ ଦଲାଲମାନଙ୍କର ପଣବନ୍ଦୀ ଭଳି ଯେତେବେଳେ ଶାନ୍ତିନିକେତନ ବିଷାଦିତ, ସେତେବେଳେମ ମନୋରମା କିପରି ମ୍ରିୟମାଣ ସେକଥା ଅନୁଭବ କରିହୁଏ ତାଙ୍କର ଶବ୍ଦପୁଞ୍ଜରେ । ସେ ପ୍ରାର୍ଥନା କରନ୍ତି ଶାନ୍ତିନିକେତନରେ ପୁନଶ୍ଚ ନୂଆଁକରି ଫୁଲଫୁଟୁ । ଆଉ ମଣିମୁକ୍ତା ଖଚିତ ଜ୍ୟୋତିରେ ଉଦ୍ଭାସିତ ହେଉ ଏହାର ପରିସର ।

ସେହିଠାରେ ରବୀନ୍ଦ୍ରନାଥଙ୍କ ସହିତ ସାରଳାଦାସ, ମାୟାଧର ମାନସିଂହ ପ୍ରମୁଖ ମହାନ କବିମାନଙ୍କର ସାହିତ୍ୟକୃତି ମନୋରମା ପଢ଼ିଥିଲେ । ପ୍ରିୟ କବିମାନଙ୍କୁ ଭଲପାଇବାର ପ୍ରେରଣା ପ୍ରଦାନ କରିଥିଲା ସେଇ ପବିତ୍ରମାଟି । ମନ୍ତ୍ରସିଦ୍ଧ ସେ ମାଟିକୁ ପ୍ରଣାମ ଜଣାଇ ଏକଦା ସେ ବିଦାୟ ମାଗିଥିଲେ । ନାନା ଜଞ୍ଜାଳରେ ଭାରାକ୍ରାନ୍ତ ମନ ଓ ଶରୀର ଏ ତୀର୍ଥଭୂମିକୁ ପ୍ରତ୍ୟାବର୍ତ୍ତନ କରିବା କ'ଣ ସମ୍ଭବପର ? ଏହିକଥା ଚିନ୍ତାକରି ସେ ବେଳେବେଳେ ହୋଇଯାଇଛନ୍ତି ଅସ୍ଥିର । ଶାନ୍ତିନିକେତନ ଓଡ଼ିଆ କବି ମନୋରମା ବିଶ୍ୱାଳ ମହାପାତ୍ରଙ୍କୁ ପାଶୋରି ଦେଇପାରେ ବୋଲି କବି ଆଶଙ୍କା ପ୍ରକାଶ କରିଛନ୍ତି । କିନ୍ତୁ ଯିଏ ଶାନ୍ତିନିକେତନକୁ ଏତେ ପ୍ରାଣଭରି ଭଲପାଇଛି, ତାକୁ କ'ଣ

ଶାନ୍ତିନିକେତନର ଗୋଡ଼ିମାଟି କେବେହେଲେ ଭୁଲିଯାଇ ପାରିବ ? ସମୟ ବଦଳିଗଲେ ମଧ୍ୟ କୋମଳ ଗାନ୍ଧାର ରାଗର ଆଳାପ ଭୁଲିଯିବା ଯେମିତି ସମ୍ଭବ ନୁହେଁ, ସେହିଭଳି ଶାନ୍ତିନିକେତନକୁ ବିସ୍ମରିଯିବା କେବେବି କବିଙ୍କ ପାଇଁ ସମ୍ଭବ ହୋଇନପାରେ । 'ବିଶ୍ୱନୀଡ଼'ର ରୂପ ନେଇଥିବା ଶାନ୍ତିନିକେତନ ଚିରଦିନ ପ୍ରେରଣାଦୀପ୍ତ ହୋଇ ରହିଥିବ ନିଶ୍ଚୟ । ଜୀବନ ଉପରେ ଯେଉଁମାନଙ୍କର ବିଶ୍ୱାସ ନାହିଁ, ଯେଉଁମାନେ ଈର୍ଷା ଅସୂୟାର ଅଗ୍ନିରେ ପ୍ରଜ୍ୱଳିତ, ସେମାନେ ଥରେ ଶାନ୍ତିନିକେତନକୁ ଯାଆନ୍ତୁ ତ । କବି ଆହ୍ୱାନ ଓ ପରାମର୍ଶ ଦେଇଛନ୍ତି-

'ଜୀବନ ଉପରେ ତମର ବିଶ୍ୱାସ ନାହିଁ
ମଣିଷମାନଙ୍କୁ ସନ୍ଦେହ କରୁଛ
ଅସୂୟା ତମ ମନକୁ କଣାକରି ଦେଲାଣି
ତଥାପି ଚାଲ ଶାନ୍ତିନିକେତନ
ଆପେ ଆପେ ସବୁ ଭଲ ହୋଇଯିବ ।(୯)

କବିତା କବିଙ୍କ ଦୃଷ୍ଟିରେ ହେଉଛି ପ୍ରେମ । ଯେଉଁମାନେ ହିସାବୀ ସେମାନେ ପ୍ରେମାପ୍ଲୁତ ହୋଇପାରନ୍ତି ନାହିଁ । ଯାହା ଭାଙ୍ଗିଯାଏ, ତାହା ଯେ ପ୍ରେମ ନୁହେଁ, ରବୀନ୍ଦ୍ରନାଥଙ୍କ ଏହି ଦର୍ଶନ ଦ୍ୱାରା ଉଦ୍‌ବୁଦ୍ଧ ହୋଇଛି ମନୋରମାଙ୍କ ପ୍ରାଣସତ୍ତା । ଯିଏ ଶାନ୍ତିନିକେତନକୁ ଆସିବେ, ସିଏ ଚିରନ୍ତନ ପ୍ରେମର ମହକରେ ଯେ ମହିମାନ୍ୱିତ ହେବେ, ଏହା ନିଃସନ୍ଦେହ । ଶାନ୍ତିନିକେତନକୁ 'ଚେତନାର ଭୂଇଁ' ଭାବରେ ନାମିତ କରିଛନ୍ତି କବି । ଶାନ୍ତିନିକେତନକୁ ଆବିଷ୍କାର କରିବା ଭିତରେ ନିଜର ଅସ୍ମିତାକୁ ଆବିଷ୍କାର କରିପାରିଛନ୍ତି କବି । ଶାନ୍ତିନିକେତନକୁ ଆବିଷ୍କାର କରିବା ଭିତରେ ନିଜର ଅସ୍ମିତାକୁ ଆବିଷ୍କାର କରିପାରିଛନ୍ତି କବି । ସେଠି ମଧ୍ୟ ଉତ୍ତରିତ ପ୍ରେମର ଉପଲବ୍ଧିରେ ମୁଗ୍ଧ ହୋଇଛନ୍ତି ସେ । ସେଥିପାଇଁ ଶାନ୍ତିନିକେତନକୁ ଯେଉଁ ସୈତାନମାନେ କ୍ଷତାକ୍ତ କରିବାର ଉଦ୍ୟମ କରନ୍ତି, ସେମାନଙ୍କ ସେହି ପୈଶାଚିକ ଆଚରଣର ପ୍ରତିବାଦ ଫୁଟିଉଠିଛି ଏକାଧିକ କବିତାରେ । ଗଛମାନଙ୍କ ଆଖିରୁ ଯେଉଁ ଲୁହ ବୋହିଯାଏ, ସେହି ପ୍ରତିବାଦର ଭାଷା ଶୁଣାଇଛନ୍ତି କବି ନିର୍ଭୀକ ଭାବରେ । କାଦମ୍ବରୀ ଦେବୀଙ୍କ ସ୍ୱପ୍ନର ଇମାରତ ଆନ୍ନା ଭିକ୍ଟୋରିଆ କିମ୍ବା ଇନ୍ଦିରାଙ୍କ ନାମ ସିଏ ସ୍ମରଣ କରିଛନ୍ତି ଏ ପ୍ରସଙ୍ଗରେ । ଏଇଭଳି ତୂଳୀ ଆଉ କାନଭାସ୍‌ରେ ନିଜ କଳ୍ପନାକୁ ରୂପ ଦେଉଥିବା ଶିଳ୍ପୀ ଲଲାଟେନ୍ଦୁଙ୍କ ଚିତ୍ର ବଡ଼ ନିଖୁଣ । ରବୀନ୍ଦ୍ରନାଥଙ୍କ ବଡ଼ଭଉଣୀ ସ୍ୱର୍ଣ୍ଣକୁମାରୀ କବିତା ଲେଖୁଥିଲେ। ସାନଭାଇ ପାଇଁ ତାଙ୍କ ଆଖିରେ ଥିଲା ଆଶିଷର ଆଭା। ଏ ପ୍ରସଙ୍ଗରେ ସେ ରବୀନ୍ଦ୍ରନାଥଙ୍କ ଗୃହ 'ଯୋଡ଼ାଶଙ୍କ'କୁ ମନେପକାଇଛନ୍ତି। ଯେଉଁ ଅଖଣ୍ଡ ଆତ୍ମବିଶ୍ୱାସ

ନେଇ ମନୋରମା ଯାଇଥିଲେ ଶାନ୍ତିନିକେତନ ତାହା ବାସ୍ତବିକ ଏକ ମହନୀୟ ଉଦାହରଣ । ଏଠି ରବୀନ୍ଦ୍ରନାଥଙ୍କ ନୋବେଲ ପୁରସ୍କାର ଚୋରି ଘଟଣା ହେଉ, ଦୁର୍ନୀତି ଗ୍ରସ୍ତ କେଉଁ କୁଳପତିଙ୍କ କଳଙ୍କିତ ଚରିତ୍ର ହେଉ ବା କେଉଁ ଅଧ୍ୟାପକଙ୍କ ମାତୃଭାଷା ପ୍ରତି ଅବମାନନା ହେଉ, ସେଥିପାଇଁ ଶାନ୍ତିନିକେତନ ଦାୟୀ ନୁହେଁ । ସେଥିପାଇଁ ମନୋରମା ବୁଝିଛନ୍ତି ଯେ, ସମସ୍ତେ ଆସିପାରନ୍ତିନାହିଁ ଏ ତୀର୍ଥଭୂମିକୁ । ଆସି ପାରିଥିଲେ ବି ଛୁଇଁପାରନ୍ତି ନାହିଁ ଏ ତୀର୍ଥ ଶାନ୍ତନିକେତନର ସ୍ୱଚ୍ଛ ନିର୍ମଳ ଆତ୍ମାକୁ । ଶିଳ୍ପୀ ରାମକିଙ୍କରଙ୍କୁ କିପରି ଚିହ୍ନିପାରିଥିଲେ କବି, ତା'ର ଆଭାସ ଏଥିରେ ପ୍ରଦତ୍ତ । ବାଉଲମାନଙ୍କ ଗୀତ ସହ ଓଡ଼ିଆ ଗୀତ ମିଶି ଯେତେବେଳେ ଏକାକାର ହୋଇଯାଏ, ବାଉଲ ପରି ବିହ୍ୱଳ ହୁଅନ୍ତି ମନୋରମା । ରବୀନ୍ଦ୍ର ସଙ୍ଗୀତରୁ ଶାସ୍ତ୍ରୀୟ ସଂଗୀତର ସ୍ପର୍ଶ ପାଇଛନ୍ତି ସିଏ । ଆଉ ପୁଣି ଦେଖିଛନ୍ତି 'କଳାଭବନ' କାନ୍ଥରେ କାରୁକାର୍ଯ୍ୟମୟ ଓଡ଼ିଆ ଭାଷା କିପରି ସ୍ଥାପତ୍ୟ ପାଲଟି ଯାଇଛି । ନିଜ ଭାଷାରେ ଗୀତ ଗାଇବା, କବିତା ପଢ଼ିବା, ଆଉ ପୁଣି ରବୀନ୍ଦ୍ରନାଥଙ୍କ ପୁରୀ ଆଗମନର ସ୍ମୃତି ତାଙ୍କୁ ବିଭୋର କରିଛି । ପୁରୀରେ ଯେଉଁ ଘରେ ରବୀନ୍ଦ୍ରନାଥ ଅବସ୍ଥାନ କରୁଥିଲେ, ସେ ଘରର ନାମ ଥିଲା 'ପାଥେର୍ ପୁରୀ' । ଶାନ୍ତିନିକେତନ ନିକଟରେ ଥିବା 'ଟେରାକୋଟା' ଗାଁ, ଭୁବନଡଙ୍ଗା, କବି ରବୀନ୍ଦ୍ରଙ୍କ ନିକଟତର ହୋଇଥିବା ନାଥ ତା'ଙ୍କୁ ମନେପକାଇଛନ୍ତି ସେ । ସେ ଓଡ଼ିଶାରୁ ଯାଇଥିଲେ ଶାନ୍ତିନିକେତନ । ଶୁଣିଥିଲେ ରବୀନ୍ଦ୍ରଙ୍କ ହାତରେ ପିଆନୋର ଧ୍ୱନିମୟ ଝଙ୍କାର ।

ଶାନ୍ତିନିକେତନରେ ଯେତେବେଳେ ଛୁଟି ହୁଏ, ସେତେବେଳେ କି ସୁନ୍ଦର ଦିଶେ ସେ ରୂପ ! କି ମନୋହର ଗଙ୍ଗଶିଉଳିର ସକାଳ ! ମନୋରମା ଫକୀରମୋହନୀୟ ପରମ୍ପରାର କବି । ରବୀନ୍ଦ୍ରଭୂମିରେ ତାଙ୍କର ଜନ୍ମ ନୁହେଁ । ତଥାପି ସେ ରବୀନ୍ଦ୍ରଙ୍କ କବିତା ଓ ସଂଗୀତରେ ହଜାଇ ଦେଇଛନ୍ତି ଆପଣାକୁ । ଯିଏ ନିଜ ଜନ୍ମଭୂମିର କବିଙ୍କୁ ଭଲ ପାଇପାରେ, ସେ ଅନ୍ୟ ଭୂମିର ସ୍ରଷ୍ଟାଙ୍କୁ ବି ପ୍ରଣାମ କରିପାରେ ବିନମ୍ର ଭାବରେ । ସେଇ ବିନୀତ ଭାବ ମନୋରମାଙ୍କୁ ରବୀନ୍ଦ୍ର ସଙ୍ଗୀତ ଉଦ୍ଦେଶ୍ୟରେ ଉନ୍ମୁକ୍ତ କରିଦେଇଛି । ଯେତେଯାହା ହେଉ ପଛେ ଶାନ୍ତିନିକେତନର ସୌନ୍ଦର୍ଯ୍ୟ ଅତୁଟ । ତେବେ ଯେତେବେଳେ ଅପ୍ରେମର ରାଜତ୍ୱ ଚାଲେ, ସେତେବେଳେ ଶାନ୍ତିନିକେତନର ଦୀର୍ଘଶ୍ୱାସକୁ ନିଜ ଆତ୍ମା ଭିତରେ ଅନୁଭବ କରିପାରିଛନ୍ତି କବି ମନୋରମା । ବାଲେଶ୍ୱର ପାଖ ଗାଆଁର ପ୍ରଫେସର ନରେନ୍ଦ୍ର ମିଶ୍ରଙ୍କୁ ଶାନ୍ତିନିକେତନ ଆପଣାର କରି ନେଇଥିଲା । କେତେ ସରଳ ନିଷ୍କପଟ ଓ ଅମାୟିକ ନଥିଲେ ସେ ! ପୁଣି ବହୁ ଅପମାନକୁ ସହ୍ୟ କରିଥିଲେ ଜୀବନରେ । ତଥାପି ସ୍ନେହ, ପ୍ରେମ ଓ ଶ୍ରଦ୍ଧାରେ ବିଶ୍ୱାସ ରଖିଥିଲେ ସେ !

ଯାହା ସେ ଶାନ୍ତିନିକେତନଠାରୁ ପ୍ରାପ୍ତ ହୋଇଥିଲେ । ମଣିଷ ଅପେକ୍ଷା ଗଛମାନେ ତାଙ୍କର ଅଧିକ ଆତ୍ମୀୟ ଥିଲେ । ତାଙ୍କ ପାଇଁ ସ୍ୱର୍ଗରୁ ଆଶିଷ ବର୍ଷା ହେଉଥିଲା ।

ଶାନ୍ତିନିକେତନର ଅନୁଭୂତି ବ୍ୟକ୍ତ କରି ନରେନ୍ଦ୍ରନାଥ ମିଶ୍ର କହିଛନ୍ତି "ମୋର ପରମ ସୁଖ ବିଶ୍ୱଭାରତୀରେ ମୋର କର୍ମ ଜୀବନରେ ମୁଁ ସଂପଦ, ବିପଦ, ଲାଭକ୍ଷତି, ନିନ୍ଦା ଓ ଅପମାନକୁ ଭ୍ରୂକ୍ଷେପ ନକରି ଯଥା ସମ୍ଭବ ଅନାସକ୍ତ ଓ ନିର୍ଲିପ୍ତ ଭାବରେ ମୋର କର୍ତ୍ତବ୍ୟ ସାଧନ ପାଇଁ ପ୍ରୟାସ କରିଛି।" (୧୦) ବିଶ୍ୱଭାରତୀରେ ଯେତେବଳେ ନରେନ୍ଦ୍ରସାରଙ୍କୁ ୬୦ ବର୍ଷ ପୂରିଲା, ସେତେବେଳେ ତାଙ୍କର ଅଭିନନ୍ଦନ ପତ୍ରରେ ଲେଖା ହୋଇଥିଲା "ବ୍ୟକ୍ତିଗତ ଜୀବନରେ ସହସ୍ର ଝଡ଼ଝଞ୍ଜା ଅତିକ୍ରମ କରି ଆପଣ ଅମ୍ଳାନ ପୁଷ୍ପ ପରି ବିକଶିତ।"(୧୧) ଚକ୍ରାନ୍ତକାରୀ ଭସ୍ମାସୁରମାନେ ଏହି ପବିତ୍ରପୀଠକୁ ଆସି ମାତୃଭାଷାକୁ ଯେତେବେଳେ ହତ୍ୟା କରିଛନ୍ତି ଆଉ ବକ୍ଷଚ୍ଛେଦନ କରିଛନ୍ତି ପ୍ରଫେସର ମିଶ୍ରଙ୍କର, ସେତେବେଳେ ବାକ୍‌ରୁଦ୍ଧ ହୋଇ ଯାଇଥିଲେ ମିଶ୍ରସାର୍ । କେବଳ ଉଦାର ଭାବରେ ସେମାନଙ୍କୁ କ୍ଷମା କରିଦେଇଥିଲେ ।

ରବୀନ୍ଦ୍ରନାଥଙ୍କ ଘର 'ଉଦିଚୀ', 'ପ୍ରତୀଚି' ଆଉ 'ଶ୍ୟାମଳୀ'ର ଶାନ୍ତିମୟ ବାତାବରଣ ଆଙ୍କିଛନ୍ତି ଏ କବିତା ପୁସ୍ତକରେ କବି। ରବୀନ୍ଦ୍ରଙ୍କ ନିମନ୍ତ୍ରଣ ରକ୍ଷାକରି ଗାନ୍ଧି ଥରେ ଆସିଥିଲେ ଶାନ୍ତିନିକେତନକୁ ଆଉ ମାଟିଘର 'ଶ୍ୟାମଳୀ'ରେ ବିଶ୍ରାମ ନେଇଥିଲେ ସେ । ଆଉ ସେସବୁ, ସ୍ମୃତିର ସଂପଦ ହୋଇରହିଛି ଆଜି । ଯେଉଁମାନେ ଶାନ୍ତିନିକେତନରେ ଅଶାନ୍ତି ସୃଷ୍ଟି କରନ୍ତି, ସେମାନଙ୍କ ଉଦ୍ଦେଶ୍ୟରେ ମନୋରମାଙ୍କ ଚକ୍ଷୁରୁ ଉଦ୍‌ଗତ ହୋଇଛି ଅଗ୍ନିଶିଖା । ସେ ସତର୍କ କରିଦେଇଛନ୍ତି କାହାର ଗର୍ବ କି ଅହଂକାର ଚିରସ୍ଥାୟୀ ନୁହେଁ; ସବୁ ଚୂର୍ଣ୍ଣୀଭୂତ ହୁଏ ମହାକାଳର ଭୀଷଣ ପ୍ରହାରରେ । ରବୀନ୍ଦ୍ରନାଥଙ୍କ ପୁତ୍ରବଧୂ ପ୍ରତିମାଙ୍କ କଥା ମଧ୍ୟ ଉଲ୍ଲେଖ ହୋଇଛି ଏଥିରେ । ଯୋଡ଼ାଶଙ୍କର ମାଟିକୁ ମଧ୍ୟ କବି ମନୋରମା ପ୍ରଣାମ କରିଛନ୍ତି । ଶାନ୍ତିନିକେତନର ଲାଇବ୍ରେରୀ, ରବୀନ୍ଦ୍ରନାଥ, ନେହେରୁ, ଗାନ୍ଧି ଏ ସମସ୍ତଙ୍କ ଅନବଦ୍ୟ ତୈଳଚିତ୍ର ଦର୍ଶକମନରେ ଖେଳାଏ ଭକ୍ତିର ତରଙ୍ଗ । ଚାଳିଶ ବର୍ଷ ତଳର ଚିତ୍ରଶିଳ୍ପୀ 'ରୂପାବରୁଆ', ଯିଏ ଶାନ୍ତିନିକେତନର ଛାତ୍ରୀ, ତାକୁ ନିବିଡ଼ ଭାବରେ ମନେପକାନ୍ତି କବି । ଆସାମର ସୁନାନାକୀ ଝିଅ ସିଏ । ଶାନ୍ତିନିକେତନର ସୁବର୍ଣ୍ଣ ସମୟକୁ କେବେ ଭୁଲିପାରି ନାହାନ୍ତି ମନୋରମା। ଏହାକୁ ବ୍ୟକ୍ତି କିମ୍ବା ବିଶ୍ୱରେ ସ୍ଥାନ କିମ୍ବା ସ୍ଥାନୀୟତାରେ ସୀମାବଦ୍ଧ କରାଯାଇପାରିବ ନାହିଁ ବୋଲି ସେ ବିଶ୍ୱାସ କରନ୍ତି । ଶାନ୍ତିନିକେତନ ଶାନ୍ତିର, ପ୍ରେମର, ସୁସମ୍ପର୍କର, ଉଦାରତା, ସହନଶୀଳତା ଓ ସମ୍ବେଦନଶୀଳତା ତଥା ସ୍ୱର୍ଗୀୟ ସୌନ୍ଦର୍ଯ୍ୟର ଏକ ମହନୀୟ ପ୍ରତୀକ ।

ମନୋରମା ବିଶ୍ୱାଳ ମହାପାତ୍ରଙ୍କ ସାରା ଶରୀର ଅନ୍ତରାତ୍ମାର ଗଭୀରସ୍ତର, ରକ୍ତଧାରାର ପ୍ରତିଟି ବିନ୍ଦୁକୁ ଶାନ୍ତିନିକେତନ ଯେପରି ଭାବମୟ କରିରଖିଛି, ତାହା ସମଗ୍ର ଭାରତବର୍ଷରେ ଏକ ବିରଳ ଉଦାହରଣ। କିଏ ଯଦି ଶାନ୍ତିନିକେତନର ଦୃଶ୍ୟ ସୂକ୍ଷ୍ମ ଦୃଷ୍ଟିରେ ଦେଖିବାକୁ ଚାହେଁ, ସିଏ ମନୋରମାଙ୍କ କୋମଳ ଆଖି ଦୁଇଟିରେ ସେ ଦୃଶ୍ୟକୁ ପ୍ରତ୍ୟକ୍ଷ କରିପାରିବ । କେହି ଯଦି ଶାନ୍ତିନିକେତନର ପ୍ରାର୍ଥନାକୁ ଶୁଣିବାକୁ ଚାହେଁ, ମନୋରମାଙ୍କ ଶବ୍ଦସମ୍ଭାରରେ ତାକୁ ସେ ଶୁଣିପାରିବ । ମନେହୁଏ ଏହି ମହାନ କବି ମନୋରମା, ଯେତେବେଳେ ଚରିଦିନ ପାଇଁ ଆଖି ବୁଜିଦେବେ, ସେତେବେଳେ ବି ତାଙ୍କ ମୁଦ୍ରିତ ଚକ୍ଷୁର ଶାନ୍ତ ଦୃଶ୍ୟରେ ପ୍ରତିଫଳିତ ହେଉଥିବ ଶାନ୍ତିନିକେତନ । 'ସ୍ମୃତିର ଶାନ୍ତିନିକେତନ' ଏକ କବିତା ପୁସ୍ତକ କେବଳ ନୁହେଁ, ବାସ୍ତବିକ ଶାନ୍ତିନିକେତନର ଚିରନ୍ତନ ମହିମାକୁ ଓଡ଼ିଶାର ପବିତ୍ରମାଟିରେ ପ୍ରୋଥିତ କରିପାରିଛନ୍ତି ଏହି କାବ୍ୟଶିଳ୍ପୀ । ଶାନ୍ତିନିକେତନର ପ୍ରଶାନ୍ତ ବଳୟ ମଧ୍ୟକୁ ପ୍ରବେଶ କରିବା ପାଇଁ 'ସ୍ମୃତିର ଶାନ୍ତିନିକେତନ' ଏକ ସଶ୍ରଦ୍ଧ ନିମନ୍ତ୍ରଣ । ଯେଉଁମାନେ ଏହି ନିମନ୍ତ୍ରଣର ଆନ୍ତରିକତାକୁ ହୃଦୟଙ୍ଗମ କରିପାରିବେ, ସେମାନେ ଉତ୍ତୀର୍ଣ୍ଣ ହୋଇଯିବେ ଏପରି ଏକ ସୂକ୍ଷ୍ମ ସ୍ୱର୍ଗାଲୋକକୁ, ଯେଉଁଠି ଉତ୍କଳ ଓ ବଙ୍ଗର ସମ୍ମିଳିତ ସଂଗୀତ ଶୁଣି ସେମାନେ ଧ୍ୟାନସ୍ଥ ହୋଇପାରିବେ ଅନାୟାସରେ ଓ ଭଲ ପାଇବାର ମନ୍ତ୍ରରେ ଆମନ୍ତ୍ରିତ କରିବେ ନିଜର ମାଟି ଓ ନିଜ ଚତୁଃପାର୍ଶ୍ୱର ମଣିଷଙ୍କୁ ।

ବିଶ୍ୱଭାରତୀ ଯେତେବେଳେ କେନ୍ଦ୍ରୀୟ ବିଶ୍ୱବିଦ୍ୟାଳୟ ରୂପ ପରିଗ୍ରହ କଲା ତାହାର ଉଦ୍‌ଘାଟନୀ ଅଭିଭାଷଣ ପ୍ରଦାନ କରିଥିଲେ ବିଶ୍ୱକବିଙ୍କ ସୁପୁତ୍ର ବିଶ୍ୱଭାରତୀର ପ୍ରଥମ ଉପାଚାର୍ଯ୍ୟ ରଥୀନ୍ଦ୍ରନାଥ ଠାକୁର । ୧୯୫୦ ସେପ୍ଟେମ୍ବର ୨୨ ତାରିଖ ଦିନ ଏହି ଉତ୍ସବ 'ତମୀଶ୍ୱରାଣାଂ ପରମଂ ମହେଶ୍ୱରମ୍' ବୈଦିକ ମନ୍ତ୍ରରେ ଉଦ୍‌ଘାଟିତ ହୋଇଥିଲା ।(୧୨)

ପରମେଶ୍ୱର ହେଉଛନ୍ତି ଯେ ମହାନ୍ ନିର୍ମାତା, ପରମାତ୍ମା ଯିଏ କି ସମସ୍ତଙ୍କ ହୃଦୟରେ ବାସ କରନ୍ତି ଏହି ଅନୁଭବ ସେଦିନ ବ୍ୟକ୍ତ ହେବା ପଶ୍ଚାତରେ ପ୍ରତିଟି ମଣିଷ ପ୍ରତି ଯେମିତି ଗଭୀର ଆସ୍ଥା ଓ ବିଶ୍ୱାସ ପ୍ରକଟିତ ହୋଇଥିଲା । ମନୋରମା ବିଶ୍ୱାଳ ମହାପାତ୍ର ସେହିଭଳି ସମସ୍ତ ପୃଥିବୀର ଏକ ମହାନ ଶିକ୍ଷାନୁଷ୍ଠାନରେ ପରମାଶିଷ୍ୟା ଭାବରେ ଯେପରି ଜୀବନ ଅତିବାହିତ କରିଛନ୍ତି, ମନେହୁଏ ଶାନ୍ତିନିକେତନରେ ତାଙ୍କର ଯେପରି ହୋଇଛି ନବଜନ୍ମ । ଶାନ୍ତିନିକେତନ ତାଙ୍କର ବାତ୍ସଲ୍ୟମୟୀ ଜନନୀ, ଯିଏ ତାଙ୍କୁ ଜନ୍ମ ଦେଇଛି ନୂତନ ଚେତନାରେ ଆଲୋକ ଉଦ୍ଭାସିତ କରି । ଉତ୍କଳର ପବିତ୍ର ଭୂମି ତାଙ୍କର ମାତୃଭୂମି । ଏହା ସହିତ ଶାନ୍ତିନିକେତନ ମଧ୍ୟ ମହତ୍ତ୍ୱର ଦୃଷ୍ଟିରୁ ତାଙ୍କର

ମାତୃଭୂମି ବୋଲି ଅଭିହିତ କରିବାରେ କୌଣସି କୁଣ୍ଠା ରହିବା ଅନାବଶ୍ୟକ । ଜଣକର ମାତୃଭୂମି ଦୁଇଟି ପବିତ୍ର କ୍ଷେତ୍ର ହୋଇପାରେ ଏ ଉପଲବ୍ଧି ଏହି କବିତା ସଂକଳନଟି ପାଠକକୁ ପ୍ରଦାନ କରେ । ଯେଉଁଠି ପ୍ରାଚ୍ୟ ପାଶ୍ଚାତ୍ୟର ମିଳନ ସମ୍ଭବ । ସେହି ଉତ୍କଳ ଓ ବଙ୍ଗର ମିଳନ ଅସମ୍ଭବ ନୁହେଁ । ମନୋରମା ଉତ୍କଳ ମାଟିର ମମତାମୟୀ ବାଣୀ ସାଧିକା, ଯିଏ ଶାନ୍ତିନିକେତନରେ ପ୍ରତି ମୁହୂର୍ତ୍ତରେ ନିଜ ଭିତରେ ଅନୁଭବ କରିଛନ୍ତି ଦିବ୍ୟ ପ୍ରସ୍ଫୁଟନର ପବିତ୍ର ଧ୍ୱନି । ସେହି ଅନନ୍ୟ ପ୍ରସ୍ଫୁଟନର ସ୍ନିଗ୍ଧ ଉଚ୍ଚାରଣ ହେଉଛି ତାଙ୍କର ଏହି "ସ୍ମୃତିରେ ଶାନ୍ତିନିକେତନ" । ଯେଉଁ ଶାନ୍ତିନିକେତନ ମନୋରମାଙ୍କୁ ଦେଇପାରେ ନବଜୀବନର ତାରୁଣ୍ୟ, ତାଙ୍କ ଲିଖିତ କବିତା ଗ୍ରନ୍ଥ ପାଠକକୁ ମଧ୍ୟ ଦେଇପାରିବ ଏକ ମହନୀୟ ପୁନର୍ଜନ୍ମ । ଯେଉଁ କବିତା ତାଙ୍କ ଭିତରେ ଜନଜନ୍ମର ଉପଲବ୍ଧି ସଂଚାର କରିପାରେ ତାହା ହିଁ ତ ଶ୍ରେଷ୍ଠ କବିତା । "ସ୍ମୃତିରେ ଶାନ୍ତିନିକେତନ" ପରି କବିତା ଗ୍ରନ୍ଥ ଓଡ଼ିଆ ସାହିତ୍ୟରେ ଓ ଭାରତୀୟ ସାହିତ୍ୟ ଜଗତରେ ଯେ ଏକ ଶ୍ରେଷ୍ଠ ସୃଷ୍ଟି ଏକଥା ସ୍ୱୀକାର କରିବାରେ କୌଣସି ଦ୍ୱିଧା ନାହିଁ । କବତା ପୁସ୍ତକରେ ଶାନ୍ତନିକେତନର ବିଭିନ୍ନ ସ୍ଥାନରେ ମନୋରମାଙ୍କ ଫଟୋଚିତ୍ର ହୋଇଉଠିଛି ଅତ୍ୟନ୍ତ ଚିତ୍ତାକର୍ଷକ। ଏହି କବିତାଗ୍ରନ୍ଥ ବଙ୍ଗଳାରେ ମଧ୍ୟ ଅନୁଦିତ ହୋଇସାରିଛି । ଯେଉଁମାନେ ବଙ୍ଗଳଭାଷାରେ ଏହାକୁ ଅଧ୍ୟୟନ କରିବେ ସେମାନେ ମଧ୍ୟ ଅନୁଭବ କରିବେ ଉତ୍କଳୀୟ ଲଳନା ବଙ୍ଗ ପାଠକ ପାଠିକାଙ୍କୁ ଦେଇପାରେ ନୂତନ ଜନ୍ମ ଓ ଜୀବନର ମହକ । ଯେଉଁସବୁ ସ୍ନିଗ୍ଧ ପଦାବଳୀ ଏ ପୁସ୍ତକରେ ସନ୍ନିବିଷ୍ଟ ସେସବୁ ମନୋରମାଙ୍କ ଅନ୍ତରାତ୍ମା ମଧ୍ୟରେ ବହୁ ପୂର୍ବରୁ ସାଇତା ହୋଇ ରହିଥିଲା ଯତ୍ନର ସହିତ । ଯଥା ସମୟରେ, ଅନୁକୂଳ ମୁହୂର୍ତ୍ତରେ କବି ହୃଦୟର ସେ ନିର୍ମଳ ପଦ ପଙ୍କ୍ତି ସ୍ୱତଃସ୍ଫୂର୍ତ୍ତ ଭାବରେ ନିଃସୃତ ହୋଇଆସିଛି ତାଙ୍କ କଲମ ମୁନରୁ । ଆହା ! ଯେଉଁ କଲମ ଏ କବିତାଗ୍ରନ୍ଥ ସୃଷ୍ଟିରେ ସକ୍ଷମ ସେ କଲମକୁ ଆମର ଶତଶତ ନମସ୍କାର । ଆଉ ଯେଉଁ କବିଙ୍କ ଉଚ୍ଛ୍ୱସିତ ଆତ୍ମା ଏ ଶବ୍ଦପୁଞ୍ଜରେ ତରଙ୍ଗାୟିତ ସେ କବିଙ୍କୁ ମଧ୍ୟ ସହସ୍ର ପ୍ରଣାମ । ମୁହୁର୍ମୁହୁ ଉନ୍ମୋଚିତ ହୋଇଯିବାର ଅନୁଭବରେ ପାଠକ ଆତ୍ମାକୁ ଏହା ରସାର୍ଦ୍ର କରି ତୋଳିଦିଏ। ବିଶ୍ୱାସ ଆମ ଭିତରେ ଅତ୍ୟନ୍ତ ସୁଦୃଢ଼ କରିନିଏ।

କେହି ଯଦି ଶାନ୍ତିନିକେତନ ଦେଖିବାର ସୁଯୋଗରୁ ବଞ୍ଚିତ ସେମାନେ କବି ମନୋରମା ବିଶ୍ୱାଳ ମହାପାତ୍ରଙ୍କୁ ଆଖି ପୂରାଇ ଦେଖିଲେ ଉପଲବ୍ଧି କରିପାରିବେ ସେଇ ପବିତ୍ର ତପୋଭୂମିର ଆତ୍ମାକୁ । 'ସ୍ମୃତିରେ ଶାନ୍ତିନିକେତନ' ବାରମ୍ବାର ମୁଗ୍ଧ ଚିତ୍ତରେ କେହି ଯଦି ପାଠ କରିବେ ସେ ସ୍ୱତଃ ଉତ୍ତୀର୍ଣ୍ଣ ହୋଇଯିବେ ସେଇ ଭାବଲୋକକୁ ଯେଉଁଠି ଶାନ୍ତିନିକେତନର ଅପାର୍ଥିବ ସୌନ୍ଦର୍ଯ୍ୟ ସୃଷ୍ଟି କରିପାରିଛି ଏକ ମହନୀୟ ସ୍ୱର୍ଗ ।

ସେତେବେଳେ ଜଣେ କବିର କବିତା ଅର୍ଥପୂର୍ଣ୍ଣ ହୋଇଯାଏ ଯେତେବେଳେ ତାହା ପାଠକକୁ ପ୍ରଦାନ କରିପାରେ ନୂତନ ଚେତନାର ସ୍ପର୍ଶ । ଚେତନାର ଭୂମି, ସ୍ୱର୍ଗୀୟ ସୁଷମାନ୍ୱିତ ଶାନ୍ତିନିକେତନ କବିଙ୍କ ପ୍ରତିଟି ଶବ୍ଦରେ କି ସ୍ୱଚ୍ଛ, କି ପ୍ରାଣବନ୍ତ ସତେ ! ଶିଶିର ବିନ୍ଦୁଟି ଭିତରେ ଯେପରି ମହାକାଶ ପ୍ରତିବିମ୍ବିତ ହୋଇଉଠେ, ସେଇପରି ମନୋରମାଙ୍କ ସ୍ନିଗ୍ଧ ଶବ୍ଦମାନଙ୍କରେ ଶାନ୍ତିନିକେତନର ପ୍ରତିଫଳନ କୃତଜ୍ଞତାର ଅଶ୍ରୁରେ ଚକ୍ଷୁକୁ କରେ ଲୋତକାପ୍ଳୁତ ।

ପ୍ରାନ୍ତଟୀକା:

୧. ଠାକୁର ରବୀନ୍ଦ୍ରନାଥ, ନୋବେଲ ପୁରସ୍କାର ଗ୍ରହଣ ଅବସରରେ ଭାଷଣ (ଅନୁବାଦ, ଚିତ୍ତରଞ୍ଜନ ଦାସ) ଶାନ୍ତିନିକେତନ ଅନୁଭୂତି (ସଂପାଦକ ଏବଂ ପ୍ରକାଶକ- ମନୋରମା ବିଶ୍ୱାଳ ମହାପାତ୍ର) ପ୍ରୀତମପୁରୀ, ୧୨୫, ଆଚାର୍ଯ୍ୟ ବିହାର, ଭୁବନେଶ୍ୱର । ପ୍ରଥମ ସଂସ୍କରଣ-୨୦୦୯, ପୃଷ୍ଠା-୩୧ ।

୨. ତତ୍ରୈବ, ପୃଷ୍ଠା-୩୪ ।

୩. ବେହେରା କୃଷ୍ଣଚରଣ, ସାନ୍ଧ୍ୟ ସାଧନାର ଶାଖା : ଶାନ୍ତିନିକେତନ । ତତ୍ରୈବ, ପୃଷ୍ଠା ୫୩-୫୪ ।

୪. ମହାପାତ୍ର ମନୋରମା ବିଶ୍ୱାଳ, ପ୍ରତ୍ୟେକଟି ମୁହୂର୍ତ୍ତ ଥିଲା କବିତାର ମୁହୂର୍ତ୍ତ । ତତ୍ରୈବ, ପୃଷ୍ଠା-୧୭୦ ।

୫. ତତ୍ରୈବ, ପୃଷ୍ଠା-୧୭୦ ।

୬. ମହାପାତ୍ର ମନୋରମା ବିଶ୍ୱାଳ, ସ୍ମୃତିର ଶାନ୍ତିନିକେତନ । ଦ୍ୱିତୀୟ ମୁଦ୍ରଣ ପ୍ରୀତମ ପ୍ରକାଶନ, ୧୨୫, ଆଚାର୍ଯ୍ୟ ବିହାର, ଭୁବନେଶ୍ୱର । ୨୦୧୮, ପୃଷ୍ଠା-୭ ।

୭. ତତ୍ରୈବ, ପୃଷ୍ଠା-୧୪ ।

୮. ତତ୍ରୈବ, ପୃଷ୍ଠା=୩୩ ।

୯. ତତ୍ରୈବ, ପୃଷ୍ଠା-୮୨ ।

୧୦. ମିଶ୍ର ନରେନ୍ଦ୍ରନାଥ, ବିଶ୍ୱଭାରତୀ ଓଡ଼ିଆ ବିଭାଗ: ସ୍ମୃତି ଓ ପ୍ରତୀତି । ତତ୍ରୈବ, ପୃଷ୍ଠା-୧୧୨ ।

୧୧. ତତ୍ରୈବ, ପୃଷ୍ଠା-୧୧୩ ।

୧୨. Mukhapadhyay Tapati and Sen amrit, Address on the occasion of the Inauguration of Visva-Bharati as a Central University. Published by the Director Rabibdra-Bhavan Visva Bharati, June, 2013, Page-145.

ଶାନ୍ତିନିକେତନ ସହିତ ରବୀନ୍ଦ୍ର ପରିବାରର ବନ୍ଧନ

ଶାନ୍ତିନିକେତନକୁ ବିଶ୍ୱକବି ରବୀନ୍ଦ୍ରନାଥ ଭଲ ପାଇଛନ୍ତି ହୃଦୟ ଦେଇ । ଛାୟାଛନ୍ନ ଶାନ୍ତିନିକେତନର ବୃକ୍ଷ ସମୂହ ସହିତ ଆତ୍ମୀୟତାର ବନ୍ଧନରେ ବାନ୍ଧି ହୋଇ ସେ ପୁଣି ଅନୁଭବ କରିଛନ୍ତି ମୁକ୍ତାକାଶର ଅପରୂପ ସୌନ୍ଦର୍ଯ୍ୟ ଓ ସ୍ୱାଧୀନତା । ଯେକୌଣସି ମୁହୂର୍ତ୍ତରେ ଶାନ୍ତିନିକେତନ ସତେ ଆଶ୍ଚର୍ଯ୍ୟଜନକ ଓ ପ୍ରେମପୂର୍ଣ୍ଣ- ଏହାହିଁ ଅନୁଭବ କରିଛନ୍ତି ରବୀନ୍ଦ୍ର ଓ ତାଙ୍କ ରଚିତ କବିତାରେ ମଧ୍ୟ ଏହି ସଙ୍ଗୀତର ମୂର୍ଚ୍ଛନା ପାଠକଙ୍କୁ ବିମୁଗ୍ଧ କରି ତୋଳେ । ଏହି ମହକ ଶାନ୍ତିନିକେତନର ପ୍ରତିଷ୍ଠାତା ହେଲେ ରବୀନ୍ଦ୍ରଙ୍କ ପୂଜ୍ୟପିତା ମହର୍ଷି ଦେବେନ୍ଦ୍ରନାଥ ଠାକୁର । ଶାନ୍ତିନିକେତନର ସ୍ନିଗ୍ଧ ବାତାବରଣ ମଧ୍ୟରେ ରଚିତ ହୋଇଛି ରବୀନ୍ଦ୍ରଙ୍କ ଅନେକ କ୍ଲାସିକ୍ କୃତି । ଯେତେବେଳେ ସେଠାରେ ବ୍ରହ୍ମଚର୍ଯ୍ୟ ଆଶ୍ରମର ଆରମ୍ଭ ହୋଇଥିଲା ପ୍ରଥମ ପାଞ୍ଚଜଣ ଛାତ୍ରଙ୍କ ମଧ୍ୟରେ ଥିଲେ ରବୀନ୍ଦ୍ର- ପୁତ୍ର ରଥୀନ୍ଦ୍ର। ୧୯୪୧ ମସିହାରେ ରବୀନ୍ଦ୍ରନାଥଙ୍କ ଦେହାବସାନ ଅନ୍ତେ ଏହାର ସମସ୍ତ ଦାୟିତ୍ୱ ବହନ କରିଥିଲେ ତାଙ୍କ ସୁଯୋଗ୍ୟ ସନ୍ତାନ ରଥୀନ୍ଦ୍ରନାଥ ଠାକୁର । ୧୯୪୧ ମସିହାରେ ଯେତେବେଳେ ଏହା କେନ୍ଦ୍ରୀୟ ବିଶ୍ୱବିଦ୍ୟାଳୟ ମାନ୍ୟତା ଲାଭ କଲା ସେତେବେଳେ ଏହାର ପ୍ରଥମ କୁଳପତି ଆସନ ମଣ୍ଡନ କରିଥିଲେ ସେ । କବି ପତ୍ନୀ ଥିଲେ ପ୍ରତିମା ଦେବୀ। ଯୌବନ ଅବସ୍ଥାଠାରୁ ଜୀବନର ଶେଷ ମୁହୂର୍ତ୍ତ ପର୍ଯ୍ୟନ୍ତ ଶାନ୍ତିନିକେତନ ସହିତ ଜଡ଼ିତ ହୋଇ ରହିଥିଲେ ସେ । ୧୯୬୯ ମସିହାରେ ତାଙ୍କର ଘଟେ ଦେହାନ୍ତ ।

ରବୀନ୍ଦ୍ରନାଥଙ୍କ ସାନ ଭଉଣୀ ମୀରା ଦେବୀ ବିଫଳ ବୈବାହିକ ଜୀବନ ପରିତ୍ୟାଗ କରି ଶାନ୍ତିନିକେତନ ପରିସରରେ ସମୟ ବିତାଇଥିଲେ ତାଙ୍କ ଜୀବନର

ଶେଷ ମୁହୂର୍ତ୍ତ।୧୯୬୯ ମସିହା ପର୍ଯ୍ୟନ୍ତ। ମୀରା ଦେବୀଙ୍କ ସୁକନ୍ୟା ହେଉଛନ୍ତି ନନ୍ଦିତା । ତାଙ୍କର ସୁଯୋଗ୍ୟ ସ୍ୱାମୀ କୃଷ୍ଣା କୃପାଳିନୀ ପ୍ରାୟ ପନ୍ଦର ବର୍ଷ କାଳ ଶିକ୍ଷାଦାନରେ ନିଜକୁ ସମର୍ପିତ କରି ରଖିଥିଲେ । ସେ ହେଉଛନ୍ତି ରବୀନ୍ଦ୍ରନାଥଙ୍କ ଜଣେ ଶ୍ରେଷ୍ଠ ଜୀବନୀ ଲେଖକ । ରବୀନ୍ଦ୍ରନାଥଙ୍କ ବଡ଼ଭାଇ ଦ୍ୱିଜେନ୍ଦ୍ରନାଥ ଠାକୁର ତାଙ୍କ ଜୀବନର ଶେଷ କୋଡ଼ିଏ ବର୍ଷ କାଳ ଭାବାଚ୍ଛନ୍ନ ଜୀବନ ଅତିବାହିତ କରିଥିଲେ ଏହିଠାରେ । ଦ୍ୱିଜେନ୍ଦ୍ରନାଥଙ୍କ ପୌତ୍ର ଦିନେନ୍ଦ୍ରନାଥ ଟାଗୋର ସଙ୍ଗୀତ ଭବନର ଅଧ୍ୟକ୍ଷ ଆସନ ଅଳଙ୍କୃତ କରିଥିବା ବିଷୟ ଅତ୍ୟନ୍ତ ଗୌରବାବହ । ୧୯୩୯ ମସିହାରେ ଦିନାନ୍ତିକ ହୋଇଥିଲା ଗଠିତ। ସେଇଠି ଶାନ୍ତିନିକେତନର ସମସ୍ତେ ପରସ୍ପରକୁ ସାକ୍ଷାତ କରି ଚା'ପାନରେ ଉପଭୋଗ କରୁଥିଲେ ଅବର୍ଣ୍ଣନୀୟ ଆନନ୍ଦ ।

ସତ୍ୟେନ୍ଦ୍ରନାଥ ଟାଗୋରଙ୍କ ସୁକନ୍ୟା ଇନ୍ଦିରା ଦେବୀ ଚୌଧୁରାଣୀ ୧୯୩୧ ମସିହାରୁ ଗ୍ରହଣ କରିଥିଲେ 'ସଙ୍ଗୀତ ଭବନ'ର ଦାୟିତ୍ୱ ଓ କାର୍ଯ୍ୟକାରୀ କୁଳପତି ଭାବରେ ମଧ୍ୟ ଅତିବାହିତ କରିଥିଲେ କିଛି କାଳ। ସତ୍ୟେନ୍ଦ୍ରନାଥ ଟାଗୋରଙ୍କ ପ୍ରପୌତ୍ର ସୁପ୍ରିୟ ଟାଗୋର ପାଠଭବନର ଥିଲେ ବିଶ୍ୱସ୍ତ ଛାତ୍ର ସେ ସୁଦୀର୍ଘକାଳ ବ୍ୟାପୀ ପାଠଭବନର ଅଧ୍ୟକ୍ଷ ଭାବରେ ମଧ୍ୟ ଅବସ୍ଥାପିତ ହୋଇଥିଲେ । ସେ ଶାନ୍ତିନିକେତନ ନିକଟରେ ପ୍ରତିଷ୍ଠା କରିଥିଲେ ଅନାଥ ଶିଶୁଙ୍କ ପାଇଁ ଏକ ଆଶ୍ରମ ଯାହାର ନାମ ହେଉଛି 'ଶିଶୁତୀର୍ଥ' । ତାଙ୍କ ସୁପୁତ୍ର ସୁଦୀପ୍ତ ସେହିପରି ରବୀନ୍ଦ୍ରଙ୍କ ଆଦର୍ଶକୁ ଅନୁକରଣ କରି ପ୍ରତିଷ୍ଠା କରିଥିଲେ ଶାନ୍ତିନିକେତନ ନିକଟରେ ଆଉ ଏକ ଶିକ୍ଷାନୁଷ୍ଠାନ ।

ବିଶ୍ୱଭାରତୀ ସହ ରବୀନ୍ଦ୍ରନାଥଙ୍କ ପରିବାରର ଯେଉଁ ସଂପୃକ୍ତି ରହିଥିଲା ଏହି କଥା ହିଁ ପ୍ରମାଣିତ କରିଦିଏ ଯେ, ରବୀନ୍ଦ୍ରନାଥଙ୍କ ଆଦର୍ଶ ଦ୍ୱାରା ତାଙ୍କ ସମଗ୍ର ପରିବାର କିପରି ହୋଇଥିଲେ ଉଦ୍‌ବୁଦ୍ଧ । ଏହି ବିଶାଳ ଶିକ୍ଷାୟତନ ମଧ୍ୟକୁ ପ୍ରବେଶ କଲେ କେବଳ ଯେ ରବୀନ୍ଦ୍ରନାଥଙ୍କୁ ଅନୁଭବ କରିହେବ ସେତିକି ନୁହେଁ, ତାଙ୍କ ପରିବାରର ଅବଦାନ ଏହା ପ୍ରତି କେତେ ଉଲ୍ଲେଖନୀୟ ତାହା ଯେ କୌଣସି ସଚେତନ ଦର୍ଶକ ଅନୁଭବ କରିପାରିବ । ଅନେକ କ୍ଷେତ୍ରରେ ଦେଖାଯାଏ ଯେ ଜଣେ ମହାନ କବି ବା ଲେଖକଙ୍କ ଜୀବନାଦର୍ଶକୁ ପରିବାରର ସମସ୍ତେ ଗ୍ରହଣ କରିପାରି ନଥାନ୍ତି। ଏହା ସମାଜରେ ସୃଷ୍ଟି କରିଥାଏ ଏକ ହତାଶାବୋଧ ଅରପକ୍ଷରେ ଯେଉଁଠି ଶାନ୍ତିନିକେତନ ଭଳି ଶିକ୍ଷାୟତନ ସହିତ ରବୀନ୍ଦ୍ର-ପରିବାର ସଂପୃକ୍ତି ଦେଖିଲେ ବା ଅନୁଭବ କଲେ ହୃଦୟରେ ସୃଷ୍ଟିହୁଏ ଅସାମାନ୍ୟ ପୁଲକ । ଶାନ୍ତିନିକେତନ ଏହି ପବିତ୍ର ଆହ୍ଲାଦ ଦାନକରି ଯେ ହୋଇଉଠିଛି ମହାନ, ଏକଥା କହିବା ବାହୁଲ୍ୟ ମାତ୍ର ।

ସଂପ୍ରତି ରବୀନ୍ଦ୍ର ପରିବାରର ଶାନ୍ତିନିକେତନ ସହିତ କ'ଣ ରହିଛି ସଂପୃକ୍ତି ତାହା ଜାଣିବାର ଉତ୍ସୁକତା ଅନେକଙ୍କ ନିକଟରେ ରହିଥିବା ସ୍ୱାଭାବିକ। ସେପରି କୌଣସି ସୂଚନାଲାଭ କରିପାରିବାର ସୁଯୋଗ ମିଳିଲେ ଯେ ପ୍ରତିଟି ଦର୍ଶକ ସେମାନଙ୍କ ଦର୍ଶନ ଲାଭ କରିବା ନିମନ୍ତେ ଅନୁଭବ କରିବେ ସ୍ୱତଃସ୍ଫୂର୍ତ୍ତ ଆକର୍ଷଣ, ଏଥିରେ ସନ୍ଦେହ ନାହିଁ ।

■

ଗୋଟିଏ ନିର୍ଝର : ଦୁଇଟି ଧାର

ଅଭିଳାଷ ତ ବହୁଦିନର। କିନ୍ତୁ ସୂକ୍ଷ୍ମ ଜଗତରେ ମହତ୍ତର ସତ୍ତାମାନେ ଅପୂର୍ବ ସଂଯୋଗ ନଘଟାଇଲେ, ନା କୌଣସିଠାକୁ ଯାଇହୁଏ, ନା କୌଣସି ନୂଆ ମଣିଷ ସହିତ ପରିଚୟ ହୁଏ। ୧୯୯୭ ମସିହାରେ ସେହି ସୁବର୍ଣ୍ଣ ସୁଯୋଗ ଆସି ପହଞ୍ଚିଲା ମୋ' ପାଖରେ । ହୃଦୟରେ ବିପୁଳ ଆବେଗ ନେଇ ପହଞ୍ଚିଥିଲି ଶାନ୍ତିନିକେତନ ଠାରେ । ଦେଖି ବିହ୍ୱଳ ହେଲି ସେହି କାବ୍ୟମୟ ବାତାବରଣର ସ୍ନିଗ୍ଧତା ଓ ସୌନ୍ଦର୍ଯ୍ୟ । ସବୁ ସ୍ଥାନରେ ଅଟକି ଅଟକି ପ୍ରତ୍ୟେକଟି ମୁହୂର୍ତ୍ତରେ ଅନ୍ତରରେ ଧରି ରଖିବାର ପ୍ରଚେଷ୍ଟା କରୁଥିଲି ଆନ୍ତରିକ ଭାବରେ । କେତେ ଯେ ମଣିଷଙ୍କ ସହିତ ପରିଚୟ ହେଲା, ଭାବ ବିନିମୟ ହେଲା । ସେହି ଅନୁଭବର ଉଚ୍ଛ୍ୱାସକୁ କ'ଣ ବ୍ୟକ୍ତ କରିପାରିବି ? ରବୀନ୍ଦ୍ରନାଥ ଘର 'ଉତ୍ତରାୟଣ'ଠାରୁ ଆରମ୍ଭ କରି ବକୁଳ ବୀଥି, ଶାଳବୀଥି ତଥା ତା'ର ସୁଶୀତଳ ଛାୟାରେ ଭାବମଗ୍ନ ହୋଇ କେଉଁ ଏକ ସୂକ୍ଷ୍ମ ଜଗତର ଅନୁଭୂତି ଲାଭ କରିବା ପାଇଁ ଫିଟାଇ ଦେଇଥିଲି ହୃଦୟର କବାଟ ଝରକା । ରବୀନ୍ଦ୍ରନାଥଙ୍କ ଭାବନାରେ ନିମଜ୍ଜିତ ହେବା ତ ଥିଲା ଏକାନ୍ତ ସ୍ୱାଭାବିକ । ସେ ବର୍ଷ ଆନନ୍ଦମୟ ଅନୁଭୂତି ନେଇ ଫେରି ଆସିଥିଲି ଓଡ଼ିଶା ମାଟିକୁ। ଏତେ ଅନୁଭୂତି ସତ୍ତ୍ୱେ କ'ଣ ଗୋଟାଏ ଶୂନ୍ୟତା ମୁଁ ଅନୁଭବ କରୁଥିଲି ଛାତି ଭିତରେ ତାହା ଜାଣିବି ପାରୁନଥିଲି ।

ମଝିରେ ପୁଣି ଏକାଧିକ ଥର ଶାନ୍ତି ନିକେତନ ଯିବାର ଅନୁଭୂତି ପ୍ରାପ୍ତ ହେଲା । ତଥାପି ସେ ଯେ ଶୂନ୍ୟତା ତାହା ପୂର୍ଣ୍ଣ ହେଉନଥିଲା କେବେ । ସ୍ୱଭାବ କବି ଗଙ୍ଗାଧର ମେହେରଙ୍କ ପରିବାରରେ ମୋର ଜନ୍ମ। ପ୍ରତିଟି ମୁହୂର୍ତ୍ତରେ ଗଙ୍ଗାଧରଙ୍କ ପ୍ରତିଭାରେ ଯେଉଁ ସାମଞ୍ଜସ୍ୟ ମୁଁ ଲକ୍ଷ୍ୟ କରିଛି ତାହା ମୋତେ ବିଭୋର କରି ଦେଇଛି । ରବୀନ୍ଦ୍ରଙ୍କର ରଚନାରେ ଯେଉଁ ଆଧ୍ୟାତ୍ମିକ ଅନୁଭୂତି ଦେଶାତ୍ମବୋଧ ଓ ବିଶ୍ୱପ୍ରୀତି ପ୍ରକଟିତ, ଗଙ୍ଗାଧରଙ୍କ କାବ୍ୟ କବିତାରେ ମଧ୍ୟ ସେହି ମହିମ୍ନ ଭାବ ସନ୍ନିହିତ । ରବୀନ୍ଦ୍ରଙ୍କ ଜନ୍ମ

୧୮୬୧ ମସିହାରେ, ଗଙ୍ଗାଧରଙ୍କ ଜନ୍ମ ୧୮୬୨ ମସିହାରେ । ଗଙ୍ଗାଧର ରବୀନ୍ଦ୍ରନାଥଙ୍କ ଠାରୁ ମାତ୍ର ଗୋଟିଏ ବର୍ଷ ସାନ । ଉଭୟ କବିଙ୍କର କେବେହେଲେ ସାକ୍ଷାତ ହେବାର ପ୍ରମାଣ ନାହିଁ । ଏପରିକି ଗଙ୍ଗାଧର ରବୀନ୍ଦ୍ରଙ୍କ କବିତା ପଢ଼ିବାର ସୁଯୋଗ ପାଉଥିଲେ କି ନା ତାହା ମଧ୍ୟ ମୁଁ ଜାଣେନା । ଅଥଚ ଉଭୟ କବିଙ୍କ ବ୍ୟକ୍ତିତ୍ୱରେ ଓ ସାହିତ୍ୟକୃତିରେ ସମାନ ଭାବ ଆବିଷ୍କାର କରି ମୋର ଦୁଇ ଚକ୍ଷୁ ସଚଳ ହୋଇଉଠେ ?

ଶାନ୍ତିନିକେତନରୁ ପୂର୍ଣ୍ଣତାର ଅନୁଭବ ନେଇ ଫେରି ଆସିବା ସିନା ଶୋଭାପାଏ । ଶୂନ୍ୟତା ନେଇ ପ୍ରତ୍ୟାବର୍ତ୍ତନ କରିବା କି ଅସ୍ୱାଭାବିକ ।

ଏଥରର ଅନୁଭୂତି କିନ୍ତୁ ଥିଲା ଭିନ୍ନ । ଏକୁଟିଆ ଗଲି ଶାନ୍ତିନିକେତନକୁ । ଶତାବ୍ଦୀ ଏକ୍ସପ୍ରେସ୍‌ରେ ବସି । ଭୁବନେଶ୍ୱରରୁ ବସି ଗଲି କଲିକତା । କଲିକତାରୁ ଗଲି ବୋଲପୁର ଆଉ ତା'ପରେ ଶାନ୍ତିନିକେତନ । ପ୍ରତିଥର ପରି ସେହି ପୂର୍ବପଲ୍ଲୀ ଗେଷ୍ଟ ହାଉସ୍‌ରେ ମୋ ପାଇଁ ରୁମ ରିଜର୍ଭ ହୋଇ ରହିଥାଏ । ପ୍ରିୟ ଛାତ୍ରମାନେ ସେଠି ମୋତେ ଛାଡ଼ିଦେଲେ । ଏକୁଟିଆ ଚାଲିଗଲେ ନିଜ ବିଭାଗକୁ ସେମିନାରର ଆୟୋଜନ ପାଇଁ। ଆଶ୍ଚର୍ଯ୍ୟ କଥା ମୋତେ କାହିଁକି କେଜାଣି ଆଉ ଆଦୌ ଏକୁଟିଆ ଲାଗୁନଥାଏ । ଯଥା ସମୟରେ ଡାଇନିଙ୍ଗ ହଲ୍‌କୁ ଯାଇ ମଧ୍ୟାହ୍ନ ଭୋଜନ ପାଇଁ ବସି ରହିଲି ।

ତା'ପରେ କ୍ଷଣେ ଅନାଇଲି ହୋଟେଲ ପରିଚାଳକଙ୍କ ଆଡ଼କୁ । ମୋ' ଆଖିରେ ଏ କ'ଣ ମୁଁ ଦେଖୁଛି ? ନିଜକୁ ବିଶ୍ୱାସ କରିପାରିଲି ନାହିଁ । ଯେଉଁ ହୋଟେଲ ବୟଟି ହାତରେ ଆଣି ପରଷି ଦେଲା ସ୍ୱାଦିଷ୍ଟ ଭୋଜନ, ତାକୁ ବି କ୍ଷଣେ ଚାହିଁ ରହିଲି । ପୁଣି ଚକିତ ହେଲି । ଆଉ ମୋ' ଆଖିକୁ ଘଷିବାରେ ଲାଗିଲି । ମୋ' ଭିତରେ ବାଜି ଉଠୁଥିଲା ଆତ୍ମାକୁ ଥରାଇ ଦେବାଭଳି ଏକ ନୂତନ ଧ୍ୱନ୍ । ଗଲି ଓଡ଼ିଆ ବିଭାଗକୁ । ସେଠି ବି ଦେଖାହେଲେ କଇଲାଶ ସାର୍, ମନୋରଞ୍ଜନ ସାର୍, ରବୀନ୍ଦ୍ର ସାର୍, ଶରତ ସାର୍, ଚନ୍ଦ୍ରମଣି ସାର୍, ସବିତା ମ୍ୟାଡାମ୍, ପ୍ରମିଳା ମ୍ୟାଡାମ୍, ଆଉ ଛାତ୍ରଛାତ୍ରୀଙ୍କ ସହିତ, ବସିଲି ମଞ୍ଚରେ । ଅନ୍ୟଥର ଠାରୁ ଏଥର ପ୍ରତ୍ୟେକଙ୍କ ମୁହଁକୁ କ୍ଷଣେ କ୍ଷଣେ ନିର୍ଦ୍ଦିଷ୍ଟ ଭାବରେ ଚାହିଁରହୁଥିଲି । ସେଠାରୁ ଫେରିଆସିବା ବେଳେ ଶାନ୍ତିନିକେତନର ପ୍ରତିଟି ସବୁଜ ପତ୍ର, ରଙ୍ଗ ବେରଙ୍ଗର ନୂତନ ନୂତନ ଫୁଲ ଆକାଶର ଅନନ୍ତ ନୀଳିମା ସବୁ ଆଡକୁ ଦୃଷ୍ଟି ପ୍ରସାରିତ ହୋଇଯାଉଥାଏ। ଏସବୁ ଭିତରେ କ'ଣ ଗୋଟାଏ ମୁଁ ଦେଖୁଚି, ତାହା ଭାବି ପାରୁନଥାଏ ଆଦୌ । ସେଦିନ ରାତିରେ ପୂର୍ବପଲ୍ଲୀ ଗେଷ୍ଟ ହାଉସ୍‌ରେ ରହିବାର ସୁବ୍ୟବସ୍ଥା ହୋଇଥାଏ । ପ୍ରଶାନ୍ତ, ସୁଶାନ୍ତ ଆଉ କେତେ ଛାତ୍ର ଆସି ତାଙ୍କର

ଅବେଗସିକ୍ତ ବାର୍ତ୍ତାଳାପରେ ମୋତେ ମୁଗ୍ଧତା ଭିତରକୁ ଠେଲି ଦେଇଚାଲିଗଲେ। ହଷ୍ଟେଲର ଝରକା ଖୋଲି ଅନାଉଥିଲି ଜଣେ ମହାନ ଶିଳ୍ପୀର ଚିତ୍ର ପରି ଦିଶୁଥିବା ବୃକ୍ଷକୁ। ଇଚ୍ଛାହୁଏ ପ୍ରତିଟି ବୃକ୍ଷଲତାର ନାଁ ମୁଁ ମନେରଖନ୍ତି କିନ୍ତୁ ତାହା ସମ୍ଭବ ହୁଏ ନାହିଁ ମୋ ଦୁର୍ବଳ ସ୍ମୃତିଶକ୍ତି ଯୋଗୁଁ। ରାତିରେ ଶୋଇଲି ଶାନ୍ତିରେ ପ୍ରଶାନ୍ତ ଓ ଧ୍ୟାନସ୍ଥ ମନ ନେଇ। ଅନେକ ଦିନ ତଳେ ପଢ଼ିଥିଲି ଟଲଷ୍ଟୟଙ୍କ ଏକ ଗଳ୍ପନାୟକ ଅଭିଳାଷ ପୋଷଣ କରୁଥିଲା ଯେ ଆସନ୍ତାକାଲି ତା' ପାଖକୁ ସେ ପହଞ୍ଚିବେ । ରାତି ପାହିବା ମାତ୍ରକେ, ସେ ଲୋକଟି ଅପେକ୍ଷା କରିରହିଥିଲା ଭଗବାନଙ୍କ। ଏକାଧିକ ଦୁଃଖୀ ଅସହାୟ ମଣିଷଙ୍କ ଆଗମନ ହେଲା ତା' ଗୃହକୁ। କିନ୍ତୁ ଭଗବାନ ଆସିଲେ ନାହିଁ। ସନ୍ଧ୍ୟା ଉତ୍ତୀର୍ଣ୍ଣ ହେବାପରେ ନୈରାଶ୍ୟ ଆଉ ଶୂନ୍ୟତା ଭରିଯାଇଥିଲା ତ' ଛାତି ଭିତରେ। ଠିକ୍ ଯେପରି ମୁଁ ଶୂନ୍ୟତା ଅନୁଭବ କରୁଛି, ସେହିଭଳି ଅନୁଭାବରେ ସେ ନିଜକୁ ଭାଗ୍ୟହୀନ ମନେ କରୁଥିଲା। କିନ୍ତୁ ସେଦିନ ରାତିରେ ଭଗବାନ ଆବିର୍ଭୂତ ହୋଇ ତାଙ୍କୁ ଯାହା କହିଥିଲେ ତାହା ତ ଟଲଷ୍ଟୟଙ୍କ ଗଳ୍ପର ପ୍ରତିଟି ପାଠକ ଜାଣନ୍ତି ଭଲଭାବରେ । ପୂର୍ବପଲ୍ଲୀ ଗେଷ୍ଟ ହାଉସ୍‌ର ଯେଉଁ ପରିଚ୍ଛନ୍ନ ପ୍ରକୋଷ୍ଠଟିରେ ମୁଁ ନିଗୂଢ଼ ନିଦରେ ଶୋଇପଡ଼ିଥିଲି ମୋର ଅବସ୍ଥା ହେଲା ତଦ୍ରୂପ ।

ଋଷିପ୍ରତିମ ରବୀନ୍ଦ୍ରନାଥଙ୍କ ଛାୟାମୂର୍ତ୍ତି ମୋ ଜାଗାରେ ଦଣ୍ଡାୟମାନ, ପ୍ରସନ୍ନାତର ଜ୍ୟୋତିରେ ଭାସ୍ୱର ତାଙ୍କର ମୁଖମଣ୍ଡଳ । ମୋତେ ଦେଖି ସ୍ମିତହାସ୍ୟରେ ଦୁଇ ଆଖିରେ କମନୀୟତାର ମମତାମୟ କିରଣ ଫୁଟାଇ କହିଉଠିଲେ- ହଁ ହଁ ମୁଁ ଜାଣେ, ବାବୁ ତୁ ମୋତେ ହିଁ ଖୋଜୁଥିଲୁ । ପୂର୍ବପଲ୍ଲୀ ଗେଷ୍ଟହାଉସର ପରିଚାଳକଙ୍କ ଠାରୁ ଆରମ୍ଭ କରି ଶିକ୍ଷକ ଶିକ୍ଷୟିତ୍ରୀ, ଛାତ୍ରଛାତ୍ରୀ ଆଉ ପ୍ରତିଟି ଫୁଲର ପ୍ରତିଟି ସବୁଜ ସତେଜ ପତ୍ର ଭିତରେ ଉତ୍ତରାୟଣରେ ଶ୍ୟାମଳୀମାରେ; ଆଉ ଅନନ୍ତ ନୀଳଆକାଶରେ ପରିବ୍ୟାପ୍ତ ହୋଇ ମୁଁ ତୋତେ ହିଁ ଦେଖୁଥିଲି ନିର୍ନିମେଷ ନୟନରେ । ଯେଉଁ ହୋଟେଲ ବୟଟି ତୋତେ ଖାଦ୍ୟ ପରଷି ଦେଲା, ସେ ଆଉ କେହି ନୁହେଁ, ମୁଁ ହିଁ ତା'ର ପାଦକୁ ଆଶ୍ରୟ କରି, ତା'ର ପ୍ରସ୍ତୁତ ହେଉଥିବା ଖାଦ୍ୟ, ମୁଁ ହିଁ ପରଷୁ ଥିଲି। ଗାନ୍ଧିଜୀ ଆସି ଏହି ଆଶ୍ରମରେ ଗ୍ରହଣ କରିଥିଲେ ତାଙ୍କର ମଧ୍ୟାହ୍ନ ଭୋଜନ । ତାଙ୍କୁ ଯେପରି ଆଦର ଅଭ୍ୟର୍ଥନାରେ ଶାନ୍ତିନିକେତନ ଅଭିଭୂତ କରିଥିଲା ମୁଁ ଠିକ୍ ସେହି ସ୍ନେହ ଓ ସୋହାଗରେ ତୋ' ଉଦ୍ଦେଶ୍ୟରେ ନିବେଦନ କରିଥିଲି ପ୍ରଭୁଙ୍କ ପ୍ରସାଦ ।"

ବିଶ୍ୱକବିଙ୍କ ଛାୟାମୂର୍ତ୍ତିଙ୍କ ଠାରୁ ଏତେକ ଶୁଣିବା ପରେ, ପୂର୍ବରୁ ଯେଉଁ ଶୂନ୍ୟତା ମୋ' ହୃଦୟରେ ଛାଇ ଯାଇଥିଲା; ତାହା ପୂର୍ଣ୍ଣତାର ଉପଲବ୍ଧିରେ ପରିପୂର୍ଣ୍ଣ ହୋଇ ଉଠିଲା । ସାହସ ଅବଲମ୍ବନ କରି ପଚାରିଲି ଆପଣ ଗଙ୍ଗାଧର ମେହେରଙ୍କୁ କ'ଣ

ଜାଣିନାହାନ୍ତି ? ତାଙ୍କ କବିତା ଯଦି ଆପଣ ପଢ଼ିଥାଆନ୍ତେ, ତା'ହେଲେ ଆପଣ ନିଶ୍ଚୟ ଅନୁଭବ କରିଥାନ୍ତେ ଯେ ଆପଣ ଦୁହିଁଙ୍କ ଅନ୍ତରାତ୍ମାର ଅନୁଭୂତିରେ କେତେ ମେଳ ରହିଛି । ମୋ କଥା ଶୁଣି ବିଶ୍ୱକବିଙ୍କ ଓଠରେ ସ୍ମିତହାସ୍ୟର ରେଖାଟିଏ ଖେଳିଗଲା, ବିଦ୍ୟୁତ୍‌ର ସ୍ଫୁରଣ ପରି । ନିମିଷକେ ପୁଣି ସେ ଛାୟାମୂର୍ତ୍ତି ମିଳାଇଗଲା ସେହି କୋଠରୀ ଭିତରେ । ନିଦ୍ରାଭଙ୍ଗ ହେଲା ମୋର। ଝରକା ଦେଇ ବହି ଆସୁଥାଏ ଶୀତଳ ପବନର ଢେଉ । ରବୀନ୍ଦ୍ର ସଙ୍ଗୀତର ମଧୁର ମୂର୍ଚ୍ଛନା ଦ୍ୱାରା ସେ ପବନ ଗାଉଥାଏ ନିରନ୍ତର ବିଭୁ ବନ୍ଦନାର ପବିତ୍ର ମନ୍ତ୍ର । ଛାତି ଭିତରେ ଶୂନ୍ୟଥିବା କୋଠରୀଗୁଡ଼ିକ ପୂର୍ଣ୍ଣ ହୋଇ ଉଠୁଥାଏ ଆପେ ଆପେ କିନ୍ତୁ ସେହି ନିରନ୍ତର ନମସ୍ୟ ବିଶ୍ୱକବି ମୋ' ପାଖରୁ ଅନ୍ତର୍ହିତ ହୋଇଯାଇ ଗଲେ ପୁଣି କୁଆଡ଼େ ?

ତହିଁ ପରଦିନ ସକାଳୁ ଟ୍ରେନ୍ ଧରିଲି ଓଡ଼ିଶାକୁ ଆସିବା ପାଇଁ। ସେଥିରେ ଶୋଭା ପାଉଥାଏ ରବୀନ୍ଦ୍ରନାଥଙ୍କ ପ୍ରିୟ ଛବିଟିଏ । ତାଙ୍କ ଆଖି ଦୁଇଟିକୁ ଅନାଇ ଅନାଇ ତାଙ୍କ ଠାରୁ ଆଶୀର୍ବାଦ ଭିକ୍ଷା କରି କରି ଫେରି ଆସିଲି ମୋର ଜନ୍ମଭୂମି ଓଡ଼ିଶାକୁ । ରେଲୱେ ଷ୍ଟେସନରୁ ଅଟୋରେ ଆସି ପହଞ୍ଚିଲି ଘରେ । କବାଟ ଖୋଲି ପ୍ରବେଶ କଲି ଭିତରକୁ । ସାମ୍ନାରେ ସବୁବେଳେ ଟଙ୍ଗା ହୋଇ ରହିଥାଏ ମୋର ପରମପୂଜ୍ୟ ପ୍ରପିତାମହ ସ୍ୱଭାବକବି ଗଙ୍ଗାଧରଙ୍କ ଛବି । ଘରୁ ବାହାରକୁ ଗଲାବେଳେ ଓ ବାହାରୁ ଆସି ଘର ଭିତରେ ପ୍ରବେଶ କରିବା ମାତ୍ରକେ ତାଙ୍କ ଛବିକୁ ପ୍ରଥମେ ଚାହେଁ । ଏ ମୋର ଛୋଟ ବେଳରୁ ଆରମ୍ଭ ହୋଇଥିବା ଅଭ୍ୟାସ । ଘରେ ପଶି ଗଙ୍ଗାଧରଙ୍କ ଛବି ତଳେ ହାତ ଯୋଡ଼ି ଠିଆ ହେଲି କିଛିକ୍ଷଣ, ତା'ପରେ ଅନାଇଲି ତାଙ୍କ ସୌମ୍ୟ ମୁଖମଣ୍ଡଳକୁ । ମୁଁ ଏ କ'ଣ ଦେଖୁଛି । ନିଜକୁ ବିଶ୍ୱାସ କରିପାରିଲି ନାହିଁ । ଯେଉଁଠି ଗଙ୍ଗାଧରଙ୍କ ପ୍ରତିକୃତି ସଜ୍ଜିତ ସେଠି ରବୀନ୍ଦ୍ରନାଥ କିପରି ଥିଲେ ବିରାଜିତ ? ? ଅଧରରେ ସେହି ମଧୁର ସ୍ମିତହାସ୍ୟ ପ୍ରକଟ କରି ମୋତେ ଦେଖୁଛନ୍ତି ପ୍ରସନ୍ନ ବଦନରେ ତା'ହେଲେ ? ଗଙ୍ଗାଧର ଓ ରବୀନ୍ଦ୍ରନାଥ ? ଶାନ୍ତିନିକେତନରୁ କିଣି ଆଣିଥିଲି ରବୀନ୍ଦ୍ରଙ୍କ ପ୍ରତିକୃତି। ତାକୁ ବ୍ୟାଗ ଭିତରୁ ବାହାର କରି ଯଥା ସ୍ଥାନରେ ରଖିବା ପାଇଁ ଯେତେବେଳେ ଯାଉଛି, ସେତେବେଳେ ଦେଖିଲି ସେ ଚିତ୍ର ଭିତରେ ଗଙ୍ଗାଧରଙ୍କ ଦିବ୍ୟ ମୁଖମଣ୍ଡଳ ଉଦ୍ଭାସିତ ।

ଆଉ କ'ଣ କିଛି ବାଖ୍ୟା କରିବାର ପ୍ରୟୋଜନ ଅଛି ? ମୋର ଶୂନ୍ୟତା ଭରା ଅନ୍ତରାତ୍ମାରେ ଶୁଣି ପାରୁଥିଲି ପରିପୂର୍ଣ୍ଣତାର ଚିରନ୍ତନ ସଙ୍ଗୀତ । ଧ୍ୟାନସ୍ଥ ହୋଇ ସେହି ସଙ୍ଗୀତର ଧ୍ୱନିରେ ଏକାକାର ହୋଇଯିବା ପାଇଁ ପ୍ରାର୍ଥନା କରୁଥିଲି ମନେ ମନେ । ନିବେଦନ କରୁଥିଲି ଜୀବନଧାରା ଏକ ସ୍ନିଗ୍ଧ ଅମୃତଧାରାରେ ପରିଣତ ହୋଇଯାଉବୋଲି । ■

ନିରାଲାଙ୍କ ନିକଟରେ ମୁହୂର୍ତ୍ତଟିଏ

୧୯୯୭ ମସିହାରେ ଯେତେବେଳେ ମିଳିଥିଲା ପ୍ରଥମ ସୁଯୋଗ ଶାନ୍ତିନିକେତନ ଯିବା ପାଇଁ, ତାହାର ଶିହରଣ ଥିଲା ନିଶ୍ଚୟ ସ୍ୱତନ୍ତ୍ର । କୋଲକାତାରୁ ପୂର୍ବାହ୍ନ ଦଶଟାରେ ଆମେ ଟ୍ରେନ୍‌ରେ ଯାତ୍ରାରମ୍ଭ କରିଥିଲୁ ଶାନ୍ତିନିକେତନ ଉଦ୍ଦେଶ୍ୟରେ । ସେଠାରେ ପହଞ୍ଚିବା ବେଳକୁ ମଧ୍ୟାହ୍ନ ଗୋଟାଏ ଅତିକ୍ରମ କରିସାରିଥିଲା । ମୁଁ କଳ୍ପନାରେ ସୁଦ୍ଧା ଭାବିପାରି ନଥିଲି ଯେ ଶାନ୍ତିନିକେତନ ପରିସରକୁ ପହଞ୍ଚିବା ମାତ୍ରକେ ଜଣେ ମହାନ୍ ସାହିତ୍ୟ ସାଧକଙ୍କ ନିକଟ-ସାନ୍ନିଧ୍ୟ ଲାଭ କରିପାରିବି ।

ଯେଉଁମାନେ ପାର୍ଥିକ ଶରୀର ତ୍ୟାଗ କରି ଏ ମର୍ତ୍ତ୍ୟଭୂମିରୁ ବିଦାୟ ନେଇସାରିଛନ୍ତି, ସେମାନଙ୍କ ସନ୍ନିକଟବର୍ତ୍ତୀ ହେବା ସମ୍ଭବ ନୁହେଁ ବୋଲି ଯଦି ଭାବୁଥାନ୍ତି ମୁଁ; ତା'ହେଲେ ରବୀନ୍ଦ୍ରନାଥଙ୍କ କୋଳମଣ୍ଡନ କରିବା ସକାଶେ ଶାନ୍ତିନିକେତନକୁ ଆସିଥାନ୍ତି କାହିଁକି ? ସମସ୍ତ ଉଚ୍ଚକୋଟୀର ମାନବାତ୍ମା ଓ ସାହିତ୍ୟଶିଳ୍ପୀଙ୍କ ସୂକ୍ଷ୍ମ ଉପସ୍ଥିତି ଯେ କୌଣସି ସମୟରେ ଲାଭ କରାଯାଇପାରେ- ଏହି ବିଶ୍ୱାସ ମଧ୍ୟରେ ବଞ୍ଚିଥିବା ସ୍ୱଭାବ କବି ଗଙ୍ଗାଧର ମେହେରଙ୍କ ପରିବାରରେ ମୋର ଅର୍ଥପୂର୍ଣ୍ଣ ଆବିର୍ଭାବ ସମ୍ଭବ ହୋଇଛି ବୋଲି ମୋର ଦୃଢ଼ ଆତ୍ମପ୍ରତ୍ୟୟ । କେବେବି ଭାବିନାହିଁ ମୁଁ ଯେ, ଗଙ୍ଗାଧରଙ୍କ ସ୍ନେହସିକ୍ତ ଆଶୀର୍ବାଦରୁ ବଞ୍ଚିତ ରହିଛି ବୋଲି । ଠିକ୍ ସେହିପରି ବିଶ୍ୱକବି ରବୀନ୍ଦ୍ରନାଥ, ମହାତ୍ମା ଗାନ୍ଧୀ, ସ୍ୱାମୀ ବିବେକାନନ୍ଦ ପ୍ରମୁଖ ବ୍ୟକ୍ତିତ୍ୱଙ୍କ ଅବସାନ ସମ୍ଭବ ବୋଲି କେବେବି ଭାବିପାରିନାହିଁ ।

ବର୍ତ୍ତମାନ ଯେଉଁ ମହାନ ସାହିତ୍ୟ ଶିଳ୍ପୀଙ୍କ ସମ୍ପର୍କରେ ମୁଁ କହିବାକୁ ଯାଉଛି କିଛି ସେ ହେଉଛନ୍ତି ହିନ୍ଦୀ ସାହିତ୍ୟର ସୁପ୍ରସିଦ୍ଧ କବି, ଔପନ୍ୟାସିକ, ପ୍ରାବନ୍ଧିକ, କ୍ଷୁଦ୍ରଗଳ୍ପ ଲେଖକ 'ନିରାଲା' । ଏହି ମହାନ୍ ଲେଖକ ନିରାଲାଙ୍କ ପ୍ରକୃତ ନାମ ହେଉଛି ସୂର୍ଯ୍ୟକାନ୍ତ ତ୍ରିପାଠୀ । ଫେବୃଆରୀ ୨୧ ତାରିଖ ୧୮୯୭ ମସିହାରେ ତାଙ୍କର ଆବିର୍ଭାବ ଓ ଅକ୍ଟୋବର ୧୩ ତାରିଖ ୧୯୬୧ ମସିହାରେ ତାଙ୍କର ଦେହାବସାନ । ୧୮୯୭ରେ

ଜନ୍ମିତ ଏହି ଭାରତୀୟ କବି ଓ ଲେଖକ ନିରାଲାଙ୍କ ଜନ୍ମ ଶତବାର୍ଷିକୀ ଅନୁଷ୍ଠିତ ହେଉଥିଲା ୧୯୯୭ ମସିହାରେ ସର୍ବତ୍ର । ବିଶ୍ୱଭାରତୀ ବିଶ୍ୱବିଦ୍ୟାଳୟସ୍ଥିତ ହିନ୍ଦୀ ଭବନରେ ଠିକ୍ ଯେଉଁ ସମୟରେ ପାଳିତ ହେଉଥାଏ, ତାଙ୍କର ଏହି ଶତବାର୍ଷିକୀ ଜୟନ୍ତୀ ଉତ୍ସବ ଠିକ୍ ସେହି ସମୟରେ ହିଁ ଆମେ ପହଞ୍ଚିଥିଲୁ ଶାନ୍ତିନିକେତନର ହିନ୍ଦୀ ବିଭାଗରେ। ବରପାଲିରୁ ଯାଇ ଶାନ୍ତିନିକେତନଠାରେ ନିଜକୁ ନିମଜ୍ଜିତ କରିଦେଇଥିବା ମୋର ପ୍ରିୟଛାତ୍ର ବର୍ତ୍ତମାନ ଓଡ଼ିଶାର ଜଣେ ବିଶିଷ୍ଟ କବି, ଗାଳ୍ପିକ ଓ ଗବେଷକ ଡକ୍ଟର ଲକ୍ଷ୍ମଣ କୁମାର ପଧାନ ଆମକୁ ଅର୍ଥାତ୍ ମୋତେ ଡକ୍ଟର ଶୁକମୁନି ମେହେର ଓ ଆମର ପ୍ରିୟ ପୁତ୍ର ପ୍ରୀତିଶ ପ୍ରତୀକଙ୍କୁ ନେଇ ବସିବାର ସୁବ୍ୟବସ୍ଥା କରିଦେଇଥିଲେ ଉକ୍ତ ଜୟନ୍ତୀ ସଭାରେ। ଆମ ସମ୍ମୁଖରେ ଯାହାଙ୍କର ସୁସଜ୍ଜିତ ପ୍ରତିଛବି ମନକୁ ଟାଣି ନେଉଥିଲା ଚୁମ୍ବକୀୟ ଆକର୍ଷଣରେ ତାହା ହେଲା ପୂଜ୍ୟ ନିରାଲାଙ୍କ ପ୍ରାଣବନ୍ତ ଉପସ୍ଥିତି । ହିନ୍ଦୀ ସାହିତ୍ୟର ବିଶିଷ୍ଟ ବିଜ୍ଞ ଅଧ୍ୟାପକ ଓ ପ୍ରଫେସର ବୃନ୍ଦ ନିରାଲାଙ୍କ ସମ୍ପର୍କରେ ପ୍ରଦାନ କରୁଥାନ୍ତି ପ୍ରାଣପୂର୍ଣ୍ଣ ଭାଷଣ । ସେହି ଭାଷଣରେ ନଥିଲା କୌଣସି କୃତ୍ରିମତା କିମ୍ବା ଜ୍ଞାନ ପ୍ରଦର୍ଶନର ମନୋବୃତ୍ତି । ଆଲୋଚକମାନେ ଏତେ ଧୀର ଶାନ୍ତ, ସ୍ଥିର ଚିତ୍ତରେ ନିରାଲାଙ୍କ ସାହିତ୍ୟ ସାଧନାର ସ୍ୱାତନ୍ତ୍ର୍ୟ ଉପରେ ଆଲୋକପାତ କରୁଥାନ୍ତି ଓ ନିରାଲାଙ୍କ ଉଦ୍ଦେଶ୍ୟରେ ଭକ୍ତି ଶ୍ରଦ୍ଧାଞ୍ଜଳି ଅର୍ପଣ କରୁଥାନ୍ତି ଯେ ମନେ ହେଉଥାଏ ସତେ ଯେପରି ବୃକ୍ଷ ଛାୟାର ଶୀତଳ ପରିବେଶ ମଧ୍ୟରେ ଆମେ ଉପବିଷ୍ଟ ।

ନିରାଲା ବଙ୍ଗଳା ପ୍ରେସିଡେନ୍ସୀର କାନ୍ୟକୁବ୍ଜ ବ୍ରାହ୍ମଣ ପରିବାରରେ ହୋଇଥିଲେ ଆବିର୍ଭୂତ । ଯେତେବେଳେ ସେ ଯୌବନରେ ପଦାର୍ପଣ କରିଥିଲେ ସେତେବେଳେ ହରାଇଥିଲେ ନିଜ ସ୍ନେହମୟୀ ଜନନୀଙ୍କୁ । ବଙ୍ଗଳା ମାଧ୍ୟମରେ ସେ ସ୍କୁଲଶିକ୍ଷା ସମାପ୍ତ କରିଥିଲେ । ଉଦ୍‌ବୋଧିତ ହୋଇଥିଲେ ରାମକୃଷ୍ଣ ପରମହଂସ, ସ୍ୱାମୀ ବିବେକାନନ୍ଦ ଓ ବିଶ୍ୱକବି ରବୀନ୍ଦ୍ରନାଥଙ୍କ ବ୍ୟକ୍ତିତ୍ୱର ଆଭାରେ। ପରବର୍ତ୍ତୀ ସମୟରେ ତାଙ୍କ ସହଧର୍ମିଣୀ ମନୋହରା ଦେବୀଙ୍କ ପ୍ରେରଣାରେ ସେ ଲେଖିବାକୁ ଲାଗିଲେ ହିନ୍ଦୀ ଭାଷାର କବିତା ଓ ଗଳ୍ପଗୁଚ୍ଛ । ତାଙ୍କ ଜୀବନ ଥିଲା କାରୁଣ୍ୟମୟ। ସେ ଅକାଳରେ ହରାଇଥିଲେ ନିଜର ପତ୍ନୀ ଓ ସୁକନ୍ୟାଙ୍କୁ । ସେ ସାମାଜିକ ଅନ୍ୟାୟ ଓ ଶୋଷଣ ବିରୁଦ୍ଧରେ ଲେଖନୀ ଚାଳନା କରିଥିଲେ ସାରା ଜୀବନ । ତାଙ୍କର ସୁପ୍ରସିଦ୍ଧ ରଚନାବଳୀ ଅନୁବାଦ ମାଧ୍ୟମରେ ଇଂରାଜୀ ଓ ଭାରତୀୟ ଭାଷା ମାଧ୍ୟମରେ ପହଞ୍ଚିଥିଲା ସହୃଦୟ ପାଠକମାନଙ୍କ ନିକଟରେ । ତାଙ୍କ ସୁପ୍ରସିଦ୍ଧ ସାହିତ୍ୟକୃତି ମଧ୍ୟରେ ରହିଛି 'ରାମ କି ଶକ୍ତିପୂଜା', 'ଧନୀ', 'ଅପରା', 'ସରୋଜ ସ୍ମୃତି', 'ପରିମଳ', 'ପ୍ରିୟତମ', 'ଅନାମିକା', 'ଗୀତିକା', 'ଅର୍ଚ୍ଚନା', 'ଆରାଧନା', 'ତୁଳସୀଦାସ', 'ଜନ୍ମଭୂମି', ଆଦି କବିତା ପୁସ୍ତକ। ସେହିପରି ତାଙ୍କ ଉପନ୍ୟାସ ମଧ୍ୟରେ

ରହିଛି – 'ଅପ୍ସରା', 'ଅଳକା', 'ପ୍ରଭାବତୀ', 'ନିରୂପମା', 'ଇନ୍ଦୁଲେଖା', ଆଉ ଗଳ୍ପ ସଂକଳନ ମଧ୍ୟରେ 'ଚତୁରୀ ଚମାର', 'ସାକ୍ଷୀ', 'ଲିଲି', ରହିଥିବା ବେଳେ ପ୍ରବନ୍ଧ ପୁସ୍ତକ ଆଉ ଅନୁବାଦ ଗ୍ରନ୍ଥଗୁଡ଼ିକ ମଧ୍ୟ ଲୋକପ୍ରିୟତା ଅର୍ଜନ କରିଛି । ଏସବୁ ତଥ୍ୟ ସେଦିନ ମୁଁ ପାଇପାରି ନଥିଲି ସଭାସ୍ଥଳରେ। ଏହା ମୋର ପରବର୍ତ୍ତୀ ସମୟର ସଂଗ୍ରହ ଓ ପଠନ । ସଭାସ୍ଥଳରେ ନିରାଲାଙ୍କ ଭାବମୂର୍ତ୍ତି ଆଗରେ କେବଳ ଥିଲି ପ୍ରାର୍ଥନାରତ। ସେହି ଶାନ୍ତ, କାନ୍ତ ମହତ୍ତର ଭାବଜଗତ ମଧ୍ୟରେ ବସିଥିବା ବେଳେ ଏକ ଅପୂର୍ବ ତୃପ୍ତି ସଞ୍ଚରି ଆସୁଥିଲା ମୋ ଅନ୍ତରକୁ । ମନେ ହେଉଥିଲା ସତେ ଯେମିତି ନିରାଲାଙ୍କ ନିକଟରେ ବସି ରହିଛି ମୁଁ ଓ ସେ ଏକ ଭାବବଳୟରେ ରୂପାନ୍ତରିତ ହୋଇ ମୋତେ ଘେରି ରଖିଛନ୍ତି ତାଙ୍କ ସ୍ନେହ ପରିସର ମଧ୍ୟରେ ।

ନିରାଲାଙ୍କ ସ୍ମୃତିରକ୍ଷା ନିମିତ୍ତ ବିଭିନ୍ନ ପ୍ରଚେଷ୍ଟା କରାଯାଇଛି । ତାଙ୍କ ନାମରେ ନାମିତ ହୋଇଛି ମହାବିଦ୍ୟାଳୟ, ପ୍ରେକ୍ଷାଗୃହ ଆଉ ନିର୍ମିତ ହୋଇଛି ପ୍ରାମାଣିକ ଚଳଚ୍ଚିତ୍ର।

ସେତେବେଳେ ନୁହେଁ, ଆଜି ଅନୁଭବ କରୁଛି ବାସ୍ତବରେ ମୁଁ ବସି ରହିଥିଲି କେଉଁଠି ? ନିରାଲାଙ୍କ ନାମରେ ପ୍ରତିଷ୍ଠିତ ହୋଇଛି ଏକ ସୁବିଶାଳ ଉଦ୍ୟାନ । ସେତେବେଳେ ଯେଉଁ ପରମ ସ୍ଥିରତା ମୋ ହୃଦୟକୁ ସଞ୍ଚରି ଆସୁଥିଲା ତାହାର ଅନ୍ତର୍ନିହିତ କାରଣ ଆବିଷ୍କାର କରିପାରୁଛି ସଂପ୍ରତି । ଶାନ୍ତିନିକେତନର ହିନ୍ଦୀ-ଭବନ ସତେ ଯେମିତି ପରିଣତ ହୋଇଯାଇଥିଲା ନିରାଲା ଉଦ୍ୟାନ ରୂପରେ । ଅଗଣିତ ଫୁଲର ବାସ୍ନା ଚହଟି ଆସୁଥିଲା ଅନ୍ତଃସ୍ଥଳରୁ । ଏତେବର୍ଷ ଅତିକ୍ରାନ୍ତ ହୋଇଗଲା-ପରେ ମଧ୍ୟ ସେହି ମୁହୂର୍ତ୍ତକୁ ସ୍ମରଣ କଲେ ମୁଁ ସତକୁ ସତ ଅନୁଭବ କରୁଛି ଯେ ମୁଁ ବସି ରହିଛି ନିରାଲାଙ୍କ ନିକଟରେ, ନିରାଲା ଉଦ୍ୟାନର ସୁଶୋଭିତ ବାତାବରଣ ମଧ୍ୟରେ । ଏଥିରୁ ମୁକୁଳି ଆସିବା ମୋ' ପାଇଁ ନୁହେଁ ଆଉ ସମ୍ଭବ। କାରଣ ନିରାଲା ମୋତେ କରିସାରିଛନ୍ତି ଅତ୍ୟନ୍ତ ଆପଣାର ।

ମହନୀୟ ସାହିତ୍ୟ ସ୍ରଷ୍ଟାମାନେ ସଶରୀରରେ ବିଦ୍ୟମାନ ରହିଥିଲେ ହିଁ ଯେ ତାଙ୍କ ସହିତ ସମ୍ପର୍କ ସ୍ଥାପନ କରିବା ହୁଏ ସମ୍ଭବ-ଏହା ସୂକ୍ଷ୍ମ ଜଗତର ସତ୍ୟ-ପରିପନ୍ଥୀ । ଏବେବି ଭାବିପାରେ ନାହିଁ ମୁଁ ଯେ ନିରାଲାଙ୍କ ଉଦ୍ଦେଶ୍ୟରେ ଅନୁଷ୍ଠିତ ସଭାରେ ମୁଁ ଥିଲି କେବଳ ବିମୂଢ଼ ଦର୍ଶକଟିଏ ମାତ୍ର । ନିରାଲାଙ୍କ ଆତ୍ମାର ଆହ୍ୱାନ ଯଦି ମୋ' ହୃଦୟରେ ସୃଷ୍ଟି କରିପାରି ନଥାନ୍ତା ସ୍ୱାଗତ ସମ୍ଭାଷଣର ମାଧୁର୍ଯ୍ୟ ତା'ହେଲେ କଦାପି ସେହି ସ୍ଥଳରେ ପହଞ୍ଚିବା ସମ୍ଭବ ହୋଇନଥାନ୍ତା। ବାସ୍ତବିକ୍ ନିରାଲାଙ୍କ ମୂଳ ନାମ ହେଉଛି ସୂର୍ଯ୍ୟକୁମାର । ପରବର୍ତ୍ତୀ ସମୟରେ ସେ ନିଜକୁ 'ନିରାଲା' ଭାବରେ କରିଛନ୍ତି

ପରିଚିତ । ଏହାର ଅର୍ଥ ହେଉଛି ଅନାସକ୍ତ ବିଦ୍ରୋହୀ । ନିରାଲାଙ୍କ ଜୀବନ ସଂଗ୍ରାମ ଓ ସୃଜନ ସଂଗ୍ରାମରେ ଏହି ବିଦ୍ରୋହର ନାନାବିଧ ରୂପ ପ୍ରକଟିତ ହୋଇଉଠିଛି । ଗୋଟିଏ କବିତାରେ ସେ କହୁଛନ୍ତି-"ମୁଁ ଏକେଲା । ଦେଖୁଛି ପାଖେଇ ଆସୁଛି ମୋ' ଦିବସର ସନ୍ଧ୍ୟା ବେଳା ।" କବି ତାଙ୍କ ଜୀବନର ସାୟାହ୍ନ ସମୟକୁ ଦେଖିପାରୁଥିଲେ ନିଜସ୍ୱ ଅନ୍ତର୍ଚକ୍ଷୁ ନେଇ । ସେ ଜାଣନ୍ତି ଯେ ସଂସାର-ସାଗର ହଳାହଳରେ ପରିପୂର୍ଣ୍ଣ। ମାତ୍ର ଯିଏ ଆସିଛନ୍ତି ମୁକ୍ତିର ଓ ସୃଷ୍ଟିର ସଙ୍ଗୀତ ଗାନ କରିବାର ଅଦ୍ଭୁତ ଅଭିଳାଷ ନେଇ ସେବା କାହିଁକି ସ୍ୱୀକାର କରିଥାନ୍ତେ ପରାଜୟ ?

ବାଧା, ବନ୍ଧନ, କ୍ଷୁଦ୍ରପଥ, ତ୍ୟାଗ କରି ସିଏ ଫୁଟି ଉଠିଛନ୍ତି ପଦ୍ମପାଖୁଡ଼ା ସଦୃଶ । ଯେତେବେଳେ ଜଣେ ସ୍ରଷ୍ଟା ଅନୁଭବ କରେ ଯେ, ତା'ର ଶାରୀରିକ ଅସ୍ତିତ୍ୱର ଅନୁପସ୍ଥିତିକୁ ମୃତ୍ୟୁ ବୋଲି କହିବା ଅସାର, ସେତେବେଳେ ତା' ପ୍ରାଣରୁ ଯେଉଁ ଭାଷା ବାହାରେ ତାହା ଶାନ୍ତି ନିକେତନ ହିନ୍ଦୀ ବିଭାଗର ଚତୁର୍ଦ୍ଦିଗରେ ଅନୁରଣିତ ହେଉଥିବା ଶୁଣି ପାରିଥିଲା ମୋର ଅନ୍ତଃକର୍ଣ୍ଣ । ନିରାଲା ଆସ୍ଥା ଓ ବିଶ୍ୱାସପୂର୍ଣ୍ଣ କଣ୍ଠରେ କହୁଛନ୍ତି-

"ଏବେ ମୋର ହେବ ନାହିଁ ଅନ୍ତ
ଏବେ ଏବେ ଆସିଛି ତ
ମୋ' ପ୍ରାଣରେ ମଧୁର ବସନ୍ତ ।"

ଆମେ ସେହି ବସନ୍ତଋତୁରେ ହିଁ ଶାନ୍ତିନିକେତନ ଅଭ୍ୟନ୍ତରକୁ ପ୍ରବେଶ କରିଥିବାରୁ ହୁଏତ ଏହି ବାସନ୍ତିକ ବାର୍ତ୍ତା ମୁଗ୍ଧ କରି ତୋଳୁଥିଲା ଚିତ୍ତକୁ ।

ଆଜି ମନେପଡୁଛି ସେ ସମୟରେ ଶାନ୍ତି ନିକେତନ ଯାତ୍ରା ସମୟରେ ମୋର ବ୍ୟକ୍ତିଗତ ଜୀବନ ଥିଲା କିପରି ଅବ୍ୟକ୍ତ କାରୁଣ୍ୟରେ ଆଚ୍ଛନ୍ନ। ବୋଧହୁଏ ମୋ' ହୃଦୟରୁ ଏହିସବୁ ଯନ୍ତ୍ରଣାକ୍ତ ଅନୁଭୂତିକୁ ଲିଭାଇ ଦେବା ସକାଶେ ନିରାଲା ଟାଣି ନେଇଥିଲେ ତାଙ୍କ ପାଖକୁ ମୋତେ ସମସ୍ତଙ୍କ ଅଜାଣତରେ । ସେ ତାଙ୍କର ଏକ ଭାବଗର୍ଭକ କବିତାରେ ଉଲ୍ଲେଖ କରିଛନ୍ତି- "ଦିଅ ମୋତେ ଗାଇବାକୁ/ବେଦନାକୁ ଭୁଲିବାକୁ" । ସଶରୀରେ ବିଦ୍ୟମାନ ନଥିବା କବିମାନେ ବି ହୃଦୟର ବ୍ୟଥା ବୁଝିପାରନ୍ତି ଓ ତାକୁ ଲିଭାଇ ଦେଇ ପାରନ୍ତି ପୁଣି ତାଙ୍କ ସ୍ନେହାଶୀର୍ବାଦର ଧାରାରେ। ତାହା ଦର୍ଶନ କରିପାରୁଥିଲି ଯେଉଁ ଚକ୍ଷୁରେ ତାହାକୁ ସମସ୍ତଙ୍କ ସମ୍ମୁଖରେ ପ୍ରଦର୍ଶିତ କରିବା ପାଇଁ ମୁଁ ଅକ୍ଷମ ଆଜି । ନିରାଲା ସତେ ଯେମିତି କାଢ଼ି ଆଣୁଥିଲେ ମୋର ଅନ୍ତବ୍ୟଥା ମଧ୍ୟରୁ ପ୍ରକୃତ ଆତ୍ମାର ସ୍ୱରକୁ। କହୁଥିଲେ- "ଭ୍ରାନ୍ତିର ଭିତରୁ ସେପାରକୁ ଯାଅ" ଏହି ଗୋଟିଏ ବାକ୍ୟ ଶବ୍ଦ ମାଧ୍ୟମରେ ନୁହେଁ ଭାବାକ୍ଷରରେ ଲେଖି ଦେଉଥିଲେ ସେ ମୋ' ଛାତିର କାଗଜ ଉପରେ । କିଏ କହେ ଯେ କବିମାନେ କେବଳ କାଗଜ କଲରେ ନିର୍ମିତ

ସୁଚିକ୍କଣ କାଗଜ ଉପରେ ଲେଖନ୍ତି କବିତା ? ନା ତାହା କେବେ ହେଲେ ନୁହେଁ। ମୋ ଭଳି ବେଦନା ଜର୍ଜରିତ ବିବର୍ଣ୍ଣ ଓ କର୍କଶ ଛାତି ଉପରେ ବି ସେ ଚଲାଇ ପାରନ୍ତି ତାଙ୍କ କଲମ । ଆଖି ବନ୍ଦ ରଖି ଅନାଉଥିଲି ଥରକୁ ଥର ନିଜ ଅନ୍ତଃ ପ୍ରକୋଷ୍ଠକୁ । ସେଇଠି ନିରାଲା ରହିଛନ୍ତି ସାଧନାମଗ୍ନ । ମୋ ଭିତରେ ରହିଛି ଯେଉଁ ଖଦଡ଼ କାଗଜ ତା'ରି ଉପରେ ତାଙ୍କର କଲମର ମୁନ କିପରି ଛୁଇଁ ଛୁଇଁ ଯାଉଛି ତାହା କ'ଣ ବର୍ଣ୍ଣନା କରିବାର ସାମାନ୍ୟ ହେଲେ ସାମର୍ଥ୍ୟ ଅର୍ଜନ କରିପାରିଛି ଏପର୍ଯ୍ୟନ୍ତ ? ଚତୁର୍ଦ୍ଦିଗକୁ ମୁଗ୍ଧ ନୟନରେ ଅନାଇ ଦେଖିଥିଲି । ନିରାଲା ତୁଳସୀ ଦାସଙ୍କ ଉପରେ କବିତା ସୃଷ୍ଟି କରିବାକୁ ଯାଇ ଯାହା ବର୍ଣ୍ଣନା କରିଛନ୍ତି ସେହି ସ୍ରଷ୍ଟା ଉପରେ ଦୃଷ୍ଟି ନିବଦ୍ଧ କଲାବେଳକୁ ଉପଲବ୍ଧି କରିପାରୁଛି ନିରାଲା ଏହାର ହିଁ ଭାବସଙ୍କେତ ପ୍ରଦାନ କରିଥିଲେ ସେ ବେଳେ ଏ ହତଭାଗାକୁ । ସେଥିପାଇଁ ଦୁର୍ଭାଗ୍ୟ ଉପରେ ପାଦ ପକାଇ ଚାଲିବାର ସୌଭାଗ୍ୟ ମିଳିଛି ମୋତେ । ନିରାଲା କହୁଛନ୍ତି-

'ତରୁଲତା ତୃଣରାଜି
କାହିଁକି ହସନ୍ତି ଆଜି
କିଛି ଦେଖି ପୁଲକିତ
ସତେ ପ୍ରାଣ ଋଣମୁକ୍ତ ।"

ଶାନ୍ତି ନିକେତନର କୁହୁକ ସାମ୍ରାଜ୍ୟ ମଧ୍ୟରେ ସକଳ ବ୍ୟର୍ଥତାକୁ ମୁକ୍ତ ହୋଇଥିଲି ବାସ୍ତବିକ୍ ଏଇପରି । ଯାହା କିଛି କହିହୁଏ ନାହିଁ। ଅଥବା ବୁଝାଇ ହୁଏ ନାହିଁ କାହାକୁ ତାହାର ଉଚ୍ଚାରଣ ଓ ପୁନଃ ଉଚ୍ଚାରଣ କରିବାରେ ହିଁ ପ୍ରାପ୍ତ ହୋଇଥାଏ କାବ୍ୟିକ ପ୍ରଶାନ୍ତି । ନିରାଲାଙ୍କ ନିକଟରେ ମୁହୂର୍ତ୍ତଟିଏ ପାଇଁ ସେଦିନ ଯେ ବସିଥିଲି, ତାହାରି ପ୍ରେରଣା ଓ ଶକ୍ତି ସାହାଯ୍ୟରେ ସମସ୍ତ ପ୍ରତିକୂଳ ପରିସ୍ଥିତି ସତ୍ତ୍ୱେ ଚାଲିଛି ଆଗକୁ ଆଗକୁ । ନିରାଲା ନିର୍ମାଣ କରି ଦେଇଛନ୍ତି ସୁପ୍ରଶସ୍ତ ପୁଷ୍ପିତ, ସୁଗନ୍ଧିତ ଏପରି ଏକ ଅନ୍ତଃପଥ ଯେ କଣ୍ଟକିତ ରାସ୍ତାରେ ଚାଲିବାର ସବୁରକ୍ତ ଏ ରାସ୍ତାରେ ଫୁଟି ଉଠେ ଲାଲ୍ ଗୋଲାପର ସ୍ୱର୍ଗୀୟ ସୌନ୍ଦର୍ଯ୍ୟ ନେଇ । ନିରାଲାଙ୍କ ଯେଉଁ ବିରାଟ ଫଟୋଚିତ୍ରଟି ସୁସଜ୍ଜିତ ହୋଇ ରହିଥିଲା ଉକ୍ତ ସଭାରେ, ସେ ସଭା ସରିନାହିଁ ମୋ' ହୃଦୟରେ । ସେ ଫଟୋଚିତ୍ର ସ୍ଥାନାନ୍ତରିତ ହୋଇ ଯାଇ ନାହିଁ କେବେହେଲେ । କଣ୍ଟକିତ ପଥରେ ଚାଲିବାର ଅନୁଭୂତିରୁ ସୃଜନ ହୁଏ ଯେଉଁ ଗୋଲାପ, ତାହାକୁ ହିଁ ନିରାଲାଙ୍କ ପ୍ରାଣବନ୍ତ ଛବି ତଳେ ଅର୍ପଣ କରୁଛି ଆଉ କରୁଛି ନିବେଦନ 'ହେ ନିରାଲା! ତୁମେ ଏହିପରି ଝଲସୁଥାଅ ମୋ ଅନ୍ତରରେ ଚିରଦିନ ।'

■

ପ୍ରଥମ ଦର୍ଶନ : ଅପୂର୍ବ ବିସ୍ଫୋରଣ

ଯେତେବେଳେ ୧୯୯୭ ମସିହାରେ ପ୍ରଥମେ ଶାନ୍ତିନିକେତନ ଯିବାର ସୁଯୋଗ ମିଳିଲା, ସେତେବେଳେ ବରପାଲିରୁ ଯାଇଥିବା ମୋର ପ୍ରିୟ ଛାତ୍ର ଲକ୍ଷ୍ମଣ କୁମାର ପ୍ରଧାନ ଥିଲେ ଓଡ଼ିଆ ବିଭାଗର ପ୍ରଥମ ବର୍ଷର ଛାତ୍ର । ସେ ହିଁ ଥିଲେ ଏକମାତ୍ର ସାହା ଭରସା ଆମ ପାଇଁ । ବିଭାଗର ସମସ୍ତ ଛାତ୍ରଛାତ୍ରୀଙ୍କ ସହିତ ପରିଚିତ ହେବାର ସୁଯୋଗ ବା କିପରି ମିଳନ୍ତା ? କିନ୍ତୁ ଏହାରି ମଧ୍ୟରେ ବ୍ୟତିକ୍ରମ ଥିଲେ ସ୍ନାତକୋତ୍ତର ଓଡ଼ିଆ ବିଭାଗର ପ୍ରଥମ ବାର୍ଷିକ ଛାତ୍ର ବୃନ୍ଦ । କାରଣ ସେ ସମସ୍ତେ ଥିଲେ ଲକ୍ଷ୍ମଣଙ୍କ ସହପାଠୀ । ସେହି ଦୃଷ୍ଟିରୁ ହଷ୍ଟେଲରେ ଅବସ୍ଥାନ କାଳରେ କିମ୍ବା ବାହାରେ ବିଭିନ୍ନ ସ୍ଥାନକୁ ଯିବା ଆସିବା ବେଳେ ବାରମ୍ବାର ସାକ୍ଷାତ ହେଉଥିଲା ଏହି ପ୍ରଥମ ବର୍ଷର ଛାତ୍ର କେତେଜଣଙ୍କ ସହିତ । ସେମାନେ ତ ମୋତେ ଏହା ପୂର୍ବରୁ ଦେଖିନଥିଲେ କିମ୍ବା ଜାଣିନଥିଲେ । ତଥାପି ମୋ' ପ୍ରତି ସେମାନଙ୍କ ଶ୍ରଦ୍ଧା ଭାବ ଜନ୍ମ ନେବାର ମୂଳ କାରଣ ଥିଲେ ଅତିପ୍ରିୟ ଲକ୍ଷ୍ମଣ । ପ୍ରତ୍ୟେକ ସ୍ଥାନରେ ଏହି ଶ୍ରଦ୍ଧାଶୀଳ ଛାତ୍ରମାନେ ହିଁ ତାଙ୍କ ଶିକ୍ଷକଙ୍କ ପ୍ରତି ଅନ୍ୟମାନଙ୍କ ହୃଦୟରେ ଭରି ଦିଅନ୍ତି ଗଭୀର ସଂପ୍ରୀତି । ଲକ୍ଷ୍ମଣ ସେହି ଭୂମିକାରେ ଅବତୀର୍ଣ୍ଣ ହୋଇ ତାଙ୍କର ପ୍ରତିଟି ସହପାଠୀଙ୍କ ହୃଦୟରେ ଗଢ଼ି ଦେଇଥିଲେ ମୋର ଏକ ଜୀବନ୍ତ ଭାବମୂର୍ତ୍ତି । ସେଥିପାଇଁ ସେହି ପିଲାମାନେ ମୋତେ ଦେଖିବା କ୍ଷଣି ଯେପରି ଭକ୍ତି ନିବେଦନ କରୁଥିଲେ ଓ କଦାପି ଅପରିଚିତ ମନେ ହେଉନଥିଲେ । ସେହି ଆତ୍ମୀୟତାପୂର୍ଣ୍ଣ ଦୃଶ୍ୟ ମୋତେ ମୁହୂର୍ମୁହୂ ପୁଲକିତ କରିଦେଉଥାଏ । ସେମାନେ ମୋ ମୁହଁକୁ ଚାହିଁ ଯେତେବେଳେ ହସି ଦିଅନ୍ତି, ସେଇ ମୁହୂର୍ତ୍ତରେ ଅନୁଭବ କରୁଥିଲି ଯେ ଏହି ପ୍ରତ୍ୟେକ ଛାତ୍ରଙ୍କୁ ସତେ ଯେପରି ଶ୍ରେଣୀକକ୍ଷ ମଧ୍ୟରେ ପ୍ରତ୍ୟକ୍ଷ ଶିକ୍ଷାଦାନ କରିଛି । ଏହି ସୌନ୍ଦର୍ଯ୍ୟମୟ ଭାବବନ୍ଧନ ପ୍ରକୃତରେ ନୁହେଁ ସହଜ କଥା । କେମିତି ଦୁଇ ତିନିଦିନ ସେମାନଙ୍କ ସହିତ କଟିଗଲା ସମୟ, ତାହା ଆଦୌ ଜାଣିହେଲା ନାହିଁ ।

ପ୍ରଥମ ବର୍ଷର ଏହି ସୁନିର୍ଦ୍ଦିଷ୍ଟ ପିଲାମାନଙ୍କ ସହିତ ସମ୍ପର୍କିତ ହୋଇ ଲାଗୁଥିଲା ଯେ ବାସ୍ତବରେ ଏମାନଙ୍କ ମଧ୍ୟରେ ଶାନ୍ତିନିକେତନ ସହିତ ମୋର ବନ୍ଧନ ହୋଇଯାଇଥିଲା ନିବିଡ଼ରୁ ନିବିଡତର । ଗୋଟିଏ ଗୋଟିଏ ଅଞ୍ଚଳକୁ ଆମେ ଭଲ ପାଇଥାଉ କାହିଁକି ? ସେ ଅଞ୍ଚଳର ସମସ୍ତେ କ'ଣ ଆମକୁ ଜାଣନ୍ତି ନା ଚିହ୍ନନ୍ତି ? ମାତ୍ର ଜଣେ ଦୁଇଜଣ ମଧ୍ୟ ଯଦି ଥାଆନ୍ତି ଅନ୍ତର ସହିତ ବନ୍ଧନଯୁକ୍ତ ହୋଇ ତା'ହେଲେ ମନେହୁଏ ସାରାଗାଁଟି ବା ଅଞ୍ଚଳଟି ମୋର ଅତ୍ୟନ୍ତ ପରିଚିତ। ଶାନ୍ତିନିକେତନରେ ଏହି ଅନ୍ତର୍ସତ୍ୟ ଅନୁଭବ କରୁଥିଲି ସେହି ଛାତ୍ରମାନଙ୍କୁ ଦେଖି ।

ଏତେ ବର୍ଷ ପରେ ସେମାନେ ସମସ୍ତେ ବୟସରେ ହୋଇଯାଇଛନ୍ତି ବଡ଼। ଯୌବନରୁ ଉତ୍ତୀର୍ଣ୍ଣ ହୋଇଯିବା ପାବଚ୍ଛରେ ଉପସ୍ଥିତ । ସେମାନଙ୍କ କଥା କାହିଁକି ମନେପଡୁଛି ମୋର ୨୫ ବର୍ଷ ଅତିକ୍ରାନ୍ତ ହୋଇଯିବା ପରେ ମଧ୍ୟ ? ସେମାନଙ୍କ ନିକଟରୁ ବିଦାୟ ନେଇ ଫେରିଆସିଥିଲି ଘରକୁ । ମଝିରେ ମଝିରେ ସେମାନଙ୍କ ଦୀପ୍ତିମାନ ମୁଖମଣ୍ଡଳ ମୋ' ଆଖି ଆଗରେ ନାଚି ଉଠେ । ତେବେ ଯାହା କେବେ କରିନଥିଲି କଳ୍ପନା ସେପରି ଦୁର୍ଲଭ ଅନୁଭୂତି ପ୍ରାପ୍ତ ହେଲା ସ୍ୱର୍ଗୀୟ କଳସରୁ ସ୍ୱର୍ଗଙ୍ଗାର ପବିତ୍ର ଜଳ ମୁଣ୍ଡ ଉପରେ ଢାଳି ହେଲାପରି । ଦିନେ କଲେଜରେ ଥିବାବେଳେ ଆସିଥିଲା ଏନଭଲପ୍ ମଧ୍ୟରେ ଚିଠି। ତାହା ଏତେ ବୃହଦାକାର ଥିଲା ଯେ ମନେ ମନେ ପଚାରୁଥିଲି ନିଜକୁ କିଏ ପଠାଇଛନ୍ତି ଏପରି ସୁଦୀର୍ଘ ଚିଠି ? ହୁଏତ ଅନ୍ୟ କୌଣସି ବିଷୟକ କାଗଜର ହୋଇପାରେ ତାହା ଦରକାରୀ । କଲେଜର ବାସନ୍ତୀ ଅଫସରେ ବସିରହି ଥିବାବେଳେ ପ୍ରତି ମୁହୂର୍ତ୍ତ ବିତେ ମୋର ଛାତ୍ରଛାତ୍ରୀଙ୍କ ଗହଣରେ । କାମ ବି ଥାଏ ଅନେକ । ଏଥିପାଇଁ ସେହି ଏନ୍‌ଭଲପ୍ ମଧ୍ୟରେ ରହିଛି କ'ଣ ତାହା ଚାପି ରଖି ରାତିରେ ଫେରିଲି ଘରକୁ । ସେତେବେଳେ ସମଗ୍ର ଶରୀର ଓ ମନ କ୍ଳାନ୍ତ ଆଉ ନିଷ୍କ୍ରିୟ । ତଥାପି ମନେପଡ଼ିଗଲା ଯେତେବେଳେ ଯେ ମୋ' ପ୍ଲାଷ୍ଟିକ ଫାଇଲ ମଧ୍ୟରେ ରହିଛି ମୋଟା କାରର ସେହି ଚିଠିଟି, ଆଉ ଧୈର୍ଯ୍ୟ ଧରି ରହିବା ଥିଲା ଅସମ୍ଭବ । ମୋ' ପଢ଼ାଘର ଚୌକି ଉପରେ ବସି ଟେବୁଲ ଉପରେ ଯେଉଁ ସମୟରେ ଖୋଲି ଦେଲି ସେହି ଏନ୍‌ଭଲପ ସୃଷ୍ଟି ହେଲା କଳ୍ପନାତୀତ ମଧୁରତମ ଏକ ବିସ୍ଫୋରଣ। ଦେଖିଲି ଗୋଟିଏ ନୁହେଁ ଏକ ଗୁଚ୍ଛ ପତ୍ରାବଳୀରେ ତାହା ଥିଲା ପରିପୂର୍ଣ୍ଣ । ଗୋଟିଏ ପରେ ଗୋଟିଏ ଚିଠି ଅତ୍ୟନ୍ତ ସ୍ନେହରେ ହାତରେ ଧରି ପଢ଼ିଗଲି ପ୍ରାୟ ଘଣ୍ଟାଏ କାଳ ବ୍ୟାପୀ । ପ୍ରତିଟି ପତ୍ରରୁ ଝରୁଥିଲା ସବୁଜ ପତ୍ର ମଧ୍ୟରୁ ସ୍ୱଚ୍ଛ ଶିଶିର କଣା ଭଳି ଅବାରିତ ସ୍ନେହ ଓ ଅନୁରାଗର ଉପହାର । ଚିଠି ପଢୁଥାଏ । ଆଖି ଭିଜି ଯାଉଥାଏ ବାରମ୍ବାର । ପତ୍ରରେ ଦେଖାଯାଉଥାଏ ସେମାନଙ୍କ ସୁଗଭୀର ଆତ୍ମୀୟତାଭରା ଦୁଇ ଦୁଇଟି ଦ୍ୟୁତିମାନ ଦୃଷ୍ଟି ।

ଏବେବି ମନେପଡୁଛି ସେମାନଙ୍କ ସୁନ୍ଦର ନାମଟି ମାନ । ସେମାନଙ୍କ ମଧ୍ୟରେ ପ୍ରିୟ ଲକ୍ଷ୍ମଣଙ୍କ ସହିତ ଆଉ ଥିଲେ ଯେଉଁମାନେ ସେମାନେ ହେଲେ ରମେଶ ଚନ୍ଦ୍ର ବେହେରା, ପ୍ରହ୍ଲାଦ ମଲ୍ଲିକ, ସିଦ୍ଧେଶ୍ୱର ସାହୁ, ପ୍ରବୀଣ କୁମାର ମିଶ୍ର, ସତ୍ୟରଞ୍ଜନ ଜେନା, ଦୁର୍ଯ୍ୟୋଧନ ପ୍ରଧାନ, ଇନ୍ଦ୍ରମଣି ସାହୁ ଆଉ ମିଳନ ମହନ୍ତ ଶ୍ରଦ୍ଧାସ୍ପଦ ଇନ୍ଦ୍ରମଣି ତ ସଂପ୍ରତି ସେହି ଶାନ୍ତି ନିକେତନରେ ଅଧ୍ୟାପନାରତ । ଅନ୍ୟମାନେ ମଧ୍ୟ ବିଭିନ୍ନ ସ୍ଥାନରେ ସୁପ୍ରତିଷ୍ଠିତ । ଏ ସମସ୍ତଙ୍କୁ ଆଜି ବି ଧରିରଖିଛି ମୋର ଆବେଗମୟ ହୃଦୟ । ଅନେକଙ୍କ ସହିତ ପରବର୍ତ୍ତୀ ସମୟରେ ହୋଇଯାଇଛି ମଧ୍ୟ ଅଚାନକ ସାକ୍ଷାତ ।

ଆଜିକାଲି ଭୟ ଗଲାଣି ବଢ଼ି ଡାକରେ ଆସୁଥିବା କେଉଁ ପ୍ୟାକେଟ ଭିତରେ ନାହିଁ ତ ପ୍ରଚ୍ଛନ୍ନ ହୋଇ କୌଣସି ବିସ୍ଫୋରକ ସାମଗ୍ରୀ! ସେତେବେଳେ ଯେଉଁ ବିସ୍ଫୋରଣ ଘଟିଥିଲା ଲଫାପା ଖୋଲି ଦେଉ ଦେଉ ତାହା ଫୁଲଠାରୁ ମଧ୍ୟ ଆହୁରି କୋମଳ ପ୍ରେମ ଛଳଛଳ ଅନ୍ତର୍ଭେଦୀ ଆନ୍ତରିକତାର ବିସ୍ଫୋରଣ । ଆଜି ପର୍ଯ୍ୟନ୍ତ ସେ ସମସ୍ତ ପତ୍ର ସଂରକ୍ଷିତ ହୋଇ ରହିଛି ମୋର ସେହି ପଢ଼ାଘରେ, ଯେଉଁଠୁ ମୁଁ ଆଜି ପାଞ୍ଚଶହ କିଲୋମିଟର ଦୂର ରାଜଧାନୀ ଭୁବନେଶ୍ୱରରୁ ପଢ଼ିପାରୁଛି ସେସବୁ ମହୁଝରା ଅକ୍ଷର ।

■

ତୋମାର କୀର୍ତ୍ତିର ଚେୟେ ତୁମି ଯେ ମହତ

ଦିନେ ଶାହାଜାହାନଙ୍କ ପ୍ରତି ଏ ଥିଲା ବିଶ୍ୱକବି ରବୀନ୍ଦ୍ରନାଥଙ୍କ ଉକ୍ତି । ଏହି ବାକ୍ୟଟି ଆଜି ସ୍ୱୟଂ ରବୀନ୍ଦ୍ରନାଥଙ୍କ ପ୍ରତି ପ୍ରୟୋଗ କରାଯାଇପାରିବ ନିଃସନ୍ଦିଗ୍ଧ ଚିତ୍ତରେ । ବାସ୍ତବରେ ରବୀନ୍ଦ୍ରନାଥ ଯେତିକି ଥିଲେ ସାହିତ୍ୟ ସ୍ରଷ୍ଟା ଦୃଷ୍ଟିରୁ ମହନୀୟ, ତା'ଠାରୁ ତାଙ୍କ ବ୍ୟକ୍ତିତ୍ୱ ଥିଲା ଆହୁରି ବିରାଟ ଓ ବିଶାଳ । 'ଗୀତାଞ୍ଜଳି' ରଚନା କରି ସେ ନୋବେଲ ପୁରସ୍କାର ପ୍ରାପ୍ତ ହୋଇଥିବା କେଉଁ ସଚେତନ ଭାରତୀୟ ବା ଜାଣି ନାହାନ୍ତି ! 'ଗୀତାଞ୍ଜଳି' ନିଶ୍ଚିତ ଭାବରେ କବିଗୁରୁଙ୍କୁ ପ୍ରଦାନ କରିଛି ଅସାମାନ୍ୟ ସ୍ୱୀକୃତି । ଏହା ସତ୍ତ୍ୱେ ତାଙ୍କର ଅନ୍ୟାନ୍ୟ ରଚନା ମଧ୍ୟ କମ୍ ପ୍ରଭାବଶାଳୀ ନୁହେଁ । ସାହିତ୍ୟର ପ୍ରାୟ ସମସ୍ତ ବିଭାଗରେ ସେ ଲେଖନୀ ଚାଳନା କରିଛନ୍ତି । ଗଳ୍ପ, କବିତା, ପ୍ରବନ୍ଧ, ସମାଲୋଚନା, ଉପନ୍ୟାସ, ନାଟକ, ଗୀତିନାଟ୍ୟ, ଭ୍ରମଣ ବୃତ୍ତାନ୍ତ, ଡାଏରୀ ତଥା ଆତ୍ମଜୀବନୀ ପ୍ରଭୃତି ବିଭାଗରେ ଲେଖନୀ ଚାଳନା କରି ସେ ସହୃଦୟ ପାଠକଆତ୍ମା ମଧ୍ୟକୁ ପ୍ରବେଶ କରି ପାରିଛନ୍ତି ସୁଗଭୀର ଆନ୍ତରିକତା ବଳରେ। ରବୀନ୍ଦ୍ରଙ୍କ 'ଗୀତାଞ୍ଜଳି'କବିତା ଗ୍ରନ୍ଥର ମୂଳ ସନ୍ଦେଶ ଅହଂମୁକ୍ତ ହୋଇ ପରମେଶ୍ୱରଙ୍କ ନିକଟବର୍ତ୍ତୀ ହେବାର ଭାବାବେଗ ଉଜ୍ଜୀବିତ କରି ତୋଳିବା । ରବୀନ୍ଦ୍ର ଥିଲେ ଭାରତୀୟ ଋଷି ପରମ୍ପରାର ସୁଯୋଗ୍ୟ ଉତ୍ତର ଦାୟାଦ । ତାଙ୍କ ଜୀବନଧାରାରେ ଏହି ସତ୍ୟ ଓ ସୌନ୍ଦର୍ଯ୍ୟ ଫୁଟି ଉଠି ପାରିଥିଲା ମାର୍ମିକ ଭାବରେ । ଏଭଳି ଜଣେ ମହାନ ସାଧକଙ୍କ ସୃଷ୍ଟି ଓ ଦୃଷ୍ଟି ଶତ ବର୍ଷ ଅତିକ୍ରମ କରିଯିବା ପରେ ମଧ୍ୟ ସତେଜ ଓ ପ୍ରେରଣାଗର୍ଭିତ ହୋଇ ରହିଛି ଓ ରହିଥିବ କାଳ କାଳକୁ ନିଶ୍ଚୟ । ସେ ଲେଖିଥିବା କେଉଁ ଲେଖା ଅବା ସୁପାଠକମାନଙ୍କ ହୃଦୟତନ୍ତ୍ରୀକୁ କମ୍ପିତ କରି ଦେଇନାହିଁ ! 'କାବୁଲିବାଲା' ପରି ଗଳ୍ପ ରଚନା କରି ସେ ମନୁଷ୍ୟର କଠୋର ଅନ୍ତର କବାଟକୁ ଫିଟାଇ ଦେଇପାରିଛନ୍ତି । ଏହାକୁ କେବେହେଲେ ଅଣଦେଖା କରାଯାଇପାରେନା ।

ତାଙ୍କ ରଚିତ ଜାତୀୟ ସଙ୍ଗୀତ ସମଗ୍ର ଦେଶର କୋଣ ଅନୁକୋଣରେ ଧ୍ୱନିତ ଆଉ ପ୍ରତିଧ୍ୱନିତ ହୋଇ ଚାଲିଛି ନିରନ୍ତର । ତାଙ୍କ ଦେଶପ୍ରୀତିର ବଳିଷ୍ଠ ପରିଚୟ ମିଳିଥିଲା ଭାରତୀୟ ସାହିତ୍ୟ, ସଂସ୍କୃତି, ଐତିହ୍ୟ ଓ ପରମ୍ପରାକୁ ସୁଗଭୀର ଭାବରେ ଗ୍ରହଣ କରିନେବାରେ। ସେ ଯାହା କିଛି ରଚନା କରିଯାଇଛନ୍ତି, ସେଗୁଡ଼ିକ ବହୁ ଦୃଷ୍ଟିରୁ ଯେ ଗଭୀର ତାତ୍ପର୍ଯ୍ୟ ବହନ କରିପାରିଛି, ତାହା ଆଉ ପ୍ରମାଣର କୌଣସି ଆବଶ୍ୟକତା ରଖେନାହିଁ। ତାଙ୍କ ରଚିତ କବିତା, ଗଳ୍ପ, ଉପନ୍ୟାସ ଆଦିରେ ଯେଉଁ ସୂକ୍ଷ୍ମ ମାନବୀୟ ସମ୍ବେଦନଶୀଳତା ପ୍ରକାଶିତ ହୋଇଛି, ତାହା ହିଁ ହେଉଛି ସବୁଠୁ ଅଧିକ ସ୍ପର୍ଶକ୍ଷମ । ସ୍ୱଦେଶକୁ ପ୍ରାଣଭରି ଭଲ ପାଇବାରେ ସେ ଯେପରି ସକଳ ନିଷ୍ଠାରେ ନିରୂପମ, ସେହିପରି ସମଗ୍ର ପୃଥିବୀକୁ ମଧ୍ୟ ଆତ୍ମୀୟତାର ବନ୍ଧନରେ ବାନ୍ଧି ଦେବା ପାଇଁ କଳ୍ପନା କରିଛନ୍ତି ପ୍ରାଚ୍ୟ ଓ ପାଶ୍ଚାତ୍ୟର ଶୁଭଙ୍କର ମହାମିଳନ। ତାଙ୍କ ଦୃଷ୍ଟିରେ ପ୍ରାଚ୍ୟ ଓ ପାଶ୍ଚାତ୍ୟର ସୁସମନ୍ୱୟ ଦ୍ୱାରା ହିଁ ସୃଷ୍ଟି ହୋଇପାରିବ ମୈତ୍ରୀର ସଦ୍‌ଭାବ।

ରବୀନ୍ଦ୍ରଙ୍କର ଆଉ ଯାହା ହେଉଛି ଶ୍ରେଷ୍ଠ ଅବଦାନ, ତାହା ହେଲା ଶାନ୍ତିନିକେତନରେ ବିଶ୍ୱଭାରତୀ ଶିକ୍ଷାନୁଷ୍ଠାନର ପ୍ରତିଷ୍ଠା । ଏହି ପ୍ରଶାନ୍ତ ପରିସରକୁ ସେ 'ବିଶ୍ୱନୀଡ଼'ରେ ପରିଣତ କରିବା ପାଇଁ ଦେଖିଛନ୍ତି ଅତୁଳନୀୟ ସ୍ୱପ୍ନ । ବର୍ତ୍ତମାନ ତାହା କେନ୍ଦ୍ରୀୟ ବିଶ୍ୱବିଦ୍ୟାଳୟର ମାନ୍ୟତା ଲାଭ କରି ବିଶ୍ୱବାସୀଙ୍କ ନିମନ୍ତେ ହୋଇଛି ଆକର୍ଷଣର କେନ୍ଦ୍ରବିନ୍ଦୁ । ରବୀନ୍ଦ୍ର, ବାଳକ ବାଳିକା ଓ କିଶୋର କିଶୋରୀଙ୍କୁ ଶ୍ରେଣୀ ପ୍ରକୋଷ୍ଠର ଚାରିକାନ୍ଥ ମଧ୍ୟରୁ ଉଦ୍ଧାର କରି ବୈଦିକ ଋଷି ଆତ୍ମାର ପରିଚୟ ପ୍ରଦାନ କରିଛନ୍ତି । ବିଶ୍ୱକବିଙ୍କ ଦ୍ୱାରା ପ୍ରତିଷ୍ଠିତ ଶାନ୍ତିନିକେତନକୁ ବାଦ୍ ଦେଇ ତାଙ୍କ କବିତ୍ୱର ପୂର୍ଣ୍ଣତାକୁ କଳ୍ପନା କରାଯାଇନପାରେ । 'ଶାନ୍ତିନିକେତନ' ହେଉଛି ବିଶ୍ୱକବିଙ୍କ ଏକ ସର୍ବଶ୍ରେଷ୍ଠ ମହାକାବ୍ୟ । ତାଙ୍କ ଜୀବନ, ସାହିତ୍ୟ, ସାରସ୍ୱତ ସମ୍ପର୍କ ଓ ବିଶ୍ୱଭାରତୀ- ସବୁ କିଛି ଗୋଟିଏ ସୂତ୍ରରେ ଗ୍ରଥିତ । କାହାକୁ କାହାଠାରୁ କଦାପି ବିଚ୍ଛିନ୍ନ କରାଯାଇନପାରେ । ସମଗ୍ର ଜଗତର ଶ୍ରେଷ୍ଠ ବ୍ୟକ୍ତିତ୍ୱଙ୍କ ସହିତ ତାଙ୍କ ସମ୍ପର୍କ ମଧ୍ୟ ଥିଲା ଏପରି ଘନିଷ୍ଠ ଯେ ତାହା ବି ସମସ୍ତଙ୍କୁ ସ୍ତମ୍ଭିତ କରିଦିଏ । ମହାତ୍ମାଗାନ୍ଧୀ, ନୋବେଲ ପୁରସ୍କାରପ୍ରାପ୍ତ ରୋମାରୋଲାଁ, ସୁବିଖ୍ୟାତ ବୈଜ୍ଞାନିକ ଆଇନଷ୍ଟାଇନ୍‌ଙ୍କ ଭଳି ତୁଙ୍ଗ ବ୍ୟକ୍ତିତ୍ୱମାନଙ୍କର ସେ ଅନୁରାଗ ଭାଜନ ହୋଇପାରିଥିଲେ । ବାସ୍ତବରେ ଏଭଳି ଜଣେ ମହାନ ଶିଳ୍ପୀ ଓ ସାହିତ୍ୟିକଙ୍କୁ ଭାରତବର୍ଷ ଲାଭ କରି ଗୌରବାନ୍ୱିତ ହୋଇପାରିଛି। ସମଗ୍ର ଭାରତବର୍ଷର ଶତ ଶତ କବି, ଲେଖକଙ୍କ ଉପରେ ତାଙ୍କର ପ୍ରଭୂତ ପ୍ରଭାବକୁ କଳନା କରାଯାଇନପାରେ । ଜୀବନର ଅନ୍ତିମ ପର୍ଯ୍ୟାୟରେ ସେ ପୁଣି ନିଜକୁ ଉପସ୍ଥାପିତ କରିପାରିଥିଲେ ସଫଳ ଚିତ୍ରଶିଳ୍ପୀ ଭାବରେ । ରବୀନ୍ଦ୍ର ସାହିତ୍ୟର

ଅନୁବାଦ ବିଭିନ୍ନ ଭାରତୀୟ ଭାଷାରେ ହୋଇପାରିଥିବା ଯୋଗୁଁ ତାହା ଛାତ୍ରଛାତ୍ରୀମାନଙ୍କ ଠାରୁ ଆରମ୍ଭ କରି ବୟସ୍କ ବିଦଗ୍ଧ ପାଠକମାନଙ୍କର ଅତି ପ୍ରିୟ ହୋଇପାରିଥିବା ତାଙ୍କ ପ୍ରତିଭାର ଚରମ ସାର୍ଥକତା । ରବୀନ୍ଦ୍ର ପ୍ରତିଭାର ବ୍ୟାଖ୍ୟା ଓ ବିଶ୍ଳେଷଣ ଯେତେ କଲେ ମଧ୍ୟ ତାହା ଯଥେଷ୍ଟ ବୋଲି ମନେହେବ ନାହିଁ । ବାସ୍ତବରେ ନିଜର ସୃଷ୍ଟିଠାରୁ ସେ ଯେ ଥିଲେ ଆହୁରି ପରିବ୍ୟାପ୍ତ ମହାସାଗର ସଦୃଶ ବିସ୍ତାରିତ ଓ ଆକାଶଚୁମ୍ବୀ, ତାହା କଳ୍ପନା କଲେ କହିବାକୁ ଇଚ୍ଛା ହୁଏ 'ତୋମାର କୀର୍ତ୍ତିର ଚେୟେ ତୁମି ଯେ ମହତ୍‌।'

■

ଶାନ୍ତିନିକେତନରେ ପଶ୍ଚିମ ଓଡ଼ିଶାର ପଲ୍ଲୀ

ଶାନ୍ତିନିକେତନରେ ଅଧ୍ୟୟନ-ମଗ୍ନ ମୋର ପ୍ରିୟ ଛାତ୍ର ଲକ୍ଷ୍ମଣଙ୍କଠାରୁ ଶୁଣି ଖୁସି ଅନୁଭବ କଲି ଯେ ଏଠାକାର ଚୀନା ଭବନର ମୁଖ୍ୟ ପ୍ରଫେସର ହେଉଛନ୍ତି ଜଣେ ଓଡ଼ିଆ । ସେ ପୁଣି ପଶ୍ଚିମ ଓଡ଼ିଶାର । ଘର ତାଙ୍କର ସୋନପୁର । ତାଙ୍କ ନାଁ ହେଲା ଡକ୍ଟର ଆର୍ତ୍ତତ୍ରାଣ ନାଏକ। ବାସ୍ତବରେ କିଛି ସମୟ ବାହାର କରି ବିଭିନ୍ନ ସ୍ଥାନକୁ ପହଞ୍ଚିବା ହେଉଥାଏ ଅତ୍ୟନ୍ତ କଷ୍ଟକର । ଚୀନା ଭବନ ମଧ୍ୟକୁ ପ୍ରବେଶ କରି ଆର୍ତ୍ତତ୍ରାଣ ସାର୍‌ଙ୍କୁ ଦେଖା କରିବା ଥିଲା ଆମର ଯୋଜନା । କିନ୍ତୁ ସେଥିପାଇଁ ଯେତେବେଳେ ଆମକୁ ଆଦୌ ସମୟ ମିଳିଲା ନାହିଁ। ସେତିକିବେଳେ ଲକ୍ଷ୍ମଣଙ୍କ ସହିତ କଥାବାର୍ତ୍ତା କରି ସ୍ଥିର କଲୁ ଯେ, ଆର୍ତ୍ତତ୍ରାଣ ସାର୍‌ଙ୍କ କ୍ୱାର୍ଟରକୁ ସନ୍ଧ୍ୟା ଉତ୍ତୀର୍ଣ୍ଣ ହେବା ପରେ ପହଞ୍ଚିବା ଆମେ । ଦେଖା କରିବା ବ୍ୟକ୍ତିଗତ ଭାବରେ । ଯଦିଓ ଚୀନା ଭବନର ସୌନ୍ଦର୍ଯ୍ୟ ଦର୍ଶନରୁ ବଞ୍ଚିତ ହେବାକୁ ପଡ଼ିବ; ତଥାପି ଅନ୍ତତଃ ଆର୍ତ୍ତତ୍ରାଣ ସାର୍‌ଙ୍କ ସହିତ ସାକ୍ଷାତ କରିବା ମଧ୍ୟ ହେବ ଆନନ୍ଦଦାୟକ ।

ସନ୍ଧ୍ୟା ଢଳିଯିବା ପରେ ପ୍ରାୟ ରାତି ୭ଟାରୁ ୮ଟା ମଧ୍ୟରେ ଆମେ ପହଞ୍ଚିଲୁ ଡକ୍ଟର ଆର୍ତ୍ତତ୍ରାଣ ନାଏକଙ୍କ ବାସଗୃହରେ। ତାହା ଶାନ୍ତିନିକେତନ ପରିସର ଅନ୍ତର୍ଭୁକ୍ତ ବିଶ୍ୱବିଦ୍ୟାଳୟର ସରକାରୀ କ୍ୱାଟର୍ସ । ଯେମିତି ପହଞ୍ଚିଲୁ ତାଙ୍କ ଘର ସମ୍ମୁଖରେ ଆଉ କବାଟରେ ସାମାନ୍ୟ କରାଘାତ କରି ଆପେକ୍ଷା କଲୁ, ଅବିଳମ୍ବେ ଆମ ପାଇଁ ଖୋଲିଗଲା ଘର ବାହାରର କବାଟ । ଆମ ସମ୍ମୁଖରେ ହିଁ ଦଣ୍ଡାୟମାନ ଥିଲେ ଯେ ସେ ହିଁ ହେଉଛନ୍ତି ଡକ୍ଟର ଆର୍ତ୍ତତ୍ରାଣ ନାଏକ । ମୁଁ ଆର୍ତ୍ତତ୍ରାଣ ସାର୍ ଓ ତାଙ୍କ ଘର ଭିତରର ପରିବେଶକୁ ଦେଖି ହୋଇଯାଇଥାଏ ଚକିତ । ସ୍ୱାଭାବିକ ଭାବରେ ଜଣେ ବିଶ୍ୱବିଦ୍ୟାଳୟର ଶିକ୍ଷକ ସେ ଯେପରି ସୌନ୍ଦର୍ଯ୍ୟମୟ, ସୁସଜ୍ଜିତ ଓ ବିଳାସବ୍ୟସନ ସଂଯୁକ୍ତ ବାସଗୃହରେ ରହିଥିବେ ବୋଲି ଆଶା କରାଯାଏ, ସେସବୁର କୌଣସି

ଚିହ୍ନବର୍ଣ୍ଣ ସୁଦ୍ଧା ତାଙ୍କ ଘରେ ଦେଖିବାକୁ ମିଳିଲା ନାହିଁ । ନାହିଁ ଆଗନ୍ତୁକମାନଙ୍କ ନିମିତ୍ତ ବସିବା ପାଇଁ ଦାମୀକା ଗଦିଯୁକ୍ତ ସଫା, ନାହିଁ ଅନ୍ୟ କୌଣସି ପାଶ୍ଚାତ୍ୟ ଭୋଗ ବିଳାସର ବ୍ୟବସ୍ଥା । ଆମକୁ ଦେଖି, ଅତ୍ୟନ୍ତ ବ୍ୟଗ୍ର ହୋଇ ପଡ଼ିଲେ ଆମର ଉପଯୁକ୍ତ ସତ୍କାର କରିବା ସକାଶେ । ଅନ୍ଧାରିଆ ଏକ କୋଣ ମଧ୍ୟରୁ ଟାଣି ଆଣିଲେ ଏକ ଦଉଡ଼ିଆ ଖଟ, ଯାହାକୁ ସେ ବ୍ୟବହାର କରନ୍ତି ଅତିଥି ଅଭ୍ୟାଗତଙ୍କ ପରିଚର୍ଚ୍ଚାରେ । ଆମକୁ ଆଗ୍ରହର ସହିତ ବସାଇଲେ ତାଙ୍କ ଆତ୍ମୀୟତାପୂର୍ଣ୍ଣ ନିଜ ଦଉଡ଼ିଆ ଖଟରେ । ଖଟ ଉପରେ କିଛି କ୍ଷଣ ନୀରବତା ଭିତରେ ହେଲା ଅତିବାହିତ । ତା'ପରେ ସେ ଆମର ବିଭିନ୍ନ ଭାଷା ସମ୍ପର୍କରେ ଦେଲେ କେତେକ ଦୁର୍ଲଭ ସୂଚନା । ପ୍ରସଙ୍ଗ ଆସିଲା ଚୀନ ଭବନକୁ କେନ୍ଦ୍ର କରି । ଶାନ୍ତି ନିକେତନରେ ଭାରତୀୟ ଭାଷାଗୁଡ଼ିକର ବିକାଶ ପାଇଁ ଯେଉଁସବୁ ପଦକ୍ଷେପ ନିଆଯାଉଛି ତାହା ଯେ ଏକାନ୍ତ ଅଭିନନ୍ଦନୀୟ ତାହା ଅନୁଭବ କରିପାରିଲି । ଏହା ବ୍ୟତୀତ ଆଉ କେତୋଟି ବୈଦେଶିକ ଭାଷା ସାହିତ୍ୟ ବିଭାଗର ପ୍ରତିଷ୍ଠା କରିବା ସଂପୂର୍ଣ୍ଣ ପୃଥିବୀର ଅନ୍ୟ କୌଣସି ଦେଶ ବା ରାଜ୍ୟରେ ସମ୍ଭବ ହୋଇପାରିଛି କି ? ସେ ଦୃଷ୍ଟିରୁ ଶାନ୍ତିନିକେତନ ଓ ଏକ ବିଶ୍ୱନୀଡ଼ ବୋଲି ବର୍ଣ୍ଣନା କରିବା କେତେ ତାତ୍ପର୍ଯ୍ୟ ବହନକ୍ଷମ ତାହା ଯେ କେହି ଅନୁଭବ କରିପାରିବେ ନିଶ୍ଚିତ ଭାବରେ । ଆର୍ତ୍ତତ୍ରାଣ ସାର ତାଙ୍କ ବିଭାଗ କିପରି ସ୍ୱଳ୍ପ ସଂଖ୍ୟକ ଛାତ୍ରଛାତ୍ରୀଙ୍କ ଦ୍ୱାରା ବୈଚିତ୍ର୍ୟମଣ୍ଡିତ ତାହା ବୁଝାଇ ଦେଇଥିଲେ । ଯେଉଁ ଛାତ୍ରଛାତ୍ରୀମାନେ ଚୀନ ଭବନରେ ନାମ ଲେଖାଇବାକୁ ଆଗ୍ରହୀ ସେମାନେ ଯେ କୌଣସି ନା କୌଣସି କ୍ଷେତ୍ରରେ ସୁପ୍ରତିଷ୍ଠିତ ହୋଇପାରନ୍ତି ଏହାର ଏକାଧିକ ଉଦାହରଣ ଉପସ୍ଥାପନ କଲେ ଆର୍ତ୍ତତ୍ରାଣ ସାର । ଆଉ କେତେଜଣ ଛାତ୍ରଛାତ୍ରୀ ଚୀନ ଗସ୍ତ କରି ସେଠାରେ ମଧ୍ୟ ବିଭିନ୍ନ କର୍ମ କ୍ଷେତ୍ରରେ ନିଯୁକ୍ତି ପାଇ ପାରୁଛନ୍ତି । ଅନେକେ ଅନୁବାଦକର କର୍ତ୍ତବ୍ୟ ସଂସାଧନ କରିବାର ସୁଯୋଗ ମଧ୍ୟ ଲାଭ କରନ୍ତି ।

ଚୀନା ଭବନକୁ ପ୍ରତ୍ୟକ୍ଷ ଭାବରେ ଦେଖିବାର ଅବକାଶ ପାଇନଥିଲେ ମଧ୍ୟ ମନ ବହୁ ପରିମାଣରେ ତୃପ୍ତ ଅନୁଭବ କଲା ଆର୍ତ୍ତତ୍ରାଣ ସାରଙ୍କ ଭାବ ବିନିମୟ ଦ୍ୱାରା ।

ଆର୍ତ୍ତପ୍ରାଣ ସାର୍‌ଙ୍କୁ ଆଉ ଅଧିକ ସମୟ ଆମ ପାଇଁ ବିନିଯୋଗ କରି କ୍ଳାନ୍ତ ବା ଅବସନ୍ନ ନହୁଅନ୍ତୁ ବୋଲି ମନେ କରିବା ଥିଲା ବିଧେୟ । ସାର୍‌ଙ୍କୁ କେବଳ ଅନୁରୋଧ ଥିଲା ମୋର ଯେ, ଗଙ୍ଗାଧର ସାହିତ୍ୟର ଚୀନ୍ ଭାଷାରେ କିଛି ଅନୁବାଦ କାର୍ଯ୍ୟ ସେ ହାତକୁ ନିଅନ୍ତୁ । ସେ ସାନନ୍ଦ ସ୍ୱୀକୃତି ଦେଇଥିଲେ ଏହି ପ୍ରସ୍ତାବରେ । ଆମେ ବିଦାୟ ନେବା ପାଇଁ ହେଲୁ ପ୍ରସ୍ତୁତ ଆଉ ସବୁଠାରୁ ଯାହା ବଡ଼ କଥା ତାହା

ହେଲା ଶାନ୍ତିନିକେତନ କ୍ୟାମ୍ପସ ମଧ୍ୟରେ ଆର୍ତ୍ତତ୍ରାଣ ସାର୍‌ଙ୍କ ଘରକୁ ଯାଇ ଦଉଡ଼ିଆ ଖଟ ଉପରେ ବସି କଥାବାର୍ତ୍ତା କରିବା ବେଳେକୁ ମୁଁ ଅନୁଭବ କରୁଥିଲି ସତେକି ପଶ୍ଚିମ ଓଡ଼ିଶାର ଏକ ପଲ୍ଲୀଗୃହ ମଧ୍ୟକୁ ପ୍ରବେଶ କରିଛୁ ଆମେ । ଆର୍ତ୍ତତ୍ରାଣ ସାରଙ୍କ ଏହି ଗ୍ରାମ୍ୟ ସରଳତା ସବୁଠୁ ବେଶି ମୁଗ୍ଧ କଲା ମୋତେ । ଆଜି ପର୍ଯ୍ୟନ୍ତ ସେହି ଅନ୍ତରଙ୍ଗ ବାର୍ତ୍ତାଳାପ ହୃଦୟ ମଧ୍ୟରେ ରହିଛି ଓ ରହିଥିବ ସତେଜ ହୋଇ ।

■

ଶାନ୍ତିନିକେତନରେ ସାରଳା ମହାଭାରତ

ଶାନ୍ତିନିକେତନକୁ ପହଞ୍ଚିବା ପରେ ମୋର ଅତ୍ୟନ୍ତ ଶ୍ରଦ୍ଧାସ୍ପଦ ଛାତ୍ର ଲକ୍ଷ୍ମଣ କୁମାର ପ୍ରଧାନ ଆମକୁ ନେଇ ଯାଇଥିଲେ ସେ ସମୟରେ ହିନ୍ଦୀ ବିଭାଗର ମୁଖ୍ୟ ପ୍ରଫେସର ଡକ୍ଟର ହରିଶ୍ଚନ୍ଦ୍ର ସାରଙ୍କ ନିକଟକୁ। ତାଙ୍କର ବିଶେଷତ୍ୱ ହେଉଛି ଯେ ଓଡ଼ିଆ ଭାଷାରେ ମଧ୍ୟ ସେ ସ୍ୱଚ୍ଛନ୍ଦରେ ଭାବପ୍ରକାଶ କରିପାରନ୍ତି । ଆମ ସହିତ ସାକ୍ଷାତ ପରେ ସେ ଯେପରି ଉଲ୍ଲେଖନୀୟ ଉତ୍ସାହ ପ୍ରକଟ କରିଥିଲେ, ସେଥିପାଇଁ ସେହି ଅପରାହ୍ଣ ଅବତରଣ ପୂର୍ବବର୍ତ୍ତୀ ମୁହୂର୍ତ୍ତକୁ ମୁଁ ଭୁଲିପାରି ନାହିଁ । ଏବେବି ଆଖି ଆଗରେ ଭାସି ଉଠୁଛି ଶ୍ୟାମଳ ରୂପ ମଧ୍ୟରେ ଶୁଭ୍ର ହାସ୍ୟରେଖାର ସୁଦୃଶ୍ୟ । ହରିଶ୍ଚନ୍ଦ୍ର ସାର ହିନ୍ଦୀ ସାହିତ୍ୟ ଜଗତକୁ କିପରି ସମୃଦ୍ଧ କରିଛନ୍ତି ତାହା ଜାଣିବାର ସୁଯୋଗ ପାଇପାରି ନଥିଲେ ମଧ୍ୟ ଆମେ ଜାଣୁଥିଲେ ଯେ ସେ ହେଉଛନ୍ତି ଜଣେ ବିଜ୍ଞ ସାହିତ୍ୟ-ସମାଲୋଚକ । ଏହା ବ୍ୟତୀତ ଯେଉଁ କ୍ଷେତ୍ରରେ ତାଙ୍କର ପ୍ରବେଶ ଥିଲା ଅତି ଗଭୀର ତାହା ହେଲା ଅନୁବାଦ ସାହିତ୍ୟ । ସେଦିନ ସବୁଠାରୁ ଅଧିକ ଆନନ୍ଦ ଲାଭ କରିବାର କାରଣ ଥିଲା କ'ଣ ତାହା ଏହି ଲେଖାଟିର ଶୀର୍ଷକର ସୂଚୀତ ହୋଇସାରିଛି ।

ଓଡ଼ିଆରେ ମହାକବି ସାରଳା ଦାସଙ୍କ 'ମହାଭାରତ'ର ଲୋକପ୍ରିୟତା ସମ୍ପର୍କରେ ପ୍ରମାଣ ଉପସ୍ଥାପନ ନିଷ୍ପ୍ରୟୋଜନ । ଆଦିକବି ଭାବରେ ପ୍ରତିଟି ଓଡ଼ିଆଙ୍କ ହୃଦୟରେ ସାରଳା ଦାସଙ୍କ ପାଇଁ ସଂରକ୍ଷିତ ହୋଇ ରହିଛି ଯେଉଁ ସୌନ୍ଦର୍ଯ୍ୟ- ବିଭୂଷିତ ସିଂହାସନ, ତାହା ଶତ ଶତ ବର୍ଷ ବ୍ୟାପୀ ଓଡ଼ିଆ ପାଠକମାନଙ୍କୁ ଦେଇ ଆସୁଛି ଦୁର୍ଲଭ ପ୍ରେରଣା। ପ୍ରତିଭା ଯେ କୌଣସି ଆନୁଷ୍ଠାନିକ ଶିକ୍ଷା ଉପରେ ନିର୍ଭରଶୀଳ ନୁହେଁ, ତାହାର ଶ୍ରେଷ୍ଠ ଦୃଷ୍ଟାନ୍ତ ହେଉଛନ୍ତି ସାରଳା ଦାସ । ସିଦ୍ଧେଶ୍ୱର ପରିଡ଼ା ନାମକ ଚଷାପୁଅଟି ଯେ ଦିନେ ଅଠର ଖଣ୍ଡ ଓଡ଼ିଆ ମହାଭାରତ ରଚନାରେ ଲାଭ କରିପାରିବ ଅପୂର୍ବ ସିଦ୍ଧି, ଏହା କ'ଣ କେହି କଳ୍ପନା କରିବା ସମ୍ଭବ ? ମୂଳ ସଂସ୍କୃତ ମହାଭାରତରୁ ସାରଳା ମହାଭାରତ

କେଉଁ କେଉଁ ଦୃଷ୍ଟିରୁ ସ୍ୱତନ୍ତ୍ର ତାହାର ମାର୍ମିକ ଆଲୋଚନା କରିଛନ୍ତି ସୁରେନ୍ଦ୍ର ମହାନ୍ତି, ଡକ୍ଟର ମାୟାଧର ମାନସିଂହଙ୍କ ଠାରୁ ଆଜି ପର୍ଯ୍ୟନ୍ତ ବହୁ ସଂଖ୍ୟକ ଗବେଷକ ଓ ସମାଲୋଚକ । ମାନନୀୟ ହରିଶ୍ଚନ୍ଦ୍ର ସାର ସାରଳା ମହାଭାରତ ଅଧ୍ୟୟନ କରିବାର ଅପୂର୍ବ ସୁଯୋଗ ଲାଭ କରି କିପରି ବାରମ୍ବାର ହୋଇଛନ୍ତି ମୁଗ୍ଧ ଓ ଅନୁପ୍ରାଣିତ ତାହା ହିନ୍ଦୀ ମିଶ୍ରିତ ଓଡ଼ିଆ ଭାଷାରେ ବର୍ଣ୍ଣନା କରୁଥାନ୍ତି ବିଭୋର ଚିତ୍ତରେ । ଡକ୍ଟର ମାୟାଧର ମାନସିଂହଙ୍କ ରଚିତ ଏକ କ୍ଷୁଦ୍ର ପୁସ୍ତକ ହେଲା "ମାଟିର ମହାକବି ସାରଳା ଦାସ"। ସ୍ନାତକଶ୍ରେଣୀରେ ଅଧ୍ୟୟନ କରିବା ସମୟରେ ପଢ଼ିବାର ସୁଯୋଗ ଲାଭ କରିଥିଲି ଏହି ପୁସ୍ତକ । ଡକ୍ଟର ମାନସିଂହ ଏତେ ମୌଳିକ ଦୃଷ୍ଟିଭଙ୍ଗୀ ନେଇ ସାରଳା ମହାଭାରତର ସ୍ୱାତନ୍ତ୍ର୍ୟକୁ ବର୍ଣ୍ଣନା କରିଛନ୍ତି ଯାହା ବାସ୍ତବରେ ପ୍ରତିଟି ପାଠକଙ୍କ ମଧ୍ୟରେ ଉନ୍ମୋଚନ କରି ଦେଇପାରିବ ସାରଳାଙ୍କୁ ଦେଖିବାର ଅନନ୍ୟ ଦୃଷ୍ଟି । ହରିଶ୍ଚନ୍ଦ୍ର ସାରଙ୍କ ସହିତ ବାର୍ତ୍ତାଳାପ ବେଳକୁ ସେଇ କଥା ହିଁ ବାରମ୍ବାର ମୋ' ହୃଦୟକୁ ଉଦ୍‌ବେଳିତ କରିଦେଉଥିଲା । ମୂଳ ସଂସ୍କୃତ ମହାଭାରତର ବିଷୟବସ୍ତୁ ସହିତ ଯଦିଓ ସାରଳାଙ୍କ ମହାଭାରତର କଥାବସ୍ତୁ ପ୍ରାୟ ସମାନ ତଥାପି ସାରଳାଙ୍କ ବିଚକ୍ଷଣ ପ୍ରତିଭାର ଉନ୍ମେଷ କିପରି ଘଟିଛି ତାହା ପ୍ରତ୍ୟେକ ସାହିତ୍ୟ ଛାତ୍ରଙ୍କ ଜାଣିବାର ଆବଶ୍ୟକତା ରହିଛି ନିଶ୍ଚୟ । ସାରଳା ଦାସ ଯେଉଁ ଚରିତ୍ରମାନଙ୍କୁ ଦେଇଛନ୍ତି ପ୍ରାଣବନ୍ତ ରୂପ, ତାହାରି ମଧ୍ୟରେ ସଂଗୁପ୍ତ ହୋଇ ରହିଛି ତାଙ୍କ ଅସାମାନ୍ୟ ଅନ୍ତର୍ଦୃଷ୍ଟିର ସାର୍ଥକ ପ୍ରକାଶ । ତାହା ଅନ୍ୟ କିଛି ନୁହେଁ । ଅତ୍ୟନ୍ତ ସହଜ ଓ ସରଳ ଭାବରେ କହିଲେ, ସାରଳାଙ୍କ ଦ୍ୱାରା ଚିତ୍ରିତ ଚରିତ୍ରଗୁଡ଼ିକ ନୁହଁନ୍ତି କାଳ୍ପନିକ । ନିଜର ଗ୍ରାମ୍ୟ ପରିବେଶରେ ଯେଉଁ ଚରିତ୍ରମାନଙ୍କୁ କବି ପ୍ରତ୍ୟକ୍ଷ ଭାବରେ ଦର୍ଶନ କରିଛନ୍ତି, ସେହି ନିରାଟ ବାସ୍ତବତା ମଧ୍ୟକୁ ସେ ଟାଣି ଆଣିଛନ୍ତି ତାଙ୍କ ଚରିତ୍ର- ସମୂହକୁ- ଯେଉଁଥିପାଇଁ ସାରଳା ମହାଭାରତ ପାଠକ ପାଠିକାଙ୍କ ମୁଖ୍ୟ ଆକର୍ଷଣର ସମ୍ଭାର । ସେସବୁ ବିଷୟ ବିସ୍ତୃତ ଭାବରେ ଏଠାରେ ଉଲ୍ଲେଖ କରିବା ମୋର ଉଦ୍ଦେଶ୍ୟ ନୁହେଁ । ଏହା କେବଳ ମାତ୍ର ତାହାର ଏକ ସୂକ୍ଷ୍ମ ଇଙ୍ଗିତମାତ୍ର ।

ହରିଶ୍ଚନ୍ଦ୍ର ସାର ଆମ ସୌଭାଗ୍ୟକୁ ବସିଥାନ୍ତି ଏକୁଟିଆ ବିଭାଗ-ମୁଖ୍ୟ ପ୍ରକୋଷ୍ଠରେ । କେହି ସେହି ସ୍ଥାନରେ ଆସି ସାମାନ୍ୟ ବି ବ୍ୟାଘାତ ସୃଷ୍ଟି କରିବାର ଆଶଙ୍କା ଦେଖାଯାଉନଥିଲା । ବିଭାଗକୁ ଘେରି ରହିଥିବା ସବୁଜ ବୃକ୍ଷଲତାଙ୍କ ଶୀତଳ ସ୍ପର୍ଶ ସେହି ପ୍ରକୋଷ୍ଠଟି ମଧ୍ୟକୁ ପ୍ରବେଶ କରୁଥିଲା ଅନାୟାସରେ। ଯାହା ଅନୁଭବ କରୁଥିବା ବେଳେ ଆମେ ବାସ୍ତବିକ ଚାଲିଯାଇଥିଲୁ ସେହି ସମୟକୁ ଯାହାକୁ କୁହାଯାଇଛି 'ସାରଳା ଯୁଗ' ବୋଲି।

ଏସବୁ ବିଷୟ ତ ଜାଣନ୍ତି ଛାତ୍ରଛାତ୍ରୀ ଓ ଅଧ୍ୟାପକ ଅଧ୍ୟାପିକା ବୃନ୍ଦ ଯାହା

ସବୁଠାରୁ ଥିଲା ଆମ ପାଇଁ ବିସ୍ମୟକର ଶୁଭଙ୍କର ସୁସମ୍ବାଦ-ତାହା ହେଲା ସାରଳା ମହାଭାରତର ହିନ୍ଦୀ ରୂପାନ୍ତର କରୁଛନ୍ତି ପ୍ରଫେସର ହରିଶ୍ଚନ୍ଦ୍ର ସାର ଓ ଓଡ଼ିଆ ବିଭାଗର ସମ୍ମାନନୀୟ ପ୍ରଫେସର ନୀଳାଦ୍ରି ଭୂଷଣ ହରିଚନ୍ଦନ । ସମ୍ମିଳିତ ଭାବରେ ଏହି ଉଭୟ ବିଦ୍ୱାନ ସାହିତ୍ୟ ସ୍ରଷ୍ଟା ଓ ଅନୁବାଦକଙ୍କ ଉଦ୍ୟମରେ ସେହି ମହତ୍ ସଂକଳ୍ପ ଯେ ରୂପାୟିତ ହେଉଛି ଧୀର ମନ୍ଥର ଗତିରେ, ତାହା ଉପଲବ୍ଧି କରି ଆମର ହୃଦୟ ଅପୂର୍ବ ଆନନ୍ଦରେ ପୂର୍ଣ୍ଣ ହୋଇଯାଉଥାଏ । ବାସ୍ତବରେ ସାରଳାଙ୍କ ମହାଭାରତର ମହାନୁବାଦ ଯେ ଥିଲା ସେ ସମୟର ପ୍ରଥମ ଆବଶ୍ୟକତା ଏହା ଏହି ଦୁଇ ଉପଯୁକ୍ତ ସାହିତ୍ୟ-ସନ୍ତାନ ଉପଲବ୍ଧି କରିପାରିଥିଲେ ଯଥାର୍ଥ ଭାବରେ । ଯେଉଁମାନେ ବିଶ୍ୱବିଦ୍ୟାଳୟ ସ୍ତରରେ ଅଧ୍ୟାପନାରତ ସେମାନେ ଏପରି ଏକ ଏକ ଗୌରବ ଦୀପ୍ତ ବିଷୟକୁ କେନ୍ଦ୍ର କରି ଯଦି ସୁଦୀର୍ଘ କାଳବ୍ୟାପୀ ନିମଗ୍ନ ରହନ୍ତି, ଏପରି ଗବେଷଣାମୂଳକ କାର୍ଯ୍ୟରେ, ତା'ହେଲେ ଛାତ୍ରଛାତ୍ରୀମାନଙ୍କ ସକାଶେ ତାହା ପ୍ରଦାନ କରିପାରନ୍ତା ଅଲୌକିକ ଶକ୍ତି, ସାମର୍ଥ୍ୟ ଓ ଦକ୍ଷତା ।

ସାରଳାଙ୍କ ମହାଭାରତ ହିନ୍ଦୀରେ ରୂପାନ୍ତରିତ ହେଉଛି- କେବଳ ଏହି ଛୋଟ ସମ୍ବାଦଟି ଆମ ହୃଦୟରେ ସୃଷ୍ଟି କରିଥିଲା ବ୍ୟାପକ ଆଲୋଡନ । ଆଜି ବି ସେଦିନର ସ୍ମୃତି ଉଭାସିତ ହେଲେ ଅନୁଭବ କରିହୁଏ ଯେ ସାରଳାଙ୍କ ମହାଭାରତ କେବଳ ଓଡ଼ିଆ ସାହିତ୍ୟ ଜଗତ ପାଇଁ ନୁହେଁ, ସମଗ୍ର ଭାରତୀୟ ସାହିତ୍ୟ ଜଗତ ଓ ବିଶ୍ୱ ସାହିତ୍ୟ ପାଇଁ ଅପୂର୍ବ ପ୍ରେରଣା- ପ୍ରଦାନ- କ୍ଷମ ଉଚ୍ଚକୋଟୀର ସର୍ଜନାର ସର୍ବଶ୍ରେଷ୍ଠ ଉଦାହରଣ ।

କଲ୍ୟାଣ-ଆନନ୍ଦ ରୂପ

ଶାନ୍ତିନିକେତନରେ ଦେଖିଥିବା କାହାର ପ୍ରଶାନ୍ତ ମୁଖ ମଣ୍ଡଳ ମଧ୍ୟ ବିସ୍ମରି ଯିବାର ସମ୍ଭାବନା ନାହିଁ ମୋ କ୍ଷେତ୍ରରେ । ମନେପଡୁଛି, ସେହି ସମୟର ପୂର୍ବାହ୍ନ । ବୃକ୍ଷଛାୟା ତଳେ ଅଧ୍ୟୟନରତ ଛୋଟ ଛୋଟ ପିଲାଙ୍କୁ ଦେଖି ମନେ ହେଉଥିଲା ସତେ ଯେମିତି ପ୍ରତ୍ୟେକ ହେଉଛନ୍ତି ରବୀନ୍ଦ୍ରିୟ ଅଂଶର ଶୁଦ୍ଧ ସୌନ୍ଦର୍ଯ୍ୟ । ଦିନେ ମୁଁ ଯେତେବେଳେ ଥିଲି ବରପାଲି ମହାବିଦ୍ୟାଳୟର ଅଧ୍ୟାପକ ସେତେବେଳେ ଛାତ୍ରଛାତ୍ରୀମାନଙ୍କୁ ପଢ଼ାଉଥିଲି ରାଧାମୋହନ ଗଡ଼ନାୟକଙ୍କ ରଚିତ କବିତା ପୁସ୍ତକ 'ଉତ୍କଳିକା'। ଏହି ସଂକଳନର ପ୍ରଥମ କବିତାଟିର ଶୀର୍ଷକ ହେଲା 'ବିଶ୍ୱ ଜୀବନପଥେ' । ଉତ୍କଳମଣି ଗୋପବନ୍ଧୁ ଦାସଙ୍କ ତ୍ୟାଗନିଷ୍ଠ ବ୍ୟକ୍ତିତ୍ୱର ଅକଳ୍ପନୀୟ ମମତା ଏଥିରେ ଉନ୍ମୋଚିତ ହୋଇଉଠିଛି ଯେପରି, ସାଙ୍ଗୀତିକ ଛନ୍ଦ ଅନୁସରଣ କରି ତାହା ଆବୃତ୍ତି କରିବା ବେଳେ ଥରି ଉଠେ ମୋର ଆପାଦମସ୍ତକ । ଲକ୍ଷ୍ୟ କରେ କେବଳ ମୁଁ ନୁହେଁ ମୋର ପ୍ରିୟ ଛାତ୍ରଛାତ୍ରୀମାନଙ୍କ ହୃଦୟରେ ସୃଷ୍ଟି ହେଉଥିବା କମ୍ପନର ସଜଳ ଦୃଶ୍ୟ ସେମାନଙ୍କ ନିଷ୍ପାପ ଆଖିରେ କେମିତି ଫୁଟି ଉଠୁଛି । ଗୋପବନ୍ଧୁ ଅନ୍ୟମାନଙ୍କର ନିଷେଧ କରିବା ସତ୍ତ୍ୱେ ନିଜର ରୋଗାକ୍ରାନ୍ତ ପୁତ୍ରଟିକୁ ଛାଡ଼ିଦେଇ ବାହାରି ଯାଇଛନ୍ତି ବନ୍ୟା ବିପ୍ଲାତରେ ଉଜୁଡ଼ି ଯାଇଥିବା ଅସଂଖ୍ୟ ପରିବାରଙ୍କୁ ସୁରକ୍ଷା ଓ ସମ୍ବେଦନାର ହାତ ବଢ଼ାଇଦେବା ପାଇଁ । ନିଜର ଈଶ୍ୱରରାର୍ପିତ କର୍ତ୍ତବ୍ୟ ସମ୍ପାଦନ କରିସାରି ଫେରୁଛନ୍ତି ଯେତେବେଳେ ଘରକୁ, ତାଙ୍କର ସେତେବେଳେ ଆଉ ପ୍ରିୟ ସନ୍ତାନଟିର ମୁଖମଣ୍ଡଳ ଦେଖିବା ଭାଗ୍ୟରେ ନଥିଲା । ପତ୍ନୀ ତାଙ୍କର ବୁକୁଫଟା କ୍ରନ୍ଦନରୋଳରେ ପ୍ରକାଶ କରିଛନ୍ତି ଯେ- "ଆଉ କ'ଣ ଦେଖିବାକୁ ଆସିଲ ତୁମେ" ? ଗୋପବନ୍ଧୁଙ୍କର ସେତେବେଳର ଉତ୍ତର ଥିଲା ଯେ- "ଦେଖି ନିଅ ଥରେ ଗୋଟିଏ ପୁତ୍ର ହରାଇ ଶତପୁତ୍ରଙ୍କ ଜୀବନ ରକ୍ଷା କରି ଫେରିଛି କିପରି"- ଏହି ସମ୍ପ୍ରସାରିତ ହୃଦୟର ସଙ୍କେତ ହେଉଛି କବିତାର ଶୀର୍ଷକ- 'ବିଶ୍ୱଜୀବନ ପଥେ' ।

ଶାନ୍ତିନିକେତନର ପବିତ୍ର ମାଟିରେ ଛିଡ଼ା ହୋଇଥିବା ବେଳେ ଦେଖୁଥିଲି ଗୋଟିଏ ପଟେ ବିଶ୍ୱକବିଙ୍କ ବ୍ୟକ୍ତିତ୍ୱକୁ ଓ ଅନ୍ୟ ପଟରେ ମନେ ପକାଉଥିଲି 'ବିଶ୍ୱଜୀବନପଥେ' କବିତାର ମର୍ମସ୍ପର୍ଶୀ ଭାବଧାରା । ଏପରି ଭାବରେ ଉଭୟ ବିଷୟ ମୋତେ ଆନ୍ଦୋଳିତ କରୁଥିଲା କାହିଁକି, ତାହାହିଁ ପ୍ରକାଶ କରିଦେବାର ଅପୂର୍ବ ସୁଯୋଗ ପାଇଛି ସଂପ୍ରତି ।

ବିଶ୍ୱକବି ରବୀନ୍ଦ୍ରନାଥଙ୍କର ବାରବର୍ଷ ବୟସର ସୁପୁତ୍ର ଶମୀନ୍ଦ୍ରଙ୍କ ସ୍ମୃତି ଉଦ୍‌ବେଳିତ କରି ଦେଉଥିଲା ଛାତିକୁ ମୋର। ରବୀନ୍ଦ୍ରନାଥ କେବେ କ'ଣ ଆଶଙ୍କା କରିଥିଲେ ଯେ ଶମୀନ୍ଦ୍ର ଆସିଛି କ୍ଷଣକାଳ ପାଇଁ ଏ ପୃଥିବୀକୁ ! ଠାକୁର ପରିବାରର ସମସ୍ତଙ୍କ ହୃଦୟକୁ ଭାଙ୍ଗିଦେଇ ସଂସାର ବନ୍ଧନରୁ ମୁକ୍ତ ହୋଇଯାଇଥିଲେ ଶମୀନ୍ଦ୍ର। ରବୀନ୍ଦ୍ରନାଥ ତାଙ୍କ ସମ୍ପର୍କରେ କିଛି ଲେଖିଛନ୍ତି ନିଶ୍ଚୟ । ମାତ୍ର ଶାନ୍ତିନିକେତନର ଏହି ଛୋଟ ଛୋଟ ପିଲାଙ୍କ ଶିକ୍ଷା ଗ୍ରହଣ ନିମନ୍ତେ ଯେଉଁ ବାତାବରଣ ସୃଷ୍ଟି କରିଗଲେ ରବୀନ୍ଦ୍ରନାଥ ତାହାହିଁ ପ୍ରମାଣିତ କରିଦିଏ ଯେ ସେ ପ୍ରକୃତରେ ହେଉଛନ୍ତି 'ବିଶ୍ୱକବି'। କାରଣ ସବୁଦିନ ପାଇଁ ହରାଇ ଦେଇଥିବା ପ୍ରିୟପୁତ୍ର ଶମୀନ୍ଦ୍ରଙ୍କୁ ଅନେକ ରୂପରେ, ଅନେକ ଆଖିରେ ଦେଖିବାକୁ ଚାହିଁଛନ୍ତି କବିଗୁରୁ । ଛୋଟ ବାଳକ ବାଳିକା ଆଶ୍ରମ ପରିବେଶରେ ପୁଲକିତ ପ୍ରାଣରେ ଯେପରି ବସିଥାନ୍ତି ଅଥବା ଖେଳୁଥାନ୍ତି ସେମାନଙ୍କୁ ଦେଖି ମୋର ମନେ ହେଉଥାଏ ପୁତ୍ର ବିଚ୍ଛେଦର ଶୋକରେ ଖଣ୍ଡ ବିଖଣ୍ଡିତ ହୋଇଯାଇଥିବା ରବୀନ୍ଦ୍ରଙ୍କ ହୃଦୟର ଅସଂଖ୍ୟ ରୂପାନ୍ତର ଘଟିଯାଇଛି ସହସ୍ର ସହସ୍ର ସବୁଜ ପତ୍ରରେ ପରିଣତ ହୋଇ । ପ୍ରତିଟି ପିଲାଙ୍କୁ ଦେଖି ଲାଗୁଥାଏ ସତେ କି ମୁଁ ଯେମିତି ଶମୀନ୍ଦ୍ରଙ୍କୁ ଦେଖୁଛି ଏତେ ଭାବ ଓ ବିଭିନ୍ନ ରୂପରେ। ଶାନ୍ତିନିକେତନର ଏମିତି କୌଣସି ଅଂଶ ନାହିଁ ଯାହା ସହିତ ଭାବ ବିନିମୟ କରିବାର ସଦିଚ୍ଛା ଜାଗ୍ରତ ହୁଏନାହିଁ । ପିଲାଙ୍କୁ ଦେଖି ଇଚ୍ଛା ହେଉଥାଏ ମୁଁ ସେମାନଙ୍କର ହୋଇଯାଆନ୍ତି କି ନିକଟବର୍ତ୍ତୀ କିମ୍ବା ସେମାନଙ୍କ ମଧ୍ୟରୁ କେହି କେହି ମୋ' ମନକଥା ବୁଝିପାରି ମୋର ନିକଟତର ହୋଇ ଆସନ୍ତେ ଓ ସେମାନଙ୍କ ସହିତ ମଜା ମଜା କଥା ହୋଇ ଭାବ ବିଭୋର ହୋଇ ଯାଆନ୍ତି କିଛି କ୍ଷଣ ପାଇଁ ମନର କଥା ଓଠରେ ଉଚ୍ଚାରଣ ନକଲେ କିଏ ବା କାହିଁ ଆସିଥାନ୍ତେ ମୋ' ପାଖକୁ!

ସେମାନଙ୍କର ହୋଇଗଲାଣି ଛୁଟି। ନିଜ ନିଜ ବହିପତ୍ର ବ୍ୟାଗ୍ ଭିତରେ ଭରି ସେମାନେ ଅଗ୍ରସର ହେଉଥାନ୍ତି ଯେତେବେଳେ, ଠିକ୍ ସେହି ମୁହୂର୍ତ୍ତରେ ମୋ' ପାଟିରୁ ବାହାରି ପଡ଼ିଲା ଦୁଇ ତିନୋଟି ଶବ୍ଦ ମାତ୍ର- "ତୁମମାନଙ୍କ ଭିତରୁ ଆସ ଦୁଇ ତିନିଜଣ । ଫଟୋ ଉଠାଇବା ଏଠି । କାରଣ ଏହାହିଁ ରହିଯିବ ସ୍ମୃତିର ସମ୍ପଦ ହୋଇ । ମୁଁ

ସେମାନଙ୍କୁ ଡାକୁ ଡାକୁ ବୟସରେ ଯେଉଁମାନେ ଥିଲେ ଅଧିକ ପରିପକ୍ୱ ସେମାନଙ୍କ ମଧ୍ୟରୁ ଦୁଇଜଣ ହସହସ ମୁଖରେ ଆସିଲେ ଆମ ସମ୍ମୁଖକୁ । ତାଙ୍କ ସହିତ କିଛି ବାର୍ତ୍ତାଳାପ ନକରି କିପରି ଅବା କେବଳ ଉତ୍ତୋଳନ କରିଥାନ୍ତୁ ଆମ ଶସ୍ତା କ୍ୟାମେରାରେ ଗୋଟିଏ ଦୁଇଟି ଫଟୋଗ୍ରାଫ୍ । ସ୍ନେହରେ ପଚାରିଲି ଦୁଇ ଆଶ୍ରମ କୁମାରଙ୍କୁ ତୁ ନାଁଟି ମାନ କ'ଣ କହିଲ ଦେଖି ? ଲମ୍ୱା ରୂପରେ ରବୀନ୍ଦ୍ରିୟ ଢଙ୍ଗରେ ଗେରୁଆ ରଙ୍ଗର ପୋଷାକ ପରିହିତ ପିଲାଟି ହସି ହସି କହିଲା- "ମୋ ନାମ କଲ୍ୟାଣମଣ୍ଡଳ" । ଅନ୍ୟ ପିଲାଟି ସେହିପରି ଆହ୍ଲାଦିତ ଓଷ୍ଠାଧାରରେ କହିଲା "ମୋ ନାଁ ଆନନ୍ଦରୂପ ରାୟ"। ଉଭୟଙ୍କୁ ଅନୁରୋଧ କଲି ମୋ ଡାଏରୀରେ ତାଙ୍କ ସୁନ୍ଦର ନାମଟି ମାନ ଲେଖିଦେବା ପାଇଁ । ଉଭୟ କୌଣସି ଆପତ୍ତି ନକରି ସଶ୍ରଦ୍ଧ ଚିତ୍ତରେ ଲେଖିଦେଲେ ନିଜ ନିଜ ନାଁ ଓ ଠିକଣା ଇଂରାଜୀ ଅକ୍ଷରରେ । ଉଭୟଙ୍କ ମୁହଁର ଉଲ୍ଲାସ ଭରିଦେଲା ମୋ' ମନରେ ନବଜୀବନର ସ୍ଫୂର୍ତ୍ତି । ସେମାନଙ୍କୁ ତ ଆଉ କିଛି କ୍ଷଣ ବି ଅଟକାଇ ପାରିନଥାନ୍ତି। ହସ ହସ ମୁହଁରେ ଅନିଚ୍ଛା ସତ୍ତ୍ୱେ ଦେଲି ବିଦାୟ । ଭାବିଲି, ଯାହା ହେଉ ସେମାନଙ୍କ ସହିତ ଅନ୍ତତଃ ସ୍ମରଣୀୟ ମୁହୂର୍ତ୍ତଟିଏ ରହିଗଲା କ୍ୟାମେରାର ବକ୍ଷସ୍ଥଳରେ ସୁରକ୍ଷିତ ।

ଆମେ ଅନେକ ଅନୁଭୂତି ସାଉଁଟି ସାରି ଅନେକ ଆଲୋକ ଚିତ୍ର ଉତ୍ତୋଳନ କରି ଫେରି ଆସିଲୁ ଯେତେବେଳେ ବରପାଲି, ମୁଁ ଥାଏ ତୃଷାର୍ତ୍ତ କ୍ୟାମେରାରେ ସଂରକ୍ଷିତ ଦୃଶ୍ୟ ସବୁ କେବେ ଦେଖିପାରିବି ଅବିକଳ । ମନ ଫାଟିଗଲା କେତୋଟି ମୁହୂର୍ତ୍ତ ମଧ୍ୟରେ ଯେତେବେଳେ ଶୁଣିଲି ଅନେକ ଫଟୋଗ୍ରାଫ୍ ଅସ୍ପଷ୍ଟ ଆଉ କେତେକ ସମ୍ପୂର୍ଣ୍ଣ ନିର୍ମୂଳ । ହଠାତ୍ ମୋ ଆଖିରେ ଖେଳିଗଲା ନୂତନ ଚମକ । ଦେଖିଲି କଲ୍ୟାଣ ମଣ୍ଡଳ ଆଉ ଆନନ୍ଦରୂପଙ୍କ ସହିତ ଆମର ଫଟୋଚିତ୍ରଟି ଯାହା ହେଉ ରହିଛି ଅକ୍ଷତ । କଲ୍ୟାଣ ଆଉ ଆନନ୍ଦକୁ କେତେଥର ଯେ ମନ ପୂରାଇ ଦେଖିଛି ଆଉ ସାଇତି ରଖିଛି ସେମାନଙ୍କ ସ୍ୱାକ୍ଷର ଅତି ଯତ୍ନରେ ତାହା ମୋର ନିଭୃତ ଜଗତର ବ୍ୟାପାର । ୧୯୯୭ ମସିହାରେ ସେଇ ଦୁଇଜଣ ଛାତ୍ର ବୋଧହୁଏ ହୋଇଥିବେ ସେହି ବାର ତେର ବର୍ଷ ବୟସର କବିପୁତ୍ର ଶମୀନ୍ଦ୍ର- ସମ । ଆଜି ୨୦୨୩ ମସିହା ବେଳକୁ ସେମାନେ ହୋଇଯାଇ ସାରିଥିବେ ଏ ଦେଶର ବଳିଷ୍ଠ ସୁନାଗରିକ ଆଉ ସେମାନଙ୍କ ସହ ସାକ୍ଷାତ ନୁହେଁ ସମ୍ଭବ । ସତକଥା କହିବାକୁ ଗଲେ କଲ୍ୟାଣ ଓ ଆନନ୍ଦ ଆମ ପାଖକୁ ଆସିନଥାନ୍ତେ ଆଦୌ । ଉଠାଇ ନଥାନ୍ତେ ଫଟୋଚିତ୍ର । ତଥାପି ଏକଥା ସମ୍ଭବ ହେଲା କିପରି, ତାହା ଚିନ୍ତା କରିବା ମାତ୍ରକେ ଉଦ୍ଭାସିତ ହୋଇ ଉଠୁଛି ଆଖି ଆଗରେ ରବୀନ୍ଦ୍ରଙ୍କ ପ୍ରତିଛବି। ସେ ଯେମିତି ମୋ ଉଦ୍ଦେଶ୍ୟରେ ଉଚ୍ଚାରଣ କରୁଛନ୍ତି- "କଲ୍ୟାଣ ଓ ଆନନ୍ଦକୁ

ପଠାଇଥିଲି ତୋ' ପାଖକୁ ମୁଁ ହିଁ ନିଜେ । ବସିଥିଲି ତୋ' କଣ୍ଠରେ । ଆଉ ପୁଣି ଅଧିକାର କରିଥିଲି କଲ୍ୟାଣ ଓ ଆନନ୍ଦଙ୍କ ଦୁଇଟି ସ୍ପନ୍ଦିତ ହୃଦୟକୁ । ମଣୀନ୍ଦ୍ର ଓଠରେ ରବୀନ୍ଦ୍ର ହୋଇ ଡାକିଥିଲି ତାଙ୍କୁ ଆଉ କଲ୍ୟାଣ ଓ ଆନନ୍ଦରୂପରେ ପୁନଶ୍ଚ ଆସିଥିଲି ତୋ' ପାଖକୁ । ଆଉ ଚିତ୍ର ଉତ୍ତୋଳନ ବେଳେ ମୁଁ ହିଁ ଜଗି ରହିଥିଲି ସେଠି ଯେପରି ଏ ସ୍ମୃତି ଲିଭି ନଯିବ ମହାକାଳର ଚକ୍ରାନ୍ତରେ ।"

କଲ୍ୟାଣ ଓ ଆନନ୍ଦ ଏହାହିଁ ତ ରବୀନ୍ଦ୍ର-ସାହିତ୍ୟ ଓ ଜୀବନର ବାର୍ତ୍ତା । ସଂସ୍କୃତରେ କୁହାଯାଇଛି "ଆନନ୍ଦରୂପ ମମୃତମ୍" । ରବୀନ୍ଦ୍ରଙ୍କ ସୌନ୍ଦର୍ଯ୍ୟବୋଧ ଏହିପରି ସଂରକ୍ଷିତ ହୋଇ ରହିଛି ମୋ ଆଲବମ୍‌ର ଡାଏରୀରେ ଆଉ ଛାତିତଳେ । ମୁଁ ଜାଣେ ମୋର ଅଛି ବିଲୁପ୍ତି ମାତ୍ର ଏହି ସ୍ମୃତି ରହିଥିବ ପରିଣତ ହୋଇ ଏକ ଏକ ମୋତି ।

■

ଆନନ୍ଦ ମଠରେ ଏକ ବାସନ୍ତୀକ ସନ୍ଧ୍ୟା

'ଆନନ୍ଦମଠ' ଉପନ୍ୟାସର ଅମର ସ୍ରଷ୍ଟା ଯେ ବଙ୍କିମ ଚନ୍ଦ୍ର ଚଟ୍ଟୋପାଧ୍ୟାୟ ଏହା ସଚେତନ ଭାରତୀୟ ସାହିତ୍ୟ ପାଠକ ମାତ୍ରକେ ଜାଣିଛନ୍ତି । ଏହି ଉପନ୍ୟାସରେ ବର୍ଣ୍ଣିତ ହୋଇଥିବା 'ବନ୍ଦେ ମାତରଂ' ସଂସ୍କୃତ ଶ୍ଳୋକଟି ଯେତେବେଳେ ଆକାଶବାଣୀରେ ଧ୍ୱନିତ୍ୱ ହୋଇଉଠେ, ବାଲ୍ୟ କାଳରୁ ତାହା ଶୁଣି ଶୁଣି ମମତାମୟୀ ଭାରତମାତାଙ୍କୁ ହୃଦୟ ଭିତରେ ସଂସ୍ଥାପିତ କରି ରଖିଛି । ଏଠାରେ ଉକ୍ତ ଉପନ୍ୟାସର ଆଲୋଚନା କରିବାକୁ ଯାଉ ନାହିଁ ମୁଁ । ସମଗ୍ର ଉପନ୍ୟାସଟି ଭାରତୀୟ ସ୍ୱାଧୀନତା ସଂଗ୍ରାମୀମାନଙ୍କ ଚିତ୍ତରେ ଯେଉଁ ଗଭୀର ଆଲୋଡ଼ନ ସୃଷ୍ଟି କରିଥିଲା ତାହା ବାସ୍ତବିକ୍ ରହିଛି ଚିର ସ୍ମରଣୀୟ । କବି ଓ ଲେଖକମାନଙ୍କୁ ଯେଉଁ ଦେଶ ବା ରାଜ୍ୟର ଅଧିବାସୀମାନେ ଦେଇଥାନ୍ତି ସର୍ବୋଚ୍ଚ ସମ୍ମାନ ସେମାନେ ଅନ୍ୟମାନଙ୍କ ନିମିତ୍ତ ଏକ ଏକ ବଳିଷ୍ଠ ପ୍ରେରଣା ନିଶ୍ଚୟ । ତାହା ହିଁ ପ୍ରତିପାଦନ କରିବା ଏହି ଆଲେଖ୍ୟର ଲକ୍ଷ୍ୟ ।

କାହିଁକି ଏକଥା ଉଲ୍ଲେଖ କରିଛି ତାହାକୁ ସ୍ପଷ୍ଟତର ରୂପ ପ୍ରଦାନ କରିବା ମୋର ପବିତ୍ର କର୍ତ୍ତବ୍ୟ । ମାର୍ଚ୍ଚମାସ ୨୬ତାରିଖ ୧୯୯୭ ମସିହାର ସାନ୍ଧ୍ୟକାଳୀନ ମୁହୂର୍ତ୍ତରେ ଶାନ୍ତିନିକେତନରେ ଆମେ ସ୍ଥିର କଲୁ ଯେ ଆଜି ଯିବା ଆମେ ବଙ୍ଗଳା ଭାଷା ଓ ସାହିତ୍ୟ ବିଭାଗର ମୁଖ୍ୟ ପ୍ରଫେସରଙ୍କ ନିକଟକୁ । ସ୍ନେହାସ୍ପଦ ଶୁକମୁନି ଓ ଲକ୍ଷ୍ମଣଙ୍କ ସାନ୍ନିଧ୍ୟରେ ପହଞ୍ଚିଥିଲି ମୁଁ ଲକ୍ଷ୍ୟସ୍ଥଳରେ । ଯେହେତୁ ତାହା ଥିଲା ସନ୍ଧ୍ୟା ସମୟ, ତେଣୁ ଆମେ ବଙ୍ଗଳା ବିଭାଗର ମୁଖ୍ୟଙ୍କୁ ସାକ୍ଷାତ କରିବା ପାଇଁ ଅଗ୍ରସର ହୋଇଥିଲୁ ତାଙ୍କ ବାସଭବନ ଉଦ୍ଦେଶ୍ୟରେ । ସେଠାରେ ପହଞ୍ଚୁ ପହଞ୍ଚୁ ଏକ ଦେଶାତ୍ମବୋଧକ ଶ୍ଳୋକର ପ୍ରତିଧ୍ୱନି ଶୁଣିପାରିଲି ନିଜ ଅନ୍ତଃସ୍ଥଳରେ । କାରଣ ସେହି ବିଭାଗମୁଖ୍ୟ ସାର୍‌ଙ୍କ ବାସଗୃହର ନାମକରଣ କରାଯାଇଛି 'ଆନନ୍ଦ ମଠ' । କେହି ଦୟାକରି ଭୁଲ୍

ବୁଝିବେ ନାହିଁ ବୋଲି ମୋର ଏକାନ୍ତ ଅନୁରୋଧ । ଓଡ଼ିଶାର ବିଶ୍ୱବିଦ୍ୟାଳୟମାନଙ୍କରେ କାର୍ଯ୍ୟରତ ପ୍ରଫେସର ବୃନ୍ଦ ନିଜ ଘରର ନାମକରଣ କୌଣସି ଓଡ଼ିଆ କବିଙ୍କ କାଳଜୟୀ କୃତିର ନାମରେ ଯେ ନାମିତ କରିନାହାନ୍ତି- ଏ ଦୃଶ୍ୟ ଦେଖି ଆସିଛନ୍ତି ସମ୍ପୃକ୍ତ ଛାତ୍ରଛାତ୍ରୀ, ସାହିତ୍ୟାନୁରାଗୀ ଜନସାଧାରଣ । କେଉଁ ସାର୍‌ଙ୍କ ଘରର ନାମ 'ତପସ୍ୱିନୀ', 'ଛ ମାଣଆଠଗୁଣ୍ଠ', 'ରେବତୀ' କିମ୍ବା 'ଅମୃତର ସନ୍ତାନ' ଦିଆଯାଇଥିବାର ଦୃଷ୍ଟାନ୍ତ ହିଁ ନାହିଁ । ସେଥିପାଇଁ ହିଁ ବଙ୍ଗଳା ଲିପିରେ ଅଙ୍କିତ ଏହି 'ଆନନ୍ଦ ମଠ' ମୋର ଦୁଇ ଆଖିପତାକୁ ଦେଇଥିଲା ଭିଜାଇ । ଏକ ହିଁ ମୁହୂର୍ତ୍ତରେ ମୁଁ ବିନମ୍ର ପ୍ରଣତି ଜଣାଉଥିଲି ଏପରି ନାମକରଣ କରିଥିବା ସାର୍‌ଙ୍କ ଅପୂର୍ବ ସାହିତ୍ୟାନୁରାଗ ପ୍ରତ୍ୟକ୍ଷ କରି । ଯେକୌଣସି ଗୃହ, ଅଞ୍ଚଳ, ଆଶ୍ରମ କିମ୍ବା ବାସଗୃହରେ ଅବସ୍ଥାନ କରିବାର ଜୀବନକାଳ ସେତିକି ବେଳେ ମହତ୍ତର ରୂପରେ ପ୍ରତିଭାତ ହୋଇଯାଏ ସ୍ୱତଃସ୍ଫୂର୍ତ୍ତ ଭାବରେ । ମନେହୁଏ ଯେଉଁ କାବ୍ୟ, ଉପନ୍ୟାସ, କବିତା ଆମେ ପଢ଼ିପାରି ନଥାଉ ବା ପଢ଼ି ସାରିଥାଉ ଅଧ୍ୟାପକଙ୍କ ଗୃହ ପରିସର ହୋଇଉଠେ ସେହି ସାହିତ୍ୟ କୃତିର ସ୍ପନ୍ଦନରେ ମୁଖର ଓ ମୁକୁଳିତ । ସେହି ମୁକୁଳନର ସୂକ୍ଷ୍ମ ଅନୁଭୂତି ଅର୍ଜନ କରିବାର ଦୁର୍ଲଭ ସୁଯୋଗ ଲାଭ କରି କିଏ ବା ନିଜକୁ ଗୌରବାନ୍ୱିତ ଦେଇ ମନେ କରେନା ? ଗୋଟିଏ ପଟରେ ଓଡ଼ିଶା ଓ ଆଉ ଗୋଟିଏ ପଟରେ ପଶ୍ଚିମବଙ୍ଗକୁ ଅନୁଭବ କରିପାରିବାର ତୁଳନା କଲେ ଏକ ଦିଗରୁ ଆଶା ଓ ଆଶ୍ୱାସନା ପାଉଥିବା ସମୟରେ ଆମ ଓଡ଼ିଆ ଜାତିକୁ ନେଇ ଗଭୀର ହତାଶାବୋଧ କୁହୁଳି ଉଠୁଥାଏ ଶ୍ମଶାନର ଲେଲିହାନ ଶିଖା ପରି ।

ଯାହାବି ହେଉନା କାହିଁକି ମୁଁ ଆଧୁନିକ ଯୁଗରେ ଠିଆ ହୋଇ ମଧ୍ୟ ଲାଗୁଥାଏ ଯେ 'ଆନନ୍ଦ ମଠ'ର ଭାବଜଗତ ମଧ୍ୟକୁ ପ୍ରବେଶ କରିପାରିଛି ଅପ୍ରତ୍ୟାଶିତ ଭାବରେ । ଘର ବାହାରେ କଲିଂ ବେଲ୍‌ର ସୁଇଚ୍ ଟିପି ଅପେକ୍ଷା କରି ରହିଲୁ ଅନେକ ସମୟ। ସେହି ସମୟ କଦାପି ଲାଗୁନଥାଏ ବିରକ୍ତିକର; ବରଂ ମନେ ହେଉଥାଏ ଭାବମୟ । ସାର୍ ଘର ଭିତରରୁ ବାହାରି ଆସିଲେ ସାଗ୍ରହ ଚିତ୍ତ ନେଇ। ଆମକୁ ଆମନ୍ତ୍ରଣ କଲେ ସେହି ସ୍ଥାନରେ ବସିବାକୁ ଯାହା ତାଙ୍କ ଉଦ୍ୟାନ ସଂଲଗ୍ନ ଆଳାପ ପରିସର। ଯେଉଁଠି ରଖାଯାଇ ନଥିଲା କୌଣସି ଚୌକି ଟେବୁଲ ଆଦି । ସୁନ୍ଦର ଓ କଳାତ୍ମକ ଭାବରେ ତିଆରି ଛୋଟ ବାରଣ୍ଡାର ଦୁଇ କଡ଼ରେ ନିର୍ମିତ ଦୀର୍ଘାକାର ସିମେଣ୍ଟ ବେଞ୍ଚ । ତାହା ପୁଣି ସମ୍ପୂର୍ଣ୍ଣ ଭାବରେ ପରିଷ୍କାର ଓ ପରିଚ୍ଛନ୍ନତାର ପରିଚୟ । ଗୋଟିଏ ଦିଗର ସେହି ସିମେଣ୍ଟ ବେଞ୍ଚ ଉପରେ ବସି ସାର୍ ଅନ୍ୟ ଦିଗରେ ଅନୁରୋଧ କଲେ ବସିବାକୁ। ଆମେ କେଉଁ ଉଦ୍ଦେଶ୍ୟ ବା କେଉଁ କାର୍ଯ୍ୟକ୍ରମ ଅନୁସରଣରେ ପହଞ୍ଚିଛୁ ତାଙ୍କ ନିକଟକୁ ଶ୍ରଦ୍ଧେୟ ଲକ୍ଷ୍ମଣ ତାହା ବୁଝାଇ ଦେଉଥାନ୍ତି ବଙ୍ଗଳା ମିଶ୍ରିତ ଇଂରାଜୀ ଭାଷାରେ।

ବଙ୍ଗଳା ବିଭାଗର ସେହି ସାର୍‌ଙ୍କ ନାମଟି ମଧ୍ୟ ଏକାନ୍ତ ଶ୍ରୁତି ସୁଖକର। ସେହେଲେ ଡକ୍ଟର ଅମିତ୍ରସୂଦନ ଭଟ୍ଟାଚାର୍ଯ୍ୟ । କେଉଁ ବିଷୟରେ କରିଥାନ୍ତୁ ଆମେ ଭାବ ବିନିମୟ ? ଆରମ୍ଭ କଲୁ ତାଙ୍କ ବାସଗୃହର ନାମକରଣରୁ । ପହଞ୍ଚିଲୁ ରବୀନ୍ଦ୍ରନାଥଙ୍କ ନିକଟକୁ ଆଉ ଶେଷବିନ୍ଦୁରେ ଉପନୀତ ହେଲୁ ଗଙ୍ଗାଧର ମେହେରଙ୍କ ପାଖରେ । ସେ ମୋ' ଡାଏରୀରେ ଯେତେବେଳେ ବଙ୍ଗଳା ଅକ୍ଷରରେ ଦେଉଥିଲେ ତାଙ୍କର ଅଟୋଗ୍ରାଫ୍ ସେତେବେଳେ ଗଙ୍ଗାଧର ମେହେରଙ୍କ ସମ୍ପର୍କରେ ଜାଣିବାର ଅବସର ଲାଭ କରି କିପରି ତାଙ୍କୁ ଲାଗିଛି ଆନନ୍ଦିତ ତାହାର ସଙ୍କେତ ରଖି ଯାଇଛନ୍ତି। ଅମିତ୍ରସୂଦନ ସାର୍‌ଙ୍କୁ ଅନୁରୋଧ କରିଥିଲି ଯେ ଗଙ୍ଗାଧର ମେହେରଙ୍କ କାବ୍ୟ-କବିତା ବଙ୍ଗଳାରେ ଅନୁଦିତ ହେବା କେତେ ଆବଶ୍ୟକ । ଅମିତ୍ର ସାର୍ ସହମତି ପ୍ରକାଶ କରୁଥାନ୍ତି ମୋ' ସହିତ। ଏ ଦିଗରେ ତାଙ୍କ ଦ୍ୱାରା ଯାହା ସମ୍ଭବ ହୋଇ ପାରିବ ତାହା ନିଶ୍ଚୟ ସମ୍ପାଦିତ ହେବାରେ କୌଣସି ଅସୁବିଧା ହେବ ନାହିଁ ବୋଲି ଦେଲେ ଆନ୍ତରିକ ପ୍ରତିଶ୍ରୁତି । ଗଙ୍ଗାଧରଙ୍କୁ କେନ୍ଦ୍ର କରି ବଙ୍ଗଳା ଭାଷାରେ ଗବେଷଣାତ୍ମକ ନିବନ୍ଧ ମଧ୍ୟ କିପରି ପ୍ରସ୍ତୁତ କରାଯାଇପାରିବ ସେ ବିଷୟରେ ଉପଯୁକ୍ତ ପଦକ୍ଷେପ ନେବାକୁ ଅନୁରୋଧ କରିଥିଲି। ଅମିତ୍ର ସାର୍ ଲକ୍ଷ୍ମଣ ପ୍ରତି ଦୃଷ୍ଟିପାତ କରି କହିଥିଲେ ଯେ- "ଆମ ମଧ୍ୟରେ ସମ୍ପର୍କର ସେତୁ ନିର୍ମାଣ କରିପାରିବେ ଲକ୍ଷ୍ମଣ ନିଶ୍ଚୟ" ତାଙ୍କ ଭାଷା ଓ ସାହିତ୍ୟ ବିଭାଗର ଛାତ୍ରଛାତ୍ରୀମାନଙ୍କ ଆଗ୍ରହ ସମ୍ପର୍କରେ ଅଳ୍ପ ବାର୍ତ୍ତାଳାପ କରିଥିଲୁ।

ବାରଣ୍ଡା ବାହାରେ ଯେଉଁ ଫୁଲ ସବୁ ସନ୍ଧ୍ୟା ଅର୍ଘ୍ୟରୂପେ ହେଉଥିଲେ ପ୍ରସ୍ଫୁଟିତ ସେମାନଙ୍କ ବାସ୍ନା ଚହଟି ଆସୁଥିଲା ଧୀରେ ଧୀରେ। ବୋହୁଥିଲା ମଳୟପବନ ଓ ଗଙ୍ଗାଧରଙ୍କ ଦ୍ୱାରା ରଚିତ 'ମଳୟ ଆବାହନ' କବିତାର ସୁମଧୁର ପଦପଂକ୍ତି ସାଙ୍ଗୀତିକ ଧ୍ୱନି ସୃଷ୍ଟି କରୁଥିଲା ହୃଦୟ ଭିତରେ । ସମଗ୍ର ପରିବେଶ ରହିଥିଲା ଶାନ୍ତ ଓ ନୀରବ । ଆମ ମଧ୍ୟରେ ହେଉଥିଲା ଯେଉଁ ବିନମ୍ର ଭାବ ଆଦାନ ପ୍ରଦାନ ତାହା ସାନ୍ଧ୍ୟ ସମୀରଣ ପ୍ରତି ଥିଲା ଉପଯୁକ୍ତ ଶ୍ରଦ୍ଧା ନିବେଦନ। ଆଉ ଅଧିକ ସମୟ ଅମିତ୍ର ସାର୍‌ଙ୍କର ନେବାକୁ ମୁଁ ଚାହୁଁ ନଥିଲି । ଜୀବନରେ ବାହ୍ୟ ଆଳାପ ଆଲୋଚନା ଅପେକ୍ଷା ଭିତରର ଆନ୍ତରିକ ଓ ସୁଶାନ୍ତ ଭାବ ବିନିମୟକୁ ସର୍ବଦା ଦେଇ ଆସିଛି ଶ୍ରେଷ୍ଠ ସମ୍ମାନ । ଅବଶ୍ୟ ଏହାରି ମଧ୍ୟରେ ମୋର ଏକ ବ୍ୟକ୍ତିଗତ ଦୁର୍ବଳତା ମଧ୍ୟ ରହିଛି ପ୍ରଚ୍ଛନ୍ନ ଭାବରେ । ସହଜ ଶବ୍ଦରେ କହିବାକୁ ଗଲେ ତାହା ହେଲା ଯେ, କଥା କହିବାର କଳା ଆୟତ୍ତ କରିବାରେ ମୁଁ ଅତି ଦୁର୍ବଳ । ମୋର ଏହି ଦୁର୍ବଳତାକୁ ଅନ୍ୟମାନେ ନମ୍ରତାର ନାମ ଦେଇ ମୋତେ ଦେଇଥାନ୍ତି ଶ୍ରଦ୍ଧାନ୍ୱିତ ସ୍ଥାନ ନିଜ ନିଜ ହୃଦୟରେ। ସେଥିପାଇଁ ମୁଁ ଯେ କେତେ କୃତଜ୍ଞ ତାହା ବୁଝାଇ ପାରିବି ବା କିପରି ?

ଆମେ ତିନିହେଁ ଅମିତ୍ର ସାରଙ୍କ ସହିତ ମିତ୍ରତାର ବନ୍ଧନରେ ସଂଯୁକ୍ତ ହୋଇସାରି ଫେରି ଆସିଥିଲୁ ଲକ୍ଷ୍ମଣ ରହୁଥିବା ହଷ୍ଟେଲ ପ୍ରକୋଷ୍ଠକୁ । ସେଠି ଲକ୍ଷ୍ମଣ ଯେମିତି ତାଙ୍କ ମଣୀନ୍ଦ୍ର ସାରଙ୍କର କୌଣସି ଅସୁବିଧା ନହୁଏ ତା'ର ସମସ୍ତ ସୁବ୍ୟବସ୍ଥା କରି ଦେଇଥାନ୍ତି । ସେଦିନ ରାତିଟି ଶାନ୍ତିରେ ନିଦ୍ରାଭିଭୂତ ହୋଇଯାଇଥିଲି ମୁଁ । କିନ୍ତୁ ସେଇ ଅବସ୍ଥାରେ ମଧ୍ୟ ଦେଖିପାରୁଥିଲି ଚମତ୍କାର ଦୃଶ୍ୟ, ଯାହା ସ୍ୱପ୍ନଠାରୁ ମଧ୍ୟ କାହିଁ କେତେ ଗୁଣରେ ସୁନ୍ଦରତର । ଯେଉଁ ନାମଟି ଉପରେ ମୋର ଶ୍ରଦ୍ଧାଶୀଳ ଆତ୍ମଦୃଷ୍ଟି ହୋଇଥାଏ କେନ୍ଦ୍ରୀଭୂତ ତାହା ହେଲା 'ଆନନ୍ଦମଠ' ।

■

ପରିଶିଷ୍ଟ

ଶାନ୍ତିନିକେତନ ସମ୍ପର୍କିତ ଅନୂଦିତ
କେତୋଟି ସ୍ମରଣୀୟ ରଚନା

ଏକ

ଏଇ ଆଶ୍ରମରେ ମୁଁ ଗୋଟିଏ ସଂପୂର୍ଣ୍ଣ ଜୀବନର ଆଦର୍ଶ ଗଢ଼ିବାକୁ ଚାହିଁଥିଲି - ମୋର ଲକ୍ଷ୍ୟ ଥିଲା ଛାତ୍ର ଓ ଅଧ୍ୟାପକ ମିଶି ଗୋଟିଏ ସମଗ୍ର ସତ୍ତା ସୃଷ୍ଟି କରିବେ। ଏହାକୁ ଯଦି ଭାଙ୍ଗି କୁହାଯାଏ ତାହାହେଲେ ଦେଖିପାରିବା ଆମେ ଏଠାକୁ ପଢ଼ିବାକୁ ଆସିଛୁ ବା ଆମର ଅନ୍ୟାନ୍ୟ କୌଣସି ବିଶେଷ ଉଦ୍ଦେଶ୍ୟ ରହିଛି। ଯେମିତି ଅନ୍ୟାନ୍ୟ ବିଦ୍ୟାଳୟ। ସେଠି ଛାତ୍ରମାନେ ଦରମା ଦିଅନ୍ତି ଏବଂ ତା ପରିବର୍ତ୍ତେ ସେମାନେ ବିବିଧ ଶିକ୍ଷଣୀୟ ବିଷୟରେ ଶିକ୍ଷାଲାଭ କରନ୍ତି। ଏଇ ଉଭୟ ମିଶି ଗୋଟିଏ ଦେଣା-ପାଉଣାର ସମ୍ବନ୍ଧ ରହିଛି। ଏଠିକାର ପ୍ରଧାନ ଉଦ୍ଦେଶ୍ୟ ସମସ୍ତେ ମିଶି ଆତ୍ମାକୁ ଗଢ଼ି ତୋଳିବା; ଛାତ୍ରମାନେ ପରସ୍ପର ମଧ୍ୟରେ ଗୋଟିଏ ଅବିଚ୍ଛେଦ୍ୟ ସମ୍ବନ୍ଧ ସୃଷ୍ଟି କରିବେ।

ସମୟ ଥିଲା ଯେତେବେଳେ ଛାତ୍ର କମ ଥିଲେ। ମୁଁ ସେତେବେଳେ ସେମାନଙ୍କ ଭିତରେ ଥାଇ କାମ କରିଛି, ଖେଳିଛି - ସେତେବେଳେ ଏଇ ଉଦ୍ଦେଶ୍ୟ ସଫଳ ହୋଇଥିଲା। ମୋର ବିଶ୍ୱାସ ସଂଖ୍ୟାରେ ଅଳ୍ପତାହିଁ ତାର କାରଣ। ସେମାନେ ମୋର ସଙ୍ଗ ଲାଭ କରିପାରିଥିଲେ, ମୋର ନିକଟବର୍ତ୍ତୀ ହୋଇ ପାରିଥିଲେ। ମୋତେ କେନ୍ଦ୍ର ସ୍ଥଳରେ ରଖି ସେମାନେ ପରସ୍ପର ଆକୃଷ୍ଟ ହୋଇଥିଲେ, ଗୋଟିଏ ସତ୍ୟ ଗଢ଼ି ଉଠିଥିଲା।

ତା'ପରେ ଅନେକ ଦିନ ଚାଲିଗଲା। ଆଜି ମୋର ବୟସ ଅନେକ। ନାନା କାରଣରୁ ନିଜକୁ ମୋତେ ବିଦ୍ୟାଳୟର କେନ୍ଦ୍ରରୁ ଦୂରକୁ ଘୁଞ୍ଚି ଆସିବାକୁ ହୋଇଛି। କେବଳ ଶାରୀରିକ କ୍ଲାନ୍ତି ନୁହେଁ, ଅନ୍ୟାନ୍ୟ କର୍ମଭାର ଗ୍ରହଣ କରିବା ମଧ୍ୟ ଏହାର କାରଣ। ମୋତେ ସାହିତ୍ୟ ବାରମ୍ବାର ଟାଣିଛି। ଆଶ୍ରମ ପାଇଁ ଯେତିକି ମନ ଦେବା ପ୍ରୟୋଜନ ଥିଲା, ସେତିକି ମନ ଦେଇ ପାରିନାହିଁ। ତଥାପି ମୋର ବିଶ୍ୱାସ, ସେଇ ଆଦର୍ଶ ରୀତିମତ ଭିତରେ ଭିତରେ କାମ କରୁଛି।

ଏକଥା ତ ସତ ଯେ, ତମେମାନେ ଯେତେବେଳେ ଆଶ୍ରମରେ ଥିଲ, ଦିନରାତି ନାନା ବିଚିତ୍ର ସୁଖଦୁଃଖ ଭୋଗ କରିଛ, ଭାବୀ ଜୀବନର କଥା ଚିନ୍ତା କରିଛ। ଏଠାରେ ତୁମେମାନେ କେବଳ ବହି ପଢ଼ି ନାହଁ, ସଂଗୀତରେ ଉତ୍ସବରେ ଜୀବନ ଏଠି ବିଚିତ୍ର ହୋଇଉଠିଛି। ତା' ବ୍ୟତୀତ ଏଠାରେ ଗ୍ରାମ ସେବାର ଯେଉଁ ଆୟୋଜନ କରାହୋଇଛି, ତା'ର ପ୍ରଭାବ ମଧ୍ୟ ତୁମମାନଙ୍କ ଜୀବନରେ ପଡ଼ିଛି। ସବୁ ମିଶି ଏଠାରେ ସମଗ୍ରତା'ର ଗୋଟିଏ ଆଦର୍ଶ ଜାଗ୍ରତ ରହିଛି।

ବାହାରୁ ଯେଉଁମାନେ ଏଠାକୁ ଆସନ୍ତି, ସେମାନେ ଆଶ୍ରମର ଏଇ ବିପୁଳ ସମଗ୍ରତାର ରୂପଟିକୁ ଦେଖିପାରନ୍ତି ନାହିଁ। ଯା'ର ଯେଉଁଥିରେ ରୁଚି, କେବଳ ସେଇଟାହିଁ ଆଂଶିକ ଭାବରେ ଦେଖି ପାରନ୍ତି, ଚିତ୍ରବିଦ୍ୟାରେ ଯେଉଁମାନେ ଅନୁରାଗୀ ସେମାନେ ସେଇ ଆୟୋଜନଟିହିଁ ଦେଖି ପାରନ୍ତି, ଯେଉଁମାନେ ଗ୍ରାମ ସେବାରେ ଉତ୍ସାହୀ ସେମାନେ ସେଇ ବ୍ୟବସ୍ଥାହିଁ ଲକ୍ଷ୍ୟ କରନ୍ତି। କିନ୍ତୁ ଏପରି ଲୋକ ଅତିଅଳ୍ପ ଦେଖିଲି ଯେଉଁମାନେ ଏହାର ସମଗ୍ର ରୂପଟି ଦେଖି ପାରିଛନ୍ତି, ଏଠାରେ ଯେ ଗୋଟିଏ ପ୍ରାଣର ବିକାଶ ସ୍ୱତଃ ଜାଗି ଉଠିଛି ତାହା ସେମାନେ ଅନୁଭବ କରିଛନ୍ତି। ଏଇଟି ଦେଖିପାରି ନାହାନ୍ତି ବୋଲିହିଁ ସେମାନେ ଯେଉଁ ସମାଲୋଚନା କରନ୍ତି ତାହା ମଧ୍ୟ ଆଂଶିକ।

କିନ୍ତୁ ସେମାନେ ତ ବାହାରର ଲୋକ। ଦୁଃଖର ବିଷୟ ହେବ, ଯେଉଁମାନେ ଏଠି ମଣିଷ ହୋଇଛନ୍ତି, ସେମାନେ ଯଦି ଏହାର ବୃହତ୍ତର ରୂପକୁ ଉପଲବ୍ଧି କରି ନପାରନ୍ତି। ସମସ୍ତଙ୍କର ଶକ୍ତି ସମାନ ନୁହେଁ, ପରିପୂର୍ଣ୍ଣ ଦୃଷ୍ଟି ଦୁର୍ଲଭ, ସେ କଥା ମୁଁ ଜାଣେ। ପକ୍ଷୀମାନେ ଯେଉଁ ବନସ୍ପତିର ଆଶ୍ରୟରେ ଥା'ନ୍ତି, ତା'ର ଯେଉଁ ଶାଖାରେ ସେମାନେ ଥା'ନ୍ତି ପ୍ରଧାନତଃ ସେଇଆକୁହିଁ ଅନୁଭବ କରନ୍ତି, ନିଜ ବସାରେହିଁ ସେମାନଙ୍କର ଦୃଷ୍ଟି ଆବଦ୍ଧ। କିନ୍ତୁ ବନସ୍ପତିର ଯେଉଁ ବିଚିତ୍ରତା, ଋତୁରେ ଋତୁରେ ତାର ଯେଉଁ ବିକାଶ, ତାହା ସେମାନେ ସଂପୂର୍ଣ୍ଣ ଭାବରେ ଦେଖିବାକୁ ପା'ନ୍ତି ନାହିଁ। ମଣିଷ ଭିତରେ ମଧ୍ୟ ଏଇପରି ରହିଛି, ଯେଉଁ ଟିକକ ସେମାନଙ୍କ ଜୀବନର ଆଶ୍ରୟ ସେଇଟିକକ ଭିତରେହିଁ ସେମାନଙ୍କର ଦୃଷ୍ଟି ନିବଦ୍ଧ। ଆମର ଅନେକ ଛାତ୍ର ଆଶ୍ରମର ସଂପୂର୍ଣ୍ଣ ରୂପଟି ନଦେଖି ଚାଲିଯାଇଛନ୍ତି। ଅବଶ୍ୟ ଏହା ଅପରିହାର୍ଯ୍ୟ, ସମସ୍ତଙ୍କର ଶକ୍ତି ସମାନ ନୁହେଁ। ମୁଁ ଯେତେବେଳେ ଉପଲକ୍ଷ୍ୟ ପାଇଛି ସେତେବେଳେହିଁ ଜୀବନର ଏଇ ପୂର୍ଣ୍ଣତା ଆଡ଼କୁ ଦୃଷ୍ଟି ଆକର୍ଷଣ କରିଛି, ଜୀବନର କୌଣସି ବିଶେଷ କ୍ଷେତ୍ରରେ ଚେଷ୍ଟାକୁ ନିବଦ୍ଧ କରି ନାହିଁ।

ଏଇ ଆଶ୍ରମରେ ଯେଉଁ ବିଚିତ୍ର ଆୟୋଜନ ରହିଛି ତାକୁ ବହନ କରିବାକୁ ମୁଁ ଆଜି କ୍ଲିଷ୍ଟ କ୍ଲାନ୍ତ। କାରଣ, ଏଇ ଆଶ୍ରମକୁ ଆମ ଦେଶ ପୂର୍ଣ୍ଣଭାବରେ ଗ୍ରହଣ କରି

ନାହିଁ। ବହୁକାଳ ଧରି ଏହାର ଦାୟିତ୍ୱ ଏକା ମୋ ଉପରେହିଁ ପଡ଼ିଛି। ବୟସ ଯେତେବେଳେ ଅପେକ୍ଷାକୃତ ଅଳ୍ପ ଥିଲା ସେତେଦିନ ଭ୍ରୂକ୍ଷେପ କରି ନାହିଁ। ତା'ପରେ ଏପରି ଦିନ ଆସିଲା, ଯେଉଁମାନେ ଏହାର ହିତୈଷୀ ସେମାନେ କହିଲେ ଯେ, ଏ ପର୍ଯ୍ୟନ୍ତ ଏ ଆଶ୍ରମ ମୋତେ ଅବଲମ୍ବନ କରି ବୃଦ୍ଧି ପାଇଛି। ସେଥିରେ ଏହାର ସ୍ଥାୟିତ୍ୱ ସମ୍ବନ୍ଧରେ ଆଶଙ୍କା ରହିଯାଏ, ସାଧାରଣରେ ମନେ ହୋଇପାରେ ଯେ ଏହା ଜଣେ ବ୍ୟକ୍ତିର ଜିନିଷ। ଏଇ ଆଲୋଚନାରୁ ସେଇ ସମୟରେ ଏହାର ଗୋଟିଏ କନଷ୍ଟିଚ୍ୟୁସନ ପ୍ରବର୍ତ୍ତିତ ହେଲା। ଅତି ଜଟିଳ ଓ ବିଚିତ୍ର ସେଇ ନିୟମାବଳୀ।

କନଷ୍ଟିଚ୍ୟୁସନ ଗୋଟିଏ ନୈର୍ବ୍ୟକ୍ତିକ ଯାନ୍ତ୍ରିକ ଜିନିଷ। ସେଥିରେ କାର୍ଯ୍ୟପ୍ରଣାଳୀର ଗୋଟିଏ ବନ୍ଧା ନିୟମ ଥାଏ, ତାହାହିଁ ସମସ୍ତ କର୍ମକୁ ପରିଚାଳିତ କରେ। ଲୋକମାନେ ଆଶଙ୍କା କରନ୍ତି ଯେ, ବ୍ୟକ୍ତିଗତ ପ୍ରଭାବ ଓ ପରିଚାଳନାର ଏକ କ୍ଷଣିକତା ଅଛି, ତାହା ଛଡ଼ା ଉତ୍ତରକାଳବର୍ତ୍ତୀ ଦ୍ୱିତୀୟ ବ୍ୟକ୍ତିର ମତାନ୍ତର ହୋଇପାରେ; ବନ୍ଧା ନିମୟ ଦ୍ୱାରା ଚାଳିତ ହେଲେ ସ୍ଥାୟିତ୍ୱର ସମ୍ଭାବନା ଥାଏ। ମୁଁ ଏଇ କନଷ୍ଟିଚ୍ୟୁସନର ପ୍ରବର୍ତ୍ତନରେ ଆପତ୍ତି କରି ନାହିଁ - ଯେଉଁମାନଙ୍କୁ ନେଇ କାମ କରେ ସେମାନଙ୍କ ସିଦ୍ଧାନ୍ତରେ ବାଧାଦେବି ନାହିଁ ଏହାହିଁ ମୋର ମତ। ମୁଁ ଏହାର ଦାୟିତ୍ୱ ତ ଚିରଦିନ ସ୍ୱୀକାର କରିପାରିବି ନାହିଁ। ଯେଉଁମାନେ କାମ କରିବେ ସେମାନେ ମନେ କଲେ ଏଇଭାବେ ସ୍ଥାୟିତ୍ୱ ସମ୍ଭବ ହେବ, ଏଣୁ ମୁଁ ସମ୍ମତି ଦେଇଥିଲି।

କନଷ୍ଟିଚ୍ୟୁସନ ଭିତରେ ଯେଉଁ ତ୍ରୁଟି ଅଛି ତାହା ହେଉଛି ବ୍ୟକ୍ତିତ୍ୱର ଅଭାବ ଏବଂ ଯାନ୍ତ୍ରିକତାର ପ୍ରବଳତା। କିନ୍ତୁ ଆଧୁନିକ କାଳର ମନୋଭାବହିଁ ଅନୁଷ୍ଠାନକୁ ନୈର୍ବ୍ୟକ୍ତିକ ଭାବରେ ରକ୍ଷା କରିବା। ଏଠାରେ ମଧ୍ୟ ତାହା ହେଲା। କିନ୍ତୁ ଏଇ ଯନ୍ତ୍ରର ଭିତରେହିଁ ତ କାମ କରିବାକୁ ହୁଏ। ଅନୁଷ୍ଠାନ ଭିତରେ ଯେଉଁ ମାନବ ଶକ୍ତି କାମ କରେ ତାହା ଯେପରି ଖର୍ବ ନହୁଏ। ଯାନ୍ତ୍ରିକତା ଯେମିତି ପ୍ରବଳ ହୋଇ ନଉଠେ, ତାହାହିଁ ଦେଖିବାକୁ ହେବ। ଏହା ଯେତେବେଳେ ଚିନ୍ତାର ବିଷୟ ହୋଇ ଉଠିଛି ମୁଁ ସେତେବେଳେ ସେମାନଙ୍କ ସହାନୁଭୂତି କାମନା କରୁଛି - ଯେଉଁମାନେ ଏଠି ମଣିଷ ହୋଇଛନ୍ତି, ଏଠିକାର ଭାବର ଆଦର୍ଶ ପାଇଛନ୍ତି; ଯେଉଁମାନଙ୍କର ଏଠାରେ କୌଣସି ଦିଗରୁ ଚିତ୍ତବୃତ୍ତିର ବିକାଶ ହୋଇଛି, ସେମାନେ ଯଦି ଏଠା ସହିତ ଯୋଗାଯୋଗ ରକ୍ଷା ନ କରନ୍ତି ତେବେ ଏଇ ପ୍ରତିଷ୍ଠାନ ମାନବଧର୍ମହୀନ ହେବ। ଯେଉଁ ସମସ୍ତ ପ୍ରାକ୍ତନ ଛାତ୍ରମାନଙ୍କର ଏଠାରେ କର୍ମର କ୍ଷେତ୍ର ଅଛି ସେମାନେ ଏଠାର ପରିଚାଳନାରେ କର୍ତ୍ତୃତ୍ୱ ଲାଭ କରିବେ - ମୁଁ ସବୁବେଳେ ଏଇ ଇଚ୍ଛା କରିଛି। ଏହାର ପ୍ରଧାନ ଅନ୍ତରାୟ ହେଉଛି ଯେ ସେମାନଙ୍କର ଆଶ୍ରମ ପ୍ରତି ଯେତେ ଅନୁରାଗ ଥାଉ ନା କାହିଁକି, ସଂସାରର

ଗତିରୁ ସେମାନଙ୍କର ଦୂରରେ ରହିବା ଅନିବାର୍ଯ୍ୟ। ଦ୍ୱିତିୟତଃ କୌଣସି କୌଣସି ଛାତ୍ରଙ୍କ ମନରେ ଆଶ୍ରମର ସ୍ମୃତି ଓ ଆଶ୍ରମ ପ୍ରତି ପ୍ରୀତି କ୍ରମଶଃ କ୍ଷୀଣ ହେବା ଅସମ୍ଭବ ନୁହେଁ। ଗୋଟିଏ ତୃତୀୟ କାରଣ ମଧ୍ୟ ହୁଏତ ବା ଅଛି - ଦେଶର ଲୋକଙ୍କ ମନରେ ଆଶ୍ରମ ସମ୍ବନ୍ଧରେ ଯେଉଁ ଅହୈତୁକ ବିରାଗ ଦେଖାଯାଏ ତାର ପ୍ରଭାବ ପ୍ରାକ୍ତନ ଛାତ୍ରମାନଙ୍କ ଉପରେ ମଧ୍ୟ ବିସ୍ତୃତ ଅସମ୍ଭବ ନୁହେଁ।

ଗୋଟିଏ ଅନୁଷ୍ଠାନର ତିନୋଟି ଦିଗ ଅଛି - ତାର ଅତୀତ ବର୍ତ୍ତମାନ ଓ ଭାବୀକାଳ। ଅତୀତ ସହିତ ବିଚ୍ଛେଦ ସୁସ୍ଥ ପ୍ରାଣର ଧର୍ମ ନୁହେଁ। ଏଇ ଅତୀତର ପ୍ରତିନିଧିହିଁ ପ୍ରାକ୍ତନ ଛାତ୍ର; ସେମାନେ ଯଦି ଅନୁରାଗ ଓ ସହଯୋଗିତାର ସମ୍ବନ୍ଧରେ ଆଶ୍ରମ ସହିତ ଯୁକ୍ତ ରହନ୍ତି ତା ହେଲେହିଁ ଆଶ୍ରମର ପ୍ରାଣଧର୍ମ ବଳ ପାଇପାରେ।

ଭାବୀକାଳ ନିମିତ୍ତ ମୁଁ ଏଇ ଆଶ୍ରମରେ ପ୍ରଚୁର ସ୍ୱାଧୀନ କ୍ଷେତ୍ର ପ୍ରସାରିତ ରଖିଛି - ଏଠାରେ କୌଣସି ବିଶେଷ ଧର୍ମକୁ ପ୍ରତିଷ୍ଠିତ କରି ନାହିଁ। କାଳେ କାଳେ ମଣିଷର ପରିବର୍ତ୍ତନ ଘଟିଥାଏ - ଯେଉଁମାନେ ଗୋଟିଏ କାଳକୁ ଜୀବନରେ ସ୍ଥାୟୀ କରିବାକୁ ଚାହାନ୍ତି ସେମାନେ ମୃତ୍ୟୁ ସହିତ ରଫା କରନ୍ତି। ଏଣୁ ମୁଁ ଏହା କେବେ ଆଶା କରିନାହିଁ ଯେ ଏଠାରେ ଯେଉଁମାନେ ବୟସ୍କ ଛାତ୍ର ଓ ଅଧ୍ୟାପକ ଅଛନ୍ତି ସେମାନଙ୍କ ମନକୁ ମୁଁ ଗୋଟିଏ ଛାଞ୍ଚରେ ପକାଇବା ରୀତିରେ ପରିଚାଳା କରିବି। ମୁଁ ଭାବୀକାଳର ବିକାଶ ନିମିତ୍ତ ପଥ ପ୍ରଶସ୍ତ ରଖିଛି।

ଆଶ୍ରମର ପ୍ରାକ୍ତନ ଛାତ୍ର, ତୁମେମାନେ ଆଶ୍ରମର ଅତୀତର ପ୍ରତିନିଧି, ତୁମେମାନେ ଯଦି ସହାୟ ହୁଅ ତେବେ ଏହାର ବର୍ତ୍ତମାନ ଓ ଭବିଷ୍ୟତରେ ଅନେକ ଆନୁକୁଲ୍ୟ ହୋଇପାରେ। ତୁମେମାନେ ଯଦି ଏଇ ସହାୟତା କର ତାହାହେଲେ ଏଇ ଆଶ୍ରମ କେବଳ ଭାରତବର୍ଷ ନୁହେଁ ସମସ୍ତ ପୃଥିବୀ ଭିତରେ ଅପୂର୍ବ ପ୍ରତିଷ୍ଠାନ ହୋଇପାରେ।

ଛାତ୍ରମାନଙ୍କର ସହଯୋଗରେହିଁ ଏଇ ଆଶ୍ରମର ଆଦର୍ଶର ରୂପ ପରିସ୍ଫୁଟ ହୋଇଉଠିବ ଏହାହିଁ ମୋର ଲକ୍ଷ୍ୟ ଥିଲା। ସେଇ ଲକ୍ଷ୍ୟ ସଂପୂର୍ଣ୍ଣ ସଫଳ ହୋଇଛି ବୋଲି କହି ପାରୁନାହିଁ; ତା'ର କାରଣ, ବିରୂପଚିତ୍ତ ନେଇ ଏଠାକୁ ଅନେକ ଆସିଛନ୍ତି। ମୁଁ ସମସ୍ତଙ୍କୁ ସ୍ଥାନ ଦେଇଛି। ବଡ଼ ପ୍ରାଣ ଭିତରେହିଁ ଛୋଟ ଛୋଟ ରୋଗର ବୀଜ ଥାଏ; ଆକାଶ ବତାସରେ ବହୁ ରୋଗର ଜୀବାଣୁ ଅଛି, ଶରୀର ଯଦି ସୁସ୍ଥ ରହେ ତେବେ ଆମେ ତାକୁ ଉପେକ୍ଷା କରି ଚଳି ପାରୁ। ନିଜକୁ ଏକାନ୍ତ ଭାବରେ ଆବୃତ୍ତ କରି ଚଳିଲେ ପ୍ରାଣଧର୍ମକୁହିଁ ଆହତ କରାହୁଏ। ଏଇଥିପାଇଁହିଁ ଜୀବନରେ ବିରୁଦ୍ଧତାର ଆଘାତ ସ୍ୱୀକାର କରିବା ପ୍ରୟୋଜନ - ଏପରିକି ମର୍ମରେ ଆଘାତ ମଧ୍ୟ ମାନି ନେବାକୁ ହୁଏ - ତା'ପରେ ଯଦି ବଞ୍ଚୁ ତେବେ ସତରେ ବଞ୍ଚିଲୁ।

ମୋର ଆଜି ବିପଦର ଦିନ। ଠିକ ସମୟରେହିଁ ତମେମାନେ ଆସିଛ, ଏଇ ସମୟରେହିଁ ତମମାନଙ୍କୁ ମୋର ଦରକାର ଥିଲା। ବିଚିତ୍ର ଆଘାତରେ ଓ ବିରୁଦ୍ଧତାରେ ଆଜି ମୋର ମନ କ୍ଳାନ୍ତ କ୍ଳିଷ୍ଟ। ଆଜି ଯଦି ମୁଁ ଏଇ କଥାଟି ଉପଲବ୍ଧି କରିପାରେ ଯେ ଆଶ୍ରମ ପ୍ରତି ତମମାନଙ୍କର ନିଷ୍ଠା ଅଛି, ଯଦି ଜାଣିପାରେ ଯେ ତୁମମାନଙ୍କର ପ୍ରାଣ ଭିତରେ ଏହାର ବଞ୍ଚିରହିବାର ଶକ୍ତି ରହିଗଲା, ତାହାହେଲେ ମୁଁ ନିଶ୍ଚିନ୍ତ ହୋଇପାରେ। ଏକା ସହିତ ତମ ସମସ୍ତଙ୍କୁ ମୁଁ ଦେଖିବାକୁ ପାଏ ନାହିଁ। କିନ୍ତୁ ତମେମାନେ ଯେତେବେଳେ ଯିବ ସେତେବେଳେ ଯଦି ସତୀର୍ଥମାନଙ୍କୁ ସ୍ମରଣ କରାଇ ଦିଅ ସେମାନଙ୍କ ପ୍ରତି ଆଶ୍ରମର ଦାବି କ'ଣ, କି ଦାୟିତ୍ୱ ସେମାନଙ୍କର, ତେବେ ମୋର ଦୃଢ଼ ବିଶ୍ୱାସ ସେଇ ଦାୟିତ୍ୱ ସେମାନେ ସ୍ୱୀକାର କରିବେ।

ତମମାନଙ୍କ ପକ୍ଷରୁ ମଧ୍ୟ ସେମିତି ଜିଜ୍ଞାସା କରିବାର ଅଛି ଯେ, ଏପରି କୌଣସି ବ୍ୟବସ୍ଥା ଅଛି କି ଯାହାଦ୍ୱାରା ତମେମାନେ ଆଶ୍ରମ ସହିତ ଯୋଗଯୁକ୍ତ ହୋଇପାରିବ। ସେ ବ୍ୟବସ୍ଥା ବୋଧହୁଏ ହୋଇନାହିଁ, ହୁଏତ ତାର ସୂଚନା ମାତ୍ର ହୋଇଛି। ତମମାନଙ୍କର ଇଚ୍ଛାରେ ଏବଂ ଚେଷ୍ଟାରେହିଁ ତାହା ତୁମେମାନେ ଗଢ଼ିତୋଳିବ।

ଏଠାକୁ ଯେଉଁମାନେ ନୂଆଁ ହୋଇ ଆସିଛନ୍ତି ସେମାନେ ହୁଏତ ତୁମ୍ଭମାନଙ୍କୁ ଚିହ୍ନିବେ ନାହିଁ, ବିଶ୍ୱାସ କରିବେ ନାହିଁ, ସେଥିପାଇଁ ତୁମ୍ଭେମାନେ କୁଣ୍ଠିତ ହୁଅ ନାହିଁ - ମୁଁ ତ ତୁମ୍ଭମାନଙ୍କୁ ଚିହ୍ନେ, ମୁଁ ତ ତୁମ୍ଭମାନଙ୍କୁ ସ୍ନେହ କରେ। ତୁମମାନଙ୍କର ଯେଉଁ ଜୋର ଅଛି ତାହାହିଁ ଭଲ ପାଇବା ଓ ନିଷ୍ଠାର ଜୋରରୁ ତମେମାନେ ଦାବି କରିପାର ଏବଂ କରିବ ଏବଂ ସେଇ ଦାବିରେ ଏପରି ଗୋଟିଏ କ୍ଷେତ୍ର ତିଆରି କରିବ ଯେମିତି ତୁମମାନଙ୍କର ଅନୁରାଗ ଓ ସହକାରିତା ଏଇ ଆଶ୍ରମକୁ ବଳଶାଳୀ କରି ତୋଳିପାରେ। ବସ୍ତୁଗତ ଆନୁକୁଲ୍ୟ, ଆର୍ଥିକ ସହାୟତା ମୁଁ ତୁମମାନଙ୍କ ଠାରୁ ଆଶା କରୁନାହିଁ। ଆପଣାର ନିଷ୍ଠା ଦ୍ୱାରା, ଭଲ ପାଇବା ଦ୍ୱାରା ଯଦି ଏଇ ଆଶ୍ରମକୁ ତୁମେମାନେ ବାହାରର ସମସ୍ତ ଆଘାତରୁ ଆବୃତ୍ତ କରି ରଖିପାର ତାହାହେଲେ ତା'ଠାରୁ ବଡ଼ ତମମାନଙ୍କ ପାଖରୁ କିଛି ପାଇବାର ନାହିଁ।

ଶାନ୍ତିନିକେତନ,
୬ ଅଗଷ୍ଟ, ୧୯୩୪

ଦୁଇ

ଆଶ୍ରମ ବିଦ୍ୟାଳୟର ଆରମ୍ଭ ଦିନର କଥା ଆଜି ଦିନରେ ମୋର ମନେପଡ଼େ। ଗୋଟିଏ ସମୟରେ ନଦୀ ବକ୍ଷରେ ଦୀର୍ଘ ସମୟ କାଟିଛି; ସେଠାରୁ ମନରେ ଏଇ ସଂକଳ୍ପ ନେଇ ଚାଲିଆସିଥିଲି ଯେ, ପିଲାମାନଙ୍କୁ କିଛି ଆନନ୍ଦ ଦେବି। ଅଳ୍ପ ବୟସରେ ବିଦ୍ୟାଳୟ ସମ୍ବନ୍ଧରେ ମୋର ଦୁଃଖକର ଅଭିଜ୍ଞତା ହୋଇଥିଲା - ସେତେବେଳର ବିଦ୍ୟାଳୟରେ କେବଳ ମାତ୍ର ଦୀନତା ନୁହେଁ, ନାନା ପ୍ରକାର ହୀନତା ମଧ୍ୟ ମୋତେ ଅତ୍ୟନ୍ତ ଆଘାତ କରିଛି। ତେବେ ଏକଥା କହିରଖିବା ଭଲ ଯେ, ମୁଁ ଏଇ ବିଦ୍ୟାଳୟ ରଚନା କରିବାକୁ ପ୍ରବୃତ୍ତ ହୋଇଥିଲି କୌଣସି ଲୋକ ହିତୈଷଣାର ବଶବର୍ତ୍ତୀ ହୋଇ ନୁହେଁ। ପ୍ରକାଶର ଇଚ୍ଛାହିଁ ମୋ ଜୀବନର ଏକମାତ୍ର ଇଚ୍ଛା, ଅନ୍ତର ଭିତରେ ଯେଉଁ ଚିତ୍ର ଅଛି ତାକୁ ବାହ୍ୟ କର୍ମରେ ଗୀତରେ ଚିତ୍ର ରୂପ ଦେବାର କାମହିଁ ମୋର - ମୋ ଉପରେ ଏଇ ଭାର, ଉପରବାଲାର ଏଇ ବରାଦ। ମୋର ଚରିତ୍ର ପ୍ରକାଶ ଧର୍ମୀ, ତପୋବନ ବିଦ୍ୟାଳୟ ସମ୍ବନ୍ଧରେ ଯେଉଁ ଛବିଟି ଥିଲା ତାକୁହିଁ ମୁଁ ଶାନ୍ତିନିକେତନ - ବିଦ୍ୟାଳୟରେ ପ୍ରକାଶ କରିବାକୁ ଚାହିଁଥିଲି, ଏହା ଭିତରେ ବିଶ୍ୱମାନବର ଉପକାର କରିବାର କୌଣସି ଆଗ୍ରହ ନଥିଲା। ମୋ ମନର ଏଇ ସୁସ୍ପଷ୍ଟ ଛବି ନାନା ଅଭାବ ଭିତର ଦେଇ ବାହାରେ ପୂର୍ଣ୍ଣ ହୋଇ ଉଠିଥିଲା, ମୁଁ ଅନ୍ୟ କାହାର ନକଲ କରିବାକୁ ଯାଇ ନାହିଁ, କୌଣସି ବିଦେଶୀ ଶିକ୍ଷାପ୍ରଣାଳୀର ଅନୁସରଣ କରିନାହିଁ, ସେ ଦିଗରେ ମୋର ଦୃଷ୍ଟି ବା ଅଭିଜ୍ଞତା ନଥିଲା। କାଳିଦାସଙ୍କ ଗ୍ରନ୍ଥରୁ ତପୋବନର ଯେଉଁ ବର୍ଣ୍ଣନା ପଢ଼ିଛି ତାହାହିଁ ବାଲ୍ୟକାଳରୁ ମୋର ଅନ୍ତରରେ ଥିଲା - ଆଧୁନିକ ଯୁଗରେ ବ୍ୟବହାର ନିମିତ୍ତ ଗୋଟିଏ ସମୟରେ ଯେତେବେଳେ ତାର ଆଭାସମାତ୍ର ଦେଇଥିଲି ସେତେବେଳେ ଦେଶର ଅନେକ ନେତୃସ୍ଥାନୀୟ ବ୍ୟକ୍ତି ଈଷଦହାସ୍ୟରେ ମନ୍ତବ୍ୟ କରିଥିଲେ ଯେ ତାହା ବର୍ତ୍ତମାନ ପାଇଁ ନୁହେଁ। ମୁଁ ପ୍ରକୃତିର ଶିକ୍ଷା କଥା କହିଥିଲି; ଅନେକ କହିଥିଲେ ତାର କୌଣସି ମାନେ

ହୁଏ ନାହିଁ। ମୁଁ କହିଥିଲି ଯେ, ପ୍ରକୃତି ଅଗୋଚରରେ ଯେଉଁ ମାନବ ଚିତ୍ର ଗଢ଼ିତୋଳେ ତାହା ମରୁପ୍ରଦେଶର ଆରବ ଓ ନୀଳନଦର ତୀରରେ ଉର୍ବର ଭୂମିର ଅଧିବାସୀମାନଙ୍କର ପ୍ରକୃତିଗତ ଭିନ୍ନତା ଦେଖିଲେହିଁ ବୁଝାଯିବ। ପ୍ରକୃତିର ଦାନ ଅଜ୍ଞାତ ସାରରେ ଚରିତ୍ରକୁ ଗଢ଼ିତୋଳେ।

ତପୋବନର ଯୁଗ ଫେରାଇ ଅଣାଯାଇ ନପାରେ କିନ୍ତୁ ସେ ସମୟରେ ଯେଉଁ ଆଦର୍ଶ ସକ୍ରିୟ ଥିଲା ତାହା ସତ୍ୟ, ତାହା କୌଣସି ବିଶେଷ କାଳରେ ଆବଦ୍ଧ ନୁହେଁ। ତାକୁହିଁ ରୂପ ଦେବାର କଥା ମୋ ମନରେ ଥିଲା - ପ୍ରାଚୀନର ଅବିକଳ ନକଲ ହେବ ନାହିଁ, ଅନେକ ବୈଶାଦୃଶ୍ୟ ରହିବ, ଏପରିକି ଅନେକ କିଛି ଓଲଟା ମଧ୍ୟ ରହିବ - କିନ୍ତୁ ମୂଳ ଆଦର୍ଶଟି ଅକ୍ଷୁଣ୍ଣ ରହିବ।

ଏଇ ସଂକଳ୍ପ ମନରେ ନେଇ ପାଞ୍ଚ-ସାତଟି ପିଲାଙ୍କୁ ନେଇ ବିଦ୍ୟାଳୟ ଆରମ୍ଭ କରିଥିଲି। ଏହା ମୋର ମନରେ ଥିଲା ଯେ ଯେଉଁମାନେ ଆସିବେ ସେମାନଙ୍କ ସହିତ ମୋର ଦେବାନେବାର ସଂପର୍କ ନରହୁ - ବିଦ୍ୟାଳୟକୁ ବ୍ୟବସାୟିକ କରି ତୋଳିଲେ ଶିଷ୍ୟମାନଙ୍କ ସହିତ ଆଧ୍ୟାତ୍ମିକ ସମ୍ବନ୍ଧରେ ଅନ୍ତରାୟ ଘଟେ; ଛାତ୍ର ମନେ କରେ, ମୁଁ କିଛି ଦେଉଛି ଓ ତାର ପରିବର୍ତ୍ତେ କିଛି ପାଉଛି। ଆମ ଦେଶର ଚତୁଷ୍ପାଠୀରେ ସମସ୍ତ ଭାର ଗୁରୁଙ୍କର, ଶିଷ୍ୟ ଗୁରୁଙ୍କର ପରିବାରର ଅନ୍ତର୍ଗତ। ମୁଁ ଯେତେବେଳେ ପ୍ରଥମେ ଆଶ୍ରମ ଆରମ୍ଭ କରିଥିଲି ସେତେବେଳେ ଛାତ୍ରମାନଙ୍କଠାରୁ କିଛିହିଁ ପ୍ରତ୍ୟାଶା କରିନାହିଁ। ମୁଁ ସେତେବେଳେ ଏକପ୍ରକାର ନିଃସ୍ୱ, ତା'ପରେ ପ୍ରଭୂତ ଋଣ, ତେବେ ମଧ୍ୟ କୃପଣତା କରି ନାହିଁ - ସେତେବେଳର ଛୋଟ ବିଦ୍ୟାଳୟର ଭାର ସଂପୂର୍ଣ୍ଣ ଭାବରେ ଗ୍ରହଣ କରିଥିଲି। ତାହା ସର୍ବଦା ସମ୍ଭବ ହେଲା ନାହିଁ, ବିଦ୍ୟାଳୟର ପ୍ରକୃତି ବଦଳିଲା - ଏବେ ମଧ୍ୟ ଗୁରୁ ଶିଷ୍ୟର ସମ୍ବନ୍ଧ, ବିଶ୍ୱ ପ୍ରକୃତି ସହିତ ଏକାତ୍ମତାରେ ଆନନ୍ଦମୟ ଯୋଗ ରକ୍ଷା କରିବାର ଚେଷ୍ଟା କରିଛି। ତା ପରେ ଅନେକ ବାଧା ବିପତ୍ତି ଦେଇ ଏଇ ବିଦ୍ୟାଳୟ କ୍ରମଶଃ ବଡ଼ ହୋଇଉଠିଛି। ଏଇ ଚାଳିଶ ବର୍ଷର ଦାରିଦ୍ର୍ୟ, ମୃତ୍ୟୁ ଶୋକ, ଅନେକ ଦୁଃଖ ମୋତେ ବହନ କରିବାକୁ ହୋଇଛି - କୌଣସି ଇତିହାସରେ ତାର ଚିହ୍ନ ନାହିଁ। ମନେ ହୁଏ, ଦୁଃଖତାପ ଭିତର ଦେଇହିଁ ସୃଷ୍ଟି ବିଶୁଦ୍ଧ ହୋଇଉଠେ। ଯଦି ପ୍ରଶ୍ରୟ ପାଇଥା'ନ୍ତି, ଅର୍ଥାନୁକୂଲ୍ୟ ପାଇଥା'ନ୍ତି, ତାହାହେଲେ ସେଇ ଅର୍ଥର ଦାସତ୍ୱ କରିବାକୁ ହୋଇଥା'ନ୍ତା, ନିଜର ସ୍ୱରୂପ ନାନାଭାବରେ ପ୍ରତିହତ ହୋଇଥାନ୍ତା।

ଏଇ ସମୟରେ ମୋର ସହକର୍ମୀ ହୋଇ ଆସିଥିଲେ ବାଲ୍ୟ କବି ସତୀଶ, ଅଦ୍ଭୂତ ତାର ଚରିତ୍ର, ମାଧୁର୍ଯ୍ୟର ସହ ବୀର୍ଯ୍ୟ, ତ୍ୟାଗର ସହିତ ସୌନ୍ଦର୍ଯ୍ୟ ଭୋଗର ଶକ୍ତି ଏପରି ମୁଁ କେଉଁଠି ଦେଖି ନଥିଲି।

ଏଇ ବିଦ୍ୟାଳୟ ଯେ ନିଜେ କ୍ରମଶଃ ବଡ଼ ହୋଇଉଠିଛି ତାହା ନୁହେଁ, ମୋତେ ମଧ୍ୟ ଏହା ଯୁଗରୁ ଯୁଗାନ୍ତର ନେଇଛି, ଏଇ ବିଦ୍ୟାଳୟର ବିକାଶ ସଙ୍ଗେ ସଙ୍ଗେ ମୋର ମଧ୍ୟ ଜନ୍ମାନ୍ତର ଘଟିଛି। କେବେ ବି ଜନତା ଭିତରେ ପ୍ରବେଶ ଲାଭ କରି ନାହିଁ, ସର୍ବଦା ନିଭୃତରେ କଟାଇଛି - ବାହାର ବିଶ୍ୱରେ ମୋର ପ୍ରବେଶ ଅନେକ ଦୁଃଖରେ। ଏଇ ବିଦ୍ୟାଳୟ କାମରେ ହାତ ଦେବା ମାତ୍ରେ ଏହାର ଦାବି ପ୍ରଶସ୍ତ ହେଉ ହେଉ ମୋର ସ୍ୱଳ୍ପ ସମ୍ବଳର ବିଶେଷ ଅବଶିଷ୍ଟ ରଖି ନାହିଁ - ସେ ଯେତେବେଳେ ମଣିଷ ପାଖରେ ଦାବି ନେଇ ଆସେ ସେତେବେଳେ ତ କିଛି ହାତରେ ରଖିବାକୁ ଦିଏ ନାହିଁ।

ଏତେ ଅକିଞ୍ଚନତା ଭିତରେ ବୋଧ ହୁଏ ଆଉ କୌଣସି ପ୍ରତିଷ୍ଠାନର ସୂଚନା ହୋଇନାହିଁ। ସମସ୍ତେ ଚାନ୍ଦା ସଂଗ୍ରହ କରି ପାଥେୟ ସଞ୍ଚୟ କରିଥା'ନ୍ତି - ମୁଁ ବିଷୟ ବୁଦ୍ଧିହୀନ, ପାଣିକୁ ଡ଼େଇଁ ଉବୁଟୁବୁ ଖାଇଛି, ପୂର୍ବରୁ କୌଣସି ଉଦ୍ୟୋଗ କରିନାହିଁ। ସମସ୍ତେ ଯେ ଏହାକୁ ବିଶ୍ୱାସ କରନ୍ତି ନାହିଁ ସେଥିପାଇଁ ଦୋଷ ଦେବା ଠିକ୍ ହେବ ନାହିଁ, ଏତେହିଁ କ୍ଷୀଣ ଥିଲା ଏହାର ପ୍ରାରମ୍ଭ। ଯେଉଁସବୁ ପିଲା ଆସିଥିଲେ ସେମାନେ ଯେ ସବୁ ରତ୍ନ ତାହା ନୁହେଁ; ଯା'ର କେଉଁଠି ଗତି ନାହିଁ, ବାପା-ମା ତ୍ୟାଗ କରିପାରିଲେ ବଞ୍ଚିଯିବେ, ସେଇମାନେହିଁ ପ୍ରଥମେ ଏଠାକୁ ଆସିଥିଲେ। ଜଣେ ଅଭିଭାବକ ତା ପିଲା ସଂପର୍କରେ ମୋତେ କହିଥିଲେ - "ଏ ଅତ୍ୟନ୍ତ ଅବାଧ୍ୟ, ଏହାକୁ ଯଥାସାଧ୍ୟ ମାରିବେ, ମୁଁ ଏହାକୁ ଖଟ ପୁଆରେ ବାନ୍ଧି ମାରି ମଧ୍ୟ କୌଣସି ଫଳ ପାଇ ନାହିଁ, ଏଣୁ ଆପଣଙ୍କ ହାତରେ ଦେଉଛି।" କୌଣସି କୌଣସି ଛାତ୍ର ଏପରି ଦୁର୍ଦ୍ଦାନ୍ତ ଥିଲେ ଯେ, ସେମାନେ ସାପ ଦେଖିଲେ ହିଁ ଧରିବାକୁ ଯା'ନ୍ତି, କେହି କେହି କାଚ ଖାଇବାକୁ ଚାହେଁ, କେହି କେହି ତାଳଗଛ ଉପରେ ଉଠି ବସନ୍ତି - ସେଠାରୁ ପଡ଼ି ମଧ୍ୟ ମରିନାହାନ୍ତି। ସେତେବେଳେ ଆଶ୍ରମ ଛୋଟକାଟିଆ ପୂର୍ବବଙ୍ଗ ହୋଇ ଉଠିଥିଲା, ଯେମିତି ଗୋଆଲନ୍ଦା ଇଷ୍ଟିସନ। ଅଧ୍ୟାପକମାନେ ଧୈର୍ଯ୍ୟ ହରାନ୍ତି, କୁହନ୍ତି - ଏମାନେ ଥିଲେ ଆମର କୌଣସି ଦାୟିତ୍ୱ ରହିବ ନାହିଁ। ଏଣୁ ମୋତେ ଅନେକଥର ଏଇସବୁ ଛାତ୍ରଙ୍କର ଜାମିନଦାର ହେବାକୁ ହୋଇଛି - ସେଇ କ୍ଷେତ୍ରରେ ସେମାନେ ସର୍ବଦାହିଁ ମୋର ମାନ ରଖିଛନ୍ତି। ସବୁବେଳେ ମୁଁ ସେମାନଙ୍କ ପକ୍ଷ ନେଇଛି, ମୋ ପାଖରେ ନାଲିଶ ହେଲେ ପ୍ରାୟତଃ ନ୍ୟାୟ ଦେଇଛି ସେମାନଙ୍କ ପକ୍ଷରେ।

ତଥାପି ସେତେବେଳେ ଆମ୍ଭମାନଙ୍କର ଆନନ୍ଦରେ କୌଣସି ବ୍ୟାଘାତ ହୋଇ ନାହିଁ, ଦୁଃଖ କଷ୍ଟ ସହଜରେହିଁ ସହ୍ୟ କରିପାରିଛି - ସେତେବେଳେ ନିୟମ ପାଳନହିଁ ଏକାନ୍ତ ହୋଇ ଉଠିନାହିଁ, ତା'ରି ଭିତରେ ସ୍ୱାଧୀନତା ଥିଲା। ସେତେବେଳେ

ବିଦ୍ୟାଳୟରେ ହେଡ୍‌ମାଷ୍ଟର ବୋଲି କେହି ନଥିଲେ, ପ୍ରତ୍ୟେକ ବିଭାଗରେ ଶିକ୍ଷକମାନେହିଁ ଥିଲେ ସର୍ବମୟ କର୍ତ୍ତା। ପରେ ଯେତେବେଳେ ପରୀକ୍ଷା ପାସର ଶନି ପ୍ରବେଶ କଲା, ସେତେବେଳେ ବାଛି ବାଛି ଜଣେ ହେଡ୍‌ମାଷ୍ଟର ନିଆ ହେଲା, ପରୀକ୍ଷାରେ ଉତ୍ତୀର୍ଣ୍ଣ କରାଇଦେବା ସମ୍ବନ୍ଧରେ ତାଙ୍କର ବିଶେଷ ଯଶ। ସେ ଯେତେବେଳେ ଆସି ଦେଖିଲେ ପିଲାମାନେ ଗଛରେ ଚଢ଼ି ପଢ଼ା ମୁଖସ୍ଥ କରୁଛନ୍ତି, ଡାଳରେ ବସି ପରୀକ୍ଷା ଦେଉଛନ୍ତି, ସେ ଅସମ୍ମତ ପ୍ରକାଶ କଲେ, କହିଲେ ଏସବୁ ଚଳିବ ନାହିଁ। ପିଲାମାନେ ହସିଲେ ସେ ତାକୁ ଚପଳତା ମନେ କରୁଥିଲେ, ଅପରାଧ ବୋଲି ଗଣ୍ୟ କରୁଥିଲେ। ଶିକ୍ଷାର ନାନା ବିଚିତ୍ର ପ୍ରଣାଳୀ ସେ ପ୍ରବର୍ତ୍ତନ କରିବାକୁ ଚେଷ୍ଟା କରିଥିଲେ, ତାହା ଶୁଣି ଆମକୁ ହାସ୍ୟକର ମନେ ହେଉଥିଲା। ଧିରେଧିରେ ତାଙ୍କର ମର୍ଯ୍ୟାଦା କ୍ଷୁଣ୍ଣ ହେବାକୁ ଲାଗିଲା, ପିଲାମାନେ ବେଶିବେଶି ହସିବାକୁ ଲାଗିଲେ – ଅବଶେଷରେ ତାଙ୍କୁ ଦିନେ ବିଦାୟ ଦେବାକୁ ହେଲା। ଏଇପରି ବହୁ ବିଚିତ୍ର ଅଭିଜ୍ଞତା ହୋଇଛି। ଅନେକ ଭାର ପଡ଼ିଥିଲା, ଯେକୌଣସି ପ୍ରକାରେ ତାହା ବହନ କରିଛି, କିନ୍ତୁ ବୈଶ୍ୟବୁଦ୍ଧିର ଆଶ୍ରୟ ନେଇ ନାହିଁ।

ପୂର୍ବତନ ଛାତ୍ରମାନଙ୍କ ନିକଟରେ ମୋର କେବଳ ଗୋଟିଏ କଥା କହିବାର ଅଛି। ଶାନ୍ତିନିକେତନରେ ଯେଉଁ ଅନୁଷ୍ଠାନ ଗଢ଼ି ଉଠିଛି ପୂର୍ବତନ ଛାତ୍ରମାନେ ଯେମିତି ପରିପ୍ରେକ୍ଷୀରେ ତାକୁ ସଂପୂର୍ଣ୍ଣ ଭାବରେ ଦେଖିପାରନ୍ତି। ତୁମେମାନେ ଯେତେବେଳେ ନିକଟରେ ଥିଲ ସେତେବେଳେ ଲେଖା ପଢ଼ାକରିଛ, ଖେଳକୁଦ କରିଛ, ଆନନ୍ଦ ପାଇଛି, ଦୁଃଖ ମଧ୍ୟ ଅନେକ ରହିଛି – ଏଇ ପ୍ରତ୍ୟକ୍ଷ ପରିଚୟରେ ଅନେକ ସମୟରେ ଅକିଞ୍ଚିତ୍‌କରତାର ଦିଗଟିହିଁ ବଡ଼ ହୋଇ ଆଖିରେ ପଡ଼େ। ମନେ ରଖ ଏପରି କୌଣସି ସୃଷ୍ଟି ନାହିଁ ଯା ଭିତରେ ତ୍ରୁଟି ନାହିଁ – ଅନେକ ସମୟରେ ସେଇଟାହିଁ ଆମ ଆଖିରେ ପଡ଼େ, ଆମେ ତାକୁହିଁ ବେଶି ମୂଲ୍ୟ ଦେଇଥାଉ – କିନ୍ତୁ ସମଗ୍ର ଅନୁଷ୍ଠାନଟିକୁ ଯେଉଁ ପ୍ରାଣର ପରିମଣ୍ଡଳ ବେଷ୍ଟନ କରି ରହିଛି ତାହା ଆମ ଆଖିରେ ପଡ଼େ ନାହିଁ। ପାଖରେ ଥାଇ ଆମେ ଅନେକ ସମୟରେ ବସ୍ତୁଗତ ହିସାବ କରିଥାଉ – ଏଠାରେ କେତେ ଘର ଅଛି, ଏହାର ପାଠ୍ୟ ତାଲିକା କଣ। କିନ୍ତୁ ଦୂରରୁ ଯେଉଁମାନେ ଆସନ୍ତି ସେମାନେ ସହଜରେ ଅନୁଭବ କରିପାରନ୍ତି ଏହାର ଭାବରୂପଟିକୁ, ଏହାର atmosphere - ସେମାନେ କହିଛନ୍ତି, ଅନ୍ୟତ୍ର ଏପରିଟି ଦେଖିନାହିଁ।

ମୋର ସାଧ ସଂକୀର୍ଣ୍ଣ, ମୋ ଠାରେ ସବୁ ମଣିଷକୁ ଏକତ୍ର କରିବାରେ, ନିଷ୍ଠା ଉଦ୍ରେକ କରାଇବା ଶକ୍ତିର ଅଭାବ ରହିଛି। ଲୋକଙ୍କ ସହ ବାହାରେ ଯେଉଁ ଭାବରେ ମିଳିତ ହେଲେ ନିଷ୍ଠାର ସଂଞ୍ଚାର କରିବା ସହଜ ହୁଏ ତାହା ହୁଏତ ମୁଁ ପାରି

ନାହିଁ; କିନ୍ତୁ ଏ କଥା କହିପାରେ ଯେ ମୋ ଅନ୍ତରରେ ପ୍ରୀତିର ଅଭାବ ନଥିଲା। ନିଃଶେଷ ନିଜକୁ ନିଃସ୍ୱ କରିବାରେ ମୁଁ କୃପଣତା କରି ନାହିଁ - ମୋର କ୍ଷତି କରିଛନ୍ତି ଅନେକ, କିନ୍ତୁ ମୋ ଦ୍ୱାରା ଅନ୍ତତଃ କାହାର କ୍ଷତି ହୋଇ ନାହିଁ।

ମୋର ସୌଭାଗ୍ୟକ୍ରମେ ମୁଁ ପୃଥିବୀରେ ପ୍ରଶସ୍ତ ଆସନ ପାଇଛି, ମୁଁ ସେଇ ଆସନ ପାରିଛି ଶାନ୍ତିନିକେତନରେ। ନିଃସନ୍ଦେହ ସେଇ ଯୋଗ ଶ୍ଳାଘ୍ୟ, ତାର ମୂଲ୍ୟ ଅଛି। ଶାନ୍ତିନିକେତନର ସେଇ ଗୌରବ ରକ୍ଷା କରିବାର ଭାର ତମମାନଙ୍କ ଉପରେ - ତମେ ଯଦି ଅନୁଭବ କର ଯେ ତମେ ଗୋଟିଏ ସମୟରେ ଏଇ ବିଦ୍ୟାଳୟର ଛାତ୍ର ଥିଲ, ତମମାନଙ୍କର ପ୍ରୀତି ଓ ନିଷ୍ଠା ଯଦି ଅତୁଟ ଥାଏ, ତାହାହେଲେ ମୁଁ ତୁମମାନଙ୍କ ନିକଟରୁ ଆଉ କୌଣସି ପ୍ରତିଦାନ ଚାହିଁବି ନାହିଁ। ଯଦି କେବେ ଏଇ ବିଦ୍ୟାଳୟର ଆଦର୍ଶର ବିଶୁଦ୍ଧତା ରକ୍ଷା ସମ୍ବନ୍ଧରେ ସଂଶୟ ଉପସ୍ଥିତ ହୁଏ, ଯଦି ବାଧା ବିପତ୍ତି ଆତ୍ମ ଦ୍ରୋହ ଆସେ, ତାହାହେଲେ ତୁମମାନଙ୍କର ନିଷ୍ଠା ଯେପରି ଅବିଚଳିତ ଥାଇ ଏହାକୁ ରକ୍ଷା କରେ।

କଲିକତା
୨୭ ବୈଶାଖ ୧୩୪୩

ତିନି

ଆଜିଦିନରେ ତମେମାନେ ଆଶ୍ରମର ପ୍ରାକ୍ତନ ଛାତ୍ରଛାତ୍ରୀଗଣ ଏଇ ଯେଉଁ ମିଳିତ ହୋଇଛ, ଏହା ବିଶେଷ ଆନନ୍ଦର କଥା। ଶାନ୍ତିନିକେତନର ଯାହା ବାହ୍ୟ ପ୍ରକୃତିର ରୂପ - ଘରଦ୍ୱାର, ତାହା ଏହାର ବଡ଼ ପରିଚୟ ନୁହେଁ, ତମେ ଯେଉଁମାନେ ଏହାର ଅଧିବାସୀ ତମମାନଙ୍କର ଯେଉଁ ପ୍ରାଣର ଅଂଶ ଏଠାରେ ଦେଇଯାଇଛ, ଏହାର ଇତିହାସରେ ତାହାହିଁ ସବୁଠାରୁ ବଡ଼ କଥା। ପ୍ରତିକ୍ଷଣ ଏଠାରେ ଯେଉଁ ପ୍ରାଣର ପ୍ରବାହ ସଂଚାଳିତ ହେଉଛି, ଏହାର ସ୍ତରେସ୍ତରେ ଯେଉଁ ପ୍ରାଣର ପଟୁ ପଡ଼ିଛି, ତାହାହିଁ ଏହାର ଇତିହାସରେ ରହିଯାଇଛି, ଯାହା ଏହାର ଶ୍ରେଷ୍ଠ ସମ୍ପଦ। ସେମାନଙ୍କର ପ୍ରତ୍ୟେକଙ୍କର ନାଁ ଯେ ଏଠାରେ କେବଳ ଗୁନ୍ଥା ହୋଇ ରହିଲା ତାହା ନୁହେଁ, କିନ୍ତୁ ଶାନ୍ତିନିକେତନ ସହିତ ତମମାନଙ୍କର ଯେଉଁ ଟିକକ ଯଥାର୍ଥ ସତ୍ୟ ସମ୍ବନ୍ଧ ହେଲା ସେଇ ଟିକକ ତମେ ଏଠାରେ ଦାନ କରିଗଲ। ଏଠାକାର ଯେଉଁ ବାହାରର ବିଧିବିଧାନ, ତାର ଦାୟିତ୍ୱ ଅଧାପକମାନଙ୍କ ଉପରେ, ଏହାର ପରିଚାଳନାର ଧାରା କୌଣସି ଗୋଟିଏ ଭାବରେ ଚାଲିବ, କିନ୍ତୁ ଏଠାକାର ଯେଉଁ ପ୍ରାଣର ଐକ୍ୟଧାରା ତାର ଦାୟିତ୍ୱ ପ୍ରାକ୍ତନମାନଙ୍କ ଉପରେ। ଭବିଷ୍ୟତରେ ତୁମମାନଙ୍କର ଅନ୍ତରର ପ୍ରୀତି ଏଇ ଅନୁଷ୍ଠାନକୁ ଗଠିତ କରିବ, ମୁଁ ଏଇକଥା ଭାବିବାକୁ ଭଲ ପାଏ।

ମୁଁ ଯେତେବେଳେ ପ୍ରଥମେ ଏଇ ଅନୁଷ୍ଠାନ ସ୍ଥାପନ କରିବାକୁ ଯାଏ ସେତେବେଳେ ବାଙ୍ଗଲାଦେଶର ନାନା ଜିଲ୍ଲାରୁ ଛାତ୍ରମାନେ ଏଠାକୁ ଆସିଥିଲେ; ବିଶେଷତଃ ପୂର୍ବବଙ୍ଗରୁ। ମୁଁ ପ୍ରାୟତଃ ଦେଖୁଛି, ସେମାନେ ଆମର ଆତ୍ମୀୟ ସମ୍ବନ୍ଧଟିକୁ ଭୁଲି ନାହାନ୍ତି; ଆଶ୍ରମଠାରୁ ଦୂରକୁ ଗଲେ ମଧ୍ୟ ସେମାନଙ୍କର ଏଇ ଯୋଗ ଛିନ୍ନ ହୋଇନାହିଁ, ସେମାନଙ୍କ ମନ ଭିତରେ ଏଇ ଭାବଟିକୁ ମୁଁ ଲକ୍ଷ୍ୟ କରିଛି। ସେତେବେଳର ଛାତ୍ରମାନେ ବାରମ୍ବାର ଏଠାକୁ ଫେରିଆସିଛନ୍ତି, ପରବର୍ତ୍ତୀ ଛାତ୍ରମାନଙ୍କର

ଆତ୍ମୀୟତାର ପ୍ରଗାଢ଼ତା ଦେଖିଛି, ବଡ଼ମାନଙ୍କୁ 'ଦାଦା' ବୋଲି ସ୍ନେହର ସଂପର୍କ ଜଣାଇଛନ୍ତି; ଆଶ୍ରମ ବାହାରେ ଯେଉଁଠାରେ ହେଉନା କାହିଁକି ସେମାନେ ଯେତେବେଳେ ମିଳିତ ହୋଇଛନ୍ତି ପରମ ଆତ୍ମୀୟତାର ସହିତ ମିଳାମିଶା କରିଛନ୍ତି।

ଆଶ୍ରମର ଏଇ ପ୍ରୀତିପୂର୍ଣ୍ଣ ଧାରାଟି ଦେଖି ମୋ ମନରେ ବିଶେଷ ଆନନ୍ଦ ଜାଗି ଉଠିଥିଲା। ମନେ ହୋଇଥିଲା ଏଇ ଅନୁଷ୍ଠାନକୁ ଅବଲମ୍ବନ କରି ବଙ୍ଗଦେଶ ବ୍ୟାପୀ ଗୋଟିଏ ପରମ ଆତ୍ମୀୟତାର ଯୋଗ ସ୍ଥାପିତ ହେବ, ବାଙ୍ଗଲାର ନାଡ଼ି ସହିତ ଶାନ୍ତିନିକେତନର ଗଭୀର ସଂପର୍କ ସ୍ଥାପନ ହେବ। ଏହାପରେ ସୌଭାଗ୍ୟକ୍ରମେ ଏଇ ଆଶ୍ରମ ସହିତ ବିଭିନ୍ନ ଦେଶର ଯୋଗାଯୋଗ ହୋଇ, ଏହାର ପରିଧି ବିସ୍ତାର ଲାଭ କଲା। କିନ୍ତୁ ସେଇ ମୂଳ ଆଦର୍ଶଟି ଏଠାରେ ରହିଯାଇଛି। ଏଠିକାର ଛାତ୍ରମାନେ ଉପାଧି ନେଇ ଚାଲିଯିବେ, ପରୀକ୍ଷା ପାସ ମନ୍ତ୍ରରେ ମାର୍କାମରା ହୋଇ ବାହାରିବେ, ଏଇଥିପାଇଁ ଏଠାରେ ମୁଁ ମୋର ଶକ୍ତି ନିୟୋଗ କରି ନାହିଁ। ମୁଁ ତ ଯାନ୍ତ୍ରିକ ନୁହେଁ, ହାଇଡ୍ରୋଲିକ ପ୍ରେସର ଚାପରେ ଯେମିତି କାରଖାନାର ମାଲ ତିଆରି ହୁଏ, ସେଇପରି ଦାଗ ଦେବାର ଯନ୍ତ୍ର ଏଠି ପକ୍କା ହୋଇ ରହିଥିବ, ଏହା ମୋର ସଂକଳ୍ପ ନୁହେଁ। ଯେଉଁଥିରେ ପ୍ରାଣର ଧର୍ମ ନାହିଁ, ସେପରି ବିଦ୍ୟାୟତନରେ ମୋର ଉତ୍ସାହ ନାହିଁ। ମୁଁ ଛାତ୍ରସଂଖ୍ୟା ବୃଦ୍ଧି ଘଟାଇବାକୁ ଚାହିଁ ନାହିଁ, ଯଦି ହୃଦୟର ପ୍ରେମ ସୂତ୍ରରେ ଭକ୍ତି ଓ ପ୍ରୀତି ଦ୍ୱାରା ଏଇ ଆଶ୍ରମ ଦୂର ଦୂରାନ୍ତ ଭାରତର ସବୁ ମଣିଷଙ୍କୁ ବାନ୍ଧିପାରେ, ଏଇ ଆଶ୍ରମରେ ବିଶ୍ୱ ପ୍ରାଣର ରୂପ ବ୍ୟକ୍ତ ହୁଏ, ତେବେ ଯାଇ ଯଥାର୍ଥ ସଫଳତା ଲାଭ ହେବ।

ଆଶ୍ରମର ସେଇ ପ୍ରାଣ ରୂପର ପରିଚୟ ସାଧନର ଭାର ତମମାନଙ୍କ ଉପରେ ରହିଛି। ଭାରତ ବର୍ଷ ଭିତରେ ଏଠାରେ ଏପରି ଏକ କେନ୍ଦ୍ର ଗଢ଼ିଉଠୁ ଯେଉଁଠି ସର୍ବଭାରତ ସହିତ ପ୍ରାଣର ଯୋଗସୂତ୍ର ଗ୍ରଥିତ ହେବ, ଯେଉଁଠି ମାନବ ହୃଦୟର ଏକ ମିଳନ କ୍ଷେତ୍ର ହେବ। ତମେ ସବୁ ପ୍ରାକ୍ତନ ଛାତ୍ରଛାତ୍ରୀ ଏଠାକୁ ବାରମ୍ବାର ଫେରି ଆସି ଏଇ ପ୍ରତିଷ୍ଠାନର ମୂଳଗତ ସେଇ ଏକାନ୍ତ ଅକୃତ୍ରିମ ପ୍ରୀତିକୁ ବ୍ୟକ୍ତ କରିଛ। ଯଦି ଏଇ ଆଶ୍ରମ ସହିତ ଛାତ୍ରମାନଙ୍କର ଆଧ୍ୟାତ୍ମିକ ସମ୍ବନ୍ଧ ପ୍ରବଳ ହୁଏ, ସତ୍ୟ ହୁଏ, ତେବେହିଁ ଏଠିକାର ଭାବଟି ଦେଶେ ଦେଶେ ବିସ୍ତୀର୍ଣ୍ଣ ହେବ ଏବଂ ମୋର ଜୀବନ ବ୍ୟାପୀ ଚେଷ୍ଟା ଓ ତ୍ୟାଗ ସାର୍ଥକ ହେବ।

ତମେମାନେ କେବେ ଭାବ ନାହିଁ ଯେ, ପରୀକ୍ଷାରେ ବେଶି ନମ୍ବର ପାଇଲେ ବା କର୍ମ ଜୀବନରେ ବେଶି ଖ୍ୟାତି ଲାଭ କଲେ ତା ଦ୍ୱାରା ଆଶ୍ରମକୁ ଯଥାର୍ଥ ବିଚାର କରିପାରିବ। ତମେମାନେ ଜାଣ, ଏଇ ଅନୁଷ୍ଠାନକୁ ଅନେକ ନିନ୍ଦା ଓ ବିରୁଦ୍ଧତା ସହ୍ୟ

କରିବାକୁ ହୋଇଛି। କାରଣ, ବଙ୍ଗାଳିଙ୍କର ଧର୍ମ ନିନ୍ଦାବାଦ କରିବା, ଦେଶବାସୀଙ୍କର ସ୍ୱଭାବ ସର୍ବ କର୍ମରେ ଅହୈତୁକୀ ପ୍ରତିକୂଳତା ସୃଷ୍ଟି କରିବା - ଚିତ୍ତଦୈନ୍ୟବଶତଃ ସେମାନେ ସବୁ ପ୍ରଚେଷ୍ଟାକୁ ଛୋଟ କରିବାକୁ ଚାହାଁନ୍ତି। ସୁତରାଂ ତୁମମାନଙ୍କର ଏଇ ପ୍ରୀତି ଓ ନିଷ୍ଠାର ସହଯୋଗିତା ଏହାକୁ ବଞ୍ଚାଇବ। ତମେ ସମସ୍ତେ ସଂସାର କ୍ଷେତ୍ରରେ ସମ୍ମାନ ନପାଇପାର, କିନ୍ତୁ ଆଶ୍ରମ ପ୍ରତି ତୁମମାନଙ୍କର ଏଇ ପ୍ରୀତି ଏହାର ଇତିହାସ ପୃଷ୍ଠାରେ ଲେଖା ରହିବ, ଏହାର ଇତିବୃତ୍ତରେ ତୁମେମାନେ ବଡ଼ ସ୍ଥାନ ଲାଭ କରିବ।

ଭାରତର ଏଇ ଗୋଟିଏ କେନ୍ଦ୍ରରେ ବିଦ୍ୟା ଓ ପ୍ରାଣ ସହିତ ଗଭୀର ଯୋଗ-ସାଧନର ଚେଷ୍ଟା ହୋଇଛି, ମୁଁ ଆଶ୍ରମର ଏଇ ଭିତରର ଲକ୍ଷ୍ୟଟିକୁ କେବେ କ୍ଷୁଣ୍ଣ ହେବାକୁ ଦେଇ ନାହିଁ। ତିରିଶ ବର୍ଷରୁ ଊର୍ଦ୍ଧ୍ୱକାଳ ଯେଉଁ ଦୁଃଖ ବହନ କରି ଏହାର ଆଦର୍ଶକୁ ବହନ କରିଛି ତାର ଇତିହାସ କେଉଁଠି ଲିପିବଦ୍ଧ ରହିବ ନାହିଁ, ତାହା ତମେମାନେ କେହି ଜାଣିବ ନାହିଁ, ଅଳ୍ପ ଲୋକଙ୍କ ସହିତ ତାର ପରିଚୟ ଅଛି। ମୋର ଏଇ ଦୀର୍ଘ ଜୀବନର ପ୍ରୟାସ ସାର୍ଥକ ହେବ, ଯଦି ତୁମେମାନେ ଏହାର ଅନ୍ତର୍ନିହିତ ସତ୍ୟକୁ ଉପଲବ୍ଧି କର। କେବଳମାତ୍ର ବିଧିବିଧାନ ଭିତରେ ନୁହେଁ, ତମେମାନେ ଜୀବନରେ ଯେଉଁ ଛାପ ଏଠାରୁ ପାଇଲ ତା'ରି ଚିହ୍ନ ଦ୍ୱାରା ତମମାନଙ୍କର କେବଳ ପ୍ରୀତି-ନିଷ୍ଠା ଓ ତ୍ୟାଗ ଦ୍ୱାରା ଏହାକୁ ରକ୍ଷା କରିବାକୁ ହେବ। ଅନ୍ୟ ବିଦ୍ୟାଳୟ କେବଳ ଦରମାର ଦାବି ରଖେ। ଏଇ ଆଶ୍ରମ ଏଠାକାର ଛାତ୍ରମାନଙ୍କ ନିକଟରେ ତ୍ୟାଗର ଦାବି ରଖେ। ତୁମମାନଙ୍କର ସେଇ କଲ୍ୟାଣ କାମନା ଓ ତ୍ୟାଗ ଦ୍ୱାରା ଏହାର ସତ୍ୟକୁ ପରିସ୍ଫୁଟ କରିବାକୁ ହେବ। ଦୂରରେ ବା ନିକଟରେ ଯିଏ ଯେଉଁ ଅବସ୍ଥାରେ ଥାଉନା କାହିଁକି ମନେ ରଖ, ତୁମମାନଙ୍କର ଆତ୍ମଦାନ ଉପରେ ଆଶ୍ରମର ଆଦର୍ଶ ନିର୍ଭର କରୁଛି।

ମୁଁ ନିଜ ଜୀବନରେ ଯାହା ଦେଇଛି ତାର ପ୍ରତିଦାନ ଚାହେଁ ନାହିଁ। ଏଇ ଆଶ୍ରମରେ ଯେଉଁ ଦୁର୍ଲକ୍ଷ୍ୟ ସତ୍ୟ କାମ କରୁଛି, ଏଠାକାର ପାଠନପାଠନ ଓ ଶିକ୍ଷା ପ୍ରଣାଳୀର ଊର୍ଦ୍ଧ୍ୱରେ ଯେଉଁ ସତ୍ତା ଅଛି, ତମେ ସବୁ ପ୍ରାକ୍ତନ ଛାତ୍ରଛାତ୍ରୀଗଣ ତାହା ଗ୍ରହଣ ପୂର୍ବକ ଏଇ ଆଶ୍ରମ ସହିତ ଯୁକ୍ତ ହୁଅ, ତମେମାନେ ଏଇ ଆଶ୍ରମକୁ ଏଇ ପ୍ରତିଦାନ କର।

ଶାନ୍ତିନିକେତନ
୮ ପୌଷ ୧୩୩୯

ଚାରି

ଗୋଟିଏ ସମୟରେ ତୁମେମାନେ ଏହି ବିଦ୍ୟାଳୟରେ ଥିଲ - ଦୂରକୁ ଗଲେ ମନରେ ବିଚ୍ଛେଦ ଘଟିପାରେ, ସେଇଥିପାଇଁ କେତୋଟି କଥା ତୁମମାନଙ୍କ ପାଖରେ କହିବାକୁ ପ୍ରୟୋଜନ ମନେ କରୁଛି।

ଆମର ଏଇ ବିଦ୍ୟାଳୟ ନାନାପ୍ରକାର ଯୋଗାଯୋଗରେ ଗଢ଼ି ଉଠିଛି, କିନ୍ତୁ ସର୍ବଦା ଏହା ଭିତରେ ଗୋଟିଏ ମୂଳ ତତ୍ତ୍ୱ କାମ କରୁଛି। ଯଦି ମୁଁ କହେ ସେ ତତ୍ତ୍ୱ ମୋର, କଠିନ ଛାଞ୍ଚରେ ଢାଳି ତାକୁ ରକ୍ଷା କରିବାକୁ ହେବ - ତାହା ହେବାର ନୁହେଁ; ମୁଁ କହିବି ନାହିଁ ଯେ, ଏପରି ଏକ ଢାଞ୍ଚା ତିଆରି କରିବାକୁ ହେବ ଯାହା ଚିରଦିନ ରହିବ। ଏହା ଭିତରର ସେଇ ମୂଳ କଥାଟି ଏଇ ଯେ, ଗୋଟିଏ ବୃହତ୍ତର ଜୀବନର ଭୂମିକାରେ ଆମେ ଅନେକ ଏକା ସାଙ୍ଗରେ ଏଠାରେ ମିଳିତ ହୋଇଛନ୍ତି - ନାନା ବିଚିତ୍ରତା ଓ ବିରୁଦ୍ଧତାର ଭିତର ଦେଇ ଗୋଟିଏ ପ୍ରାଣବାନ ଅନୁଷ୍ଠାନ ଗଢ଼ି ଉଠିଛି; ସେ ନିଜେ ମଧ୍ୟ ଜାଣେ ନାହିଁ କେଉଁ ରାସ୍ତାରେ ଯିବ, ତାର କୌଣସି ବନ୍ଧା ପଥ ନାହିଁ।

ଯେତେବେଳେ ଏକା ଥିଲି ସେତେବେଳେ ମୋର ଅଭିପ୍ରାୟହିଁ ଏଇ ଅନୁଷ୍ଠାନ ଭିତରେ କାମ କରିଛି। ସେତେବେଳେ ପଥ ସହଜ ଥିଲା। ଯେତେବେଳେ କଥା ହେଲା ଯେ ସାଧାରଣଙ୍କ ହାତରେ ସମର୍ପଣ ନ କଲେ ଏହା ବେଶି ଦିନ ସ୍ଥାୟୀ ହେବ ନାହିଁ, ଦେଶ ସହିତ ଯୋଗାଯୋଗ ରହିବ ନାହିଁ, ସେତେବେଳେ ଗୋଟିଏ କନଷ୍ଟିଚ୍ୟୁସନ କରିବାକୁ ହୋଇଥିଲା - ତା ପୂର୍ବରୁ ଅନ୍ୟାନ୍ୟ ଦେଶ ସହିତ ଏହାର ଯୋଗାଯୋଗ ଘଟିଥିଲା, ଅନେକ ଜାଣିଥିଲେ ଏହାର କଥା। ମୋ ମତରେ, ଏଇ କଳାକୌଶଳ ଭିତରେ ପ୍ରାଣସଞ୍ଚାର କରିବାର ପ୍ରୟୋଜନ ଅଛି। ତୁମେମାନେ ଅନେକ ଜାଣ ଏଇ ବିଦ୍ୟାଳୟ ନିମିତ୍ତ ମୁଁ ନିଜକୁ ଅନେକ ବଞ୍ଚିତ କରିଛି - ସାହିତ୍ୟ ଯେ

ମୋର ପନ୍ଥା ସେଥିରେ ମଧ୍ୟ ମୁଁ ଆଘାତ ସହିଛି। ମୋର ଅବର୍ତ୍ତମାନରେ ଏହା ଯଦି ଗୋଟିଏ କଳ ମାତ୍ର ହୁଏ, ତେବେ କାହିଁକି ଏତେ କରିଛି ? ମୋର ସେଇ ଗୋପନ ଦୁଃଖର ଇତିହାସ କେହି କେବେ ଜାଣିବେ ନାହିଁ। ଆନୁକୂଲ୍ୟ ଅପେକ୍ଷା ଅଧିକ ମିଥ୍ୟା ଉକ୍ତି ମୁଁ ଲାଭ କରିଛି – ବହୁ ବିଦ୍ରୂପ ନିନ୍ଦା ମୁଣ୍ଡେଇ ବର୍ତ୍ତମାନ ମୋ ଜୀବନର ଶେଷ ଭାଗ ଉପସ୍ଥିତ। ଏବେ ଯଦି ଏହା ଏକ ଜୀବନ୍ମୃତ ପଦାର୍ଥରେ ପରିଣତ ହୁଏ, ଏହାର ପ୍ରାଣଶକ୍ତି ନଥାଏ, ତେବେ ବ୍ୟର୍ଥ ହେଲି। ଯେତିକି ଦେଇଛି ତାର କିଛିହିଁ ଫଳ ପାଇବି ନାହିଁ, ତାହା ଇଚ୍ଛା କରୁ ନାହିଁ।

ତମେ ସମସ୍ତେ ଅନୁକୂଳ ହେବ ମୁଁ ଏପରି ଆଶା କରି ନାହିଁ, ତେବେ ଆଶା କରେ ଗୋଟିଏ ଦଳ ଅଛି ଯେଉଁମାନଙ୍କର ଏହା ସମ୍ବନ୍ଧରେ ମମତା ରହିବା ସ୍ୱାଭାବିକ। ଏଥିରେ କୌଣସି ସନ୍ଦେହ ନାହିଁ ଯେ, ଏଇ ବିଦ୍ୟାଳୟ ପ୍ରାଣବାନ, ଏହା ଭିତରେ ଅସଂଗତି ଥାଇପାରେ, କିନ୍ତୁ ଏହାର ଅନ୍ତରରେ ପ୍ରାଣ ସଞ୍ଚାରିତ। ତମେମାନେ ମଧ୍ୟ ଯଦି ତାହାହିଁ ମନେକର ତେବେ ଏହାର ଅଙ୍ଗୀଭୂତ ହୋଇ ଏହା ସହିତ ଯୁକ୍ତ ହୋଇ ଗୋଟିଏ ସ୍ଥାୟୀ ପ୍ରଭାବ ଏହା ଉପରେ ବିସ୍ତାର କରିପାର।

ବିରୁଦ୍ଧତାକୁ ମଧ୍ୟ ମୁଁ ସ୍ୱୀକାର କରେ – ତୁମମାନଙ୍କ ନିକଟରୁ ମୁଁ କେବଳ ଏତିକି ମାତ୍ର ଚାହେଁ ଯେ ଅକୃତ୍ରିମ ମମତା ସହିତ ଏହାକୁ ତୁମେ ଗ୍ରହଣ କର।

କିଭଳି ଭାବରେ ତାର ଅବକାଶ ହୋଇପାରେ ତାହା ମୁଁ ଜାଣି ନାହିଁ – କନଷ୍ଟିଚ୍ୟୁସନ ସମ୍ବନ୍ଧରେ କିଛି କହିବାରେ ମୁଁ ଅକ୍ଷମ – ମୁଁ କେବଳ ମୋର ଇଚ୍ଛା ପ୍ରକାଶ କରିପାରେ; ଯେତେବେଳେ ମୁଁ ନଥିବି ସେତେବେଳେ ଏହା ଭିତରେ ପ୍ରାଣକୁ ଜାଗ୍ରତ ରଖିପାରେ ଏପରି ଏକ ଶକ୍ତି ଥିବା ଦରକାର – ତୁମେମାନେ ଯଦି ଅଗ୍ରସର ହୋଇ ଏହାକୁ ଗଢ଼ିନିଅ ତେବେ ସେଇ ଅଭାବ ମୋଚନ ହୋଇପାରେ।

ଶାନ୍ତିନିକେତନ
ପୌଷ ଉତ୍ସବ, ୧୩୪୧

ପାଞ୍ଚ

ଆମର ଏଇ ଆଶ୍ରମ - ବିଦ୍ୟାଳୟ ବିଂଶତି ବର୍ଷରେ ପଦାର୍ପଣ କରିଛି। ଗୋଟିଏ ବୟସ ଅଛି ଯେତେବେଳେ ପାଦ ଠିକ ଭାବରେ ପଡ଼େ ନାହିଁ - ସେଇ ବୟସଟି ପାରିହୋଇଛି। ଏବେ ଏହାର କେତେକ ପରିଣତି ଲାଭ ହୋଇଛି, ଧାଈର କୋଳରୁ ଏବେ ଏହାକୁ ନିଜ ଗୋଡ଼ରେ ଠିଆ କରାଇବାକୁ ହେବ। କିଛି ସମୟରୁ କେତେଗୁଡ଼ିଏ ଶକ୍ତିର କାମ ଏହା ଭିତରେ ଦେଖା ଦେଉଛି - ଅନୁଭବ କରୁଛି, ଏହାର କିଛିକିଛି ପରିବର୍ତ୍ତନ ଏହାର ସ୍ଥାୟିତ୍ୱ ନିମିତ୍ତ ଦରକାର।

ପ୍ରଥମେ ଯେତେବେଳେ ବିଦ୍ୟାଳୟ ପ୍ରତିଷ୍ଠା ହୁଏ ସେତେବେଳେ ତା ମୂଳରେ ଯେଉଁ ଅଭିପ୍ରାୟ ଏବଂ ଆଦର୍ଶ ଥିଲା ତାହା ଯେ ସଂପୂର୍ଣ୍ଣ ଭାବରେ ସିଦ୍ଧିଲାଭ କରିଛି ତାହା କହିପାରୁ ନାହିଁ।

ପ୍ରତ୍ୟେକ ଦେଶରେ ନିଜର ଶିକ୍ଷାବିଧି ପରିଚାଳନା କରିବାର ଅଧିକାର ଅଛି - ସେ ବିଷୟରେ ଆମର ଖର୍ବତା ଦେଖି ଗ୍ଲାନି ଅନୁଭବ ନକରି ରହିପାରୁ ନାହିଁ। ଆମ ଶିକ୍ଷାରେ ବାହାରୁ ଚାପ ପଡ଼ିଛି, ବିଦେଶୀମାନେ ଯେଉଁ ବୋଲି ବୋଲାଉଛନ୍ତି ତାହାହିଁ ବୋଲୁଛୁ। କଥା ହୋଇପାରେ, ବିଦ୍ୟାର କୌଣସି ବିଶେଷ ଧରଣର ଜାତୀୟତା ନାହିଁ, ଅତଏବ ଆମ ଶିକ୍ଷା ପଦ୍ଧତିର କୌଣସି ଦୋଷ ନାହିଁ। କିନ୍ତୁ ମନକୁ ତ ସ୍ୱାଧୀନ ରଖାଯାଇପାରେ। ପିଲାଦିନରୁ ଯାହା ଶିଖୁଛି, ଯାହା ଶୁଣୁଛି, ତାକୁହିଁ ବେକ ନୁଆଁଇ ନେଉଛୁ - ବାହାରର ଆଧିକର୍ତ୍ତୃତ୍ୱ ଏବଂ ଅନ୍ତରରେ ଶକ୍ତିର ଅଭାବରୁ ଆମ ଜୀବନରେ ଗଭୀର ଅବସାଦ ଆସିଛି। ବିଗତ ପଚାଶ ବର୍ଷରେ ଆମ ଦେଶରେ ଅନେକ ଇଞ୍ଜିନିୟର, ଅନେକ ଓକିଲ ହୋଇଛନ୍ତି, କିନ୍ତୁ ଶିର ନତ କରି ଯେତେବେଳେ ଭାବେ, କେବଳ ମୁଖସ୍ଥ କରିଛି ଏବଂ ଡ଼ିଗ୍ରୀ ପାଇଛି କିନ୍ତୁ ପୃଥିବୀକୁ କିଛି ଦେଇପାରି ନାହିଁ।

ଜାପାନ ଆମ ଆଖି ଆଗରେ ରହିଛି - ସେ ବିଦେଶୀ ଶିକ୍ଷାକୁ ନିଜର

ପ୍ରୟୋଜନାନୁସାରେ ପ୍ରୟୋଗ କରିଛି, ଗ୍ରହଣ-ବର୍ଜନ ଦ୍ୱାରା ତାକୁ ନିଜର ଉପଯୋଗୀ କରିଛି। ମଣିଷର ଚିତ୍ତକୁ ଜାପାନ ଯେ ନୂଆଁ କିଛି ସମ୍ପଦ ଦାନ କରିଛି ତାହା ନୁହେଁ, ସେମାନଙ୍କର ଚିତ୍ତ ଯେ ଅନ୍ତରରେ ବିଶେଷ ଶକ୍ତି ଲାଭ କରିଛି ତାହା ନୁହେଁ, କିନ୍ତୁ ତେବେ ମଧ୍ୟ ସେମାନଙ୍କର ହାତ ଦକ୍ଷତା ଲାଭ କରିଛି, କର୍ମ ନୈପୁଣ୍ୟରେ, ଅସ୍ତ୍ରଶସ୍ତ୍ରରେ, ପଣ୍ୟ ଉତ୍ପାଦନରେ ବିଦେଶ ସହିତ ପ୍ରତିଯୋଗିତାର ଶକ୍ତି ସେମାନେ ଲାଭ କରିଛନ୍ତି। ବାହାରୁ ଆତ୍ମରକ୍ଷାର ଶକ୍ତି ଜାପାନ ଅର୍ଜନ କରିଛି - ଛିଦ୍ର ପାଇଲେ କଲି ଯେମିତି କରରେ ପ୍ରବେଶ କରେ ସେଇପରି ଅନ୍ୟଜାତି ଜାପାନରେ ପ୍ରବେଶ କରିପାରିବ ନାହିଁ।

ଆମର ଜାତୀୟ ଚରିତ୍ରର ମୂଳରେ ଯେଉଁ ଦୁର୍ବଳତା ତାକୁ ମୂଢ଼ ପରି ଅସ୍ୱୀକାର କରି ବିଦେଶୀଙ୍କ କର୍ତ୍ତୃତ୍ୱକୁ ସେଇମାନଙ୍କର ଅପରାଧ ବୋଲି ଗଣ୍ୟ କରି ବସିଛୁ। ଯେତେଦିନ ଆମ ଜୀବନରେ ଆମ ସମାଜରେ ଲୋକାଚାରରେ ବିରୋଧ-ବିଚ୍ଛେଦ ପରସ୍ପର ପ୍ରତି ଅବଜ୍ଞା ଏପରି ଉଗ୍ର ହୋଇ ରହିଥିବ ସେତେଦିନ ଆମର ଦୈନ୍ୟ ଘୁଞ୍ଚିବ ନାହିଁ। ମଣିଷକୁ କେଉଁଠି ଅନେକ ଦୂରରେ ରଖିଦେଇଛି, ଶକ୍ତି ସହିତ ଶକ୍ତିକୁ ମିଳାଇ ପାରୁନାହୁଁ। ଆଜି ଅନେକ ଦୁଃଖରେ ତା'ରହିଁ ପ୍ରାୟଶ୍ଚିତ କରିବାକୁ ହେଉଛି।

ଏଇ ପୃଥିବୀରେ ଯେ ନଜର ବନ୍ଦୀ ହୋଇ ରହିବି, ତାହା ତ ବିଧାତା ହେବାକୁ ଦେବ ନାହିଁ - ସେ ମଣିଷକୁ ମଣିଷ ସହିତ ମିଶାଇବେ; ଯଦି ଏପରି ପ୍ରାଚୀର ଗଢ଼ି ରଖେ ଯେମିତି ଅନ୍ୟ ଦେଶ ସହିତ ମିଳନ ନହୁଏ, ତେବେ ଆଘାତ ପରେ ଆଘାତ ଆସି ସବୁ ବାଧା ଭାଙ୍ଗିବ - ପ୍ରେମ ପଥରେ ମିଳନ ନହେଲେ ବିରୋଧ ପଥରେ ହେବ। ନିଜ ନିଜ କୋଣରେ ବସି ଉତ୍କର୍ଷ ଲାଭ କରିବାର ଦିନ ଯାଇଛି। ଶିଶୁ ଚିରଦିନ ଶିଶୁ ରହିବ ନାହିଁ, ଧାତ୍ରୀ କୋଳରେ ତାକୁ ଲୁଚାଇ ରଖିଲେ ଚଳିବ ନାହିଁ। ଚୀନ ପାରସ୍ୟ ସମସ୍ତେ ଦିନେ ମଣିଷ ହୋଇଛନ୍ତି ଘର ଭିତରେ ସୁରକ୍ଷିତ ହୋଇ। କିନ୍ତୁ ପ୍ରାଚୀର ପରେ ପ୍ରାଚୀର ଉଠାଇ ବାହାରର ଜଗତକୁ ଦୂର କରି ରଖିଲେ କିଛିଦିନ ହୁଏତ ବଢ଼ି ଉଠାଯାଏ, କିନ୍ତୁ ତାପରେ ପ୍ରାଣର ପ୍ରବାହ ରୁଦ୍ଧ ହୋଇ ଶରୀର ମନ ବୁଦ୍ଧି ବ୍ୟାଧିରେ ଆକ୍ରାନ୍ତ ହୁଏ।

ଐକ୍ୟ ଯୋଗୁଁ ହଠାତ ବଳବାନ ହେଲା ଯେଉଁ ଜାତି, ସେ ଆସି ଭାରତ ବର୍ଷକୁ ଆଘାତ କଲା। ଦେଶରେ ଶକ୍ତି ଓ ବୀରତ୍ୱର ଅଭାବ ନଥିଲା, କିନ୍ତୁ ବୀରତ୍ୱରେ ତ ବଞ୍ଚାଇ ପାରି ନାହିଁ; ଧର୍ମଭୀରୁତା କମ ନଥିଲା, ଯଥାର୍ଥ ମନୁଷ୍ୟତ୍ୱ ମଧ୍ୟ ଯେ ନଥିଲା ତାହା ନୁହେଁ - କିନ୍ତୁ କାହିଁରେ କିଛି ହେଲା ନାହିଁ - ଧକା ଖାଇଲୁ। ବିଧାତା ଦେଖାଇଲେ ମଙ୍ଗଳ କେଉଁ ପଥରେ - ଯେଉଁମାନଙ୍କର ଘର-ଦୁଆର ନାହିଁ, ସେଇ ଯାଯାବର

ଜାତିମାନଙ୍କ ଭିତରେ କି ଆଶ୍ଚର୍ଯ୍ୟ ଐକ୍ୟ - ଏତେ ବଡ଼ ପ୍ରବୀଣ ପ୍ରାଚୀନ ଭାରତବର୍ଷ ତା ସାମ୍ନାରେ ଠିଆ ହୋଇ ପାରିଲେନାହିଁ। କେଉଁଠି ଥିଲା ସେତେବେଳେ ଭାରତବର୍ଷ ! କେହି ଅତୀତ ନେଇ ଗୌରବ କରିବାରେ ବ୍ୟସ୍ତ, କେହି ଶାସ୍ତ୍ର-ଆଚାର ନେଇ, କେହି ବା ଅଫିମ ଖାଇ ଝୁମୁଛି। କିଏ କହିପାରିଛି ମୋର ଭାରତବର୍ଷ, କିଏ ତା ପାଇଁ ସର୍ବସ୍ୱ ଦେଇଛି, ସମସ୍ତଙ୍କୁ ଆପଣାର, ବିଚ୍ଛିନ୍ନକୁ ମିଳିତ କରିବା ପାଇଁ ଚେଷ୍ଟା କରିଛି ? ଯଦି ବା ତାହା ପାରିଛି ତେବେ ହଠାତ୍ ଆଜି କେମିତି କହିପାରିବି, ଭାରତବର୍ଷ ଆମର ?

ଅନ୍ତରରେ ଏଇ ଐକ୍ୟବନ୍ଧନ ନ ରହିଲେ କେବଳ କନ୍ଦାକଟା ଯୋଡ଼ ହସ୍ତ ଦେଖି ଦୟାପୂର୍ବକ ଶ୍ରେଷ୍ଠ ସମ୍ପଦ କେହି ବାହାରୁ ଦେବେ ନାହିଁ। ଚେମସ୍‌ଫୋର୍ଡ଼ମଣ୍ଟେଗୁଙ୍କ ରାଷ୍ଟ୍ର ବିଧାନ ତ ଆମକୁ ମୁକ୍ତି ଦେଇପାରେ ନାହିଁ; କେବଳ ବାରିବର୍ଷଣ ହେଲେହିଁ ହୁଏ ନାହିଁ, ତାକୁ ରଖିବା ପାଇଁ ଜଳାଶୟ ପ୍ରସ୍ତୁତ ଥିବା ଦରକାର, ସେଥିପାଇଁ ହାତ ପତେଇ ପାରିବା ଦରକାର।

ଦୈନ୍ୟ ଆମର ଅନ୍ତରରେ ବାହାରେ। ସବୁଠାରୁ ଆମର ବଡ଼ ଅପମାନ, ଆମେ କୌଣସି ଶକ୍ତିର ଚିହ୍ନ ଦେଖିପାରି ନାହୁଁ, ବାଲ୍ୟକାଳରୁ ବୃଦ୍ଧ ବୟସ ପର୍ଯ୍ୟନ୍ତ କେବଳମାତ୍ର ଆବୃତ୍ତି କରିଚାଲିଛୁ, ଜୀବନ ଆମ ମାନଙ୍କର ଛାଞ୍ଚରେ ଢଳା।

ସେଇ ଅପମାନରୁ ଏଇ ଆଶ୍ରମରେ ଆମେ ଦେଶର ଚିତ୍ତକୁ ମୁକ୍ତି ଦେବା, ଏଇ ଥିଲା ଆମର ଆଦର୍ଶ; ନିଜକୁ ଜାଣିବା, କୌଣସି ଶକ୍ତି ଯାହାକୁ ବନ୍ଧ କରିପାରେ ନାହିଁ ସେଇ ମୁକ୍ତିର ସାଧନା କରିବା, ମଣିଷର ଆତ୍ମା ଏଠି ସ୍ୱାଧୀନ ହେବ। ସେଇ ଆଦର୍ଶ ସଂପୂର୍ଣ୍ଣ ସାର୍ଥକ କରି ପାରିନାହୁଁ, ନିଜର ମନ ମୁକ୍ତ ନଥିଲା, ଅପରିସୀମ ଆମର ଭୀରୁତା। କିନ୍ତୁ ବନ୍ଧନକୁ ତ ଛେଦନ କରିବାକୁହିଁ ହେବ, ବିଦ୍ୟାର ଉଦାର ମୁକ୍ତରୂପ ପ୍ରତିଷ୍ଠା ହେବା ଦରକାର। କେବଳ ନିଜର ଶକ୍ତିରେ ତାହା ସମ୍ଭବ ହେବ ନାହିଁ, ଦେଶର ଆନୁକୁଲ୍ୟ ଓ ଶ୍ରଦ୍ଧା ଦରକାର। ଲଣ୍ଡନ-ପ୍ୟାରିସରୁ ଆମଦାନୀ ଆଦର୍ଶର ଦାସତ୍ୱରୁ ମଧ୍ୟ ମୁକ୍ତି ପାଇବାକୁ ହେବ।

ଆମ ଦେଶରେ ଗୋଟିଏ ସମୟରେ ଯେଉଁ ସବୁ ବିଶ୍ୱବିଦ୍ୟାଳୟ ଗଢ଼ି ଉଠିଥିଲା, ନାଳନ୍ଦା-ତକ୍ଷଶୀଳାର ବିଦ୍ୟାୟତନ, ସେଗୁଡ଼ିକ ତ ଲଣ୍ଡନ-ପ୍ୟାରିସ ଛାଞ୍ଚରେ ତିଆରି ହୋଇ ନଥିଲା। ସେଠାକୁ ଦେଶ ବିଦେଶରୁ ମଣିଷ ଆସିଛନ୍ତି - ବୌଦ୍ଧଯୁଗରେ ଭାରତବର୍ଷ ସେଇ ସର୍ବମାନବର ବିଶ୍ୱମାନବର ଶକ୍ତିକୁ ଡାକ ଦେଇଛି, ସେଇଭଳି ଆଶ୍ଚର୍ଯ୍ୟ ଫଳଲାଭ କରିଛି, ଦେଶ ବିଦେଶର ବଡ଼ବଡ଼ ଜାଗାରୁ ଲୋକ ଆସି ଏଇସବୁ ବିଦ୍ୟାୟତନକୁ ସମୃଦ୍ଧ କରିଛନ୍ତି। ମଣିଷକୁ ତଫାତ କଲେ ଚଳିବ ନାହିଁ। ଆଜିର

ଦିନରେ ଭାରତବର୍ଷକୁ ଯେକେହି ଆସିଛନ୍ତି ସେମାନଙ୍କୁ ସମସ୍ତଙ୍କୁ ଆମକୁ ଗ୍ରହଣ କରିବାକୁ ହେବ। ଆମର ଚତୁର୍ଦ୍ଦିଗରୁ ଅତିଥିମାନେ ଆସିଛନ୍ତି, ବୌଦ୍ଧ-ଜୈନ-ହିନ୍ଦୁ ଆଦିଙ୍କର ଶ୍ରେଷ୍ଠ ଉପକରଣ ଆମର ଚତୁର୍ଦ୍ଦିଗରେ; ଆମର ପୂର୍ବତନ ଭ୍ରାତା ପାରସିକ, ସେମାନଙ୍କର ଧର୍ମଶାସ୍ତ୍ର ମଧ୍ୟ ଆମର, ଦୂରରୁ ମୁସଲମାନମାନେ ଯେଉଁ ଶାସ୍ତ୍ର ଓ ଶିକ୍ଷା ନେଇ ଆସିଛନ୍ତି ତାହା ମଧ୍ୟ ଆମର, ସମୁଦ୍ର ପାର ହୋଇ ଯେଉଁମାନେ ଆଜି ଆସିଛନ୍ତି ସେମାନଙ୍କର ମଧ୍ୟ ଯାହା ଦେବାର ଅଛି ତାହା ଆମକୁ ନେବାକୁ ହେବ। ଆମର ସ୍ୱଦେଶରେ ଯାହା କିଛି ସାଧନା ତା ସହିତ ନିବିଡ଼ ପରିଚୟ ସାଧନ କରିବାକୁ ହେବ, ତାପରେ ବାହାରକୁ ହାତ ବଢ଼ାଇବା, ମନରେ ଭୀରୁତା ରହିବ ନାହିଁ।

ଯେତେବେଳେ ଆମ ଦେଶର ମହତମାନଙ୍କ ପାଦ ନିକଟକୁ ବିଦେଶରୁ ଶିଷ୍ୟମାନେ ଆସିବେ, ସେଇଦିନ ପୃଥିବୀ ନିକଟରେ ଆମର ଦାବି ପ୍ରମାଣିତ ହେବ। ନହେଲେ କେବଳ ଭିକ୍ଷାବୃତ୍ତି ଦ୍ୱାରା ଆମର ମୁକ୍ତିର କୌଣସି ଆଶା ନାହିଁ।

ବିଦ୍ୟା ଦିଗରୁ, ଜ୍ଞାନ ଦିଗରୁ ଭାରତବର୍ଷର କଣ କିଛି ଦେବାର ନାହିଁ? ମାନିନେଲି, ଆମେ ନିଜ ଭିତରେ ଲଢ଼େଇ କରିଛୁ, ବାହାରେ କରି ନାହୁଁ - ଦେଶ ବିଦେଶରେ ବାଣିଜ୍ୟ ନହେଲା କରି ନାହୁଁ। କିନ୍ତୁ ପୂର୍ବପୁରୁଷଙ୍କର ଚିତ୍ତ ଶକ୍ତି ଆମ ପାଖରେ ସବୁଠାରୁ ବଡ଼ ସମ୍ପଦ। ଲଢ଼େଇ କରିପାରୁ ନା, ବାଣିଜ୍ୟ କରିପାରୁ ନା - ତାହା ଲଜ୍ଜାର ବିଷୟ ହେବ ନାହିଁ, ଯେଉଁଦିନ ଗୌରବର ସହିତ ଆମର ସେଇ ଚିତ୍ତ ସମ୍ପଦ ସମସ୍ତଙ୍କୁ ଦେଇପାରିବା।

ଶାନ୍ତିନିକେତନ

୮ ପୌଷ ୧୩୨୫

ଛଅ

ଆମର ଏଇ ବିଦ୍ୟାଳୟରେ ସଂପ୍ରତି ଗୋଟିଏ ନୂତନ ଅନୁଷ୍ଠାନର ସୂତ୍ରପାତ ହୋଇଛି, ପତ୍ର ବିକାଶରୁ ଫଳର ଧେଣ୍ଟି ପରି। ଏତେ ଦିନ ଆମ ବିଦ୍ୟାଳୟ, ଦେଶର ବିଦ୍ୟା ଶିକ୍ଷାର ପ୍ରଚଳିତ ପ୍ରଥା ମାଟ୍ରିକୁଲେସନ ପାଶ କରିବାକୁହିଁ ଏକ ପ୍ରକାର ଅନୁସରଣ କରି ଭୟରେ ଭୟରେ ଚାଲୁଥିଲା। ମାଟ୍ରିକୁଲେସନ ପାଶ କରିବାର ବିଦ୍ୟାଳୟ ବଙ୍ଗଳାରେ ଭାରତବର୍ଷରେ ସୀମା-ସଂଖ୍ୟା ନାହିଁ; ତା ସତ୍ତ୍ୱେ ମଧ୍ୟ ଗୋଟିଏ ଏନ୍‌ଟ୍ରାନ୍ସ ସ୍କୁଲ ଏଠାରେ ଯେ ସ୍ଥାପନ କରାହୋଇଥିଲା, ତାହା ଗୋଟିଏ ଅନୁଷ୍ଠାନକୁ ଆଶ୍ରୟ କରି ଆମ ଦେଶର ପ୍ରାଚୀନ ଆଦର୍ଶକୁ ଗଢ଼ି ତୋଳିବା ନିମିତ୍ତ। ଯନ୍ତ୍ର ଭିତରେ ସଜୀବ ଚିତ୍ତକୁ ପେଷଣ କରିବାର ଯେଉଁ ଆୟୋଜନ ଆମ ଦେଶର ସାଧାରଣ ଇସ୍କୁଲରେ ତାକୁ ଲାଘବ କରିବାର ଇଚ୍ଛା ହୋଇଥିଲା - କିନ୍ତୁ ସେଇ ପଦ୍ଧତିକୁ ସଂପୂର୍ଣ୍ଣଭାବରେ ଭାଙ୍ଗିପାରି ନାହିଁ, ଭୟରେ ଭୟରେ ଚାଲିଥିଲି।

ଆମ ଦେଶରେ ବିଦ୍ୟାଶିକ୍ଷାର ପ୍ରଚଳିତ ଆୟୋଜନ କଠିନ ଓ କଠୋର - ଔଷଧ ଯେତେ ତିକ୍ତ ହେବ ସେତିକି ଉପକାର ହେବ ବୋଲି ସକଳଙ୍କର ବିଶ୍ୱାସ - ଶିକ୍ଷା ଯେତେ କୃଚ୍ଛ୍ର ସାଧ୍ୟ ହେବ ମନେ ହୁଏ ସେତିକି ଅଧିକ ଫଳଦାନ କରିବ। କିନ୍ତୁ ଆନନ୍ଦର ଭିତର ଦେଇ, ମୁକ୍ତିର ହାଓ୍ୱା ଭିତରେ ଶିଶୁ ଚିତ୍ତ ଯେପରି ବିକଶିତ ହୁଏ, ସେପରି ଆଉ କୌଣସିଥିରେ ହେବା ସମ୍ଭବ ନୁହେଁ। ପ୍ରକୃତି ବିରୁଦ୍ଧରେ ଯାଇ ଫଳ ପାଇବାର ଆଶା ଅଳ୍ପ। ସୁତରାଂ ଯେତେବେଳେ ଦେଖିଲୁ ଶିଶୁ ଚିତ୍ତ ବିଦ୍ୟା ନାଁରେ ବନ୍ଦୀ ହୋଇଛି, ସେତେବେଳେ ମନ ବ୍ୟାକୁଳ ହେଲା; ଯେଉଁଥିରେ ଶିଶୁର ଦୁଃଖ ଦୂର ହୁଏ, ଅଧ୍ୟାପକଙ୍କ ସ୍ନେହ କଲ୍ୟାଣରେ ଅଭିଷିକ୍ତ ହୋଇ ମୁକ୍ତ ସମୀରଣରେ ଶିକ୍ଷାଲାଭ କରିପାରେ, ଏଠାରେ ତା'ର ବ୍ୟବସ୍ଥା ହେଲା। କିନ୍ତୁ ବିଶ୍ୱବିଦ୍ୟାଳୟର ପରୀକ୍ଷା ବିଧି ସହିତ ଆପୋସ ରକ୍ଷା କରି ତା ଭିତରେ ଗୋଟିଏ ଦ୍ୱନ୍ଦ୍ୱ ରହିଗଲା।

ତେବେ ଏଇ ଯେଉଁ ବାଳକମାନଙ୍କର ଆନନ୍ଦ କଳଧ୍ୱନି ପ୍ରତ୍ୟହ ଆକାଶକୁ ମୁଖରିତ କରେ, ସେମାନଙ୍କ ଗୀତରେ ଶାଳବନ, ଆମ୍ରକୁଞ୍ଜ ଧ୍ୱନିତ ହୁଏ, ଏହା ମଧ୍ୟ ସାମାନ୍ୟ ତୃପ୍ତିର କଥା ନୁହେଁ।

ତେବେ ଏପରି ଭାବେ ଜ୍ଞାନର ଅନ୍ନଦାନ ଭିତରେ ଯେଉଁ କୃପଣତା ଅଛି ସେ ନିୟତହିଁ ଅନ୍ତରକୁ ପୀଡ଼ା ଦେଇଥାଏ। ସାଂସାରିକ ଲାଭ ପ୍ରତି ଦୃଷ୍ଟି ନରଖି ଏଇଠାରେହିଁ ଜ୍ଞାନର ଚର୍ଚ୍ଚା କରାଯିବ, ଏଇଠାରେହିଁ ମଣିଷର ମଣିଷତ୍ୱ। ତାର ଜ୍ଞାନର କ୍ଷୁଧା ପ୍ରୟୋଜନର କ୍ଷୁଧା ଅପେକ୍ଷା କମ ନୁହେଁ। ଅନ୍ୟାନ୍ୟ ଦେଶରେ ଯେପରି ଅର୍ଥକାରୀ ବିଦ୍ୟା ଅଛି, ସେଇପରି ଜ୍ଞାନକୁ ବସ୍ତୁ ନିରପେକ୍ଷ କରିବାର ଇଚ୍ଛା ମଧ୍ୟ ଅଛି; କେବଳ ଭାରତବର୍ଷରେ କଣ ତାହା ଲୋପ ପାଇବ ? ଆମ ଦେଶରେ ବିଦ୍ୟାଶିକ୍ଷା ରାହୁ ଗ୍ରସ୍ତ। ଆମେ ବିଦ୍ୟାକୁ ପ୍ରୟୋଜନର ସାମଗ୍ରୀ ମନେ କରୁଛୁ - ଯେଉଁ ସୋରିଷ ଭୂତ ଛଡ଼ାଇବ ତାକୁହିଁ ଭୂତ ଧରିଛି।

ଭାରତବର୍ଷରେ ଏଇ ବିଶୁଦ୍ଧ ଜ୍ଞାନର ଆଦର୍ଶ-ରକ୍ଷାର ଆୟୋଜନ କୌଣସିଠିଁ ରହିବା ଉଚିତ। ଆଜି ଆମ ଦେଶରେ ଏତେ ଅର୍ଥର ପ୍ରୟୋଜନ ହୋଇଛି ଯେ ଏପରି ଅନୁଷ୍ଠାନରେ ହାତ ଦେବା ଶକ୍ତ। କିନ୍ତୁ ସେଇ ଅଭାବକୁ ମଧ୍ୟ ଆମେ ସ୍ୱୀକାର କରିବୁ ନାହିଁ, ଏହା ମଧ୍ୟ ଆମର ସାଧନା। ସୌଭାଗ୍ୟ କ୍ରମେ ଆମେ ପଣ୍ଡିତ ବିଧୁଶେଖର ଶାସ୍ତ୍ରୀଙ୍କୁ ପାଇଛୁ, ଏଇ ବିଶ୍ୱଭାରତୀର ଯେଉଁ ସଂକଳ୍ପ ସେ ତାହା ଜୀବନରେ ଗ୍ରହଣ କରିଛନ୍ତି। ଆନନ୍ଦର ସହିତ ଶାସ୍ତ୍ରୀ ମହାଶୟ ଏଇ ଆସନ ଗ୍ରହଣ କରିବାରୁ ଆମର ଆଶା ହୋଇଛି, କାରଣ ତାଙ୍କର ସାଧନା ସତ୍ୟ। ଏଇ କେନ୍ଦ୍ରକୁ ଅବଲମ୍ବନ କରି କାମ ଧୀରେ ଧୀରେ ବିସ୍ତୃତ ହେଉଛି; ବାହାରେ ଦେଖାଇବାର କିଛି ନାହିଁ 'ବିଶ୍ୱଭାରତୀ' ଯେତେ ବଡ଼ ନାଁ, ବାହାରର ଉପକରଣରୁ ତାକୁ ପ୍ରମାଣ କରିବାକୁ ଗଲେ ଲଜ୍ଜା ପାଇବାକୁ ହେବ। କିନ୍ତୁ ମୋର ଏଥିରେ ଲଜ୍ଜା ନାହିଁ। ଅନ୍ତରେ ଅନ୍ତରେ ଅନୁଭବ କରୁଛି, ଏହା ଭିତରେ ସୁର ଲାଗିଛି। ବର୍ତ୍ତମାନ ଯେଉଁମାନେ ଛାତ୍ର ଅଛନ୍ତି, ସେମାନେ ଯଦି ଛାତ୍ର ରହନ୍ତି, ଆଉ ଛାତ୍ର ଯଦି ନ ଆସନ୍ତି, ସେଥିରେ ମଧ୍ୟ କ୍ଷତି ନାହିଁ - ମଣିଷର ମୁଣ୍ଡ ଗଣତିରେ ସତ୍ୟର ମହିମା ପ୍ରମାଣିତ ହୁଏ ନାହିଁ। ଏଇ ଛାତ୍ରମାନଙ୍କ ଭିତରେ ଚିତ୍ତର ଆଲୋକ ବିକୀର୍ଣ୍ଣ ହେବ, କଳାବିଦ୍ୟା ପ୍ରଭୃତି ଫୁଲ ଫଳ ଫଳି ଉଠିବ, ସମସ୍ତଙ୍କୁ ସୌଗନ୍ଧ୍ୟରେ, ରସରେ ଅଧିକାର କରିବ। ମହାତ୍ମା ମହାସ୍ଥବିର ଏଠାକୁ ଆସିଛନ୍ତି, ଜ୍ଞାନ ପିପାସୁ ଲୋକଙ୍କର ଚିତ୍ତ ସେ ନିଶ୍ଚୟହିଁ ଅଧିକାର କରିବେ। ଆମେ ଏଇପରି କେତେ ଅଯାଚିତ ଦାନ ପାଉଛୁ, ତାହା ହୁଏତ ଭଲ ଭାବରେ ଅନୁଭବ କରିପାରୁ ନାହୁଁ।

ସାମ୍ନାରେ ଖୁବ ଆଶାର ମୂର୍ତ୍ତି ଦେଖିବାକୁ ପାଉଛି। ଆମର ଅନ୍ତରରେ ଧ୍ୱନିତ ହେବ ଏଇ ଆଶାର ଖବର, ଏହା ଦେଶ ବିଦେଶରେ ଘୋଷିତ ହେବ ନାହିଁ। ପ୍ରତିପତ୍ତି ଇନ୍ଦ୍ରଙ୍କର ପ୍ରଲୋଭନ ପରି, ଅର୍ଥ ମଧ୍ୟ ତାହା ହୋଇପାରେ। ଥାଉନା ଆମର ଦାରିଦ୍ର୍ୟ, ତେବେ ମଧ୍ୟ ଖୁବ ଆଶା କରିବାର ଆନନ୍ଦ କରିବାର ଦିନ ଆସିଛି।

ଆମର ପୂର୍ବତନ ଛାତ୍ରମାନେ ଆଶ୍ରମର ଏଇ ଦିଗଟି ଦେଖି ଯାଇ ନାହାନ୍ତି। ପଢ଼ା ଶୁଣା ଦିଗରୁ ଆଶ୍ରମର ଯେଉଁ ଚିତ୍ର ସେମାନେ ମନରେ ରଖିଥିଲେ ତା ସହିତ ମୌଳିକ ଭାବରେ ଗୋଟିଏ ପାର୍ଥକ୍ୟ ହୋଇ ଯାଇଛି, ଆମେ ଏଠାରେ ବିଦ୍ୟାକୁ ଯେଉଁ ଶୃଙ୍ଖଳ ପିନ୍ଧାଇଥିଲୁ ତାର ଦୌରାତ୍ମ୍ୟରୁ ତାକୁ ମୁକ୍ତି କରାଯାଇଛି। ବଡ଼ ସାଧନା ବଡ଼ ତପସ୍ୟାର ସ୍ଥାନ ଏଠାରେ ପ୍ରସ୍ତୁତ ହେଲା। ମୁକ୍ତିର ଆଦର୍ଶ ଆଜି ଆମର ସମ୍ମୁଖରେ; 'ଅୟମହଂ' ବୋଲି ଯେଉଁ ଅତିଥି ଦୁଆରକୁ ଆସିଛନ୍ତି, ଶକୁନ୍ତଳାଙ୍କ ପରି ଆମେ ଅନ୍ୟମନସ୍କ ବୋଲି, ସେ ଯେପରି ଫେରି ନଯା'ନ୍ତି। ଅଧ୍ୟାପକମାନେ ଅନ୍ତର ସହିତ, ନିଷ୍ଠାପର ଭାବରେ ଏହାର ପାଦ୍ୟ ଅର୍ଘ୍ୟ ଯୋଗାଉଥା'ନ୍ତୁ – କର୍ମ ଯେପରି ଆମ ଚିତ୍ତରେ କ୍ଳାନ୍ତି ନ ଆଣେ, ଶ୍ରଦ୍ଧା ଯେପରି ଜାଗ୍ରତ ରହେ; ସମସ୍ତ ଭାରତବର୍ଷର ଏକ ପ୍ରକାଣ୍ଡ ଅଭାବ ମୋଚନ କରିବ, ଜ୍ଞାନକୁ ଶୃଙ୍ଖଳମୁକ୍ତ କରାଯିବ, ଏଇ ସାଧନାକୁ ବଡ଼ ଭାବରେ ଅନୁଭବ କରିବା ଦରକାର; ଶକ୍ତି ନାହିଁ ଏଇ ଦୀନତାକୁ ମନରେ ପ୍ରଶ୍ରୟ ଦେବେ ନାହିଁ।

ଭାରତବର୍ଷ ଯାହା ଅନ୍ତରତର ବସ୍ତୁ ତାର ତପସ୍ୟା ଧ୍ୟାନ ଆଲୋଚନା କେତେ ଯୁଗ ଧରି ହୋଇଛି, କିନ୍ତୁ ଆମର ପିତୃପିତାମହଙ୍କର ଏଇ ଜ୍ଞାନ ସହିତ ଆମର କୌଣସି ପରିଚୟ ନାହିଁ। ଦୁଃଖ-ଦାରିଦ୍ର୍ୟ ଅନେକ ସ୍ୱୀକାର କରିବାକୁ ହୋଇଛି, କିନ୍ତୁ ବିଦ୍ୟା କ୍ଷେତ୍ରରେ କାହିଁକି ଦୀନତା ରହିବ? ଏହାତ ଆମ ହାତରେହିଁ ଅଛି। ଭାରତର ବିଦ୍ୟାଭଣ୍ଡାରକୁ ଚାବିବନ୍ଧ କରି ରଖାଯିବ ନାହିଁ। ଯେଉଁମାନେ ଆମ ଦେଶର ଜ୍ଞାନ ଭଣ୍ଡାରକୁ କିଛି ଦେଇଛନ୍ତି, ସବୁଦେଶର ସବୁ ବିଦ୍ୟା ସହିତ ତାର ତୁଳନା ହେବା ଦରକାର – ବିଶ୍ୱ ବିଦ୍ୟା ସହିତ ତୁଳନା କଲେ ତେବେ ତାର ମୂଲ୍ୟ ଅନୁଭବ କରିପାରିବା। ଅନ୍ୟ ସହିତ ତୁଳନା କରିବା, ଯାଞ୍ଚ କରିବା, ଜାଣିବାର ଗୋଟିଏ ଉପାୟ; ନହେଲେ ନିଜକୁ ଯଥାର୍ଥ ଜାଣିବା ନାହିଁ – ଟୋଲରେ ପୁଥି ପଢ଼ା ଲୋକମାନେ ବାହାର ସହିତ ସଂପର୍କ ରଖିନାହାନ୍ତି ବୋଲିହିଁ ସେମାନେ ଭାରତ ବର୍ଷକୁ ମଧ୍ୟ ସଂପୂର୍ଣ୍ଣ ଭାବରେ ଜାଣି ନାହାନ୍ତି। ଆମ ଦେଶର ଜ୍ଞାନକୁ ସତରେ ଭଲ ଭାବରେ ଜାଣିବା ପାଇଁ ତାକୁ ବିଶ୍ୱବିଦ୍ୟା କ୍ଷେତ୍ରରେ ଉପସ୍ଥାପିତ କରିବାକୁ ହେବ; ବିଶ୍ୱ ସହିତ ଗୋଟିଏ କ୍ଷେତ୍ରରେ ଠିଆ ହେବାରେ ଆମର ଏଇ ଯେଉଁ ଅନୁଷ୍ଠାନ, ତାହା ସତ୍ୟରେ ବଡ଼ ହୋଇ ଉଠିବ, ବ୍ୟାପ୍ତିରେ ନୁହେଁ, ମୁଁ ଏଇ କଥାହିଁ ଆଜି କହିବାକୁ ଚାହେଁ।

ସବୁ ନଦୀ ଯେମିତି ସମୁଦ୍ରକୁ ଯାଏ ସେଇ ଭାବରେ ଆସ – ସମସ୍ତ ଭାରତବର୍ଷରେ ଏଇ ଆହ୍ୱାନ ଆସିଛି। ଭାରତବର୍ଷର ଜ୍ଞାନ ଆଜି ନିଜର ରୂପକୁ ପ୍ରକାଶ କରିବାକୁ ଚାହୁଁଛି। ସବୁ କର୍ମୀ ସାଧକ ଗୁରୁ ସମସ୍ତେ ମିଳିତ ହୋଇ ଏହାକୁ ସାର୍ଥକ କର। ଇସାରା ପାଉ ବା ନପାଉ, ଯେତେଦିନ ଜୀବନ ଅଛି ସେଇ ସାଧନାରୁ ନିଜକୁ ଭ୍ରଷ୍ଟ ହେବାକୁ ଦେବା ନାହିଁ, ଶାନ୍ତିନିକେତନ ଆମ ନିକଟରୁ ଏଇ ଆଶା କରୁଛି।

ଶାନ୍ତିନିକେତନ
୮ ପୌଷ ୧୩୨୬

ସାତ

ପ୍ରତିବର୍ଷ ପୌଷ ଅଷ୍ଟମୀ ଦିନ ଆମର ପ୍ରାକ୍ତନ ଛାତ୍ରମାନଙ୍କୁ ନେଇ ଯେଉଁ ସଭା ହୁଏ, ସେଥିରେ ଆମ ବାହାରୁ କାହାକୁ ନା କାହାକୁ ସଭାପତି କରାହୁଏ। ଏହାର କାରଣ ଏହି ଯେ, ଆମେ ଯେଉଁମାନେ ଏହା ଭିତରେ ରହି କାମ କରନ୍ତି ସେମାନେ ହୁଏତ ଏହାର ସଂପୂର୍ଣ୍ଣ ଚିତ୍ରଟିକୁ ସବୁ ସମୟରେ ଦେଖିପାରୁ ନାହିଁ; ଯେଉଁମାନେ ବାହାରୁ ଏଇ ବିଦ୍ୟାଳୟ ପ୍ରତି ଶ୍ରଦ୍ଧାଶୀଳ ସେମାନେ ଆସି ମନର ଭାବ ପ୍ରକାଶ କଲେ ଆମ କାମରେ ସହାୟତା ହୁଏ, ଉତ୍ସାହ ବଢ଼େ। ଆଜି ମଧ୍ୟ ଭାବିଥିଲି ବାହାରୁ କାହାକୁ ଡାକି ସଭାପତି କରି ତାଙ୍କରି ମୁହଁରୁ କିଛି ଶୁଣିବା। କିନ୍ତୁ ଯେଉଁମାନେ ଏହାର ଅନୁଷ୍ଠାତା ସେମାନେ ବିଶେଷ ଭାବରେ ମୋତେ ଆଜି ସଭାପତି କରିବାକୁ ଚାହିଁଛନ୍ତି। ମୋର ମନେ ହେଲା ଏହାର ଗୋଟିଏ କାରଣ ନିଶ୍ଚୟ ଅଛି। ସଂପ୍ରତି ମୁଁ ବିଶ୍ୱଭାରତୀ କାମ ନେଇ ଦୀର୍ଘ ସମୟ ଧରି ଆଶ୍ରମଠାରୁ ଦୂରରେ ଦକ୍ଷିଣ ଭାରତ ଓ ସିଂହଳରେ ଭ୍ରମଣ ରତ ଥିଲି - ସେଇଥିପାଇଁ ନାନା ଦେଶର ନାନା ଲୋକଙ୍କ ଦୃଷ୍ଟି ନେଇ ଏଇ ଆଶ୍ରମକୁ ଦେଖିବାର ଅବକାଶ ମୋର ହୋଇଛି। ଆମେ ଆମର କର୍ମର ସଂକୀର୍ଣ୍ଣ ପରିଧି ଭିତରେ ଯେତେବେଳେ ବନ୍ଧ ହୋଇ ରହିଥାଉ ସେତେବେଳେ ଉପସ୍ଥିତି ପ୍ରୟୋଜନରୁ ନାନା ପ୍ରକାର ଛୋଟକାଟିଆ ଟିକିନିଖି ଅତ୍ୟନ୍ତ ବଡ଼ ଆୟତନ ନେଇ ଦେଖା ଦେଇ, ଦୃଷ୍ଟିକୁ ସଂପୂର୍ଣ୍ଣ ଭାବରେ ଅବରୁଦ୍ଧ କରିପକାଏ। ସେଇଥିପାଇଁ ମଝିରେ ମଝିରେ ଦୂରକୁ ଯାଇ ଏଇ ସମସ୍ତ ଅବରୋଧର ଊର୍ଦ୍ଧ୍ୱକୁ ଉଠି ଆଶ୍ରମର ବୃହତ ପରିଚୟଟିକୁ ଗ୍ରହଣ କରିବା ପ୍ରୟୋଜନ ଅଛି। ମୁଁ ସେଇ ଦିଗରୁ ପ୍ରାତ୍ୟହିକ କର୍ମର କ୍ଷୁଦ୍ର ଗଣ୍ଡି ବାହାରୁ ବିଶ୍ୱଭାରତୀ ସମ୍ବନ୍ଧରେ କିଛି କହିବାକୁ ଇଚ୍ଛା କରୁଛି।

ବୀଜ ନିଜର ଅନ୍ତର୍ନିହିତ ସଂକଳ୍ପକୁ ଆବୃତ କରି କେବଳ କ୍ଷୁଦ୍ର ନିଜକୁହିଁ ପ୍ରକାଶ କରେ। ଯେଉଁ ମୁହୂର୍ତ୍ତରେ ତାର ଅଙ୍କୁର ଉଦଗତ ହୁଏ, ପୂର୍ବ ସହିତ ତାର

ପରବର୍ତ୍ତୀ ପରିଚୟର ପାର୍ଥକ୍ୟ ସେତେବେଳେ ଏତେଟା ଅତ୍ୟନ୍ତ ହୋଇଉଠେ ଯେ, ମନେ ହୁଏ ବୀଜ ସହିତ ତାର କୌଣସି ସାଧର୍ମ୍ୟ ନାହିଁ। କିନ୍ତୁ ବସ୍ତୁତଃ ବୀଜ ଯେତେବେଳେ ନିଜର କ୍ଷୁଦ୍ର ରୂପଟିକୁ ପରିହାର କରେ ସେତେବେଳେହିଁ ତାର ସତ୍ୟ ପରିଚୟ ପରିସ୍ଫୁଟ ହୋଇ ଉଠେ, ଅନେକ ଦିନ ପ୍ରଚ୍ଛନ୍ନ ଭାବରେ ବୀଜ ଯେଉଁ ସାଧନା ବହନ କରୁଥିଲା ଅଙ୍କୁର ଉଦଗତ ହେବା ମାତ୍ରେ ତାରି ବୃହତ୍ତ ରୂପଟି ପ୍ରକାଶିତ ହୁଏ।

ଏତେଦିନ ବର୍ଷକୁ ବର୍ଷ ଆମର ବାଳକମାନଙ୍କୁ ନେଇ ଏଠିକାର ବ୍ୟବସ୍ଥା ଶିକ୍ଷାଦୀକ୍ଷା ସମ୍ବନ୍ଧରେ ଆଲୋଚନା କରିଛି, ସେମାନଙ୍କ କଲ୍ୟାଣ ସାଧନାର ପଥରେ ଯେଉଁସବୁ ବାଧା ଅଛି ତାହା ଦୂର କରିବାର ଚେଷ୍ଟା କରିଛି, ତାର ସଫଳତା ନିଷ୍ଫଳତା ସମ୍ବନ୍ଧରେ ଆଲୋଚନା କରିଆସିଛି। କିନ୍ତୁ ଏଇ ସବୁକୁ ଅତିକ୍ରମ କରି ଆଶ୍ରମ ଆଜି ଯେଉଁ ମୂର୍ତ୍ତି ଧାରଣ କରିଛି, ଆମେ ତାହା ପୂର୍ବରୁ ସ୍ପଷ୍ଟ ଭାବରେ ଦେଖିନୁ।

ଏ ସମ୍ବନ୍ଧରେ ଆମର ପ୍ରାକ୍ତନ ଛାତ୍ରମାନଙ୍କୁ ବିଶେଷ ଭାବରେ କହିବା ଆବଶ୍ୟକ; ଏଠାରେ ଏକଦା ସେମାନଙ୍କ ଆଶ୍ରମରେ ଯାହା ଥିଲା ତାର ପରିଣାମ କେଉଁଠି ପହଞ୍ଚିଛି ସେମାନଙ୍କ ପାଖରେ ତାହା କହିବାକୁ ଚାହେଁ। ସେମାନଙ୍କ ପାଖରେ ଏହାର ନୂତନ ରୂପ ଏତେ ଅଭିନବ ହୋଇପାରେ ଯେ ସେମାନେ ଭାବିପାରନ୍ତି ଯେ ପୂର୍ବ ସହିତ ପରର ସଂପୂର୍ଣ୍ଣ ବିଚ୍ଛେଦ ହୋଇଯାଇଛି।

ଆଜି ଆମେ ମନେ କରୁଛୁ, ଆମର ନିଜ ଇଚ୍ଛାରେ ବିଶ୍ୱଭାରତୀ ପ୍ରତିଷ୍ଠା କଲୁ। କିନ୍ତୁ ସେ କଥା ସଂପୂର୍ଣ୍ଣ ସତ ନୁହେଁ। ଏକଦା ଆମେ ଏଇଆ ଭାବି କର୍ମରେ ପ୍ରବୃତ୍ତ ହୋଇଛୁ ଯେ, ଏଠାରେ ଶିକ୍ଷାର ବ୍ୟବସ୍ଥାକୁ ବଡ଼ କରିବୁ, ଭାରତୀୟ ସମସ୍ତ ଶାସ୍ତ୍ର ଆଲୋଚନାର କ୍ଷେତ୍ର ସୃଷ୍ଟି କରିବୁ, ଏଠାରେ ପ୍ରାଚ୍ୟ ଓ ପାଶ୍ଚାତ୍ୟ ବିଦ୍ୟାର ସମାବେଶ ହେବ, ତାହା ହେଲେହିଁ ଏଠାରେ ଶିକ୍ଷାର ଯେଉଁ ଆୟୋଜନ କରିଛି ତାହା ପୂର୍ଣ୍ଣାଙ୍ଗ ହେବ। କିନ୍ତୁ ଯିଏ ବିଶ୍ୱକର୍ମା, ଯିଏ ଆମର ଆଗୋଚରରେ କାମ କରନ୍ତି ଏବଂ ଆମର ଚିତ୍ତକୁ ଉପାଦାନ କରି ବଡ଼ବଡ଼ ଜିନିଷ ଗଢ଼ି ତୋଳନ୍ତି, ସେ ଏହାକୁ ପଛରୁ ଚାଳନା କରୁଥିଲେ ଏବଂ ମନ ମୁତାବକ ଗଢ଼ି ତୋଳୁଥିଲେ। ଦେଖିଲୁ ଆମ ହାତ-ଗଢ଼ା ପରିଧି ଭିତରେ ଏହା କୁଳେଇଲା ନାହିଁ। ସମସ୍ତ ବିଶ୍ୱର ଅତିଥି ଆଜି ଏହାର ଦ୍ୱାରକୁ ଆସି ଚିତ୍ତର ଅନ୍ନ ଦାବି କରୁଛନ୍ତି, ଏଇ ଅତିଥି ସେବାର ମହତ ଦାବି ସହିତ ଆମ କର୍ମର ଆୟୋଜନକୁ ମେଳାଇ ଚଳିବାକୁ ହେବ। ଏକଥା କହିପାରିବି ନାହିଁ ଯେ, ଆମେ ପାଞ୍ଚଜଣ ମିଶି ଯାହା ଗଢୁଛୁ ତାହାହିଁ ଚୂଡ଼ାନ୍ତ; ଅନ୍ତତଃ ମୋ ମନ ଏକଥା କହେ ନାହିଁ। ବିଶ୍ୱଭାରତୀକୁ ଆଶ୍ରୟ କରି ଗୋଟିଏ ବାଣୀ ଆସିଛି। ତାକୁ

କାର୍ଯ୍ୟରେ ପରିଣତ କରିବାକୁ ହେବ, ଜୀବନରେ ବ୍ୟବହାର କରିବାକୁ ହେବ, ସେଇ ବାଣୀକୁ ଆଶ୍ରମରେ ସଂପୂର୍ଣ୍ଣ ଭାବରେ ପ୍ରତିଷ୍ଠିତ କରିବା ଦିଗରେ ଆମର ଚିତ୍ତକୁ ଅନୁକୂଳ କରିବାକୁ ହେବ; ଯେଉଁମାନଙ୍କ ସହଯୋଗରେ ମୋତେ କାମ କରିବାକୁ ହେବ, ସେମାନଙ୍କୁ ଅତ୍ୟନ୍ତ ଉତ୍ସୁକ ହୋଇ ଡାକି କହୁଛି- ସମସ୍ତ ଯୁଗର ବାଣୀ ଆଜି ଦ୍ୱାରଦେଶକୁ ଆସିଛି, ସମସ୍ତ ଚିତ୍ତକୁ ଅନୁକୂଳ କରି ତାକୁ ଗ୍ରହଣ କରନ୍ତୁ- ଏହା ମୋର ଏକାନ୍ତ ଇଚ୍ଛା ।

ଅବ୍ୟକ୍ତ ବାଣୀ ମଣିଷର ଇତିହାସରେ ଧୀରେଧୀରେ ବ୍ୟକ୍ତ ହୁଏ, ତାହା କୌଣସି ବିଶେଷ ଯୁଗର ନୁହେଁ, ତାହା ସର୍ବ ଯୁଗର । ବୃନ୍ତର ଏକ ପ୍ରାନ୍ତରେ ଯେଉଁ ଫୁଲଟି ଫୁଟେ ସେ ଫୁଲ ସେଇ ବୃନ୍ତଟିକକର ନୁହେଁ, ତାହା ସମସ୍ତ ଗଛର । ମଣିଷର ଇତିହାସରେ ଏକମାତ୍ର ଯେଉଁ କଥାଟି ଚିରଦିନ ପାଇଁ ଅଛି ଆଜିକାର ଯୁଗରେ ସେଇ ଚିରଯୁଗର ଚିନ୍ତାଟି ସୁସ୍ପଷ୍ଟ ହୋଇ ପ୍ରକାଶ ପାଇଛି । ସେଇ ଇଚ୍ଛା ଏଇ ଯେ, ମଣିଷ ସମସ୍ତ ମଣିଷ ମଧ୍ୟରେହିଁ ସାର୍ଥକ । ଏଇ ସତ୍ୟ ଭାରତ ବର୍ଷର ପ୍ରାଚୀନ ମନ୍ତ୍ରରେ ଉଚ୍ଚାରିତ ହୋଇଛି । ଇଶୋପନିଷଦ୍‌ରେ କୁହାଯାଇଛି, ଆପଣା ଆତ୍ମା ଭିତରେ ସକଳ ଆତ୍ମାକୁ ଏବଂ ସକଳ ଆତ୍ମା ଭିତରେହିଁ ନିଜର ଆତ୍ମାକୁ ଯିଏ ଦେଖିଛନ୍ତି, ନ ତତୋ ବିଜୁଗୁପ୍ସତେ, ସେ ଆଉ ପ୍ରଚ୍ଛନ୍ନ ନଥା'ନ୍ତି, ତାଙ୍କର ସତ୍ୟ ପ୍ରକାଶିତ ହୁଏ ।

ମଣିଷ ଭିତରର ଏଇ ଯେଉଁ ପରମ ସତ୍ୟ ମଣିଷର ଇତିହାସରେ ବ୍ୟକ୍ତ ହେବାର ଚେଷ୍ଟା କରୁଛି ସବୁ ସମୟରେ ଯେ ତା ପ୍ରତି ଆନୁକୂଲ୍ୟ ଦେଖିବାକୁ ପାଉ ତାହା ନୁହେଁ । କିନ୍ତୁ ଆମ ଶାସ୍ତ୍ର କହେ ଭଗବାନଙ୍କର ଶତ୍ରୁତା କରି ମଧ୍ୟ ତାଙ୍କୁ ମିଳେ - ଶତ୍ରୁତା ଦ୍ୱାରା ପରାଭୂତ ହୋଇ ସତ୍ୟକୁ ପାଉ ।

ମୈତ୍ରୀ ସାଧନା ଓ ବୈର ସାଧନା ମିଶି ସତ୍ୟର ସାଧନା ହୁଏ, ଇତିହାସରେ ଏଇଆହିଁ ତ ଦେଖିବାକୁ ମିଳେ । ମଣିଷ ସହିତ ମଣିଷର, ଜାତି ସହିତ ଜାତିର ଭେଦ-ବିଭେଦ ନେଇ ଯେଉଁମାନେ ମାତା ମାତି କରୁଛନ୍ତି ସେମାନେ ସତ୍ୟର ବିରୋଧୀ ହୋଇଛନ୍ତି । ସେମାନେ ମନେ କରୁଛନ୍ତି ଭେଦବୁଦ୍ଧିକୁ ଜୟ କରିହିଁ ଯେପରି ମଣିଷର ଶ୍ରୀବୃଦ୍ଧି ହୁଏ । ଆମେ ମଧ୍ୟ ଆଜି ଦିନରେ ଈର୍ଷାଭର ହୋଇ ଭାବୁଛୁ ଏଇ ଭେଦବୁଦ୍ଧିର ସାଧନା କରିହିଁ ଆମେ ଧନୀ ହେବୁ, ମାନୀ ହେବୁ, ପ୍ରବଳ ହେବୁ । ଭୁଲିଯାଇଛୁ ଯେ ଆମର ଶାସ୍ତ୍ରହିଁ କହିଛି, ଅଧର୍ମଦ୍ୱାରା ସେତେବେଳପରି ମଣିଷର ସମୃଦ୍ଧି ହୁଏ, ଶତ୍ରୁ ଜୟ ମଧ୍ୟ ହୁଏ, କିନ୍ତୁ ମୂଳତଃ ତାକୁ ବିନାଶ ଆସି ଆକ୍ରମଣ କରେ ।

ସେଇ ମୂଳର ବିନାଶ ମୂର୍ତ୍ତି ମଣିଷ ଆଜି ଉପଲବ୍ଧି କରୁଛି । ଜାତିଗତ ବିରୋଧବୁଦ୍ଧିକୁ ଯେଉଁମାନେ ପୂଜାର ସାମଗ୍ରୀ କରିଥିଲେ, ମଣିଷ ଦେଖିଛି ଅପଘାତରେ

ସେମାନଙ୍କର ଅଭିଭବ ହେଲା। ନିଜେ ବଡ଼ ହେବି, ନିଜର ଜାତିକୁ ବଡ଼ କରିବି, ଏଇ ଅହମିକା ଦ୍ୱାରା ମଣିଷର ଭଲ ହୁଏ ନାହିଁ। କ୍ଷଣିକପାଇଁ ଏଥିରେ କାମ ହେଲେ ମଧ୍ୟ ସମସ୍ତ ବିଶ୍ୱଶକ୍ତି ତାକୁ ବାଧା ଦିଏ। 'ବଡ଼ ବଡ଼ିମା', ଯାର ହୁଏ ତାକୁ ପଡ଼ିବାକୁହିଁ ହୁଏ ଏ କଥା ମୁହେଁ ମୁହେଁ ପ୍ରଚଳିତ। ବୃଦ୍ଧିଟାହିଁ ତାକୁ ପତନ ଦିଗକୁ ନିଜର ପ୍ରକାଣ୍ଡ ଭାର ନେଇ ଟାଣୁଥାଏ।

ଶାନ୍ତିନିକେତନ
୮ ପୌଷ, ୧୩୨୯

ଭାଷଣ ପରିଚୟ

ଶାନ୍ତିନିକେତନର ପ୍ରାକ୍ତନ ଛାତ୍ରମଣ୍ଡଳୀକୁ ସମ୍ବୋଧନ ପୂର୍ବକ ବିଭିନ୍ନ ସମୟରେ ଗୁରୁଦେବ ଯେଉଁସବୁ ଭାଷଣ ଦେଇଥିଲେ, ସେଗୁଡ଼ିକର ଗୋଟିଏ ସଂକଳନ ୭ ପୌଷ ୧୩୪୩ ବଙ୍ଗାବ୍ଦରେ 'ପ୍ରାକ୍ତନୀ' ନାଁରେ ଶାନ୍ତିନିକେତନ ଆଶ୍ରମିକ ସଂଘ କର୍ତ୍ତୃକ ପ୍ରକାଶିତ ହୁଏ। ରବୀନ୍ଦ୍ର-ଜନ୍ମ ଶତବାର୍ଷିକୀ ଉପଲକ୍ଷେ ଏହାର ନୂତନ ସଂସ୍କରଣ ପ୍ରକାଶିତ ହୁଏ ୭ ପୌଷ ୧୩୬୬ ବଙ୍ଗାବ୍ଦରେ। ଏଥିରେ ୪ର୍ଥ ସଂଖ୍ୟକ ଭାଷଣଟି ନୂତନ। ପୁନରାୟ ଏହାର ପୁର୍ନମୁଦ୍ରଣ ହୁଏ ୭ ପୌଷ ୧୩୮୬ ବଙ୍ଗାବ୍ଦରେ।

୧. ଶାନ୍ତିନିକେତନ ଆଶ୍ରମିକ ସଂଘର କଲିକତା ଶାଖା ପ୍ରତିନିଧିଗଣ ଗୁରୁଦେବଙ୍କର ଉପଦେଶ ପ୍ରାର୍ଥୀ ହୋଇ ତାଙ୍କ ସହ ସାକ୍ଷାତ କରିବାରୁ (୬ ଅଗଷ୍ଟ ୧୯୩୪) ସେ ଯାହା କହିଥିଲେ ତାର ଅନୁଲିପି। ୧୩୪୧ ଶାରଦୀୟ ସଂଖ୍ୟା ଆନନ୍ଦବଜାର ପତ୍ରିକାରେ 'ଆଶ୍ରମର ଆଦର୍ଶ' ନାଁରେ ପ୍ରକାଶିତ।

୨. ଶାନ୍ତିନିକେତନ ଆଶ୍ରମିକ ସଂଘ କଲିକତା ଶାଖା କର୍ତ୍ତୃକ ୧୩୪୩ ସାଲରେ ଅନୁଷ୍ଠିତ ରବୀନ୍ଦ୍ର ଜନ୍ମୋତ୍ସବରେ ଗୁରୁଦେବ ଯେଉଁ ଭାଷଣ ଦେଇଥିଲେ ତାହାର ଅନୁଲିପି।

୩. ୧୩୩୯ ସାଲ ୮ ପୌଷ ଅଷ୍ଟମୀ ପ୍ରାତଃକାଳରେ ଶାନ୍ତିନିକେତନ ଆଶ୍ରମିକ ସଂଘର ଅଧିବେଶନ ପରେ ପ୍ରାକ୍ତନ ଛାତ୍ରଛାତ୍ରୀଗଣ ଗୁରୁଦେବଙ୍କ ଗୃହରେ ତାଙ୍କୁ ପ୍ରଣାମ ନିବେଦନ କରିବାକୁ ଉପସ୍ଥିତ ହେଲେ ସେ ସେମାନଙ୍କୁ ସମ୍ବୋଧନ କରି ଯାହା କହିଲେ ତାର ଅନୁଲିପି। 'ପ୍ରାକ୍ତନ ଛାତ୍ରଛାତ୍ରୀମାନଙ୍କ ପ୍ରତି' ନାଁରେ Visva-Bharati News ୧୯୩୩ ଜାନୁଆରୀ ସଂଖ୍ୟାରେ ପ୍ରକାଶିତ।

୪.	୧୩୪୧ ସାଲରେ ପୌଷ ଉତ୍ସବରେ ସମ୍ମିଳିତ ପ୍ରାକ୍ତନ ଛାତ୍ରଛାତ୍ରୀମାନଙ୍କୁ ପ୍ରତିନିଧି ମଣ୍ଡଳୀ ନିକଟରେ କଥିତ ଭାଷଣର ଅନୁଲିପି। 'ଧାରାବାହୀ' ନାମରେ ୧୩୪୧ ଫାଲଗୁନ ସଂଖ୍ୟା 'ପ୍ରବାସୀ' ପତ୍ରରେ ମୁଦ୍ରିତ।

୫.	ପୌଷ ୧୩୨୫ ତାରିଖରେ ଶାନ୍ତିନିକେତନ ଆଶ୍ରମିକ ସଂଘର ବାର୍ଷିକ ସଭାରେ ଅଭିଭାଷଣର ଅନୁଲିପି।

୬.	ପୌଷ ୧୩୨୬ ତାରିଖରେ ଶାନ୍ତିନିକେତନ ଆଶ୍ରମିକ ସଂଘର ବାର୍ଷିକ ସଭାରେ ଅଭିଭାଷଣର ଅନୁଲିପି।

୭.	ପୌଷ ୧୩୨୯ ତାରିଖରେ ଶାନ୍ତିନିକେତନ ଆଶ୍ରମିକ ସଂଘର ବାର୍ଷିକ ସଭାରେ ସଭାପତିଙ୍କର ଅଭିଭାଷଣର ଅନୁଲିପି।

୩ୟ ସଂଖ୍ୟକ ଅଭିଭାଷଣ ପ୍ରଦ୍ୟୋତ କୁମାର ସେନଗୁପ୍ତ କର୍ତ୍ତୃକ ଏବଂ ୧, ୨ ଓ ୪ ସଂଖ୍ୟକ ଅଭିଭାଷଣ ଶ୍ରୀ ପୁଳିନବିହାରୀ ସେନ କର୍ତ୍ତୃକ ଅନୁଲିଖିତ, ଏବଂ ସବୁଗୁଡ଼ିକ ଗୁରୁଦେବ କର୍ତ୍ତୃକ ଅନୁମୋଦିତ।

୫, ୬ ଓ ୭ ସଂଖ୍ୟକ ଅଭିଭାଷଣର ଅନୁଲିପି ଶାନ୍ତିନିକେତନ ଆଶ୍ରମିକ ସଂଘର ପ୍ରତିବେଦନ-ପୁସ୍ତକରୁ ଗୃହୀତ।

ପ୍ରବେଶକ କବିତାଟିର ହସ୍ତଲିପି ପ୍ରଦ୍ୟୋତ କୁମାର ସେନଗୁପ୍ତ ସଂଗୃହୀତ ସ୍ୱାକ୍ଷର ଥିବା ଖାତାରୁ ଗୃହୀତ ଓ ତାଙ୍କରି ସୌଜନ୍ୟରୁ ମୁଦ୍ରିତ।

ବିଶ୍ୱ ଐତିହ୍ୟ ଶାନ୍ତିନିକେତନ

ଅମିତ୍ରସୂଦନ ଭଟ୍ଟାଚାର୍ଯ୍ୟ

୧୭ ସେପ୍ଟେମ୍ବର ୨୦୨୩। ୟୁନେସ୍କୋ ତାଙ୍କର ପଇଁଚାଳିଶତମ ଅଧିବେଶନ ମାଧ୍ୟମରେ ଜଣାଇଲେ ଯେ - ଭାରତର ପୂର୍ବ ପ୍ରାନ୍ତରେ ଅବସ୍ଥିତ ବିଶ୍ୱବିଦ୍ୟାଳୟ ନଗରୀ ଶାନ୍ତିନିକେତନ ଏବେଠାରୁ ଓ୍ୱାର୍ଲ୍ଡ ହେରିଟେଜ ସାଇଟ। ଏଇ ଘୋଷଣା କରାହୁଏ ପଶ୍ଚିମ ଏସିଆର ସାଉଦି ଆରବର ରାଜଧାନୀ ରିଆଧରୁ। ସାଧାରଣ ଭାବରେ ବର୍ଷକୁ ଥରେ ଏଇ ଅଧିବେଶନ ବସେ ଏବଂ ତାହା ପୃଥିବୀର ବିଭିନ୍ନ ଦେଶରେ ବ୍ୟାପ୍ତ। ଯଦିଓ ୟୁନେସ୍କୋର ମୂଳ ଦପ୍ତରଟି ଫ୍ରାନ୍ସର ପ୍ୟାରିସ। ଯାର ଜନ୍ମ ୧୯୪୫ ମସିହା ନଭେମ୍ବର ମାସ ଲଣ୍ଡନରେ। ହେରିଟେଜ ଘୋଷଣାର ପ୍ରଥମ ସୂତ୍ରପାତ ୧୯୭୮ ମସିହା ସେପ୍ଟେମ୍ବର ମାସରେ। ପଶ୍ଚିମବଙ୍ଗର ସୁନ୍ଦରବନ ଜାତୀୟ ଉଦ୍ୟାନ, ହାଜାରଦୁଆରି, ବିଷ୍ଣୁପୁର ମନ୍ଦିର, ଶାନ୍ତିନିକେତନ ଏବଂ ଆହୁରି କିଛି ସ୍ଥାନ ମଧ୍ୟ ହେରିଟେଜ ତକମା[୧] ପାଇଛି। ମନେ ରଖିବାକୁ ହେବ, ୟୁନେସ୍କୋର ବିଶ୍ୱ ଐତିହ୍ୟ ସମ୍ମାନରେ ସଂପ୍ରତି ଭୂଷିତ ହୋଇଛି ବୀରଭୂମିର ବିଶ୍ୱବିଦ୍ୟାଳୟ ନଗରୀ ଦେବେନ୍ଦ୍ରନାଥ ଓ ରବୀନ୍ଦ୍ରନାଥଙ୍କ ଶାନ୍ତିନିକେତନ। ମୂଳତଃ ରବୀନ୍ଦ୍ରନାଥ ପ୍ରତିଷ୍ଠିତ ଶିକ୍ଷା ପ୍ରତିଷ୍ଠାନ 'ବିଶ୍ୱଭାରତୀ' ନୁହେଁ, ଇତିହାସର ସାକ୍ଷୀ ହୋଇ ପ୍ରାଚୀନ ତପୋବନ ନିର୍ଭର ଯେଉଁ ବିଦ୍ୟାଶ୍ରମରେ ଦିନେ ବିଶାଳ ଗୋଟିଏ ଛତିମ ଗଛର ପାର୍ଶ୍ୱ ଅଞ୍ଚଳରେ ପ୍ରତିଷ୍ଠିତ ହୋଇଥିଲା ବୀରଭୂମିର ଲାଲମାଟି ଉପରେ ଗଢ଼ି ଉଠିଥିବା ସେଇ ବ୍ରହ୍ମଚର୍ଯ୍ୟାଶ୍ରମ ଆଜି ବିଶ୍ୱବାସୀଙ୍କ ନିକଟରେ ତାହା 'ଓ୍ୱାର୍ଲ୍ଡ ହେରିଟେଜ ଶାନ୍ତିନିକେତନ' ନାମରେ

୧- ତକମା - ସ୍ୱୀକୃତି

ଚିହ୍ନିତ। ଐତିହ୍ୟର ବାଙ୍କେ ବାଙ୍କେ ପ୍ରସ୍ତେ ପ୍ରସ୍ତେ ପରିକ୍ରମାର ପୂର୍ବେ ପ୍ରଥମରେ ଜଣାଇବି ଏଇ ଶାନ୍ତିନିକେତନ ନାଁ କେଉଁଠୁ ଆସିଲା। ଶାନ୍ତିନିକେତନକୁ କେନ୍ଦ୍ର କରି ଆଖ-ପାଖରେ ଅନେକ ଗାଁ ଗଣ୍ଡା ଅଛି। ରୁପପୁର, ସୁପୁର, ସୁରୁଲ, ସିଆନ, କାକୁଟିୟା, କାଲିକାପୁର, କଙ୍କାଲୀତଲା, ବଲ୍ଲଭପୁର, ଆମଡ଼ହରା, ଦେବଗ୍ରାମ ଏବଂ ଆହୁରି ଅନେକ ଗାଁ। କିନ୍ତୁ ଆମର ସେଇ ଗ୍ରାମର ନାଁଟି ଯେତେବେଳେ କୁହାଯାଏ ଶାନ୍ତିନିକେତନ, ସେତେବେଳେ ଭାବିବାକୁ ହୁଏ, ଏପରି ଏକ ବ୍ୟତିକ୍ରମୀ ନାଁ ଶାନ୍ତିନିକେତନ କେଉଁଠୁ ଆସିଲା। ଆଜିଠାରୁ ଠିକ ଶହେ ଷାଠିଏ ବର୍ଷ ଦଶମାସ ପୂର୍ବରୁ ମହର୍ଷି ଦେବେନ୍ଦ୍ରନାଥ ଯେତେବେଳେ ଜମି କିଣିଲେ ସେତେବେଳେ ଶାନ୍ତିଗ୍ରାମ, ଶାନ୍ତିନଗର, ଶାନ୍ତିତଲା, ଶାନ୍ତିବାଡ଼ି ନାଁରେ କୌଣସି ଗାଁ ବା ଭୂଖଣ୍ଡ ତ କେଉଁଠି ନଥିଲା! ୧୮୬୩ ମସିହା ୨୮ ଫେବୃଆରୀ, ୧୭ ଫାଲଗୁନ ୧୨୬୯ ସାଲ ଶନିବାର, ବୀରଭୂମିସ୍ଥ ରାୟପୁରବାସୀ, ଲକ୍ଷ୍ମୀ ନାରାୟଣ ଘୋଷ ଷ୍ଟାମ୍ପ କାଗଜ ବିକ୍ରେତା ନିତ୍ୟାନନ୍ଦ ପାଲଙ୍କ ପାଖରୁ ଆଠଅଣା (୫୦ ପଇସା) ମୂଲ୍ୟର ଷ୍ଟାମ୍ପ କାଗଜ କିଣନ୍ତି। ୧୮ ଫାଲ୍‌ଗୁନ ମାର୍ଚ୍ଚ ୧ ତାରିଖ ଦିନ ଷ୍ଟାମ୍ପ କାଗଜ ଉପରେ ଲେଖାପଢ଼ି ଓ ଦସ୍ତଖତ ହୋଇଥିବା ଦେଖାଯାଏ। ପ୍ରଥମରେହିଁ ବାବୁ ଶ୍ରୀଯୁକ୍ତ ଦେବେନ୍ଦ୍ରନାଥ ଠାକୁର ମହାଶୟଙ୍କ ନାଁ।

ଯେଉଁମାନେ ଜମିର ପ୍ରଦାତା ସେମାନଙ୍କର ବୟାନ "ଆମ୍ଭମାନଙ୍କର ଜମିଦାରୀ ଜିଲା ବିରଭୋମେର ଅସ୍ତପାତି ପରଗଣା ସେନଭୂମି ତାଲୁକ ସୁପୁର ମଧ୍ୟେ ହୁଦା ବୋଲପୁରର ପତ୍ତନି ଡଲ ଖାରିଜାନ ମୌଜେ ଭୁବନନଗରେର ମଧ୍ୟେ ବାନ୍ଧେର ଉତ୍ତରାଂଶେ ବିଃ ନିଚେର ଚୌହଦି ମୋତ୍ତାଜୀ ୨୧ ବିଘା ଜମି ଆପୁନୀ ବାଗୀଚା ଆଦି କରିବାର ଜନ୍ୟ ପଟକ ଲଇତେ ଇଚ୍ଛା କରାୟେ ଆମାରା ସକଲେ ଏକ ଐକ୍ୟ ହଇୟା ଇଚ୍ଛା ପୂର୍ବକ ଉକ୍ତ ୨୦ ବିଘା ଜମିର ସାଲୀଆନା କୋମ୍ପାନୀ ୫ ପାଞ୍ଚ ଟାକା ଜମାୟେ ଆପନକାକେ ବାଗବାଗୀଚା ଓ ଏମାରତ ଓ ପୁଷ୍କର୍ଣ୍ଣି ଆଦି ପ୍ରସ୍ତୁତ କରିୟା ଦାନ ବିକ୍ରୟର ସତ୍ତାଧିକାରିତ୍ତରୂପେ ପୁତ୍ର ପୌତ୍ରାଦୀକ୍ରମେ ଭୋଗ ଦଖଲ କରିତେ ରହେନ।'

ଏହାର ତଳେ ଆହୁରି ଅନେକ ଲେଖାଲେଖି ରହିଛି। ମୋଟ ତିନି ପୃଷ୍ଠାର ଦଲିଲ। ପ୍ରଥମ ପୃଷ୍ଠାର ଡାହାଣ ପାର୍ଶ୍ୱରେ ଆଡ଼ିଠିଆ[୨] ଭାବରେ ସ୍ୱାକ୍ଷରକାରୀ ମାନଙ୍କ ଦସ୍ତଖତ ରହିଛି। ପ୍ରଥମ ନାମ ଦୁଇଟି ହେଉଛି ପ୍ରତାପନାରାୟଣ ସିଂହ ଓ

---

୨ - ମୂଳଶବ୍ଦ-ଆଡ଼ାଆଡ଼ି

ଉଦୟନାରାୟଣ ସିଂହ। ସର୍ବଶେଷରେ ଠିକଣା ସା. ରାଇପୁର ଚୌକି ଆମଡ଼ହରା ଜିଲ୍ଲା ବୀରଭୂମ।

ସା. ଅର୍ଥରେ ସାକିନ, ଠିକଣା। 'ଚୌକି' ହେଉଛି ଥାନା। ରବୀନ୍ଦ୍ରନାଥଙ୍କ ଜନ୍ମ ପୂର୍ବ ବର୍ଷ ୧୮୬୦ରେ ବୋଲପୁର ପୂର୍ବ ପ୍ରାନ୍ତରେ ବୋଲପୁର ରେଲଷ୍ଟେସନ ତିଆରି ହୁଏ। ସାମ୍ପ୍ରତିକ ସମୟ ପରି (ବୋଲପୁର / ଶାନ୍ତିନିକେତନ) ୧୮୬୦ ମସିହାରେ ପ୍ଲାଟଫର୍ମ ବୋର୍ଡରେ ବୋଲପୁର-ଶାନ୍ତିନିକେତନ ଲେଖା ନଥିଲା। କାରଣ ସେତେବେଳ ପର୍ଯ୍ୟନ୍ତ ଶାନ୍ତିନିକେତନ ବୋଲି କୌଣସି ଜାଗାର ଅସ୍ତିତ୍ୱ ନଥିଲା। ପୁଣି ବୋଲପୁରର ପୋଲିସ ଥାନା ବା ସଠିକ କେବେ ହୋଇଛି ତାହା ଆମର ଜଣା ନାହିଁ। ତେବେ ଯେଉଁ କୋଡ଼ିଏ ବିଘା ଜମି ଦେବେନ୍ଦ୍ରନାଥ ରାୟପୁର ଜମିଦାରଙ୍କ ପାଖରୁ କିଣିଥିଲେ, ସେତେବେଳେ ତାର ଏକମାତ୍ର ଥାନା ଆମଡ଼ହରା ଗ୍ରାମ। ଏଇ ଆମଡ଼ହରା ସେ ସମୟରେ ଗୋଟିଏ ବର୍ଦ୍ଧିଷ୍ଣୁ ଗ୍ରାମ ଥିଲା। ଆଜି ମଧ୍ୟ ଗାଁଟିକୁ ଗଲେ, ଭଙ୍ଗା ମନ୍ଦିରରେ, ଦିଘୀର ବୃହତ୍ ବନ୍ଧର ପୁରୁଣା ଗୁଠରେ, ପୁରୁଣା ବରଗଛ ଓହଳରେ, ଜମିଦାରଙ୍କ ଘରେ ଠିଆ ହୋଇଥିବା ଜୀର୍ଣ୍ଣ ଖୁଣ୍ଟ ଗୁଡ଼ିକରେ ଏବଂ ବେଶ କିଛି ପକ୍କାଘରେ ଜୀବିତ ଥିବା ଭିତ୍ତିରେ ପୁରାତନର ସାକ୍ଷୀ ପ୍ରମାଣ ମିଳେ। ସେଠି ପରମ୍ପରା କ୍ରମେ ଥିବା ପ୍ରାଚୀନ ବୃଦ୍ଧ ବାସିନ୍ଦା ପର୍ଯ୍ୟନ୍ତ ଥାନା କୋଠିଟି କେଉଁଠି ଥିଲା ତାହା ମଧ୍ୟ ନିର୍ଦ୍ଦିଷ୍ଟ କରିପାରନ୍ତି ନାହିଁ। ବହୁ ବରଗଛ ଭଙ୍ଗା ଭିତ୍ତି ପଞ୍ଜରାରେ ଭୁକି ତାର ମୂଳର ଚେର ବିଛାଇ ହୋଇ ପୁରାତନ ସ୍ମୃତିଗୁଡ଼ିକୁ ଯେପରି ଧରି ରଖିଛି।

ଏଇ ଯେଉଁ ବିକ୍ରିବଟା ବା ଜମି ହସ୍ତାନ୍ତରର ଦଲିଲ ତିଆରି ହେଲା, ସେଇ ଜାଗାଟିର ବିଶେଷ କୌଣସି ସ୍ଥାନକୁ ଚିହ୍ନିତ କରାଯାଉ ନାହିଁ। କୁହାଯାଇଛି - 'ବନ୍ଧର ଉତ୍ତରାଂଶରେ ଶାନ୍ତିନିକେତନ ନାମା ଗୃହର ଚତୁଃପାର୍ଶ୍ୱ ମଧ୍ୟରେ ୨୦ ବିଘା।' ବର୍ତ୍ତମାନ ପ୍ରଶ୍ନ ଉଠେ 'ବନ୍ଧ' ବା ବଁଧର ପାଖରେ କହିଲେ କଣ ବୁଝାଏ? କେଉଁ 'ବନ୍ଧ'କୁ କୁହାଯାଉଛି? ବୋଲପୁରରୁ ଶାନ୍ତିନିକେତନ ପ୍ରବେଶ କରିବାର ଠିକ୍ ପୂର୍ବରୁ ବାଁ ଦିଗକୁ ଯେଉଁ ବଡ଼ ଜଳାଶୟ ରହିଛି, ସେଇଟି ହିଁ ବନ୍ଧ ବୋଲି ପରିଚିତ। ସେଇ ବନ୍ଧର ଦକ୍ଷିଣରେ ଭୁବନଡଙ୍ଗା ଗ୍ରାମ। ସେଇ ଗାଁରେ କୁଖ୍ୟାତ ଡକାୟତ ମାନଙ୍କର ବସବାସ ଥିଲା ସେ ସମୟରେ।

ପ୍ରକୃତ ପକ୍ଷରେ ଏଇ କୋଡ଼ିଏ ବିଘା ଜମି ଖଣ୍ଡଟି କ୍ରମେ ଶାନ୍ତିନିକେତନ ନାଁରେ ପରିଚିତ ଚିହ୍ନିତ ହେବା ପଛରେ ଦେବେନ୍ଦ୍ରନାଥଙ୍କ ପ୍ରତ୍ୟକ୍ଷ ଭୂମିକା ସ୍ପଷ୍ଟ। ସେ ହିଁ ସମସ୍ତ ଧର୍ମାଚାରୀଙ୍କ ପାଇଁ କଲିକତାରୁ ପ୍ରାୟ ଶହେ ମାଇଲ (୧୫୮ କି.ମି.)

ଦୂରତ୍ୱରେ ଅବସ୍ଥାପିତ ଏଇ ନିର୍ଜନ ନିଃଶବ୍ଦ ଧୁ ଧୁ ପ୍ରାନ୍ତର ଭିତରେ ଯେ ଗୋଟିଏ ଏକମହଲା ବେଶ ବଡ଼ ପକ୍କା ଘର ନିର୍ମାଣ କରନ୍ତି, ସେ ହିଁ ତାର ନାଁ ରଖିଛନ୍ତି 'ଶାନ୍ତିନିକେତନ' - ଶାନ୍ତିର ଆଳୟ, ଶାନ୍ତିର କୁଟୀର, ଶାନ୍ତିର ଆଶ୍ରୟ, ଶାନ୍ତିର ନିକେତନ। ପ୍ରସ୍ତୁତି ପୂର୍ବରୁ ଏପରି ଜନଶୂନ୍ୟ ନିର୍ଜନ ପ୍ରାନ୍ତରରେ ଏପରି ଗୋଟିଏ ବିଶାଳ ଘର ତିଆରି ହେଉଛି ଏହା ଦେଖି ଆଖପାଖ ଗ୍ରାମବାସୀ ମାନେ ମଧ୍ୟ କୌତୂହଳୀ ହୋଇ ପଡ଼ିଥିଲେ। ଘରଟିର ନାମ 'ଶାନ୍ତିନିକେତନ'। ଦୂରଦୂରାନ୍ତରୁ ଗ୍ରାମବାସୀମାନେ ମଧ୍ୟ ଶାନ୍ତିନିକେତନ ଦେଖିବାକୁ ଆସିଲେ। ଏଇ ଘରଟିର ନାଁରେ କ୍ରମେ ଉକ୍ତ କୋଡ଼ିଏ ବିଘା ପ୍ରାନ୍ତରଟି ଶାନ୍ତିନିକେତନ ନାମରେ ପରିଚିତ ହୋଇଗଲା।

ଉପନୟନ ପରେ କଲିକତା ତ୍ୟାଗ କରି ବାପାଙ୍କ ସହିତ ହିମାଳୟ ଯାତ୍ରାପଥରେ ରବୀନ୍ଦ୍ରନାଥଙ୍କର ଶାନ୍ତିନିକେତନକୁ ପ୍ରଥମ ଆସିବା ୧୪ ଫେବୃଆରୀ ୧୮୭୩ ମସିହା। ଏଇ ଆସିବା ରବୀନ୍ଦ୍ରନାଥଙ୍କ ପରବର୍ତ୍ତୀ ଜୀବନରେ ଥିଲା ଏକ ମସ୍ତବଡ଼ ଘଟଣା। ପରିଣତ ବୟସରେ 'ଆଶ୍ରମର ରୂପ ଓ ବିକାଶ' ବହିରେ ରବୀନ୍ଦ୍ରନାଥ ଲେଖି ଯାଇଛନ୍ତି ଶାନ୍ତିନିକେତନକୁ ଆସି ମୋ ଜୀବନରେ ପ୍ରଥମ ମୁକ୍ତି ପାଇଛି ବିଶ୍ୱପ୍ରକୃତି ମଧ୍ୟରେ।... ମୋ ଜୀବନ ନିତାନ୍ତ ଅସମ୍ପୂର୍ଣ୍ଣ ଥାଆନ୍ତା ପ୍ରଥମ ବୟସରେ ଏଇ ସୁଯୋଗ ଯଦି ମୋର ଘଟି ନ ଥାଆନ୍ତା।'

ଏଇ ଶାନ୍ତିନିକେତନ ଘରଟିରେ ପିତା ପୁତ୍ରଙ୍କର ଅବସ୍ଥାନ ଥିଲା। ପ୍ରଥମ ମହଲାଟି ଠିଆ କରିବା ପାଇଁ ମୋଟାମୋଟି ୧୩୮ ଟଙ୍କା ଆଠଅଣା ୩ ପାଇ ଖରଚ ହୋଇଥିଲା। ମିସ୍ତ୍ରୀ ବାବଦ ଖରଚ ଷୋହଳ ଟଙ୍କା ପାଞ୍ଚ ଅଣା। ମହର୍ଷି ମନେ କରିଥିଲେ, କଲିକତାରୁ ଖୁବ ବେଶି ଦୂରରେ ନୁହେଁ, ଏପରି ଏକ ନିଭୃତ ନିର୍ଜନ ମନୋରମ ସ୍ଥାନ ବ୍ରହ୍ମ ଉପାସନା ପକ୍ଷରେ ଅତିଶୟ ଉପଯୁକ୍ତ। ବ୍ରହ୍ମ ଧର୍ମରେ ଦୀକ୍ଷିତ ବ୍ୟକ୍ତିମାନଙ୍କର ନିର୍ଜନରେ ଧର୍ମାନୁଷ୍ଠାନ ନିମିତ୍ତ ଏହା ଏକ ଉଦାର ଉନ୍ମୁକ୍ତ ନିର୍ଭୃତ ଆଦର୍ଶ କ୍ଷେତ୍ର।

୧୮୬୫ରେହିଁ ମହର୍ଷି ଶାନ୍ତିନିକେତନକୁ ଆସି ଅଗଷ୍ଟ-ସେପ୍ଟେମ୍ବର ଦୁଇ ମାସ କାଟିଥିଲେ। ଆଜି ଶାନ୍ତିନିକେତନ ବିଶ୍ୱ ଐତିହ୍ୟ ତକମା ପାଇଛି - ଯାର ଇତିହାସ ଆରମ୍ଭ ହୋଇଥିଲା ୧୯୦୧ ମସିହା ୨୨ ଡିସେମ୍ବର ବ୍ରହ୍ମଚର୍ଯ୍ୟାଶ୍ରମ ପ୍ରତିଷ୍ଠାରୁ। ପ୍ରାଚୀନ ତପୋବନର ଆଦର୍ଶ କଥା ଭାବି ପ୍ରଚଳିତ ଶିକ୍ଷାବ୍ୟବସ୍ଥାର ରୀତି ପଦ୍ଧତିକୁ ସଂପୂର୍ଣ୍ଣ ପରିତ୍ୟାଗ କରି ନିଜର ଉଦ୍ଭାବନୀ ଭାବନାର ପରିକଳ୍ପନାରେ କବି ଏଇ ଆଶ୍ରମ ଗଢ଼ି ତୋଳନ୍ତି। ଆଶ୍ରମ ପ୍ରତିଷ୍ଠାର ଚାରିମାସ ଆଗରୁ ଜଗଦୀଶଚନ୍ଦ୍ର ବସୁଙ୍କୁ ବିଲାତରୁ ଲେଖନ୍ତି - 'ମୁଁ ଶାନ୍ତିନିକେତନରେ ଗୋଟିଏ ବିଦ୍ୟାଳୟ ଖୋଲିବା ପାଇଁ ବିଶେଷ ଚେଷ୍ଟା କରୁଛି। ସେଠାରେ ଠିକ୍ ପ୍ରାଚୀନ କାଳର ଗୁରୁ ଗୃହବାସ ପରି ସମସ୍ତ

ନିୟମ ରହିବ। ବିଳାସର ନାମ-ଗନ୍ଧ ରହିବ ନାହିଁ, ଧନୀ ଦରିଦ୍ର ସମସ୍ତଙ୍କୁ କଠିନ ବ୍ରହ୍ମଚର୍ଯ୍ୟରେ ଦୀକ୍ଷିତ ହେବାକୁ ହେବ।'

ତ୍ରିପୁରାର ରାଧାକିଶୋର ମାଣିକାକୁ ଲେଖନ୍ତି – 'ବିଷୟ କର୍ମର ଝନଝଟ ପରିତ୍ୟାଗ କରି ମୁଁ ଏଇ ବିଦ୍ୟାଳୟ ନେଇ ଶାନ୍ତିନିକେତନରେ ନିଭୃତ ଜୀବନଯାପନ କରିବାକୁ ଇଚ୍ଛା କରିଛି।'

ଆଜି କେବଳ ମାତ୍ର ଶାନ୍ତିନିକେତନ ବାସୀ ବା ପଶ୍ଚିମବଙ୍ଗର ମଣିଷ ପାଖରେ ନୁହେଁ, ରବୀନ୍ଦ୍ର ଅନୁରାଗୀ ସମସ୍ତ ବିଶ୍ୱବାସୀଙ୍କ ନିକଟରେ ଏଇ ହେରିଟେଜ ସ୍ୱୀକୃତି ବଡ଼ ଆନନ୍ଦର ସମ୍ବାଦ। ତେବେ ୧୯୦୧ ପୂର୍ବବର୍ତ୍ତୀ ଚାରିଦଶକର ଇତିହାସ ବିସ୍ମୃତ ହେଲେ ଚଳିବ ନାହିଁ।

୧୮୬୩ରେ ଜମି କିଣା, ୬୫ରେ ଦୁଇ ମାସ ଏଇ ନିଭୃତ ପ୍ରାନ୍ତରରେ ବସବାସ ଓ ଉପାସନା, ୭୩ରେ ପୁଅ ରବୀନ୍ଦ୍ରଙ୍କୁ ସାଙ୍ଗରେ ନେଇ ପୁନରାୟ ଶାନ୍ତିନିକେତନ ଆଗମନ ୧୮୭୫ ସାଲରେ ଶାନ୍ତିନିକେତନ ଘରର ଦ୍ୱିତୀୟ ମହଲା ନିର୍ମାଣ। ଯାହା ୧୯୭୫ ଏପ୍ରିଲରୁ ୭୬ ଏପ୍ରିଲ – ଗୋଟିଏ ବର୍ଷ ଲାଗିଯାଏ ଘରଟି ନିର୍ମାଣ କରିବାକୁ। ଏଇ ବର୍ଷକରେ ଗୃହ ନିର୍ମାଣ ବାବଦରେ ପ୍ରାୟ ତେର ହଜାର ଟଙ୍କା ଖର୍ଚ୍ଚ ହୁଏ। ଏହା ମୁଖ୍ୟତଃ ଅତିଥିଶାଳା ପାଇଁ ପ୍ରସ୍ତୁତ କରାହୁଏ। ୧୮୭୭ରେ ମହର୍ଷିଙ୍କୁ ପୁନରାୟ ଦେଖାଯାଏ। ଏବେ ମହର୍ଷିଙ୍କୁ ଦେଖାଯାଏ ତାଙ୍କର ସାଧନାର ଶାନ୍ତିନିକେତନରେ। କ୍ରମେ ଏଇ ଶାନ୍ତିନିକେତନ ତାଙ୍କର ମନର ଆନନ୍ଦ ପ୍ରାଣର ଆରାମ ଆତ୍ମାର ଶାନ୍ତି ହୋଇ ଉଠିଛି। ଏବେ ଆଉ ଶୈଳଶିଖର ହିମାଳୟ ନୁହେଁ, ବରଂ ରୁକ୍ଷ ଶୁଷ୍କ ପ୍ରାୟ ଜନଶୂନ୍ୟ ଲାଲମାଟିର ଉଚ୍ଚାନୀଚ୍ଚା ଖୋଆଇ ଡାଙ୍ଗା[୧] ତାଙ୍କ ବ୍ରହ୍ମସନ୍ଧାନୀ ଆରାଧନା ଉପାସନାର ପୂଣ୍ୟଭୂମି। ୧୮୭୮ ମସିହାରେ ଶାନ୍ତିନିକେତନରେ ମହର୍ଷିଙ୍କ ଉପସ୍ଥିତି ଏକାଧିକ ଥର ଘଟିଛି। ୧୮୮୩ ଡିସେମ୍ବରରେହିଁ ମହର୍ଷି ଶେଷ ଥର ପାଇଁ ଶାନ୍ତିନିକେତନ ଆସନ୍ତି। ତାପରେ ସେ ଆଉ ଶରୀରର ଅପଟୁତା ପାଇଁ ଆସିପାରି ନାହାନ୍ତି।

ମହର୍ଷିଙ୍କ ଭକ୍ତ ଅଘୋରନାଥ ଚଟ୍ଟୋପାଧ୍ୟାୟ ଥିଲେ ବୋଲପୁର ବାସୀ। ମୁଖ୍ୟତଃ ସେହିଁ କେତେଜଣ ବ୍ରାହ୍ମଧର୍ମାବଲମ୍ବୀ ବ୍ୟକ୍ତିଙ୍କ ସହାୟତାରେ ଏଇ ଆଶ୍ରମ ପରିଚାଳନା କାମ କରୁଥିଲେ। ତାଙ୍କରି ଉଦ୍ୟୋଗରେହିଁ ବୋଲପୁରରେ ଗୋଟିଏ ପ୍ରାର୍ଥନା-ସମାଜ ମଧ୍ୟ ସ୍ଥାପିତ ହୋଇଥିଲା ଏବଂ ଏଇ ଅଘୋରନାଥହିଁ ମହର୍ଷିଙ୍କ

୧– ଖୋଆଇ ଡାଙ୍ଗା – ଅତି ଖାଲ ଓ ଢିପ ସମତଳ ପ୍ରାନ୍ତର

* ସମ୍ମାନସୂଚକ ପଦବୀ

ଅନୁମୋଦନ କ୍ରମେ ଶାନ୍ତିନିକେତନରେ ୧୮୮୪ ମସିହା ନଭେମ୍ବର ଏକ ତାରିଖରୁ ତିନି ତାରିଖ (ଶନିବାରରୁ ସୋମବାର) ଗୋଟିଏ ବ୍ରହ୍ମୋତ୍ସବ ଆୟୋଜନ କରନ୍ତି।

ଏଇ ଭାବରେହିଁ କ୍ରମେ ଶାନ୍ତିନିକେତନ ଆଶ୍ରମର ଶ୍ରୀବୃଦ୍ଧି ହେବାକୁ ଲାଗିଲା। ଶାନ୍ତିନିକେତନକୁ ଗୋଟିଏ ସ୍ଥାୟୀ ପୂର୍ଣ୍ଣାଙ୍ଗ ଆଶ୍ରମରେ ପରିଣତ କରିବାର ଅଭିପ୍ରାୟ ୧୮୮୮ ମସିହା ମାର୍ଚ୍ଚ ଆଠ ତାରିଖ ଦେବେନ୍ଦ୍ରନାଥ ତାଙ୍କର ଶାନ୍ତିନିକେତନ ନାମକ ସମ୍ପତ୍ତି ସହ ପାଞ୍ଚ ସହସ୍ର ଟଙ୍କାର ସ୍ଥାବର ଅସ୍ଥାବର ବହୁ ସମ୍ପତ୍ତି ଜ୍ୟେଷ୍ଠପୁତ୍ର ଦ୍ୱିଜେନ୍ଦ୍ରନାଥ, ରମଣୀମୋହନ ଚଟ୍ଟୋପାଧ୍ୟାୟ ଓ ପ୍ରିୟନାଥ ଶାସ୍ତ୍ରୀଙ୍କୁ ଟ୍ରଷ୍ଟି ଭାବରେ ନିଯୁକ୍ତ କରି ଗୋଟିଏ ଷ୍ଟ୍ର ଡିଡ଼ ସମ୍ପାଦନା କରନ୍ତି। ସେଇ ଡିଡ଼ର ପ୍ରଥମ କଥା ଏଇ ସମ୍ପତ୍ତି ଚିରକାଳ କେବଳ ନିରାକାର ଏକବ୍ରହ୍ମ ନିମିତ୍ତ ବ୍ୟବହୃତ ହେବ। ଏଥିପାଇଁ ଯେଉଁ ନିୟମାବଳୀ ରଚିତ ହୁଏ ତାର ଅନେକ ଗୁଡ଼ିଏ ଆଜି ମଧ୍ୟ ରକ୍ଷିତ ହୋଇଆସୁଛି। ମନେ ହୁଏ ଏଇ ଟ୍ରଷ୍ଟଡିଡ଼ ଯେପରି ଶାନ୍ତିନିକେତନର ସଂବିଧାନ। ଏଥିରେ କୁହାଯାଇଛି ଧର୍ମଭାବ ଉଦ୍ଦୀପନା ନିମିତ୍ତ ପ୍ରତିବର୍ଷ ଗୋଟିଏ ମେଳା ବସାଇବାର ଚେଷ୍ଟା କରାଯିବ। ଏଇ ମେଳାରେ ଯେମିତି ସବୁ ସମ୍ପ୍ରଦାୟର ସାଧୁପୁରୁଷ ଓ ସଜ୍ଜନ ଆସି ଧର୍ମ ବିଚାର ଓ ଧର୍ମାଳାପ କରିପାରିବେ। ଏଇ ଡିଡ଼ର ଉଦ୍ଦେଶ୍ୟ ସାଧନ ନିମିତ୍ତ ମହର୍ଷି ସର୍ବମୋଟ ୧୮୦୦୦ ଟଙ୍କା ମୂଲ୍ୟର ସମ୍ପତ୍ତି ଦାନ କରନ୍ତି, ତା ଭିତରେ ଶିଳାଇଦହର ନୀଳ କୁଠି ରହିଛି, ଗାଲିମପୁରର ରେଶମକୁଠି ମଧ୍ୟ ଅଛି।

ଆନୁଷ୍ଠାନିକ ଭାବେ ଶାନ୍ତିନିକେତନ ଆଶ୍ରମ ପ୍ରତିଷ୍ଠା ହୁଏ ୧୯ ଅକ୍ଟୋବର ୧୮୮୮, ମସିହା କାର୍ତ୍ତିକ ଚତୁର୍ଥୀ ୧୨୯୫ ସାଲରେ। ଅଘୋରନାଥ ଚଟ୍ଟୋପାଧ୍ୟାୟ ପ୍ରଥମାବଧି ଶାନ୍ତିନିକେତନର ତତ୍ତ୍ୱବଧାୟକ ଭାବରେ ନିଯୁକ୍ତ ହୁଅନ୍ତି। ଯେହେତୁ ହେରିଟେଜ ଖେତାବଟି ପରବର୍ତ୍ତୀକାଳର ବିଶ୍ୱଭାରତୀକୁ ନୁହେଁ, ଐତିହ୍ୟ ମଣ୍ଡିତ ଶାନ୍ତିନିକେତନ ଆଶ୍ରମକୁ ଲକ୍ଷ୍ୟ କରି ପ୍ରଦତ୍ତ ହୋଇଛି; ସେଥିପାଇଁ ଆମେ ସେଇ ଆଶ୍ରମଟି ଗଢ଼ି ଉଠିବାର ପୂର୍ଣ୍ଣ ଇତିହାସଟି ଖୋଜି ଦେଖିବାର ଚେଷ୍ଟା କଲୁ।

ସାରା ବିଶ୍ୱର ବିଶେଷ ଐତିହ୍ୟପୂର୍ଣ୍ଣ ସ୍ଥାନ ହିସାବରେ ଶାନ୍ତିନିକେତନ ନାଁଟି ଘୋଷିତ ହେଲା ୟୁନେସ୍କୋ ତରଫରୁ। ରବୀନ୍ଦ୍ରନାଥଙ୍କର ନୋବେଲ ପୁରସ୍କାର ଓ ଅମର୍ତ୍ତ୍ୟ ସେନଙ୍କ ନୋବେଲ ପୁରସ୍କାର ପ୍ରାପ୍ତି ପରେ ଏଇ ଆଶ୍ରମ ଭୂଖଣ୍ଡର ନାମ ୟୁନେସ୍କୋର ୱାର୍ଲ୍ଡ ହେରିଟେଜର ତାଲିକା ଅନ୍ତର୍ଭୁକ୍ତ ହେବା ଶାନ୍ତିନିକେତନ ପକ୍ଷରେ ଆଉ ଗୋଟିଏ ବଡ଼ ସମ୍ମାନ, ଗୋଟିଏ ବିରାଟ ପ୍ରାପ୍ତି। ଐତିହ୍ୟର ପଛରେ ଯେମିତି ଗୋଟିଏ ଇତିହାସ ଅଛି; ସେଇପରି ଗୋଟିଏ ଆନ୍ତର୍ଜାତିକ ସ୍ୱୀକୃତି ଲାଭର ପଛରେ ମଧ୍ୟ ଅନେକ ଉଦ୍ୟୋଗ ଆୟେଜନ ଅନୁରୋଧ ଉପରୋଧ ଆବେଦନ ନିବେଦନ

ଏବଂ ଫର୍ମାଲିଟିଜ ଓ ନାନା ଇତିହାସ ସାଧାରଣଙ୍କ ଜାଣିବା ଅନ୍ତରାଳରେ ରହିଯାଏ। ୟୁନେସ୍କୋ ଗୋଟିଏ ପ୍ରତିଷ୍ଠାନ। ପୃଥିବୀର କୌଣସି ସହରରେ, କୌଣସି ନଗରରେ, କୌଣସି ଗ୍ରାମରେ, କୌଣସି ପାର୍ବତ୍ୟ ଉପତ୍ୟକାରେ, କୌଣସି ସମୁଦ୍ର ଉପକୂଳରେ, କେଉଁ ଜାଗାଟି ପୁରାତନ ଐତିହ୍ୟ ଇତିହାସର ସାକ୍ଷୀ ହୋଇ ଠିଆ ହୋଇଛି ୟୁନେସ୍କୋ ତାହା ଜାଣିବ କେମିତି ? ଯଦିଓ ସେମାନେ ପୃଥିବୀର ଐତିହ୍ୟ ସମୃଦ୍ଧ ଐତିହାସିକ ସ୍ଥାନ ଗୁଡ଼ିକ ଚିହ୍ନିତ କରଣ ଓ ସଂରକ୍ଷଣ ସହାୟତାର କାମ ୧୯୭୨ ମସିହାରୁ ଆରମ୍ଭ କରିଛନ୍ତି। ଆଜିଠାରୁ ପଚାଶବର୍ଷ ପୂର୍ବେ ୧୯୮୩ରେ ଭାରତର ଚାରୋଟି ବିଖ୍ୟାତ ଦ୍ରଷ୍ଟବ୍ୟ ସ୍ଥାନ ୟୁନେସ୍କୋ ପ୍ରଦତ୍ତ ପ୍ରଥମ ଐତିହ୍ୟ ସ୍ୱୀକୃତି ପାଇଛି। ସେଗୁଡ଼ିକ ହେଲା ଅଜନ୍ତା ଗୁହା, ଇଲୋରା, ଆଗ୍ରା ଦୁର୍ଗ ଏବଂ ତାଜମହଲ। ୨୦୨୩ରେ ପୃଥିବୀରେ ଏଇ ପ୍ରଥମେ ଗୋଟିଏ ଜୀବନ୍ତ ଚଳମାନ ବିଶ୍ୱବିଦ୍ୟାଳୟ ଚତ୍ୱର ବିଶ୍ୱ ଐତିହ୍ୟର ସ୍ୱୀକୃତି ପାଇଲା। ତାହା ପଶ୍ଚିମବଙ୍ଗର ଶାନ୍ତିନିକେତନର ମାଟିରେହିଁ ଦେବେନ୍ଦ୍ରନାଥ-ରବୀନ୍ଦ୍ରନାଥ ଗଢ଼ି ତୋଳିଥିଲେ। ତେବେ ଏଠି ଆଶ୍ରମ ବିଦ୍ୟାଳୟ ଓ ପରେ ବିଶ୍ୱଭାରତୀ ତଥା ବିଶ୍ୱବିଦ୍ୟାଳୟ ଗଢ଼ି ଉଠିଥିଲା ରବୀନ୍ଦ୍ରନାଥଙ୍କ ଏକକ ଉଦ୍ଭାବନୀ ପ୍ରଯତ୍ନରେ। ଯେଉଁ ପାଞ୍ଚଜଣ ଛାତ୍ର ନେଇ ଏଇ ବ୍ରହ୍ମଚର୍ଯ୍ୟାଶ୍ରମର ସୂଚନା ତାହା ମଧ୍ୟ ଥିଲା ପୌଷ ସପ୍ତମୀ। ପୌଷ ସପ୍ତମୀ ୧୩୦୮ (ବଙ୍ଗାବ୍ଦ) ୧୯୦୧ ମସିହା ଡିସେମ୍ବର ୨୨ ତାରିଖ। ଏହା ଶାନ୍ତିନିକେତନ ଜୀବନରେ ଗୋଟିଏ ବିଶେଷ ସ୍ମରଣୀୟ ଦିନ।

୧୨୫୦ (ବଙ୍ଗାବ୍ଦ) ପୌଷ ସପ୍ତମୀ, ୧୮୪୩ ଡିସେମ୍ବର ୨୧ ତାରିଖ ମହର୍ଷି ବ୍ରାହ୍ମଧର୍ମରେ ଦୀକ୍ଷିତ ହେଲେ। ପୌଷ ସପ୍ତମୀ, ୨୧ ଡିସେମ୍ବର ୧୮୯୨ ରେ ଶାନ୍ତିନିକେତନରେ ମହର୍ଷି ଦେବେନ୍ଦ୍ରନାଥଙ୍କ ଅଭିପ୍ରାୟ ଓ ବ୍ୟୟରେ ନବନିର୍ମିତ ମନ୍ଦିର[୧]ର ପ୍ରତିଷ୍ଠା ହେଲା। ପୁନଶ୍ଚ ପୌଷ ସପ୍ତମୀ ୧୮୯୬ ଶାନ୍ତିନିକେତନରେ ପୌଷ ମେଳାର ସୂତ୍ରପାତ ହେଲା। ପୌଷ ସପ୍ତମୀ ୧୮୯୯, ବ୍ରଜେନ୍ଦ୍ରନାଥ ଠାକୁରଙ୍କ ମୃତ୍ୟୁର ଚାରିମାସ ପରେ ସେଥରର ପୌଷ ସପ୍ତମୀ ଉତ୍ସବରେ କବିଙ୍କ ଉପସ୍ଥିତିରେ ସତ୍ୟେନ୍ଦ୍ରନାଥ ଠାକୁର କର୍ତ୍ତୃକ ବଳେନ୍ଦ୍ରନାଥ ପରିକଳ୍ପିତ ବ୍ରହ୍ମବିଦ୍ୟାଳୟର ଦ୍ୱାରୋଦ୍‌ଘାଟନ ହୁଏ। ମହର୍ଷିଙ୍କ ଟ୍ରଷ୍ଟଡିଡ଼ର ପ୍ରସ୍ତାବ ଅନୁଯାୟୀ ରବୀନ୍ଦ୍ରନାଥଙ୍କ ପୁତୁରା[୨] ବୀରେନ୍ଦ୍ରନାଥ ଠାକୁରଙ୍କ ପୁଅ ବଳେନ୍ଦ୍ରନାଥ (୧୮୭୦-୧୯ ଅଗଷ୍ଟ ୧୮୯୯) ବ୍ରହ୍ମବିଦ୍ୟାଳୟର ପରିକଳ୍ପନା ଓ ସେଥିପାଇଁ ଶାନ୍ତିନିକେତନ ଘରର ସାମାନ୍ୟ ଦୂରରେ ଘରଟିର ଦକ୍ଷିଣ-ପଶ୍ଚିମ କୋଣରେ ଗୋଟିଏ ଏକ ମହଲା ଘର ମଧ୍ୟ ତିଆରି କରାଯାଇ ଥିଲା।

---

୧ ଉପାସନା ଗୃହ, ୨ ଭାଇ ପୁଅ

କୁହାଯାଇପାରେ ସେଇଟିହିଁ ଥିଲା ଶାନ୍ତିନିକେତନ ଆଶ୍ରମ ବିଦ୍ୟାଳୟ ନିମିତ୍ତ ପ୍ରସ୍ତୁତ ପ୍ରଥମ ଘର। ଏଇ ଆଦି ଘରଟି ପରେ ଦୀର୍ଘଦିନ ପାଠାଗାର ଭାବରେ ବ୍ୟବହୃତ ହୋଇଥିଲା। ବଳେନ୍ଦ୍ରନାଥଙ୍କ ଅକାଳ ମୃତ୍ୟୁରେ ଘରଟିର ଦ୍ୱାର ଉଦଘାଟନ ହେଲେ ମଧ୍ୟ ଆଉ ସ୍କୁଲ ବସି ପାରି ନାହିଁ। ସ୍କୁଲର ପ୍ରାତିଷ୍ଠାନିକ ଜନ୍ମ ହୁଏ ୧୯୦୧ ମସିହାରେ। ୧୯୦୧ ମସିହାର ୨୨ ଡିସେମ୍ବର, ୧୩୦୮ ବଙ୍ଗାବ୍ଦ ପୌଷ ସପ୍ତମୀ। ଶାନ୍ତିନିକେତନର ଏକାଦଶ ସାମ୍ବତ୍ସରିକ ଉତ୍ସବରେ ପ୍ରାତଃକାଳୀନ ଉପାସନା ପରେ ବ୍ରହ୍ମବିଦ୍ୟାଳୟ ନୁଆଁ ନାଁରେ 'ବ୍ରହ୍ମଚର୍ଯ୍ୟାଶ୍ରମ'ର ଯଥାର୍ଥ ଉଦବୋଧନ ହୁଏ। କେତୋଟିମାତ୍ର ଛାତ୍ର। ଦର୍ଶନାର୍ଥୀ ଅନେକ। ସେଇଦିନର ଜଣେ ପ୍ରତ୍ୟକ୍ଷ ଦର୍ଶୀଙ୍କ କଥାରେ 'ଆମେ (ମେଳାର) ଏଇ ଜନତା ଭେଦ କରି ବ୍ରହ୍ମବିଦ୍ୟାଳୟରେ ପ୍ରବେଶ କଲୁ। ସେଠି ଅତି ଅପୂର୍ବ ଦୃଶ୍ୟ। କେତଜଣ ବାଳକ କ୍ଷୌମ[୩] ବସ୍ତ୍ର ପରିଧାନ କରି ବିନୀତ ଭାବରେ ଉପବିଷ୍ଟ ହୋଇଛନ୍ତି।

ସତ୍ୟେନ୍ଦ୍ରନାଥ ଠାକୁର ବିଦ୍ୟାଳୟ ସମ୍ବନ୍ଧରେ କିଛି କୁହନ୍ତି; ତା'ପରେ ରବୀନ୍ଦ୍ରନାଥ ଠାକୁର ମହାଶୟ ଛାତ୍ରମାନଙ୍କୁ ବୈଦିକ ମନ୍ତ୍ରରେ ଦୀକ୍ଷିତ କଲେ। କବି ସେଇ କିଶୋର ବାଳକ ନବାଗତ ଛାତ୍ରମାନଙ୍କ ଉଦ୍ଦେଶ୍ୟରେ କୁହନ୍ତି - 'ତମେମାନେ ମୋ ପାଖକୁ ଆସିଛ - ମୁଁ ସେଇ ପ୍ରାଚୀନ ଋଷିମାନଙ୍କର ସତ୍ୟ ବାକ୍ୟ ସେମାନଙ୍କର ଉଜ୍ଜ୍ୱଳ ଚରିତ୍ର ମନ ଭିତରେ ସବୁବେଳେ ଧାରଣ କରି ତୁମମାନଙ୍କୁ ସେଇ ମହାପୁରୁଷ ମାନଙ୍କ ପଥରେ ଚାଳନ କରିବାକୁ ଚେଷ୍ଟା କରିବି - ଆମର ବ୍ରତପତି ଈଶ୍ୱର ମୋତେ ସେଇ ବଳ ସେଇ କ୍ଷମତା ଦାନ କରନ୍ତୁ। ତମେ ଭୟରେ କାତର ହେବ ନାହିଁ, ଧନ ଗର୍ବରେ ସ୍ଫୀତ ହେବ ନାହିଁ; ମୃତ୍ୟୁକୁ ଗ୍ରାହ୍ୟ କରିବ ନାହିଁ, ସତ୍ୟକୁ ଜାଣିବାକୁ ଚାହିଁବ, ମିଥ୍ୟାକୁ ମନ ଏବଂ କାମରୁ ଦୂର କରିବ। ସର୍ବଦା ସକଳ ସ୍ଥାନରେହିଁ ମନରେ ଏବଂ ବାହାରେ ଏକ ଈଶ୍ୱର ଅଛନ୍ତି ଏଇଟାହିଁ ନିଶ୍ଚୟ ଜାଣି ଆନନ୍ଦ ମନରେ ସବୁ ଦୁଷ୍କର୍ମରୁ ନିବୃତ୍ତ ରହିବ। ତାହା ହେଲେ ତମମାନଙ୍କ ଦ୍ୱାରା ଭାରତବର୍ଷ ପୁଣି ଉଜ୍ଜ୍ୱଳ ହୋଇ ଉଠିବ - ତମେ ଯେଉଁଠି ରହିବ ସେଠାରେହିଁ ମଙ୍ଗଳ ହେବ, ତମେ ସମସ୍ତଙ୍କର ଭଲ କରିବ ଏବଂ ତୁମକୁ ଦେଖି ସମସ୍ତଙ୍କର ଭଲ ହେବ।'

ପ୍ରାଚୀନ ତପୋବନ ଆଶ୍ରମ ଆଦର୍ଶର ଅନୁସରଣରେ ରବୀନ୍ଦ୍ରନାଥ ତାଙ୍କର ଏଇ ନୂତନ ଆଶ୍ରମ ଗଢ଼ି ତୋଳିଲେ। ପ୍ରାଚୀନ କାଳର ପାଠଶାଳା ଅବଲୁପ୍ତ ହେଉଛି, ଇଂରେଜ ଶାସିତ ଭାରତବର୍ଷରେ ନୂତନ ଶିକ୍ଷା ବ୍ୟବସ୍ଥା ପ୍ରବର୍ତ୍ତିତ ହେଉଛି, ଜିଲାରେ

---

୩ କ୍ଷୌମ ବସ୍ତ୍ର - ପାଟଲୁଗା

ଜିଲାରେ ଗାଁରେ ଗାଁରେ ସ୍କୁଲ ପ୍ରତିଷ୍ଠା ହେଉଛି; ଅଙ୍କ, ଭୂଗୋଳ, ଜ୍ୟାମିତି ଇତିହାସ ସଂସ୍କୃତ ପଢ଼ିବାକୁ ହେଉଛି। ଗାଁର ସରଳ ସୁନ୍ଦର ପିଲାମାନଙ୍କୁ ସେମାନଙ୍କର ଖେଳକୁଦ ପକାଇ ଦେଇ ଦଶଟା ପାଞ୍ଚଟା ରୁଟିନ ଧରି ସ୍କୁଲକୁ ଯାଇ ପଢ଼ା ବେଞ୍ଚରେ ବସିବାକୁ ହେଉଛି ଏବଂ ହୁଏତ ମଝିରେ ମଝିରେ ମାଷ୍ଟରଙ୍କ ବେତ ମଧ ହଜମ କରିବାକୁ ହେଉଛି। ଏପରି ଭାବେ ସ୍କୁଲକୁ ଯାଇ ପଢ଼ିବାର କରୁଣ କଠିନ ଅଭିଜ୍ଞତା ରବୀନ୍ଦ୍ରନାଥଙ୍କ ବାଲ୍ୟାବସ୍ଥାରେ ମଧ ହୋଇଥିଲା। ସେଥିପାଇଁ ନିଜ ପୁଅମାନଙ୍କର ଓ ବଙ୍ଗ ସନ୍ତାନ ମାନଙ୍କର ବାଲ୍ୟ ଶୈଶବ କାଳର ଲେଖା ପଢ଼ାରେ ସେଇ ଅଭିଶାପ ଭିତରକୁ ଠେଲି ଦେବାକୁ ଚାହିଁ ନାହାନ୍ତି। ରବୀନ୍ଦ୍ରନାଥ ଲେଖୁଛନ୍ତି 'ଛାତ୍ର ଜୁଟାଇବା ବାପାଙ୍କର ଏକ ସମସ୍ୟା ହେଲା। ପରିଶେଷରେ ବ୍ରହ୍ମବାନ୍ଧବ ଉପାଧ୍ୟାୟ କଲିକତାରୁ ଚାରିଜଣ ବାଳକଙ୍କୁ କବିଙ୍କର ଆଶ୍ରମକୁ ଆବାସିକ କରି ପଠାଇଲେ। ରଥୀନ୍ଦ୍ରଙ୍କ ବୟସ ସେତେବେଳେ ତେର ବର୍ଷ। ସେ ଲେଖୁଛନ୍ତି – 'ମୋତେ ନେଇ ପାଞ୍ଚ ଜଣ ହୁଏ।'

୧୯୨୧ରେ ବିଶ୍ୱଭାରତୀ ପ୍ରତିଷ୍ଠା ପରେ ବ୍ରହ୍ମଚର୍ଯ୍ୟାଶ୍ରମ ବିଦ୍ୟାଳୟ ବିଶ୍ୱଭାରତୀ ଅନ୍ତର୍ଗତ ଗୋଟିଏ ପ୍ରତିଷ୍ଠାନ ହୋଇଉଠେ। ୧୯୨୩ ମସିହାର ଏକ ହିସାବରୁ ଦେଖାଯାଏ ୨୦ ଜଣ ଛାତ୍ରୀ ସହ ମୋଟ ପଢୁଆ ସଂଖ୍ୟା ୧୫୭, ସେମାନଙ୍କ ଭିତରୁ ତିନିଜଣ ମୁସଲମାନ ଏବଂ ଏକତ୍ରିଶ ଜଣ ଅବଙ୍ଗାଳି। ୧୯୨୫ ମସିହାରେ ଏଇ ବିଦ୍ୟାଳୟର ନାଁ ହୁଏ ପାଠଭବନ, କଲେଜ ସହ ଶିକ୍ଷାଭବନ ଆଉ ଗବେଷଣା ବିଭାଗଟି ହେଲା ବିଦ୍ୟାଭବନ। ପାଠଭବନ ନାଁଟି ସେଦିନରୁ ଆଜି ପର୍ଯ୍ୟନ୍ତ ଅବ୍ୟାହତ। ଏଠାରେ ସର୍ବସ୍ତରର ପଠନ-ପାଠନ କ୍ଷେତ୍ରରେ ରବୀନ୍ଦ୍ରନାଥଙ୍କ ନିଜସ୍ୱ ଚିନ୍ତାଧାରାର ପ୍ରତିଫଳନ ରହିଛି। କବି ନିଜେ ମଧ ଆଶ୍ରମରେ ଗୋଟିଏ ସମୟରେ ନିୟମିତ ଶିକ୍ଷକତା କାମରେ ଅଂଶଗ୍ରହଣ କରିଥିଲେ। ସେ ଏଇ ବିଦ୍ୟାଶ୍ରମରେ ତଥାକଥିତ ଭଲ ଛାତ୍ର ନୁହେଁ, ପରିବର୍ତ୍ତେ ଏଠି ତାଙ୍କର ପ୍ରତ୍ୟେକଟି ଛାତ୍ରକୁ ଗୋଟିଏ ଗୋଟିଏ ସଫଳ ସୁନ୍ଦର ପୂର୍ଣ୍ଣାଙ୍ଗ ମଣିଷ ଭାବରେ ପରିଣତ କରିବାକୁ ଚାହିଁ ଥିଲେ। ସେଥିପାଇଁ ଏଠିକାର ଛାତ୍ର ହୋଇ କେହି ସୁଧୀରରଞ୍ଜନ ଦାସ ହୋଇଛନ୍ତି, କେହି ଇନ୍ଦିରା ଗାନ୍ଧୀ , କେହି ବା ହୋଇଛନ୍ତି ଅମର୍ତ୍ତ୍ୟ ସେନ। ଆଉ ଏଠିକାର ଶିକ୍ଷକ ମାନଙ୍କ ମଧ୍ୟରେ କେହି ନନ୍ଦଲାଲ ବସୁ, କେହି ବିନୋଦ ବିହାରୀ, କେହି ରାମକିଙ୍କର, କେହି ଶାନ୍ତିଦେବ ଘୋଷ, କେହି କଣିକା ବନ୍ଦୋପାଧ୍ୟାୟ; ଆଉ ବିଧୁଶେଖର ଶାସ୍ତ୍ରୀ; କ୍ଷତିମୋହନ ସେନ, ଏଣ୍ଡ୍ରୁଜ, ପିୟାରସନ, ତାନ-ୟୁନ-ଶାନ, କାଜୁ ଓ ଆଜୁମା ଏମିତି ଆହୁରି ଅନେକ।

ଏଇ ଆହୁରି ଅନେକ କହିଲେ ଯେ କଣ ବୁଝାଏ, ତାହା କେମିତି ବୁଝାଇବି କୁହନ୍ତୁ। ଆଜୁମା-ଶାନ ଏଇ ବିଦ୍ୟାଶ୍ରମରେ ମୋ ଆସିବା (୧୯୬୬) ପରେ

ଆସିଥିଲେ। କିନ୍ତୁ ରବୀନ୍ଦ୍ରନାଥଙ୍କ ସମୟ ପର୍ବରେ, ୧୯୦୧ ରୁ ୧୯୪୧, ପୃଥିବୀର କେତେ ପ୍ରାନ୍ତରୁ ଯେ କେତେ ବିଦ୍ୱାନ ପଣ୍ଡିତ ଦାର୍ଶନିକ ମନୀଷୀ ଗବେଷକ ଶିଳ୍ପୀ କଲିକତାରୁ ଶତ ମାଇଲ ଦୂରରେ ବୀରଭୂମିର ଲାଲମାଟିର ଆଶ୍ରମଟିର ଆକର୍ଷଣରେ, କବିଙ୍କର ଆକର୍ଷଣରେ ଏଇ ଶାନ୍ତିନିକେତନ ଆସି ରହିଥିଲେ, ଶିକ୍ଷକତା କରି ଯାଇଛନ୍ତି ଏବଂ ସେମାନଙ୍କର ସ୍ୱ ସ୍ୱ ଭାବନା ସ୍ମୃତି କଥା ପରେ ସ୍ମୃତି କଥା ଲେଖି ଯାଇଛନ୍ତି - ସେମାନଙ୍କୁ ବିସ୍ମୃତ ହୋଇ ନପାରିବା ଜୀବନର ଦୁର୍ଲଭ ଆନନ୍ଦମୟ ଅଭିଜ୍ଞତା ଲେଖି ଯାଇଛନ୍ତି। ଶାନ୍ତିନିକେତନ ରବୀନ୍ଦ୍ରଭବନ ସଂଗ୍ରହଶାଳାରେ ସାଇତା ରହିଥିବା ସଂଗ୍ରହକୁ ଦେଖିଲେ ବିସ୍ମିତ ହେବାକୁ ହୁଏ। ତାର ପାଠାଗାରର ଆଲମିରାର ସ୍ତରେ ସ୍ତରେ ଆଶ୍ରମ ବିଦ୍ୟାଳୟର ଚାରି ଦଶକ ଆଉ ସମଗ୍ର ଶାନ୍ତିନିକେତନ ଧରିଲେ ଷାଠିଏ ବର୍ଷ ଇତିହାସର ତରଙ୍ଗ ସ୍ତବ୍ଧ ହୋଇ ରହିଛି।

ପୁରା ଶେଷ ଜୀବନରେ ବିଶ୍ୱଭାରତୀ ପାଇଁ ରବୀନ୍ଦ୍ରନାଥଙ୍କର ଶଙ୍କା ଜନ୍ମିଥିଲା। ଗଭୀର ଅସୁସ୍ଥ ଶରୀରରେ ମଧ୍ୟ ସେ ଭାବୁଥିଲେ ତାଙ୍କର ଚାଲିଯିବା ପରେ ଯେପରି ବିଶ୍ୱଭାରତୀର ମୃତ୍ୟୁ ନଘଟେ। ୧୯୪୩ ଫେବୃୟାରୀ, ଅସୁସ୍ଥ ଗୁରୁଦେବଙ୍କୁ ଶେଷଥର ପାଇଁ ଦେଖିବା ପାଇଁ ଗାନ୍ଧିଜୀ ଶାନ୍ତିନିକେତନ ଆସିଥିଲେ। କବିଙ୍କ ଅନୁରୋଧରେ ଗାନ୍ଧିଜୀ ଫେରିଯାଇ କବିଙ୍କୁ ଲିଖିତ ଭାବେ ଜଣାନ୍ତି ବିଶ୍ୱଭାରତୀର ସ୍ଥାୟୀତ୍ୱ ବିଷୟରେ ଯାହା ସାଧ୍ୟ ସେ ତାହା କରିବେ।

ଗାନ୍ଧିଜୀ କରିଥିଲେ। ୧୯୪୭ ମସିହାରେ ଦେଶ ସ୍ୱାଧୀନ ହୁଏ, ୧୯୫୧ରେ ବିଶ୍ୱଭାରତୀ କେନ୍ଦ୍ରୀୟ ବିଶ୍ୱବିଦ୍ୟାୟରେ ପରିଣତ ହୁଏ, ଭାରତର ପ୍ରଥମ ପ୍ରଧାନମନ୍ତ୍ରୀ ଜବାହରଲାଲ ନେହରୁ ଏଇ କେନ୍ଦ୍ରୀୟ ବିଶ୍ୱବିଦ୍ୟାଳୟର ପ୍ରଥମ ଆଚାର୍ଯ୍ୟ-ଚାନସଲରର ଦାୟୀତ୍ୱ ପ୍ରାପ୍ତ ହୁଅନ୍ତି। ମୋର ଶାନ୍ତିନିକେତନକୁ ଆସିବା ରବୀନ୍ଦ୍ରଶତବର୍ଷରେ। ତେଣୁ ମୋର ସୌଭାଗ୍ୟ ବିଗତ ଛଅ ଦଶକ ଏଇ ଆଶ୍ରମ ମାଟିରେ ଏଇ କେନ୍ଦ୍ରୀୟ ବିଶ୍ୱବିଦ୍ୟାଳୟର ସମସ୍ତ ଆଚାର୍ଯ୍ୟଙ୍କୁ ସ୍ୱଚକ୍ଷୁରେ ପ୍ରତକ୍ଷ କରିବାର ସୁଯୋଗ ପାଇଛି।

ବିଶ୍ୱଭାରତୀ ଯେ ଖୁବ ସହଜରେ କେନ୍ଦ୍ରୀୟ ବିଶ୍ୱବିଦ୍ୟାଳୟର ସ୍ୱୀକୃତି ପାଇଛି ତାହା କିନ୍ତୁ ଆଦୌ ନୁହେଁ। କେନ୍ଦ୍ରୀୟ ସରକାରଙ୍କ ପାଖରେ ବିଶ୍ୱଭାରତୀର ସ୍ଥାୟୀତ୍ୱ ବିଷୟକ ପ୍ରସ୍ତାବ ଉପସ୍ଥାପନ ଓ ଶେଷ ପର୍ଯ୍ୟନ୍ତ ତାହା ଅନୁମୋଦିତ ହେବା ଭିତରେ କେତେ ପ୍ରକାରର ବାଧା ଅତିକ୍ରମ, କେତେ ପ୍ରକାର ସମସ୍ୟାର ସମାଧାନ କରିବାକୁ ହୋଇଛି। ସେ ଇତିହାସ ଆଜି ଜନମାନସରେ ବିସ୍ମୃତ ହୋଇଛି। କେତେ କମିଟି ବସିଛି, କେତେ ଲୋକ ଶାନ୍ତିନିକେତନ ଆସିଛନ୍ତି, ଶାନ୍ତିନିକେତନରୁ କେତେ ଲୋକ

ଯାଇ ମନ୍ତ୍ରୀମାନଙ୍କ ପାଖରେ ଧାରଣା ଦେଇଥିଲେ। ପାର୍ଲ୍ୟାମେଣ୍ଟର ଅସଂଖ୍ୟ ନିୟମ କାନୁନର ବାଧା।

ଅବଶ୍ୟ ପ୍ରଧାନମନ୍ତ୍ରୀ ସହାନୁଭୂତିଶୀଳ ବୋଲି କାମ ଅନେକ ସହଜ ହୋଇଛି। ଏଇ ସବୁ କଥା ରବୀନ୍ଦ୍ର ଜୀବନୀକାର ପ୍ରଭାତ କୁମାର ୧୯୬୧ ମସିହାରେ 'ପରିଚୟ' ପତ୍ରିକାର ରବୀନ୍ଦ୍ରଜନ୍ମଶତବର୍ଷ ସଂଖ୍ୟାରେ ଲେଖିଯାଇଛନ୍ତି।

୧୯୫୧ ମସିହା ୧୪ ମେ କେନ୍ଦ୍ରୀୟ ବିଶ୍ୱବିଦ୍ୟାଳୟର ସ୍ୱୀକୃତି ପାଏ ବିଶ୍ୱଭାରତୀ। ଏହାର ଦଶବର୍ଷ ପରେ ଜୀବନୀକାର ଲେଖୁଛନ୍ତି - 'କେନ୍ଦ୍ରୀୟ ସରକାରଙ୍କର ଖାସ ତତ୍ତ୍ୱବଧାନରେ ଅଛି ଚାରୋଟି ବିଶ୍ୱବିଦ୍ୟାଳୟ - ଆଲିଗଡ଼ ମୁସଲିମ ୟୁନିଭରସିଟି, ବାରାଣାସୀ ହିନ୍ଦୁ ବିଶ୍ୱବିଦ୍ୟାଳୟ, ଦିଲ୍ଲୀ ୟୁନିଭରସିଟି ଓ ବିଶ୍ୱଭାରତୀ। ପ୍ରଥମ ଦୁଇଟି ସାମ୍ପ୍ରଦାୟିକ ନାମ ଓ ସ୍ଥାନ ଭିତ୍ତିକ। ତୃତୀୟଟି କେବଳ ସ୍ଥାନଭିତ୍ତିକ ପରିଚୟ। ବିଶ୍ୱଭାରତୀ ନା ସ୍ଥାନଭିତ୍ତିକ ବା ସାମ୍ପ୍ରଦାୟିକ, ଅର୍ଥାତ୍ ଏଇ ନାଁ ଦ୍ୱାରା ଏହାର କୌଣସି ଧର୍ମୀୟ ବା ସ୍ଥାନର ମାହାତ୍ମ୍ୟ କୀର୍ତ୍ତିତ ହୁଏ ନାହିଁ। ତେବେ ଏହାର ଯେ ସ୍ଥାନ ମାହାତ୍ମ୍ୟ ନାହିଁ, ତାହା ମଧ୍ୟ କୁହାଯିବ ନାହିଁ। କାରଣ ଶାନ୍ତିନିକେତନ ବିଦ୍ୟାୟତନର ଅର୍ଦ୍ଧଶତାବ୍ଦୀର ଇତିହାସ ଏହାର ପଟ୍ଟଭୂମିରେ ବିଦ୍ୟମାନ।'

ରବୀନ୍ଦ୍ରନାଥଙ୍କ ମୃତ୍ୟୁର ଦଶବର୍ଷ ପରେ ଏବଂ ଭାରତ ସ୍ୱାଧୀନ ହେବାର ଚାରି ବର୍ଷପରେ ବିଶ୍ୱଭାରତୀ କେନ୍ଦ୍ରୀୟ ବିଶ୍ୱବିଦ୍ୟାଳୟର ମର୍ଯ୍ୟାଦା ପାଇଥିଲା। ଅନ୍ୟଦିଗରେ କବି ପ୍ରୟାଣର ୮୨ ବର୍ଷ ପରେ ବିଶ୍ୱ ହେରିଟେଜର ସମ୍ମାନ ପାଇଲା ଶାନ୍ତିନିକେତନ-ବିଶ୍ୱଭାରତୀ। ଏହା ପଛରେ ବି ଯେ କେତେ ବାଧା କେତେ ସମସ୍ୟା କେତେ ଆବେଦନ ନିବେଦନ ଧାରଣା ଅନୁରୋଧର ଇତିହାସ ଲୁଚି ରହିଛି ସେ କଥା ମଧ୍ୟ ଅନେକଙ୍କୁ ଅଜଣା।

ବିଶ୍ୱଭାରତୀ ତ ନିଜେ କେବେ ଭାବିନାହିଁ ଯେ ଏଇ ଆଶ୍ରମ ଏଇ ପ୍ରତିଷ୍ଠାନ ଏଇ ଶାନ୍ତିନିକେତନ ବିଶ୍ୱର ଐତିହ୍ୟପୂର୍ଣ୍ଣ ଗୋଟିଏ ସ୍ଥାନ ଭାବରେ ଚିହ୍ନିତ ହୋଇ ୱାର୍ଲ୍ଡ ହେରିଟେଜ ସ୍ୱୀକୃତି ପାଇପାରେ। ଶାନ୍ତିନିକେତନ ମାଟି ଛୁଇଁ କେତେ ଆଚାର୍ଯ୍ୟ ଉପାଚାର୍ଯ୍ୟ ଆସିଲେ ଓ ଗଲେ, ହେରିଟେଜ ପ୍ରସଙ୍ଗଟିର କଥା କାହାରି କେବେ ଚିନ୍ତା ଭିତରେ ଆସି ନାହିଁ। ପରିଶେଷରେ ୨୦୦୬ ମସିହାରେ ଜଣେ ବିଦେଶୀ ମଣିଷ ଆସି ଶାନ୍ତିନିକେତନ ଦେଖି ଉପାଚାର୍ଯ୍ୟ ରଜତକାନ୍ତ ରାୟଙ୍କୁ କୁହନ୍ତି, ଏପରି ଐତିହ୍ୟପୂର୍ଣ୍ଣ ଗୋଟିଏ ସ୍ଥାନ ପୂର୍ଣ୍ଣାଙ୍ଗ ମଣିଷ ଗଢ଼ିବାର ଏପରି ଆୟୋଜନ, ଏପରି ଖୋଲା ପଡ଼ିଆରେ ପଢ଼ାଶୁଣା ଏତେ ମୁରଲ ଏତେ ଫ୍ରେସ୍କୋ, ଏତେ ସ୍ଥାପତ୍ୟ, ନନ୍ଦଲାଲ ବସୁଙ୍କ ଗଢ଼ା ଏମିତି କଳା ଭବନ, ଏପରି ସଙ୍ଗୀତ ଭବନ, ରବୀନ୍ଦ୍ରଭବନ, ଚୀନାଭବନ, ଏପରି

ଐତିହ୍ୟର ଛତିମ ତଲା ଏପରି ଉପାସନା ମନ୍ଦିର, ଏପରି ରବୀନ୍ଦ୍ରନାଥଙ୍କ ବସବାସ କରିବା ଘର, ଏପରି ମାଟିର କୁଟୀର ଶ୍ୟାମଳୀ, ଏପରି ନୀଳ ଦିଗନ୍ତ ବିସ୍ତାରୀ ଆକାଶ, ଚାରିଆଡ଼େ ସବୁଜିମାର ସମାରୋହ, ଏପରି ଶାନ୍ତ ସ୍ନିଗ୍ଧ ମନୋରମ ପରିବେଶ, ପ୍ରାଚୀନ ତପୋବନ ଆଦର୍ଶରେ ଗଢ଼ି ଉଠିଥିବା ଶତ ବର୍ଷର ଏଇ ଯେଉଁ ରବୀନ୍ଦ୍ରତୀର୍ଥ - ଏହା ଯେ ବିଶ୍ୱ ହେରିଟେଜ ଆଖ୍ୟା ପାଇବାର ଆଦର୍ଶ ସ୍ଥାନ। ୟୁନେସ୍କୋର ବିଶିଷ୍ଟ ସଦସ୍ୟ ପ୍ରଫେସର ବ୍ୟାଲିଲିଓ ତନ୍ନ ତନ୍ନ କରି ଶାନ୍ତିନିକେତନ ଦେଖି ମୁଗ୍ଧ, ବିହ୍ୱଳ ହୋଇ ଉପାଚାର୍ଯ୍ୟଙ୍କୁ କହିଲେ - ଏପରି ଐତିହ୍ୟ ବାହି ଶାନ୍ତିନିକେତନ ପାଇଁ ଆପଣମାନେ ୟୁନେସ୍କୋକୁ କେବେ କୌଣସି ଚିଠି ଲେଖି ନାହାନ୍ତି କାହିଁକି। ସେଇମାନେହିଁ ଆମ ନଜରକୁ ନେଇ ଆସିଲେ ଏଇ ବିଷୟଟି ପ୍ରତି। ତାପରେ ସେଇ ଦିନଠାରୁ ବିଶ୍ୱଭାରତୀ ଏଇ ବିଷୟ ପ୍ରତି ପ୍ରଯତ୍ନ। ଯେହେତୁ ବିଶ୍ୱଭାରତୀ କେନ୍ଦ୍ରୀୟ ବିଶ୍ୱବିଦ୍ୟାଳୟ ସୁତରାଂ ବିଶ୍ୱଭାରତୀ ସହିତ ଦିଲ୍ଲୀ ମଧ୍ୟ ଏଇ ବିଷୟ ପ୍ରତି ସମପରିମାଣରେ ଉଦ୍ୟୋଗୀ ହେଲା। ସଂରକ୍ଷଣ ସ୍ଥପତି ମନୀଷ ଚକ୍ରବର୍ତ୍ତୀଙ୍କର ଶାନ୍ତିନିକେତନକୁ ଯାତାୟାତ ଆରମ୍ଭ ହେଲା। ବିଶ୍ୱଭାରତୀ ମଧ୍ୟ ଏଇ ବିଷୟରେ କମିଟି ଗଢ଼ିଲା। ଏଇ କମିଟି ସହିତ ମନୀଷ ଚକ୍ରବର୍ତ୍ତୀଙ୍କର ଭାବନା-ଚିନ୍ତା, କଥାବାର୍ତ୍ତା ଆରମ୍ଭ ହେଲା। ଏ ବିଷୟରେ ତାଙ୍କର ଅଭିଜ୍ଞତା ଓ କର୍ମ ଦକ୍ଷତା ବିଶ୍ୱଭାରତୀ ପକ୍ଷରେ ବିଶେଷ ସହାୟକ ହୋଇଥିଲା। ଆଚାର୍ଯ୍ୟ ମନମୋହନ ସିଂଙ୍କ ପ୍ରଧାନମନ୍ତ୍ରୀ ଦପ୍ତର ମଧ୍ୟ ଉଦାର ସାହାଯ୍ୟର ହାତ ବଢ଼ାଇ ଥିଲେ।

୨୦୧୦ ମସିହାରେ ପ୍ରଥମ ଆବେଦନ ପତ୍ର ପଠାଗଲା। ରବୀନ୍ଦ୍ରନାଥଙ୍କ ସ୍ମୃତି ବିଜଡ଼ିତ ଶାନ୍ତିନିକେତନର ଅନେକ ଅଞ୍ଚଳକୁ ଐତିହ୍ୟ ସମୃଦ୍ଧ ବୋଲି ଚିହ୍ନିତ କରାଗଲା। ପରୀକ୍ଷା-ନୀରିକ୍ଷା କରି ୟୁନେସ୍କୋ କହିଲେ - ଐତିହ୍ୟ ବାହି ଅଂଶଟି ଆହୁରି ସଂକ୍ଷେପିତ ଏବଂ ସୁନିର୍ଦ୍ଦିଷ୍ଟ ଚିହ୍ନିତ କରିବାକୁ ହେବ; ନହେଲେ କୌଣସି ବିଶ୍ୱବିଦ୍ୟାଳୟ ପକ୍ଷରେ ଏତେ ବଡ଼ ବୃହତ ଅଂଶ ଐତିହ୍ୟ ସୀମାନା ରୂପେ ରକ୍ଷା କରିବା ସ୍ୱାଭାବିକ ଭାବରେ ଦୁଃସାଧ୍ୟ ହେବ। ସେମାନେ ଆହୁରି ସଂହତ ସୀମାନା ନିର୍ଦ୍ଦିଷ୍ଟ ଭାବରେ ପ୍ଲାନ ଦେବାକୁ କହିଲେ। ସେହି ଭାବରେ ସୁନିର୍ଦ୍ଦିଷ୍ଟ ପ୍ରମାଣ ଦେଇ ଚିତ୍ର ଓ ନଥି ଦେଇ, ରବୀନ୍ଦ୍ରନାଥଙ୍କ ସହିତ ପ୍ରତ୍ୟକ୍ଷ ଭାବରେ ସଂପୃକ୍ତ ଅଂଶଟିକୁ ଆହୁରି ସୁନିର୍ଦ୍ଦିଷ୍ଟ ଭାବରେ ଚିହ୍ନିତ କରି ୨୦୨୧ରେ ବିଶ୍ୱଭାରତୀ ପକ୍ଷରୁ ନୂତନ ଆବେଦନ ପଠାଗଲା। ସେଇ ଆବେଦନ ପରୀକ୍ଷା କରି ୟୁନେସ୍କୋ ସେମାନଙ୍କର ୪୫ ତମ ବୈଠକରେ ଶାନ୍ତିନିକେତନକୁ ବିଶ୍ୱ ଐତିହ୍ୟବାହୀ ସ୍ଥାନ ରୂପେ ଚିହ୍ନିତ କରନ୍ତି ଏବଂ ଏଇ ବର୍ଷର ବୈଠକରୁହିଁ ୧୭ ସେପ୍ଟେମ୍ବର ତାହା ବିଶ୍ୱବାସୀଙ୍କ ନିକଟରେ

ଘୋଷଣା କରାଗଲା। ଏପର୍ଯ୍ୟନ୍ତ ୧୬୬ଟି ଦେଶର ୧୧୭୨ଟି ସ୍ଥାନ ବିଶ୍ୱ ଐତିହ୍ୟ ଶିରୋପା ଲାଭ କରିଛି। ଭାରତରେ ପ୍ରାପ୍ତ ୪୨ଟି ସ୍ଥଳ ଭିତରୁ ଶାନ୍ତିନିକେତନ ୪୧ତମ। ୧୯୪୦ରେ ଅକ୍ସଫୋର୍ଡ ରବୀନ୍ଦ୍ରନାଥଙ୍କୁ ଡିଲିଟ ସମ୍ମାନରେ ଭୂଷିତ କରିବାକୁ ଆସି ଶାନ୍ତିନିକେତନକୁ ଗୋଟିଏ ଭିଲେଜ ବୋଲି ଉଲ୍ଲେଖ କରିଥିଲେ। ସେଇ ଗ୍ରାମହିଁ ଆଜି ବିଶ୍ୱବାସୀଙ୍କ ନିକଟରେ ଗ୍ଲୋବାଲ-ହେରିଟେଜ-ସ୍ୱୀକୃତିର ସମ୍ମାନରେ ଭୂଷିତ। ଏଇ ପ୍ରଥମ ପୃଥିବୀର ଗୋଟିଏ ଜୀବନ୍ତ ବିଶ୍ୱବିଦ୍ୟାଳୟ ୟୁନେସ୍କୋ ପ୍ରଦତ୍ତ ବିଶ୍ୱଐତିହ୍ୟ ଶିରୋପା ଲାଭ କଲା।

୨୦୦୫ ମସିହା ମାର୍ଚ୍ଚ ମାସରେ ସୁପ୍ରିମ କୋର୍ଟ ତାଙ୍କର ଗୋଟିଏ ରାୟରେ କହିଥିଲେ ଶାନ୍ତିନିକେତନ ଅନ୍ତର୍ଗତ ତାର ଘରବାଡ଼ିରେ ରବୀନ୍ଦ୍ରନାଥଙ୍କ ସମୟର ଛାପ ଧରି ରଖିବାକୁ ହେବ। ସୁନ୍ଦର ଶାନ୍ତିନିକେତନ ବର୍ତ୍ତମାନ ଆହୁରି ସୁନ୍ଦର ଆହୁରି ଦୃଷ୍ଟି ନନ୍ଦନ ହୋଇଉଠିବ ଏବଂ ସେଇ ଆଶ୍ରମର ପଢ଼ାପଢ଼ିର ମାନଦଣ୍ଡ ଆନ୍ତର୍ଜାତିକ ସ୍ତରରେ ପହଞ୍ଚିବ - ଏଇଟାହିଁ ପ୍ରତ୍ୟାଶିତ। ଏବେ ମଧ୍ୟ ପ୍ରତିଦିନ ମୋଟାମୋଟି ଏକ ଲକ୍ଷ ଦର୍ଶନାର୍ଥୀ ଶାନ୍ତିନିକେତନକୁ ଆସନ୍ତି। ଏବେ ଶାନ୍ତିନିକେତନ ପ୍ରତି ବିଶ୍ୱବାସୀଙ୍କ ଆକର୍ଷଣ ଆହୁରି ବଢ଼ିବ। ଏଇ ଶାନ୍ତିର ନିକେତନରେ ସେଇମାନଙ୍କ ପ୍ରଜ୍ଞା ଓ ମନୀଷା ନେଇ ବିଶ୍ୱବାସୀ ଏଠାରେ ଉପସ୍ଥିତ ହେବେ। ଆମେ ଏଠାରେ କୌଣସି ମନ୍ତ୍ରର ରୂପ ଦେଖିବୁ ବୋଲି ନିୟତ ପ୍ରତ୍ୟାଶା କରୁ? କବି କହିଛନ୍ତି - 'ସେ ମନ୍ତ୍ର ହେଉଛି ଏଇ ଯେ - ଯତ୍ରବିଶ୍ୱ ଭବତ୍ୟୋକନୀଡ଼ମ୍। ... ପୃଥିବୀ ଭିତରେ ଆମର ଏଇ ଆଶ୍ରମ ଏପରି ଗୋଟିଏ ଜାଗା ହୋଇ ଉଠୁ ଯେଉଁଠି ଧର୍ମ-ଭାଷା ଏବଂ ଜାତିଗତ ସକଳ ପ୍ରକାର ପାର୍ଥକ୍ୟ ସତ୍ତ୍ୱେ ଆମେ ମଣିଷକୁ ତାର ବାହ୍ୟଭେଦମୁକ୍ତରୂପେ ମଣିଷ ବୋଲି ଦେଖିବାକୁ ପାଉ। ସେଇ ଦେଖି ପାଇବାହିଁ ନୂତନ ଯୁଗକୁ ଦେଖି ପାଇବା।' ଏଇ ମନ୍ତ୍ରର ଆଜି ସାଫଲ୍ୟ ଘଟିଲା ଶାନ୍ତିନିକେତନରେ। ବିଶ୍ୱବିଦ୍ୟାର ପୂର୍ଣ୍ଣ ପ୍ରାଙ୍ଗଣ ଆଜି ସମଗ୍ର ବିଶ୍ୱବାସୀଙ୍କ ପାଖରେ ହୋଇ ଉଠିଲା ଶାନ୍ତିର ପୁଣ୍ୟ ନିକେତନ।

ଅନୁବାଦ : **ଅଶୋକ କୁମାର ରଥ**

BLACK EAGLE BOOKS

www.blackeaglebooks.org
info@blackeaglebooks.org

Black Eagle Books, an independent publisher, was founded as
a nonprofit organization in April, 2019. It is our mission to
connect and engage the Indian diaspora and the world at large
with the best of works of world literature published on a
collaborative platform, with special emphasis on
foregrounding Contemporary Classics and New Writing.

www.ingramcontent.com/pod-product-compliance
Lightning Source LLC
Chambersburg PA
CBHW050327110726
47899CB00007B/2404
* 9 7 8 1 6 4 5 6 0 3 3 2 0 *